Céline Thérien

2e ÉDITION **TOME 2**

ANTHOLOGIE
DE LA LITTÉRATURE
D'EXPRESSION FRANÇAISE
du réalisme à la période contemporaine

LES ÉDITIONS
CEC
QUEBECOR MEDIA

8101, boul. Métropolitain Est, Anjou (Québec) Canada H1J 1J9
Téléphone : (514) 351-6010 • Télécopieur : (514) 351-3534

Directrice de l'édition
Isabelle Marquis

Directrice de la production
Danielle Latendresse

Directrice de la coordination
Sylvie Richard

Chargée de projet
Suzanne Champagne

Réviseure linguistique
Suzanne Delisle

Correctrice d'épreuves
Marie Théorêt

Conception et réalisation graphique
Dessine-moi un mouton

Page couverture
Dessine-moi un mouton

**L'Éditeur tient à remercier :
les collaborateurs à cette 2e édition :**
• Élyse Dupras (collège de Maisonneuve), Stéphane X. Amyot (collège Marie-Victorin) et Jean-François Chénier (collège Ahuntsic), consultants pour les textes,
• Frédéric Julien (collège Édouard-Montpetit), consultant pour le choix des œuvres iconographiques et la rédaction des commentaires,
• Christian Gagnon (cégep Saint-Jean-sur-Richelieu), consultant en histoire pour les lignes du temps et le chapitre 5,
• Patrick Lafontaine (collège de Maisonneuve), rédacteur du complément pédagogique ;
**tous les enseignants qui nous ont donné des commentaires au fil des ans ;
ainsi que tous les collaborateurs à la 1re édition.**

Anthologie de la littérature d'expression française, du réalisme à la période contemporaine, 2e édition
Céline Thérien
Une réédition de :
Anthologie de la littérature d'expression française, du réalisme à la période contemporaine
Céline Thérien
avec la collaboration de :
André Lamarre et Élisabeth Rousseau

Les Éditions CEC inc. remercient le gouvernement du Québec de l'aide financière accordée à l'édition de cet ouvrage par l'entremise du Programme de crédit d'impôt pour l'édition de livres, administré par la SODEC.

2005, Les Éditions CEC inc.
8101, boul. Métropolitain Est
Anjou (Québec) H1J 1J9

Dépôt légal : 4e trimestre 2005
Bibliothèque nationale du Québec
Bibliothèque nationale du Canada

ISBN 2-7617-2340-6
ISBN 978-2-7617-2340-4

Imprimé au Canada
2   3   4   5   09   08   07

AVANT-PROPOS

Cette nouvelle édition de l'*Anthologie de la littérature d'expression française*, qui couvre la période allant du réalisme (deuxième moitié du XIXe siècle) à la littérature actuelle, présente du ***nouveau matériel, organisé en fonction de nouvelles idées, dans le but de mieux répondre aux besoins des étudiants des cours obligatoires de français au collégial.*** Elle fournit de l'information adaptée aux exigences du programme tout en tenant compte du contexte culturel, des conditions de réceptivité propres aux étudiants québécois.

Voici les principales caractéristiques de cette réédition :

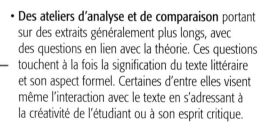

- **Des introductions théoriques dans un langage accessible** avec des définitions à l'appui pour faciliter la compréhension de chaque époque.

- **Une conception qui vise l'homogénéité**, ce qui permet au lecteur, notamment, de retrouver les mêmes rubriques d'un chapitre à l'autre. Par exemple, chaque chapitre s'ouvre sur une introduction qui présente l'époque, décrit l'écrivain type et donne les principales caractéristiques du courant à l'étude.

- **Des tableaux récapitulatifs**, dans un format synthétique, qui favorisent la compréhension et l'analyse. Ils permettent, en outre, à l'élève de comparer les courants entre eux.

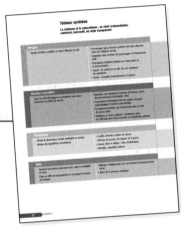

- **Des ateliers d'analyse et de comparaison** portant sur des extraits généralement plus longs, avec des questions en lien avec la théorie. Ces questions touchent à la fois la signification du texte littéraire et son aspect formel. Certaines d'entre elles visent même l'interaction avec le texte en s'adressant à la créativité de l'étudiant ou à son esprit critique.

- **Des portraits des écrivains phares** de chaque époque qui mettent en relief leur apport au courant ou au genre qu'ils ont contribué à modeler.

- **Des extraits classés par genres littéraires** accompagnés de plus de questions pour en faire l'étude. Certains extraits ont été allongés pour mieux représenter le style et le propos de l'auteur.

- **Une refonte du chapitre sur la littérature actuelle :** celui-ci propose une description actualisée de l'époque contemporaine. Un tableau comparatif permet de mieux appréhender les différences entre modernité et postmodernité. L'intégration d'auteurs plus actuels rajeunit le visage de cette littérature.

• **Une méthodologie fonctionnelle**, qui progresse par étapes. Elle propose des stratégies pour l'analyse de texte et la dissertation, et vise, en outre, une préparation efficace à l'épreuve ministérielle.

• **Une mise en page dynamique** avec un jeu de caractères et de couleurs qui permet la distinction entre les sections.

• **Une iconographie variée et significative** qui insère la littérature dans un ensemble plus large, en informant le lecteur sur l'art, les goûts et les préoccupations de l'époque.

En outre, l'Anthologie vise les objectifs suivants qui contribuent à son originalité :

• Elle ouvre le champ d'application aux œuvres du Québec et de la francophonie et crée des liens entre les époques.

• Elle explique l'évolution de la littérature par les courants littéraires tout en consacrant des pages synthèses aux genres littéraires, poétique, narratif, dramatique et référentiel.

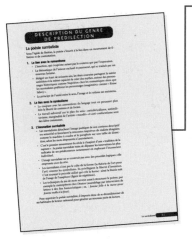

Les critères de choix des auteurs et des textes

• Compte tenu de son format, l'Anthologie n'a pas pour but de dresser une liste exhaustive de tous les auteurs renommés, mais plutôt de retenir les figures marquantes. Celles-ci permettent plus particulièrement de comprendre les caractères idéologiques et esthétiques propres à chaque courant et montrent à la fois l'innovation littéraire dont ils sont porteurs et la continuité avec l'époque ou le courant précédents.

*L'*auteure est reconnaissante envers toute l'équipe du CEC qui a rendu si agréable le travail d'écriture de cette réédition. Toute ma gratitude en particulier à Isabelle Marquis pour son inestimable dynamisme et son écoute attentive. Ma reconnaissance s'adresse aussi aux lecteurs et aux consultants qui ont apporté leurs suggestions aux différentes étapes du travail, en particulier Samuel Alberola pour sa contribution soutenue tout au long de la production de ce deuxième tome, Élyse Dupras, pour sa relecture intelligente et minutieuse, Stéphane X. Amyot et Jean-François Chénier pour leurs observations et leurs commentaires pertinents, ainsi que Lisette Girouard pour sa contribution à la méthodologie. Je tiens aussi à remercier mes collègues du département de français du collège de Maisonneuve pour leur soutien.

C. T.

TABLE DES MATIÈRES

CHAPITRE 5

LA MÉTHODOLOGIE

LE RÉALISME (1830-1900)

Événements politiques

1830 Prise d'Alger par la France.

1831 Indépendance de la Belgique.

1851 Coup d'État de Louis-Napoléon Bonaparte.

1852 Proclamation du Second Empire (2 déc.).

1861 Début de la guerre de Sécession aux États-Unis (1861-1865).

1867 Fédération canadienne.

1870 Guerre franco-prussienne (1870-1871) :
– déclaration de guerre à la Prusse (juillet) ;
– défaite de Sedan (2 sept.) ;
– déchéance de Napoléon III (4 sept.).

1870 Défaite de l'armée française, perte de l'Alsace et d'une grande partie de la Lorraine. Le choc de la défaite s'inscrit dans l'inconscient collectif et alimente le désir de revanche et la montée du nationalisme.

1870 Troisième République (1870-1940).

1871 La Commune, insurrection populaire à Paris, réprimée au cours d'une semaine sanglante.

1871 Création de l'Allemagne moderne. Guillaume 1er de Prusse en devient l'empereur.

1898 Affaire Dreyfus. Émile Zola publie une lettre ouverte au président de la République : *J'accuse*.

1899 Guerre des Boers (colons de l'Afrique australe, d'origine néerlandaise) contre les Anglais en Afrique du Sud (1899-1902).

Contexte socioéconomique

1852 Fin de la République, retour à l'empire avec Napoléon III, neveu de Napoléon Bonaparte. Période de prospérité économique et de grands développements (ferroviaire, bancaire, industriel).

1853 Début des grands travaux du baron Haussmann, qui changent la physionomie même de Paris.

1860 Redivision de Paris en 20 arrondissements.

1868 Émancipation des esclaves aux États-Unis.

1882 John D. Rockefeller fonde la *Standard Oil Company*, le premier des grands trusts.

1884 Séries de lois sociales en France, concernant le statut des ouvriers et la syndicalisation (1884-1890).

Beaux-arts, philosophie, sciences

1837 Invention du télégraphe électrique par Samuel Morse.

1848 Début du réalisme en peinture avec Courbet et Daumier.

1852 Un Français fait décoller le premier dirigeable.

1855 Brûleur à gaz de Bunsen.

1859 *De l'origine des espèces* de Charles Darwin.

1863 Premier chemin de fer souterrain, à Londres.

1863 Première automobile à pétrole par Lenoir.

1865 Lois de l'hérédité de Mendel.

1865 *Introduction à l'étude de la médecine expérimentale* de Claude Bernard.

1866 La dynamite inventée par Alfred Nobel.

1867 Exposition universelle à Paris.

1869 Classification périodique des éléments chimiques de Mendeleïev.

1873 Fabrication en série de la machine à écrire de Remington.

1874 Première exposition impressionniste à Paris.

1876 Alexander Graham Bell met au point le téléphone.

1876 Inauguration du festival musical de Bayreuth fondé par Richard Wagner.

1878 Invention de l'ampoule électrique par Thomas Edison.

1882 Mise en service de la première centrale électrique construite par Thomas Edison.

1882 Découverte du bacille de la tuberculose par le médecin allemand Robert Koch.

1883 Voyage ferroviaire inaugural de l'*Orient-Express* reliant Paris à Istanbul.

1883 Mise au point du moteur à explosion par les ingénieurs Daimler et Benz.

1883 Nietzsche : *Ainsi parlait Zarathoustra*.

1885 Louis Pasteur met au point le vaccin contre la rage.

1885 Invention du cinéma par les frères Lumière.

1886 Manifeste et première exposition symboliste à Paris.

1886 Le *Coca-Cola* inventé par un pharmacien américain.

1887 Le disque et le gramophone sont inventés aux États-Unis.

1889 La tour Eiffel est construite à Paris.

1889 Exposition universelle de Paris et valorisation de la civilisation industrielle.

1898 Pierre et Marie Curie isolent le radium.

Chapitre 1

Le réalisme et le naturalisme
Portrait d'une société

Art Institute of Chicago.
Gustave Caillebotte, *Paris un jour de pluie*, 1877.

PRÉSENTATION

Une entrée en matière

*L*e réalisme couvre la période qui correspond à l'âge d'or du capitalisme industriel en France, soit environ de 1830 jusqu'à la fin du siècle. Ce courant valorise l'observation de la dynamique sociale avec une relative neutralité et place l'argent et le pouvoir au centre de sa thématique. Il s'oppose au romantisme qui idéalise la réalité et privilégie le rêve et l'imagination. Deux générations d'écrivains font évoluer ce courant qui concerne presque exclusivement le roman. Le théâtre réaliste ne survit pas à l'épreuve du temps, tandis que la poésie est anti-réaliste par sa nature même. Un premier groupe d'écrivains réalistes, dont font partie Honoré de Balzac, Stendhal et Gustave Flaubert (tous nés avant 1825), subit encore l'influence du romantisme tout en innovant sur le plan de la composition du roman, genre littéraire qui gagne la faveur populaire au XIXᵉ siècle. Émile Zola et Guy de Maupassant apparaissent comme les meilleurs représentants de la deuxième vague, mieux connue sous la dénomination de « naturalisme ». Zola, qui en est le théoricien, radicalise les idées mises de l'avant par ses prédécesseurs.

La situation dans le temps

La différence avec le romantisme

Par ailleurs, en littérature, l'usage du terme « réaliste » est toujours équivoque. En effet, toute œuvre n'est-elle pas susceptible d'exprimer la réalité par un aspect ou un autre ? Et tout « réalisme » n'est-il pas condamné à ne livrer qu'une vision partielle et partiale de la réalité ? Ainsi, malgré leur prétention à l'objectivité, les écrivains réalistes restent tributaires de l'état du savoir au XIXᵉ siècle et des valeurs qui prévalent dans leur société. Toutefois, le réalisme exerce longtemps son attrait par ses possibilités d'adaptation à d'autres genres comme le roman historique et à d'autres médias comme le cinéma.

La représentation du monde

La littérature réaliste se donne pour but de copier le monde, mais elle présente en fait une problématique propre aux sociétés qui se convertissent au capitalisme.

Le capitalisme et le pouvoir de la bourgeoisie

Elle illustre la lutte de pouvoir entre les classes sociales et montre de quelle façon l'hégémonie de la bourgeoisie est menacée par la montée du mouvement ouvrier. Parce qu'elle possède l'argent, la bourgeoisie devient l'élément moteur du

Musée d'Orsay, Paris.
Frédéric Bazille, *Réunion de famille*, 1867.

système économique, soumettant la conduite de l'État à ses propres intérêts. Dans son optique, toute décision qui lui est bénéfique ne peut que profiter au bien-être général. Par conséquent, elle finit par imposer à l'ensemble de la société française ses valeurs qui sont la réussite personnelle, l'esprit de compétition et le respect de la propriété privée au détriment du bien-être communautaire, de la solidarité et de la répartition équitable des richesses.

La famille bourgeoise devient en quelque sorte le modèle de référence avec son mode de vie tourné vers l'accumulation de biens matériels. L'enrichissement permet de se distinguer socialement, aussi l'argent est-il perçu comme une source de prestige, beaucoup plus que ne pourrait l'être, par exemple, la sagesse. Dans la famille, le père exerce l'autorité sous prétexte qu'il est l'unique pourvoyeur. Sa responsabilité est de veiller à l'ascension sociale de sa lignée ; pour faire fructifier sa fortune, il fonde ses alliances économiques sur les unions matrimoniales de ses enfants. L'amour se négocie comme un contrat et perd l'aura mystérieuse qui le magnifiait à l'époque romantique. La prostitution, qui repose sur une transaction mettant en lumière l'inégalité entre les sexes, apparaît comme un élément stabilisateur à l'intérieur de ce système. Ainsi verra-t-on souvent dans les romans réalistes des jeunes hommes sacrifiant l'amour à l'ambition et choisissant des femmes riches au détriment de leur amour de jeunesse. Une fois mariés, ils entretiendront une maîtresse en marge de leur union légale.

Ces personnages, saisis à l'âge adulte, rêvent de se tailler une place dans la société, souvent au prix de lourdes compromissions. Ils sont à l'image de ces arrivistes prêts à tout marchander et à faire taire la voix de leur conscience pour accéder à des postes politiques ou à la direction d'entreprises. Une fois devenus patrons, ils administrent leurs affaires dans un perpétuel souci d'augmenter les marges de profit

tout en diminuant les coûts de production. Cherchant à exploiter au maximum la force de travail de leurs employés, ils se refusent, en outre, à les traiter comme d'essentiels partenaires. Prisonniers d'une logique de concurrence, les bourgeois font peu de cas des conditions inhumaines dans lesquelles végètent leurs subordonnés : non seulement les salaires sont-ils nettement insuffisants, mais en plus les heures de travail sont interminables, sans pause, sans répit et sans vacances. Ces conditions de vie extrêmement difficiles s'appliquent aussi aux enfants qui abîment leur santé dans des fabriques insalubres. Comme tout ce monde vit entassé dans des quartiers miteux et mal famés, la tentation est forte de chercher refuge dans l'alcool. Quant aux gouvernements, comme les élites, ils se soucient peu que le peuple ait fait les frais du récent progrès économique, aussi laissent-ils aux institutions charitables le soin de soulager la misère des pauvres.

Musée Antoine Lécuyer, Saint-Quentin.
Lucien Hector Jonas, *Aux Pauvres Gens, tout est peine et misère*, 1913.
Femmes et enfants font les frais d'une révolution industrielle qui ne ménage pas les faibles et les déshérités.

Capitalisme : *régime fondé sur la libre concurrence et la propriété privée.*

Bourgeoisie : *classe composée de négociants et de chefs d'entreprise.*

Musée Carnavalet, Paris.
E. Hagnauer, *Incendie du château d'eau du Palais-Royal à Paris le 24 février 1848*, 1848.

Les revendications du prolétariat

Par réaction à l'injustice de leur sort et pour donner du poids à leurs revendications, les travailleurs n'ont d'autre choix que de s'unir pour fonder les premiers syndicats. Tout au long du siècle, ils multiplient les manifestations, les grèves et les révoltes qui, à trois reprises, en 1830, 1848 et 1871, culminent en insurrections populaires. Chaque fois la répression, brutale, envenime la rancœur, car si les ouvriers luttent d'abord pour apporter des réformes au régime capitaliste en visant une répartition plus équitable des richesses, ils finiront, du moins certains d'entre eux, par radicaliser leur combat après avoir lu le manifeste communiste de Karl Marx, qui date de 1848. Ce dernier va effectivement plus loin que les penseurs socialistes et propose de mettre fin à l'exploitation de la classe ouvrière en instaurant une dictature du prolétariat (*la concentration de tous les pouvoirs entre les mains des ouvriers*) et en favorisant la propriété collective des biens. La littérature se fera le miroir de cette société en pleine ébullition : Balzac témoigne de l'individualisme forcené de jeunes prédateurs avides de pouvoir ; Zola, lui, sera plus sensible à la quête des vaincus de la terre.

Prolétariat : la classe ouvrière.

Noblesse : classe privilégiée par la faveur du roi ; les titres – duc, comte, etc. – sont légués de père en fils.

De l'Empire à la démocratie

Ainsi, la bourgeoisie, qui a voulu abattre les privilèges de la **noblesse**, a perdu de vue les idéaux de la révolution tous contenus dans la célèbre formule « liberté, égalité, fraternité ». Ces deux classes sociales autrefois ennemies font maintenant cause commune. Elles trouvent en Napoléon III un protecteur de leurs intérêts. Ce neveu du premier empereur, le grand Bonaparte, s'est installé au pouvoir par un coup d'État en 1848. Impuissant à restaurer la solidarité au sein de la nation, il sera déchu en 1870 à la suite de la défaite de ses troupes aux mains des Prussiens auxquels il avait déclaré la guerre malgré l'avis de ses conseillers (la Prusse fait aujourd'hui partie de l'Allemagne). La France vit ensuite une tentative de gouvernement par le peuple, la Commune (1871), qui se termine dans un bain de sang. L'Assemblée nationale adopte alors une nouvelle constitution, celle de la IIIe République, qui marque le retour définitif à la démocratie en France. Toujours majoritairement composée de bourgeois, la classe politique fait peu de cas des requêtes des couches populaires. Pour faire accepter ses politiques à courte vue, elle invoque la religion, ce qui entraîne une vive réaction anticléricale de la part des associations ouvrières qui dénoncent la collusion de l'Église et du patronat.

L'apport de la science

Un autre facteur contribue à ébranler l'emprise de la religion sur les consciences. Les recherches scientifiques sur l'hérédité et sur l'évolution des espèces (entre autres les thèses de Darwin) discréditent les explications qui attribuaient, par exemple, les tares familiales à une punition divine. Ces nouvelles théories, largement médiatisées, ont comme effet imprévisible d'alimenter le pessimisme concernant l'avenir de l'humanité : la race humaine est-elle condamnée à décliner irrémédiablement ?

L'apport plus durable de la science, c'est pourtant au positivisme d'Auguste Comte qu'on le doit. Convaincu que la raison a le pouvoir de trouver des solutions aux problèmes de l'humanité, Auguste Comte applique aux sciences humaines la méthode expérimentale des sciences pures qui oblige le chercheur à vérifier les résultats de ses hypothèses. Le travail intellectuel s'en trouve profondément modifié. Grâce à l'imprimerie, maintenant plus efficace, les enquêtes et articles désormais bien documentés sont diffusés plus rapidement parmi les lecteurs plus nombreux et plus scolarisés. La presse fait pénétrer les grands débats sociaux dans l'intimité des domiciles. C'est le cas, entre autres, de l'affaire Dreyfus qui enflamme l'opinion publique à la fin du siècle. Alfred Dreyfus est ce haut gradé d'origine juive qu'on accuse, sur des preuves falsifiées, d'avoir livré des renseignements militaires aux Allemands. Son procès mettra en évidence la mauvaise foi de ceux qui vont se porter à la défense de l'armée au détriment d'une justice transparente. Mettant dans la balance tout son poids d'écrivain consacré, Émile Zola va mobiliser l'opinion publique avec son pamphlet d'une extrême virulence dont le titre *J'accuse* (1898) est déjà tout un programme. À la suite de la révision du procès, Dreyfus sera finalement innocenté.

La science est fondée sur l'observation ; elle exige l'impartialité. Le journal, dont l'usage se répand dans la population, est le véhicule de l'information mais aussi des opinions personnelles ; il pousse au doute et à l'esprit critique. Le domaine des lettres, quant à lui, témoigne de cette tension entre les deux tendances : les romanciers prétendent reproduire la réalité avec neutralité, mais ils ne peuvent échapper à leur impulsion d'artiste qui les incite à voir le monde de façon subjective.

L'écrivain réaliste

Les principaux représentants — Balzac, Stendhal, Flaubert, Maupassant et Zola, les grands noms du réalisme, sont représentatifs de leur époque à plusieurs titres. Tous les cinq sont d'origine bourgeoise. Ils ont été formés par des milieux familiaux et scolaires transmettant les valeurs d'ambition, d'ordre et de réussite individuelle. De plus, ce sont tous des hommes. Aucune femme ne fait partie de la première ni de la seconde génération réaliste. La conséquence en est que les personnages féminins, tout comme les ouvriers, sont dépeints par des écrivains qui n'ont pas fait l'expérience de leurs conditions de vie. N'est-on pas alors en droit de se demander jusqu'à quel point ces romanciers, conditionnés par leur éducation, peuvent rendre compte d'injustices dont eux-mêmes n'ont pas été victimes ?

Tous les cinq partagent une autre caractéristique, celle d'avoir pratiqué le métier de journaliste parallèlement à leur activité littéraire. *L'influence du journalisme* — Ils endossent l'opinion de leur siècle qui veut que l'écrit serve à transmettre l'information, surtout en cette période de forte alphabétisation. Croyant à la valeur didactique de leur entreprise littéraire, ils consacrent plusieurs pages de leurs récits à décrire les activités professionnelles, les détails de la vie quotidienne et les rituels sociaux.

L'influence de la science — Ces artistes, qui cherchent à se tenir au courant des grands sujets de l'actualité, sont également influencés par la science, alors omniprésente. Ils s'inspirent de la démarche scientifique pour attribuer une fonction à chaque composante du récit. Désormais, les dialogues doivent faire avancer l'action, et les événements doivent contribuer à la logique de l'intrigue. Dans cette perspective utilitaire, rien ne devrait être gratuit ou superflu dans le texte : chaque détail se veut un indice ; chaque événement, une cause ; chaque personnage, un signe. Les naturalistes vont d'ailleurs jusqu'à utiliser l'expression « roman expérimental » pour nommer leurs récits qui résultent d'un processus programmé de composition. Avant la rédaction, le romancier doit en effet se documenter et faire enquête dans le milieu que le roman décrira ; il passe ensuite à la seconde étape qui consiste à organiser l'information et à planifier l'intrigue.

Dans les faits, les écrivains réalistes s'écartent souvent des objectifs théoriques qu'ils professent. L'imagination combat la méthode. Aucun d'eux n'écrit dans le style neutre du rapport de recherche ; chacun cultive sa manière, développe ses propres réseaux d'images, et utilise à sa guise les procédés narratifs. On pourrait d'ailleurs schématiser la contribution des cinq grands du réalisme de la façon suivante : Balzac serait la chair du courant, en expansion comme son œuvre, *La Comédie humaine*, où chaque roman contribue à la signification de l'ensemble par le retour de personnages emblématiques ; Stendhal en serait le cœur, encore porté vers le sentimentalisme comme en témoigne un de ses romans, *Le Rouge et le Noir*, dédié aux couleurs de la passion ; Flaubert, qui inlassablement travaille son style, en représenterait le cerveau ; Maupassant, sportif dans la vie comme en littérature, aimant la prouesse finale qui fait la nouvelle, serait le muscle du réalisme, alors que Zola en serait le nerf, celui du combat et de la contestation.

L'Empire : la France soumise à l'autorité absolue des Bonaparte.

Démocratie : un gouvernement par le peuple pour le peuple.

La conception du roman

Une première génération d'allégeance réaliste

En 1830, Guizot, un ministre du roi Louis-Philippe, lance le mot d'ordre du siècle : « Enrichissez-vous ! » Cette maxime fera son chemin jusqu'en littérature puisque l'argent devient un thème essentiel du roman réaliste. La première génération réaliste, dans la foulée de Balzac, décrit surtout l'ascension des ambitieux vers le haut du pavé, alors que les écrivains d'allégeance naturaliste vont jusqu'à descendre sous terre, dans les mines par exemple, pour débusquer la pauvreté, comme le fait Zola dans *Germinal* (1885). Ce roman traduit bien un des paradoxes du réalisme qui, tout en multipliant catastrophes et calamités dans ses intrigues, laisse toutefois percer un germe d'espoir, celui d'une marche de l'humanité vers le progrès.

Transposant dans la littérature l'esprit ingénieux de leur siècle, les écrivains d'allégeance réaliste génèrent un modèle narratif doté d'une telle efficacité qu'au fil du temps il s'impose comme la référence pour juger de la réussite d'une œuvre romanesque. C'est dans la préface à leurs œuvres que se trouve condensée par des formules-chocs leur conception artistique. En voici quelques-unes qui illustrent leurs intentions :

- « un roman, c'est un miroir que l'on promène le long d'un chemin » (Stendhal) ;
- le romancier devient « l'archéologue du mobilier social » (Balzac) ;
- et celle-ci de Flaubert qui présente son aspiration au roman unifié dans toutes ses composantes : « Si la couleur n'est pas une, si les détails détonnent, si les mœurs ne dérivent pas de la religion et les faits des passions, si les caractères ne sont pas suivis, si les costumes ne sont pas appropriés aux usages et les architectures aux climats, s'il n'y a pas, en un mot, harmonie, je suis dans le faux. Sinon, non. Tout se tient. »

Dans le sillage de Zola, les adeptes du naturalisme

Quant aux adeptes du naturalisme, c'est en Émile Zola qu'ils trouveront leur théoricien. Sa thèse se trouve principalement exposée dans un essai au titre révélateur, *Le Roman expérimental*, qui témoigne de la domination de la science sur les intellectuels de sa génération. Le romancier y est décrit comme :

- un observateur et un expérimentateur « qui démontent et remontent pièce à pièce la machine humaine, pour la faire fonctionner sous l'influence des milieux » ;
- un analyste du « mécanisme de la pensée et des passions ».

Zola tente en outre de programmer le processus de création.

- La première étape, celle de la documentation, consiste à observer les faits afin d'établir un « terrain solide sur lequel vont marcher les personnages et se développer les phénomènes ».
- La deuxième étape, qui correspond au moment de l'expérience (terme emprunté à la science), consiste à étudier comment les lois de la nature et les conditions du milieu déterminent le personnage. C'est à ce moment que se planifie l'intrigue.

Maupassant nuancera dans son roman *Pierre et Jean* la doctrine de son maître. Il reconnaît la part qui revient au travail dans la création, mais il affirme que la méthode n'est rien si elle n'est pas supportée par une façon originale de voir le monde. L'écrivain réaliste ne saurait se réduire à être un transcripteur servile de la réalité. Chaque grand artiste est un « illusionniste » qui joue de son art pour créer une impression de réalité.

Les traits distinctifs des récits réaliste et naturaliste

1. Sur le plan de l'intrigue, le récit vise un effet de réel (la vraisemblance)

Le romancier cherche à reproduire la réalité de son époque. La dynamique entre les personnages traduit, par la force des choses, les rapports de classes dans la société française du XIXe siècle. Dans cette perspective, le romancier situe son intrigue de préférence dans l'actualité. L'action se déroule souvent dans un cadre urbain parce que la ville est le lieu où se brassent les affaires, où se nouent les alliances, où se trament les manœuvres du capitalisme. Les personnages représentent les types sociaux susceptibles d'entrer en conflit d'intérêts. Du côté masculin, on trouve le rentier, le parvenu, l'usurier, le jeune loup ambitieux, le fraudeur, l'ouvrier ; du côté féminin, la grande bourgeoise, la femme entretenue, la petite prostituée et quelques candides héroïnes, qui sont les reliquats de la période romantique. Pour augmenter l'impression de véracité du récit, l'auteur intègre des personnages historiques et il jalonne son texte de repères temporels tirés de la réalité.

Le but de cette littérature est donc bien de copier le réel, de rendre la fiction crédible aux yeux du lecteur, ce qui se traduit par les termes d'écriture « mimétique » ou « vraisemblable ».

2. Sur le plan de l'organisation narrative, le récit vise un effet de logique (la cohérence)

Les romanciers réalistes cherchent la cohérence dans l'organisation de leur récit : les événements se suivent dans un ordre linéaire, c'est-à-dire chronologique, et rationnel, soit de cause à conséquence. L'information utile est retenue de préférence au détail qui traduirait le gratuit ou l'arbitraire du quotidien. Pour mieux comprendre cette conception, on peut dire que les réalistes voient le monde comme un énorme mécanisme mis au point par un mégalomane à l'esprit scientifique. L'homme en constitue un rouage essentiel, tout en étant assujetti au fonctionnement du système.

Pour superviser l'intrigue, les réalistes donnent la parole à un narrateur non représenté, extérieur à l'histoire, adoptant généralement un point de vue omniscient (focalisation zéro). Ce choix donne l'illusion que l'histoire se déroule d'elle-même, comme dans un film où l'on ne voit sur l'écran ni le réalisateur ni le caméraman.

Les personnages adoptent une ligne de conduite conforme à leur caractère et même à leur physique, qui est décrit avec minutie dès qu'ils entrent en scène. Pour les réalistes, l'être humain n'est ni changeant ni polyvalent, mais stable et unidimensionnel.

Ainsi, chaque élément narratif trouve sa place dans le tableau global que compose le roman.

3. Une thématique orientée vers le social (une littérature instructive)

Le romancier veut rendre intelligible le fonctionnement de la société : quelle classe sociale, quels individus exercent le pouvoir ? Quelle réaction faut-il attendre de la part des dominés ? Quels sont les principaux enjeux du système socio-économique ? Le roman explore ces problématiques en opposant des personnages aux intérêts divergents : la thématique oscille entre pouvoir et exploitation, entre détermination et aliénation, entre connaissance et ignorance.

L'accent étant mis sur les luttes à caractère social plutôt que sur les conflits intérieurs, les thèmes qui relèvent de la vie affective sont-ils pour autant

Association des amis d'Honoré Daumier.
Honoré Daumier, *Rue Transnonain, 15 avril 1834*, 1834.

délaissés ? Bien au contraire, car l'écrivain prend plaisir à étudier les complexes stratégies de la passion et à montrer comment le mercantilisme ambiant dénature les relations amoureuses.

Enfin, les recherches scientifiques qui ont été mises à la portée du public, entre autres celles sur l'hérédité, sur l'influence du milieu et sur l'évolution des espèces, incitent l'artiste à développer une vision fataliste. Tare familiale, alcoolisme, déchéance, criminalité et culpabilité donnent aux récits une tonalité morbide qui se manifeste de façon plus spécifique chez les naturalistes.

4. Un style qui vise un effet de transparence

Pour reproduire la réalité, l'écriture documentaire est idéale, mais est-ce possible en littérature ? C'est surtout sur ce point qu'achoppent les théories réalistes, aucun artiste ne pouvant se résoudre à utiliser le langage sans lui apposer sa marque personnelle. La tendance est à la transparence, c'est-à-dire au refus de cultiver la prouesse stylistique pour elle-même. Le texte doit demeurer lisible pour que son sens soit accessible au lecteur. Les réseaux métaphoriques servent donc à mieux faire comprendre la thématique. Par exemple, l'écrivain a recours à des images associées à la nourriture pour illustrer l'esprit de compétition : lequel des protagonistes mangera l'autre ? Même chose pour les images reliées au monde animal : où se cache le loup parmi les moutons ?

La fascination pour les machines se traduit par leur personnification alors qu'à l'opposé l'homme devient bête, lui qui maîtrise mal les pulsions d'une sexualité souvent présentée comme dévoyée (*La Bête humaine* de Zola, par exemple). De l'image au mythe, il n'y a qu'un pas facilement franchi par les auteurs réalistes, surtout Balzac et Zola, qui ont naturellement le souffle épique.

Tableau synthèse

Le réalisme et le naturalisme : un récit vraisemblable, cohérent, instructif, au style transparent

Intrigue

Rendre la fiction crédible en créant l'illusion du réel.

- Personnages types faisant la synthèse des traits observés dans une catégorie sociale.
- Intégration dans la fiction de personnages et d'événements réels.
- Descriptions détaillées fondées sur l'observation et la documentation.
- Espace : de préférence la ville, lieu par excellence du capitalisme.
- Temps : l'actualité (contemporaine à l'auteur).

Structure narrative

Créer un effet de logique en présentant une vision cohérente et unifiée du monde.

- Narrateur non représenté (extérieur à l'histoire), point de vue omniscient (focalisation zéro).
- Concordance descriptive entre les aspects physique, psychologique et social du personnage.
- Enchaînement linéaire des événements selon un lien de cause à effet.
- Tendance au roman-système : corrélations entre les éléments dont chacun renvoie à la signification globale.

Thématique

Rendre la dynamique sociale intelligible au lecteur.
Illustrer des hypothèses scientifiques.

- Conflits d'intérêts et luttes de classes.
- Thèmes du pouvoir, de l'argent, de la guerre.
- Amour, désir et religion : refus d'idéalisation.
- Hérédité, culpabilité, violence.

Style

Exprimer son lyrisme personnel sans nuire à la lisibilité du texte.
Créer un effet de transparence en masquant le travail de l'écriture.

- Réseaux métaphoriques qui concrétisent le fonctionnement social.
- Refus de la prouesse stylistique.

Honoré de Balzac : l'instigateur du réalisme

Un homme à l'image de son époque

Né en 1799 dans une famille bourgeoise qui s'installe bientôt à Paris, Balzac entreprend des études de droit qu'il abandonnera pour satisfaire ses aspirations littéraires. Dévoré par le désir de devenir prospère, il apprend son métier d'écrivain en composant des romans populaires avant de se lancer dans l'imprimerie, où il accumule les déboires financiers. Cet ambitieux, qui est en outre doté d'une énergie prodigieuse, décide non seulement de vivre de sa plume mais d'essayer par ce moyen de parvenir à la richesse et à la renommée. Soutenu dans son effort titanesque par une consommation massive de café, il adopte un rythme de travail frénétique : il livre ses romans sous forme de feuilletons et rédige de multiples articles pour les journaux.

En 1832, il rencontre Mme Hanska, sa future épouse, qui devient sa confidente dans les nombreuses lettres qu'il lui fait parvenir avant son mariage en 1850, l'année même de son décès. Pour se payer un train de vie fastueux, il aura vécu en forçat de l'écriture. Son activisme fébrile sape son énergie avant même qu'il mène à terme son projet grandiose, voire démesuré, celui de dresser le portrait de la société française du XIXe siècle.

Musée des Beaux-Arts de Tours.
Louis Boulanger, *Honoré de Balzac*, 1840.

Vous trouverez d'autres renseignements sur Balzac aux pages 11, 13 et 16.

Une conception innovatrice du roman

Le roman-système

Balzac, quoique fortement romantique dans sa thématique, apparaît comme l'initiateur du réalisme, car il fait évoluer la forme narrative dans une perspective à la fois rationnelle et fonctionnelle. Le récit doit se construire comme un ensemble structuré où chaque élément trouve sa raison d'être par ses relations avec les autres :

- l'intrigue présente une vision significative du monde de façon à instruire le lecteur de la dynamique sociale ;
- les personnages représentent la synthèse de traits qu'il observe chez des individus appartenant à une même catégorie sociale : cela donne des types comme le parvenu, l'arriviste ou le fraudeur ;

- tous les aspects du portrait concordent : le physique annonce le caractère du personnage tout comme le comportement traduit sa psychologie ;
- cet esprit de cohérence atteint même les décors, décrits de façon très détaillée, pour fournir des indices sur l'origine sociale ou la psychologie des protagonistes.

Poussant très loin cette logique, Balzac a l'idée géniale de relier ses romans entre eux, en y faisant réapparaître des personnages, ce qui se produit au moins une fois pour 513 des 2500 créatures issues de son imagination. Ce procédé offre l'avantage de fournir une profondeur biographique à ses êtres fictifs, avec pour résultat d'augmenter l'illusion de la réalité. L'œuvre acquiert en outre un caractère organique par les liens qui se tissent d'un ouvrage à l'autre. Le lecteur a l'impression de rencontrer des figures connues comme celle de Vautrin, dit aussi Trompe-la-Mort, le type même du brigand engendré par le capitalisme sauvage, et celle de Rastignac, jeune loup ambitieux, qui rêve de conquérir Paris.

Chacun de ses romans, qui présente un milieu social avec sa mentalité propre, s'insère dans *La Comédie humaine*, titre donné à sa grande fresque sociale. Balzac cultive ainsi chez le lecteur l'impression qu'en parcourant son œuvre au complet il connaîtra tout de la société française du début du XIXe siècle. Victor Hugo, dans son éloge funèbre, trouvera les mots appropriés pour résumer l'entreprise romanesque de son contemporain :

« Tous ses livres ne forment qu'un livre, livre vivant, lumineux, profond, où l'on voit aller et venir, et marcher et se mouvoir, avec je ne sais quoi d'effaré et de terrible mêlé au réel, toute notre civilisation contemporaine, livre merveilleux que notre poète a intitulé *Comédie* mais qu'il aurait pu intituler *Histoire*… Livre qui est l'observation et qui est l'imagination. […] Balzac va droit au but. Il saisit à bras-le-corps la Société moderne. »

Une influence déterminante

Stendhal et Flaubert s'inscrivent dans la tendance inaugurée par Balzac tout en apportant au réalisme leur contribution particulière.
- Ils travaillent à se départir de l'influence romantique en se distançant volontairement des personnages à caractère sentimental par l'ironie.
- Ils refusent tout procédé d'idéalisation lorsqu'ils composent des scènes de séduction ou de conquête militaire.
- Ils dévaluent les mythes romantiques, mettant à jour la quête de pouvoir effrénée qui anime les hommes, les petits autant que les grands, dans une société assoiffée d'argent.

Zola reprendra à son compte cette conception du roman-système en ajoutant une touche personnelle :
- Il cherche à illustrer des hypothèses scientifiques.
- Il décrit, dans sa vaste fresque des Rougon-Macquart, l'*Histoire naturelle et sociale d'une famille sous le Second Empire*, celui de Napoléon III, neveu du grand Bonaparte, qui gouverne la France pendant plus de vingt ans, de 1848 à 1870.

Cette idée de cycle romanesque sera reprise par plusieurs écrivains, dont Romain Rolland et Martin du Gard au XXe siècle dans leurs œuvres respectives, *Jean-Christophe* et *Les Thibault*.

LE SECRÉTAIRE DE LA SOCIÉTÉ

Mais comment rendre intéressant le drame à trois ou quatre mille personnages que présente une société ? [...]

D'abord, presque toujours ces personnages, dont l'existence devient plus longue, plus authentique que celle des générations au milieu desquelles on les
5 fait naître, ne vivent qu'à la condition d'être une grande image du présent. Conçus dans les entrailles de leur siècle, tout le cœur humain se remue sous leur enveloppe, il s'y cache souvent toute une philosophie. Walter Scott élevait donc à la valeur philosophique de l'histoire le roman, cette littérature qui, de siècle en siècle, incruste d'immortels diamants la couronne poétique
10 des pays où se cultivent les lettres. Il y mettait l'esprit des anciens temps, il y réunissait à la fois le drame, le dialogue, le portrait, le paysage, la description ; il y faisait entrer le merveilleux et le vrai, ces éléments de l'épopée, il y faisait coudoyer la poésie par la familiarité des plus humbles langages. Mais, ayant moins imaginé un système que trouvé sa manière dans le feu du travail ou
15 par la logique de ce travail, il n'avait pas songé à relier ses compositions l'une à l'autre de manière à coordonner une histoire complète, dont chaque chapitre eût été un roman, et chaque roman une époque. En apercevant ce défaut de liaison, qui d'ailleurs ne rend pas l'Écossais moins grand, je vis à la fois le système favorable à l'exécution de mon ouvrage et la possibilité de
20 l'exécuter. Quoique, pour ainsi dire, ébloui par la fécondité surprenante de Walter Scott, toujours semblable à lui-même et toujours original, je ne fus pas désespéré, car je trouvai la raison de ce talent dans l'infinie variété de la nature humaine. Le hasard est le plus grand romancier du monde : pour être fécond, il n'y a qu'à l'étudier. La Société française allait être l'historien, je ne
25 devais être que le secrétaire. En dressant l'inventaire des vices et des vertus, en rassemblant les principaux faits des passions, en peignant les caractères, en choisissant les événements principaux de la Société, en composant des types par la réunion des traits de plusieurs caractères homogènes, peut-être pouvais-je arriver à écrire l'histoire oubliée par tant d'historiens, celle des
30 mœurs. [...]

Ce travail n'était rien encore. S'en tenant à cette reproduction rigoureuse, un écrivain pouvait devenir un peintre plus ou moins fidèle, plus ou moins heureux, patient ou courageux des types humains, le conteur des drames de la vie intime, l'archéologue du mobilier social, le nomenclateur des profes-
35 sions, l'enregistreur du bien et du mal ; mais, pour mériter les éloges que doit ambitionner tout artiste, ne devais-je pas étudier les raisons ou la raison de ces effets sociaux, surprendre le sens caché dans cet immense assemblage de figures, de passions et d'événements ? Enfin, après avoir cherché, je ne dis pas trouvé, cette raison, ce moteur social, ne fallait-il pas méditer sur les prin-
40 cipes naturels et voir en quoi les sociétés s'écartent ou se rapprochent de la règle éternelle, du vrai, du beau ? Malgré l'étendue des prémisses, qui pouvaient être à elles seules un ouvrage, l'œuvre, pour être entière, voulait une conclusion. Ainsi dépeinte, la société devait porter avec elle la raison de son mouvement.

Avant-propos à *La Comédie humaine*, 1841.

L'ESSAI
Ouvrage en prose qui présente une réflexion sur un sujet tiré de la réalité.

Le rôle du romancier

Honoré de Balzac (1799-1850)

Honoré de Balzac est un écrivain qui se double d'un critique littéraire, en particulier dans les préfaces de ses œuvres. Ennemi du préjugé selon lequel le roman ne serait qu'un genre mineur s'adressant à un public peu cultivé, Balzac énonce plusieurs des idées fondamentales de ce nouveau courant qu'est le réalisme. Il souligne, entre autres, l'importance de faire comprendre au lecteur la dynamique sociale par une intrigue fondée sur des conflits d'intérêts.

Dans cet avant-propos à *La Comédie humaine*, Balzac explique en quoi il se démarque de Walter Scott, ce grand romancier écossais qui exerce sur lui une influence déterminante. Il définit, par la même occasion, le rôle qu'il s'attribue à mi-chemin entre continuité et innovation.

1. Dans un tableau à deux colonnes, relevez les termes et les expressions qui se rapportent au cœur et ceux qui se rapportent à la raison.

2. Relevez dans le texte :
   - deux énumérations ;
   - deux personnifications ;
   - deux métaphores ;
   - deux antithèses.

   Expliquez en quoi ces figures éclairent le sens du texte.

3. Déterminez quels passages montrent que Balzac vise à copier la réalité dans ses romans soit en s'inspirant de la manière de Walter Scott, soit en innovant. Traduisez en vos propres mots en quoi consiste cet effet de réel.

4. Relevez les passages par lesquels Balzac montre qu'il vise à organiser ses œuvres de façon rigoureuse.

5. Expliquez ce qu'entend Balzac par un romancier qui serait le « secrétaire de sa société » en établissant des liens avec le journalisme.

6. Est-il vrai, selon Balzac, que le travail de l'écrivain consiste aussi à dévoiler les secrets tout en révélant la morale du siècle ?

7. En quoi ce texte correspond-il aux caractéristiques de l'essai ? En quoi se différencie-t-il du récit ?

Musée d'Orsay, Paris.
Gustave Courbet, *L'Atelier du peintre*, 1855.
« […] un écrivain pouvait devenir un peintre plus ou moins fidèle, plus ou moins heureux, patient ou courageux des types humains […] »
(Balzac, *La Comédie humaine*, 1841).

Atelier d'analyse

CHARLES GRANDET, LE COUSIN PARISIEN

Monsieur Charles Grandet, beau jeune homme de vingt-deux ans, produisait en ce moment un singulier contraste avec les bons provinciaux que déjà ses manières aristocratiques révoltaient passablement, et que tous étudiaient pour se moquer de lui. Ceci veut une explication. À vingt-deux
5 ans, les jeunes gens sont encore assez voisins de l'enfance pour se laisser aller à des enfantillages. Aussi, peut-être, sur cent d'entre eux, s'en rencontrerait-il bien quatre-vingt-dix-neuf qui se seraient conduits comme se conduisait Charles Grandet. Quelques jours avant cette soirée, son père lui avait dit d'aller pour quelques mois chez son frère de Saumur. Peut-être monsieur
10 Grandet de Paris pensait-il à Eugénie. Charles, qui tombait en province pour la première fois, eut la pensée d'y paraître avec la supériorité d'un jeune homme à la mode, de désespérer l'arrondissement par son luxe, d'y faire époque, et d'y importer les inventions de la vie parisienne. Enfin, pour tout expliquer d'un mot, il voulait passer à Saumur plus de temps qu'à Paris à se
15 brosser les ongles, et y affecter l'excessive recherche de mise que parfois un jeune homme élégant abandonne pour une négligence qui ne manque pas de grâce. Charles emporta donc le plus joli costume de chasse, le plus joli fusil, le plus joli couteau, la plus jolie gaine de Paris. Il emporta sa collection de gilets les plus ingénieux : il y en avait de gris, de blancs, de noirs, de couleur
20 scarabée, à reflets d'or, de pailletés, de chinés, de doubles, à châle ou droits de col, à col renversé, de boutonnés jusqu'en haut, à boutons d'or. Il emporta toutes les variétés de cols et de cravates en faveur à cette époque. Il emporta deux habits de Buisson, et son linge le plus fin. Il emporta sa jolie toilette d'or, présent de sa mère. Il emporta ses colifichets de dandy, sans oublier une
25 ravissante petite écritoire donnée par la plus aimable des femmes, pour lui du moins, par une grande dame qu'il nommait Annette, et qui voyageait maritalement, ennuyeusement, en Écosse, victime de quelques soupçons auxquels besoin était de sacrifier momentanément son bonheur ; puis force joli papier pour lui écrire une lettre par quinzaine. Ce fut enfin une cargaison de futilités
30 parisiennes aussi complète qu'il était possible de la faire, et où, depuis la cravache qui sert à commencer un duel, jusqu'aux beaux pistolets ciselés qui le terminent, se trouvaient tous les instruments aratoires dont se sert un jeune homme oisif pour labourer la vie. Son père lui ayant dit de voyager seul et modestement, il était venu dans le coupé de la diligence retenu pour lui
35 seul, assez content de ne pas gâter une délicieuse voiture de voyage commandée pour aller au-devant de son Annette, la grande dame que... etc., et qu'il devait rejoindre en juin prochain aux Eaux de Baden. Charles comptait rencontrer cent personnes chez son oncle, chasser à courre dans les forêts de son oncle, y vivre enfin de la vie de château ; il ne savait pas le trouver à Saumur, où il
40 ne s'était informé de lui que pour demander le chemin de Froidfond ; mais, en le sachant en ville, il crut l'y voir dans un grand hôtel. Afin de débuter convenablement chez son oncle, soit à Saumur, soit à Froidfond, il avait fait la toilette de voyage la plus coquette, la plus simplement recherchée, la plus adorable, pour employer le mot qui dans ce temps résumait les perfections
45 spéciales d'une chose ou d'un homme. À Tours, un coiffeur venait de lui refriser ses beaux cheveux châtains ; il y avait changé de linge, et mis une cravate de satin noir combinée avec un col rond, de manière à encadrer

LE RÉCIT

Tout texte qui se compose d'une histoire (la fiction, les événements racontés) et d'une narration (la façon dont les événements sont racontés).

Le personnage : portrait détaillé

Honoré de Balzac (1799-1850)

Balzac, ce boulimique de travail, commence son œuvre en pleine période de provocation romantique, et sa vision du monde est partiellement influencée par ce courant : n'ambitionne-t-il pas de devenir le Napoléon de la littérature ? En revanche, Balzac est pleinement réaliste par la façon fonctionnelle dont il conduit ses récits et par la perspective didactique qu'il adopte dans sa démarche : ne définit-il pas l'écrivain « comme un instituteur des hommes » ?

L'extrait ci-contre illustre parfaitement sa conception du personnage qu'il traite comme un élément qui concourt à la signification globale du roman. Il est tiré du roman *Eugénie Grandet*. L'héroïne, qui donne son titre à l'œuvre, est une jeune femme douce et timide qui tombe amoureuse d'un cousin parisien de passage chez elle, à Saumur. Il l'oubliera dès son retour dans la capitale. En montrant comment s'opposent les valeurs de la jeune noblesse de Paris et celles des « bons bourgeois provinciaux », ce portrait contribue en quelque sorte à rendre intelligibles au lecteur les raisons de cet abandon.

Musée d'Orsay, Paris.
Giovanni Boldini, *Le Comte Robert de Montesquiou*, 1897.
Le jeune Grandet (ou le jeune homme élégant et excentrique) décrit par Balzac annonce déjà le dandy cher à Charles Baudelaire et à Oscar Wilde.

agréablement sa blanche et rieuse figure. Une redingote de voyage à demi bou-
50 tonnée lui pinçait la taille, et laissait voir un gilet de cachemire à châle sous lequel était un second gilet blanc. Sa montre, négligemment abandonnée au hasard dans une poche, se rattachait par une
55 courte chaîne d'or à l'une des bouton-nières. Son pantalon gris se boutonnait sur les côtés, où des dessins brodés en soie noire enjolivaient les coutures. Il maniait agréablement une canne dont la
60 pomme d'or sculpté n'altérait point la fraîcheur de ses gants gris. Enfin, sa cas-quette était d'un goût excellent. Un Parisien, un Parisien de la sphère la plus élevée pouvait seul et s'agencer ainsi sans
65 paraître ridicule, et donner une harmonie de fatuité à toutes ces niaiseries, que sou-tenait d'ailleurs un air brave, l'air d'un jeune homme qui a de beaux pistolets, le coup sûr et Annette. Maintenant, si vous
70 voulez bien comprendre la surprise respective des Saumurois et du jeune Parisien, voir parfaitement le vif éclat que l'élégance du voyageur jetait au milieu des ombres grises de la salle et des figures
75 qui composaient le tableau de famille, essayez de vous représenter les Cruchot. Tous les trois prenaient du tabac, et ne songeaient plus depuis longtemps à éviter ni les roupies, ni les petites galettes
80 noires qui parsemaient le jabot de leurs chemises rousses, à cols recroquevillés et à plis jaunâtres. Leurs cravates molles se roulaient en corde aussitôt qu'ils se les étaient attachées au cou. L'énorme quantité de linge qui leur permettait de ne faire la lessive que tous les six
85 mois, et de le garder au fond de leurs armoires, laissait le temps y imprimer ses teintes grises et vieilles. Il y avait en eux une parfaite entente de mauvaise grâce et de sénilité. Leurs figures, aussi flétries que l'étaient leurs habits râpés, aussi plissées que leurs pantalons, semblaient usées, racornies, et grimaçaient. La négligence générale des autres costumes, tous incomplets, sans fraîcheur,
90 comme le sont les toilettes de province, où l'on arrive insensiblement à ne plus s'habiller les uns pour les autres, et à prendre garde au prix d'une paire de gants, s'accordait avec l'insouciance des Cruchot. L'horreur de la mode était le seul point sur lequel les Grassinistes et les Cruchotins s'entendissent parfaitement. Le Parisien prenait-il son lorgnon pour examiner les singuliers
95 accessoires de la salle, les solives du plancher, le ton des boiseries ou les points que les mouches y avaient imprimés et dont le nombre aurait suffi pour ponctuer l'*Encyclopédie méthodique* et le *Moniteur*, aussitôt les joueurs de loto levaient le nez et le considéraient avec autant de curiosité qu'ils en eussent manifesté pour une girafe.

Eugénie Grandet, 1833.

Atelier d'analyse

Exploration

1. Assurez-vous d'abord de bien comprendre l'extrait. Pour ce faire :
   - cherchez les mots qui vous posent problème comme « oisif », « fatuité », « roupies », et ceux dont la définition est susceptible d'éclairer la signification du texte, comme « aristocrate » et « dandy » ;
   - faites un bref résumé de l'extrait.

2. Relevez dans le texte :
   - deux énumérations ;
   - une métaphore et une comparaison ;
   - deux passages qui trahissent l'intention ironique de Balzac ;
   - les couleurs choisies pour décrire l'habillement du cousin ;
   - 10 termes péjoratifs dans la description des Saumurois.

3. Quels détails Balzac fournit-il sur Charles Grandet (âge, origine sociale, etc.) pour le situer dès le début ? Donne-t-il les mêmes détails sur ses hôtes provinciaux ?

4. Balzac établit une concordance entre le physique, le caractère du personnage et sa mentalité. Démontrez cette concordance par l'étude des aspects suivants :
   - la description de l'habillement de Charles ;
   - les traits psychologiques qui s'en dégagent ;
   - les traits de mentalité (qui traduisent son origine sociale).

5. « Il emporta sa collection de gilets. » ; « ce fut enfin une cargaison de futilités ». Étudiez comment Balzac traduit par le style l'idée de profusion.

6. À l'élégance du jeune Parisien, Balzac oppose le laisser-aller des provinciaux. Dans un tableau à deux colonnes, dressez le champ lexical relatif à chacun de ces termes.

7. En quoi la mise des provinciaux traduit-elle des valeurs opposées à celles du Parisien ?

8. Comment la description du décor ajoute-t-elle à l'effet de contraste ?

9. Quel est le type de narrateur choisi par l'auteur ? Quel est l'avantage de ce choix ici ?

Hypothèses d'analyse et de dissertation

1. Montrez que, chez Balzac, le portrait physique des personnages traduit leur caractère et leur culture de classe.

2. Les écrivains réalistes veulent rendre le fonctionnement de la société intelligible au lecteur. Démontrez-le en vous appuyant sur cet extrait.

Honoré de Balzac (1799-1850)

Le Père Goriot apparaît comme un roman charnière de *La Comédie humaine* puisque Balzac y inaugure le procédé du retour des personnages d'un roman à l'autre. En donnant une profondeur biographique à ses créatures fictives, il parvient à augmenter l'illusion de réel. L'œuvre acquiert en outre un caractère organique par les liens qui se tissent d'un ouvrage à l'autre. Le lecteur a l'impression de rencontrer des figures connues comme celle de Rastignac, jeune loup ambitieux, qui rêve de conquérir Paris et Vautrin, dit aussi Trompe-la-Mort, le type même du brigand engendré par le capitalisme sauvage. Tous deux côtoient, dans la pension Vauquer, le père Goriot, vieil homme empreint de mystère. Rastignac découvre son secret : le vieil homme a dilapidé sa fortune pour bien nantir ses filles et leur assurer un mariage avantageux.

Dans l'extrait ci-contre, Vautrin expose à Rastignac le code moral qui régit sa conduite. Son cynisme est celui d'un individu qui refuse de faire partie des victimes. En s'engageant dans une course frénétique pour la fortune, il accepte de laisser de côté toute compassion.

PARVENIR !

Vaut encore mieux guerroyer avec les hommes que de lutter avec sa femme. Voilà le carrefour de la vie, jeune homme, choisissez. Vous avez déjà choisi : vous êtes allé chez notre cousine de Beauséant, et vous y avez flairé le luxe. Vous êtes allé chez madame de Restaud, la fille du père Goriot, et vous
5 y avez flairé la Parisienne. Ce jour-là vous êtes revenu avec un mot écrit sur votre front, et que j'ai bien su lire : *Parvenir !* parvenir à tout prix. Bravo ! ai-je dit, voilà un gaillard qui me va. Il vous a fallu de l'argent. Où en prendre ? Vous avez saigné vos sœurs. Tous les frères *flouent* plus ou moins leurs sœurs. Vos quinze cents francs arrachés, Dieu sait comme ! dans un pays où l'on
10 trouve plus de châtaignes que de pièces de cent sous, vont filer comme des soldats à la maraude. Après, que ferez-vous ? vous travaillerez ? Le travail, compris comme vous le comprenez en ce moment, donne, dans les vieux jours, un appartement chez maman Vauquer, à des gars de la force de Poiret. Une rapide fortune est le problème que se proposent de résoudre en ce
15 moment cinquante mille jeunes gens qui se trouvent tous dans votre position. Vous êtes une unité de ce nombre-là. Jugez des efforts que vous avez à faire et de l'acharnement du combat. Il faut vous manger les uns les autres comme des araignées dans un pot, attendu qu'il n'y a pas cinquante mille bonnes places. Savez-vous comment on fait son chemin ici ? par l'éclat du génie ou
20 par l'adresse de la corruption. Il faut entrer dans cette masse d'hommes comme un boulet de canon, ou s'y glisser comme une peste. L'honnêteté ne sert à rien. L'on plie sous le pouvoir du génie, on le hait, on tâche de le calomnier, parce qu'il prend sans partager ; mais on plie s'il persiste ; en un mot, on l'adore à genoux quand on n'a pas pu l'enterrer sous la boue. La
25 corruption est en force, le talent est rare. Ainsi, la corruption est l'arme de la médiocrité qui abonde, et vous en sentirez partout la pointe.

[...]

Si donc vous voulez promptement la fortune, il faut être déjà riche ou le paraître. Pour s'enrichir, il s'agit ici de jouer de grands coups ; autrement on
30 carotte, et votre serviteur. Si dans les cent professions que vous pouvez embrasser, il se rencontre dix hommes qui réussissent vite, le public les appelle des voleurs. Tirez vos conclusions. Voilà la vie telle qu'elle est. Ça n'est pas plus beau que la cuisine, ça pue tout autant, et il faut se salir les mains si l'on veut fricoter ; sachez seulement vous bien débarbouiller : là est toute la
35 morale de notre époque. Si je vous parle ainsi du monde, il m'en a donné le droit, je le connais. Croyez-vous que je le blâme ? du tout. Il a toujours été ainsi. Les moralistes ne le changeront jamais. L'homme est imparfait. Il est parfois plus ou moins hypocrite, et les niais disent alors qu'il a ou n'a pas de mœurs. Je n'accuse pas les riches en faveur du peuple ; l'homme est le même
40 en haut, en bas, au milieu. Il se rencontre par chaque million de ce haut bétail dix lurons qui se mettent au-dessus de tout, même des lois ; j'en suis. Vous, si vous êtes un homme supérieur, allez en droite ligne et la tête haute. Mais il faudra lutter contre l'envie, la calomnie, la médiocrité, contre tout le monde. Napoléon a rencontré un ministre de la guerre qui s'appelait Aubry, et qui a
45 failli l'envoyer aux colonies. Tâtez-vous ! Voyez si vous pourrez vous lever tous les matins avec plus de volonté que vous n'en aviez la veille. Dans ces conjonctures, je vais vous faire une proposition que personne ne refuserait. Écoutez bien. Moi, voyez-vous, j'ai une idée. Mon idée est d'aller vivre de la vie patriarcale au milieu d'un grand domaine, cent mille arpents, par exemple,
50 aux États-Unis, dans le sud. Je veux m'y faire planteur, avoir des esclaves,

gagner quelques bons petits millions à vendre mes bœufs, mon tabac, mes bois, en vivant comme un souverain, en faisant mes volontés, en menant une vie qu'on ne conçoit pas ici, où l'on se tapit dans un terrier de plâtre. Je suis un grand poète. Mes poésies, je ne les écris pas : elles consistent en actions et en sentiments.

Le Père Goriot, 1834-1835.

Collection privée.
Honoré Daumier, *Vautrin,* **1855.**

1. Dégagez les principales valeurs du code « moral » prôné par Vautrin.

2. Expliquez en quoi cet extrait pourrait être interprété comme une critique du capitalisme.

3. Sur le plan du style, les réseaux métaphoriques de la guerre et de la nourriture appuient la démonstration faite par Vautrin : dressez les champs lexicaux associés à ces deux termes.

4. La fascination pour l'argent s'illustre par le recours obsessif aux chiffres ou à des termes substituts ou connexes du mot « richesse ». Prouvez-le.

5. Balzac cherche à restituer le ton de l'entretien : observez le temps des verbes, l'influence de la langue orale sur la syntaxe, la ponctuation.

6. Commentez la dernière phrase du texte en établissant des liens entre la vie et les ambitions de Balzac et celles de son personnage Vautrin.

Le refus d'idéaliser l'amour

Stendhal
(1783-1842)

Stendhal (pseudonyme de Henri Beyle) naît à la veille de la Révolution française. Devenu diplomate, il voyage dans de nombreux pays, mais c'est l'Italie qui exerce sur lui la fascination la plus durable. Il décède à Paris.

Stendhal incarne la transition entre les courants romantique et réaliste : d'un côté, il est individualiste et porté à l'introspection ; de l'autre, il se montre naturellement sceptique à l'égard des dogmes et de ceux qui s'en font les porte-drapeaux. Ses personnages, à la psychologie égotiste et au physique de séducteur, échouent dans leur projet d'ascension sociale, comme c'est le cas de Julien Sorel, le héros de son roman *Le Rouge et le Noir*. En observant les moindres gestes de leur vie quotidienne, Stendhal adopte un recul ironique qui lui permet, en outre, de révéler la médiocrité des milieux sociaux dans lesquels ils évoluent.

La scène choisie présente Julien Sorel alors qu'il projette de séduire Mme de Rênal qui l'emploie comme précepteur pour ses enfants. Les multiples remarques qui jalonnent le texte trahissent l'ironie du narrateur et maintiennent une distance critique par rapport à ce qui est raconté.

UNE SOIRÉE À LA CAMPAGNE

Ses regards, le lendemain, quand il revit Mme de Rênal, étaient singuliers ; il l'observait comme un ennemi avec lequel il va falloir se battre. Ces regards, si différents de ceux de la veille, firent perdre la tête à Mme de Rênal : elle avait été bonne pour lui et il paraissait fâché. Elle ne pouvait détacher ses regards
5 des siens.

La présence de Mme Derville permettait à Julien de moins parler et de s'occuper davantage de ce qu'il avait dans la tête. Son unique affaire, toute cette journée, fut de se fortifier par la lecture du livre inspiré qui retrempait son âme.
10 Il abrégea beaucoup les leçons des enfants, et ensuite, quand la présence de Mme de Rênal vint le rappeler tout à fait aux soins de sa gloire, il décida qu'il fallait absolument qu'elle permît ce soir-là que sa main restât dans la sienne.

Le soleil en baissant, et rapprochant le moment décisif, fit battre le cœur de Julien d'une façon singulière. La nuit vint. Il observa, avec une joie qui lui
15 ôta un poids immense de dessus la poitrine, qu'elle serait fort obscure. Le ciel chargé de gros nuages, promenés par un vent très chaud, semblait annoncer une tempête. Les deux amies se promenèrent fort tard. Tout ce qu'elles faisaient ce soir-là semblait singulier à Julien. Elles jouissaient de ce temps, qui, pour certaines âmes délicates, semble augmenter le plaisir d'aimer.
20 On s'assit enfin, Mme de Rênal à côté de Julien, et Mme Derville près de son amie. Préoccupé de ce qu'il allait tenter, Julien ne trouvait rien à dire. La conversation languissait.

Serai-je aussi tremblant, et malheureux au premier duel qui me viendra ? se dit Julien, car il avait trop de méfiance et de lui et des autres pour ne pas
25 voir l'état de son âme.

Dans sa mortelle angoisse, tous les dangers lui eussent semblé préférables. Que de fois ne désira-t-il pas voir survenir à Mme de Rênal quelque affaire qui l'obligeât de rentrer à la maison et de quitter le jardin ! La violence que Julien était obligé de se faire était trop forte pour que sa voix ne fût pas profon-
30 dément altérée ; bientôt la voix de Mme de Rênal devint tremblante aussi, mais Julien ne s'en aperçut point. L'affreux combat que le devoir livrait à la timidité était trop pénible pour qu'il fût en état de rien observer hors lui-même. Neuf heures trois quarts venaient de sonner à l'horloge du château, sans qu'il eût encore rien osé. Julien, indigné de sa lâcheté, se dit : Au moment
35 précis où dix heures sonneront, j'exécuterai ce que, pendant toute la journée, je me suis promis de faire ce soir, ou je monterai chez moi me brûler la cervelle.

Après un dernier moment d'attente et d'anxiété, pendant lequel l'excès de l'émotion mettait Julien comme hors de lui, dix heures sonnèrent à l'horloge qui était au-dessus de sa tête. Chaque coup de cloche fatal retentissait dans sa
40 poitrine, et y causait comme un mouvement physique.

Enfin, comme le dernier coup de dix heures retentissait encore, il étendit la main et prit celle de Mme de Rênal, qui la retira aussitôt. Julien, sans trop savoir ce qu'il faisait, la saisit de nouveau. Quoique bien ému lui-même, il fut frappé de la froideur glaciale de la main qu'il prenait ; il la serrait avec une
45 force convulsive ; on fit un dernier effort pour la lui ôter, mais enfin cette main lui resta.

Son âme fut inondée de bonheur, non qu'il aimât Mme de Rênal, mais un affreux supplice venait de cesser. Pour que Mme Derville ne s'aperçût de rien, il se crut obligé de parler ; sa voix alors était éclatante et forte. Celle de
50 Mme de Rênal, au contraire, trahissait tant d'émotion, que son amie la crut malade et lui proposa de rentrer. Julien sentit le danger : Si Mme de Rênal rentre au salon, je vais retomber dans la position affreuse où j'ai passé la

journée. J'ai tenu cette main trop peu de temps pour que cela compte comme un avantage qui m'est acquis.

Au moment où Mme Derville renouvelait la proposition de rentrer au salon, Julien serra fortement la main qu'on lui abandonnait.

Mme de Rênal, qui se levait déjà, se rassit, en disant d'une voix mourante :

— Je me sens, à la vérité, un peu malade, mais le grand air me fait du bien.

Le Rouge et le Noir, 1830.

Gérard Philipe et Antonella Lualdi dans *Le Rouge et le Noir*, un film de Claude Autant-Lara, 1954.

1. Cette scène met en relation trois personnages. Quel est leur rôle dans l'action ? Qu'apprend-on sur eux ?

2. La conquête de Mme de Rênal est menée par Julien Sorel comme une campagne militaire. Pour le démontrer :
   – dégagez, sur le plan du style, tous les termes associés à l'idée de bataille ;
   – relevez toutes les expressions trahissant l'engagement du corps dans le processus de séduction ;
   – indiquez quelle phrase trahit le cynisme de Julien, plus occupé à vaincre qu'à aimer ;
   – repérez le moyen utilisé par Stendhal pour signifier la victoire de Julien Sorel.

3. Quels sens vous paraissent les plus sollicités par cette conquête amoureuse : l'ouïe, l'odorat, la vue ou le toucher ? Appuyez votre réponse sur des preuves.

4. Montrez que cet extrait illustre le pouvoir, un des thèmes dominants du courant réaliste, en tenant compte du fait que Julien est le subalterne de Mme de Rênal.

5. Démontrez comment cette scène illustre l'anti-romantisme de Stendhal qui refuse d'idéaliser l'amour.

La précision descriptive du style

Gustave Flaubert (1821-1880)

Flaubert affirme que « l'artiste doit s'arranger de façon à faire croire à la postérité qu'il n'a pas vécu ». Célibataire et solitaire, il consacre effectivement sa vie entière à l'écriture. Toute sa vie, il poursuit avec acharnement ses recherches formelles pour arriver à une œuvre qui s'impose « par la force interne de son style ». Tous ses textes sont retravaillés, corrigés et réécrits avant de subir le test du « gueuloir », c'est-à-dire la relecture à haute voix pour vérifier la qualité du style, la fluidité sonore.

Flaubert, dans sa correspondance, reviendra souvent sur le dualisme de sa personnalité. Deux tendances cohabitent en lui : l'une le pousse au lyrisme alors que l'autre l'entraîne à la rigueur. Dans son œuvre, des personnages comme Emma Bovary prouvent son attrait pour le sentimentalisme. En contrepartie, le mari de la jeune femme, Charles Bovary, est réaliste à l'excès, jusqu'à la platitude. Toutefois, ce qui démontre encore plus le souci de vraisemblance et la rigueur méthodique de Flaubert, c'est la documentation qu'il compulse avant de rédiger. Son but est

(suite à la page suivante)

LA DÉCEPTION CONJUGALE

Elle songeait quelquefois que c'étaient là pourtant les plus beaux jours de sa vie, la lune de miel, comme on disait. Pour en goûter la douceur, il eût fallu, sans doute, s'en aller vers ces pays à noms sonores où les lendemains de mariage ont de plus suaves paresses ! Dans des chaises de poste, sous des
5 stores de soie bleue, on monte au pas des routes escarpées, écoutant la chanson du postillon, qui se répète dans la montagne avec les clochettes des chèvres et le bruit sourd de la cascade. Quand le soleil se couche on respire au bord des golfes le parfum des citronniers ; puis, le soir, sur la terrasse des villas, seuls et les doigts confondus, on regarde les étoiles en faisant des projets.
10 Il lui semblait que certains lieux sur la terre devaient produire du bonheur, comme une plante particulière au sol et qui pousse mal tout autre part. Que ne pouvait-elle s'accouder sur le balcon des chalets suisses ou enfermer sa tristesse dans un cottage écossais, avec un mari vêtu d'un habit de velours noir à longues basques, et qui porte des bottes molles, un chapeau pointu et
15 des manchettes !

Peut-être aurait-elle souhaité faire à quelqu'un la confidence de toutes ces choses. Mais comment dire un insaisissable malaise, qui change d'aspect comme les nuées, qui tourbillonne comme le vent ? Les mots lui manquaient donc, l'occasion, la hardiesse.
20 Si Charles l'avait voulu, cependant, s'il s'en fût douté, si son regard, une seule fois, fût venu à la rencontre de sa pensée, il lui semblait qu'une abondance subite se serait détachée de son cœur, comme tombe la récolte d'un espalier, quand on y porte la main. Mais, à mesure que se serrait davantage l'intimité de leur vie, un détachement intérieur se faisait qui la déliait de lui.
25 La conversation de Charles était plate comme un trottoir de rue et les idées de tout le monde y défilaient, dans leur costume ordinaire, sans exciter

Collection Fondation Langmatt.
Auguste Renoir, *La Petite Loge*, 1873.

d'émotion, de rire ou de rêverie. Il n'avait jamais été curieux, disait-il, pendant qu'il habitait Rouen, d'aller voir au théâtre les acteurs de Paris. Il ne savait ni nager, ni faire des armes, ni tirer le pistolet, et il ne put, un jour, lui expliquer un terme d'équitation qu'elle avait rencontré dans un roman.

Un homme, au contraire, ne devait-il pas tout connaître, exceller en des activités multiples, vous initier aux énergies de la passion, aux raffinements de la vie, à tous les mystères ? Mais il n'enseignait rien, celui-là, ne savait rien, ne souhaitait rien. Il la croyait heureuse et elle lui en voulait de ce calme si bien assis, de cette pesanteur sereine, du bonheur même qu'il lui donnait. [...]

Mme Bovary mère semblait prévenue contre sa bru. [...] L'amour de Charles pour Emma lui semblait une désertion de sa tendresse, un envahissement sur ce qui lui appartenait ; et elle observait le bonheur de son fils avec un silence triste, comme quelqu'un de ruiné qui regarde à travers les carreaux des gens attablés dans son ancienne maison. Elle lui rappelait, en matière de souvenirs, ses peines et ses sacrifices, et, les comparant aux négligences d'Emma, concluait qu'il n'était point raisonnable de l'adorer d'une façon si exclusive.

Charles ne savait que répondre ; il respectait sa mère, et il aimait infiniment sa femme ; il considérait le jugement de l'une comme infaillible, et cependant il trouvait l'autre irréprochable. Quand Mme Bovary était partie il essayait de hasarder timidement, et dans les mêmes termes, une ou deux des plus anodines observations qu'il avait entendu faire à sa maman ; Emma, lui prouvant d'un mot qu'il se trompait, le renvoyait à ses malades.

Cependant, d'après des théories qu'elle croyait bonnes, elle voulut se donner de l'amour. Au clair de lune, dans le jardin, elle récitait tout ce qu'elle savait par cœur de rimes passionnées et lui chantait en soupirant des adagios mélancoliques ; mais elle se trouvait ensuite aussi calme qu'auparavant, et Charles n'en paraissait ni plus amoureux, ni plus remué.

Quand elle eut ainsi un peu battu le briquet sur son cœur sans en faire jaillir une étincelle, incapable, du reste, de comprendre ce qu'elle n'éprouvait pas, comme de croire à tout ce qui ne se manifestait point par des formes convenues, elle se persuada sans peine que la passion de Charles n'avait plus rien d'exorbitant. Ses expansions étaient devenues régulières ; il l'embrassait à de certaines heures. C'était une habitude parmi les autres, et comme un dessert prévu d'avance, après la monotonie du dîner.

Madame Bovary, 1857.

(suite)

de découvrir tout détail susceptible d'améliorer la précision descriptive de son style.

La publication de *Madame Bovary* vaut à Flaubert un procès pour atteinte aux bonnes mœurs. À cause du portrait impitoyable qu'il fait du mariage bourgeois, on l'accuse de promouvoir l'adultère et le suicide. Dans cet extrait, Emma Bovary livre sa désillusion à la suite de son mariage avec Charles Bovary, un médecin de province ennuyeux.

1. Résumez le texte en trois phrases.

2. Dans un tableau à deux colonnes, répartissez les traits qui font d'Emma Bovary un personnage sentimental et ceux qui font du mari un personnage ennuyeux.

3. Montrez comment, sur le plan du style, Flaubert concrétise le rêve d'amour d'Emma en l'associant à des sensations d'ordres variés : saveurs, odeurs, sonorités, et même à des paysages.

4. Explorez la richesse stylistique du texte :
   – relevez trois comparaisons qui vous paraissent les plus significatives et justifiez votre choix ;
   – relevez trois énumérations et expliquez l'effet visé sur le lecteur ;
   – expliquez le choix de l'imparfait qui domine dans l'extrait.

5. Montrez comment, dans les deux derniers paragraphes, le narrateur prend une distance ironique par rapport à son héroïne en ayant recours à des notations très prosaïques.

Émile Zola : l'instigateur du naturalisme

Le travailleur infatigable, le créateur passionné

Son nom, comme le constate avec finesse Maupassant, le prédestine à devenir un écrivain à la plume foudroyante : Zola sonne en effet comme « deux notes de clairon », comme « un cri d'éveil ». Ce nom de famille, qu'il rendra célèbre, il le tient de son père, d'origine italienne, mort sept ans après sa naissance en 1840. À la suite de procès onéreux, la famille, installée en Provence, se trouve dans une situation financière précaire et doit déménager à Paris. Zola s'adonne alors à la vie de bohème avant d'obtenir un emploi à la librairie Hachette, qui lui permettra de rencontrer le gratin des écrivains et journalistes de l'époque. Devenu chroniqueur littéraire, il épouse Gabrielle Alexandrine Melay, sa compagne depuis cinq ans. Pourtant, ce n'est que beaucoup plus tard qu'il connaît les joies de la paternité avec sa maîtresse Jeanne Rozerot, ancienne domestique de la maison, qui lui donne deux enfants, un garçon et une fille. Il est déjà alors au faîte de sa renommée, ayant connu quelque 10 ans plus tôt son premier succès littéraire avec *L'Assommoir* (1877), un roman qui dépeint le milieu des ouvriers et des petits boutiquiers parisiens où il introduit des mots d'argot, cette langue nourrie par la créativité du peuple, qui lui attirera les critiques des adeptes du bon goût. En 1898, joignant le courage politique à l'audace littéraire, il se porte à la défense de Dreyfus par un manifeste au titre provocateur, *J'accuse*. Pour éviter la prison, il doit fuir en Angleterre. Il meurt en 1902 à son retour d'exil, dans des circonstances obscures qui font croire à un assassinat.

Musée d'Orsay, Paris.
Édouard Manet, *Émile Zola*, 1868.

Faisant sobrement son autoportrait, Zola mettra l'accent sur le labeur qui marque sa vie : « Mais en réalité, tous les véritables travailleurs à notre époque doivent être par nécessité des gens paisibles, éloignés de toute pose et qui vivent en famille, comme n'importe quel notaire de petite ville. [...] J'ai beaucoup travaillé et j'ai devant moi beaucoup de travail. » C'est effectivement en se pliant à une discipline bien réglée qu'il arrive à produire chaque jour une page de son immense œuvre, *Les Rougon-Macquart*, qui raconte l'histoire de quatre générations d'une même lignée dans laquelle se croisent des représentants de tous les milieux, des bourgeois provinciaux aux petits commerçants de Paris, des paysans et mineurs aux artistes bohèmes et aux soldats défroqués. Les vaincus de la terre parmi lesquels fourmillent aussi les lâches et les délateurs se mélangent aux exploiteurs et aux jouisseurs des hautes classes, parmi lesquels se détachent aussi des êtres d'exception.

En explorant ainsi l'arbre généalogique d'une famille sous le Second Empire, il illustre du même coup les bouleversements de la société française dans cette deuxième moitié du siècle : le développement des grandes villes industrielles et les maux qu'elles engendrent chez les déracinés tout autant que la menace des foules emportées par leur rébellion incontrôlée.

Longtemps journaliste, Zola saura tirer profit des médias pour répandre ses idées et faire mousser, par la même occasion, sa carrière littéraire. Il se fera le théoricien du naturalisme, son plus ardent défenseur et son principal adepte. L'énergie qu'il déploie, les nombreux articles qu'il rédige et l'œuvre considérable et très populaire qu'il crée lui assurent une large audience. Ce courant s'éteint avec sa mort, survenue en 1902.

Vous trouverez d'autres renseignements sur Zola aux pages 25, 26 et 28.

DESCRIPTION DU GENRE DE PRÉDILECTION

Une conception naturaliste du roman

La chronique sociale

Porté par son goût de la chronique sociale, Zola est naturellement enclin à élaborer des fresques à grand déploiement. Aussi mène-t-il à son aboutissement l'idée du roman-système qui lui vient de son prédécesseur Balzac.

- Dès le départ, Zola planifie l'organisation de la série romanesque des *Rougon-Macquart*, qui atteindra 20 volumes après des remaniements qui amplifient le projet initial. Le lecteur suit le parcours de deux familles, l'une qui grimpe l'échelle sociale alors que l'autre dégringole vers les bas-fonds. Les deux clans ont un point commun : ils sont affectés d'une tare familiale qui compromet l'équilibre et la santé de chacun des membres.

- Zola illustre ainsi une hypothèse scientifique remise en cause aujourd'hui, celle du déterminisme héréditaire (selon laquelle l'individu vient au monde avec des traits de caractère innés, non acquis par contact avec le milieu).

- L'œuvre est surtout portée par l'immense talent de conteur de Zola. Son sens très aigu du suspense l'amène à plonger le lecteur en pleine action dès l'ouverture du roman plutôt qu'à s'étendre comme Balzac sur les descriptions. Il suscite un sentiment d'attente chez son lecteur par d'habiles suspensions de l'intrigue.

- Il est en outre doté d'un œil cinématographique : il varie son angle de vue comme s'il jouait avec l'objectif d'une caméra. Il peut, dans un même paragraphe, cadrer les mouvements d'une foule dans un large plan panoramique pour ensuite saisir l'émotion sur un visage en particulier.

L'approche naturaliste de la littérature fantastique

D'autres écrivains gravitent dans le cercle naturaliste, dont Alphonse Daudet, les frères Goncourt et Guy de Maupassant. À l'opposé de Zola, ce dernier donne sa pleine mesure dans le récit bref. Ses nouvelles dépeignent une société gangrenée par la médiocrité, par l'absence de valeurs humanitaires et par la compromission des élites et du clergé. Le dénouement, abrupt ou inattendu, a pour fonction d'interpeller la conscience du lecteur. Quant à ses romans, qui ressemblent à des nouvelles plus élaborées, ils annoncent la veine du récit psychologique. Ses personnages s'interrogent sur les mobiles de leurs gestes et font basculer l'action dans le discours introspectif.

Maupassant compose aussi **des récits fantastiques** qui semblent s'éloigner du réalisme, mais la différence réside dans l'anecdote plus que dans la manière dont elle est racontée.

Maupassant laisse transparaître son allégeance littéraire en situant l'événement insolite dans un cadre rendu vraisemblable par des descriptions précises.

Il amène le lecteur à s'intéresser au processus d'analyse rationnelle des événements auquel s'adonne le protagoniste du récit.

De plus, il augmente la crédibilité de ses nouvelles en faisant de son héros non pas un excentrique, mais un homme ordinaire auquel le lecteur peut s'identifier.

Il annonce la transition vers un réalisme plus subjectif.

L'arrivée de la science-fiction

Bientôt, pourtant, le fantastique côtoie une nouvelle catégorie de récit, **la science-fiction**, qu'invente Jules Verne. Cette littérature, qui explore par l'imaginaire le domaine du scientifiquement possible ou qui invente des mondes en se projetant dans l'avenir, se rattache au réalisme par des descriptions très détaillées dont le but est de faire visualiser au lecteur ces univers ainsi créés. Pour faire découvrir le monde à son jeune public et lui révéler les secrets de la science, l'auteur se transforme en professeur. Cette visée didactique est une autre caractéristique qui permet de relier la science-fiction au réalisme.

Le tableau suivant présente les traits qui différencient la littérature fantastique et la science-fiction.

Tableau comparatif

Littérature fantastique et science-fiction

Littérature fantastique

- Le héros est un personnage susceptible d'éprouver le doute.
- Des figures maléfiques font glisser le héros dans l'irrationnel.
- L'intrusion d'éléments surnaturels dans l'intrigue brise la sécurité du quotidien.
- Le temps du récit est souvent la nuit, ce qui contribue à son atmosphère trouble ou morbide.
- L'espace est associé à des lieux singuliers (châteaux à décoration surchargée, style gothique) ou compliqués (dédales et labyrinthes).
- La thématique illustre la tentative de briser les oppositions entre le bien et le mal, entre la vie et la mort.
- Le récit glisse de l'imaginaire à la folie, du doute à la peur, du fantasme à la perversité.

Science-fiction

- Les personnages sont projetés en d'autres lieux ou d'autres temps.
- Ils sont en rapport conflictuel avec la machine (ou d'autres êtres imprévisibles).
- L'intrigue vise à une résolution de problèmes d'ordre scientifique.
- Le temps est souvent régi par des lois physiques différentes de celles du monde réel.
- Dans cet espace, décrit de façon généralement détaillée, des faits surviennent qui sont impossibles dans l'état actuel de la civilisation.
- La thématique traite de l'avenir des civilisations.
- Le récit au complet repose sur l'exploration d'une hypothèse (ex. : Si Hitler avait été victorieux, que serait-il arrivé ?).

L'ÉCOLE DE LA SCIENCE

Je passe à un autre caractère du roman naturaliste. Il est impersonnel, je veux dire que le romancier n'est plus qu'un greffier, qui se défend de juger et de conclure. Le rôle strict d'un savant est d'exposer les faits, d'aller jusqu'au bout de l'analyse, sans se risquer dans la synthèse ; les faits sont ceux-ci ;
5 l'expérience tentée dans de telles conditions donne de tels résultats ; et il s'en tient là, parce que s'il voulait avancer au-delà des phénomènes, il entrerait dans l'hypothèse ; ce seraient des probabilités, ce ne serait pas de la science. Eh bien ! le romancier doit également s'en tenir aux faits observés, à l'étude scrupuleuse de la nature, s'il ne veut pas s'égarer dans des conclusions
10 menteuses. Il disparaît donc, il garde pour lui son émotion, il expose simplement ce qu'il a vu. Voilà la réalité ; frissonnez ou riez devant elle, tirez-en une leçon quelconque, l'unique besogne de l'auteur a été de mettre sous vos yeux les documents vrais. Il y a, en outre, à cette impersonnalité morale de l'œuvre, une raison d'art. L'intervention passionnée ou attendrie de l'écri-
15 vain rapetisse un roman, en brisant la netteté des lignes, en introduisant un élément étranger aux faits, qui détruit leur valeur scientifique. On ne s'imagine pas un chimiste se courrouçant contre l'azote, parce que ce corps est impropre à la vie, ou sympathisant tendrement avec l'oxygène pour la raison contraire. Un romancier qui éprouve le besoin de s'indigner contre le vice et
20 d'applaudir à la vertu, gâte également les documents qu'il apporte, car son intervention est aussi gênante qu'inutile ; l'œuvre perd de sa force, ce n'est plus une page de marbre tirée d'un bloc de la réalité, c'est une matière travaillée, repétrie par l'émotion de l'auteur, émotion qui est sujette à tous les préjugés et à toutes les erreurs. Une œuvre vraie sera éternelle, tandis qu'une
25 œuvre émue pourra ne chatouiller que le sentiment d'une époque.

Ainsi, le romancier naturaliste n'intervient jamais, pas plus que le savant. Cette impersonnalité morale des œuvres est capitale, car elle soulève la question de la moralité dans le roman. On nous reproche violemment d'être immoraux, parce que nous mettons en scène des coquins et des gens hon-
30 nêtes sans les juger, pas plus les uns que les autres. Toute la querelle est là. Les coquins sont permis, mais il faudrait les punir au dénouement, ou du moins les écraser sous notre colère et notre dégoût.

Le Naturalisme au théâtre, 1881.

1. Repérez dans l'extrait au moins 10 termes directement reliés au domaine scientifique.

2. Quels sont les principaux arguments de Zola pour justifier l'impersonnalité des œuvres naturalistes ?

3. Énumérez les caractéristiques attribuées au romancier naturaliste.

4. Exercez votre esprit critique en commentant les idées suivantes énoncées par Zola dans cet extrait :
   – « Il y a, en outre, à cette impersonnalité morale de l'œuvre, une raison d'art. L'intervention passionnée ou attendrie de l'écrivain rapetisse un roman [...]. »
   – « Une œuvre vraie sera éternelle, tandis qu'une œuvre émue pourra ne chatouiller que le sentiment d'une époque. »
   – « Nos œuvres ont la certitude, la solidité et les applications pratiques des ouvrages de science. »

5. Comparez cette vision du romancier avec celle de Balzac dans l'extrait intitulé « Le secrétaire de la société ».

La neutralité de l'écrivain naturaliste

Émile Zola (1840-1902)

Émile Zola présente de nombreux points communs avec Balzac dont il s'inspire pour élaborer sa théorie narrative. Comme lui, il pratique le journalisme et cherche à rendre ses romans significatifs en les situant dans l'actualité. Comme lui, il donne un fondement scientifique à sa doctrine littéraire. Ses récits se veulent le fruit d'une recherche méthodique tout en illustrant les thèses qui lui sont chères, comme celles concernant l'hérédité. Zola est probablement conscient du caractère illusoire de certains de ses objectifs, mais sa nature de polémiste le porte à combattre sur tous les fronts. Ainsi s'oppose-t-il aux bienpensants, qui souhaitent une littérature moralisatrice, et à l'arrière-garde romantique, toujours en quête d'idéalisme.

Dans cet extrait, Zola s'adresse à ses adversaires pour défendre sa vision d'un roman impersonnel qui copie la nature sans vouloir la transformer.

Émile Zola (1840-1902)

Très tôt orphelin de père, Émile Zola connaît l'insécurité d'une enfance indigente. Fils d'immigrant, il a dû essuyer quelques quolibets à propos de son nom qui trahit ses origines italiennes. Homme de gauche, converti au socialisme, il prend l'habitude de se définir comme un ouvrier des lettres : travailleur infatigable, il s'astreint chaque jour à sa page d'écriture. Zola s'intéresse aussi à l'actualité non seulement sur le plan des idées, mais aussi sur celui des nouvelles inventions. Son père n'était-il pas ingénieur ? Lui-même pratique la photographie et sera un des premiers adeptes du vélo. Il faut dire que cet intérêt pour la technologie et pour les machines est assez répandu en cette fin de XIXe siècle, alors que prolifèrent les découvertes de la science.

Au moment de rédiger *L'Assommoir*, il est devenu un « self-made man » qui vit dans l'aisance matérielle grâce aux forts tirages de ses œuvres. Maître de l'école naturaliste, sa renommée suscite chez ses disciples un mélange d'envie et de respect. Le statut de Zola ainsi défini permet de comprendre à quel point sera riche et complexe sa description des conditions de vie du petit peuple de Paris à la fin du XIXe siècle.

L'extrait suivant est tiré de *L'Assommoir*, qui nous fait suivre l'itinéraire vers la déchéance de Gervaise Macquart et de son mari Coupeau, tous deux d'humble condition. Ce dernier est présenté en pleine crise de délire alcoolique. L'influence de la science est toujours perceptible, à la fois par la présence du médecin et par la thématique de la tare familiale qui illustre la thèse du déterminisme héréditaire.

LE DÉLIRE DE COUPEAU

Le médecin la regardait de son œil perçant. Il reprit, de sa voix brutale :
« Vous buvez aussi, vous ? »

Gervaise bégaya, se défendit, posa la main sur son cœur pour donner sa parole sacrée.

5 « Vous buvez ! Prenez garde, voyez où mène la boisson... Un jour ou l'autre, vous mourrez ainsi. »

Alors, elle resta collée contre le mur. Le médecin avait tourné le dos. Il s'accroupit, sans s'inquiéter s'il ne ramassait pas la poussière du paillasson avec sa redingote ; il étudia longtemps le tremblement de Coupeau, l'attendant au

10 passage, le suivant du regard. Ce jour-là, les jambes sautaient à leur tour, le tremblement était descendu des mains dans les pieds ; un vrai polichinelle, dont on aurait tiré les fils, rigolant des membres, le tronc raide comme du bois. Le mal gagnait petit à petit. On aurait dit une musique sous la peau ; ça partait toutes les trois ou quatre secondes, roulait un instant ; puis ça s'arrê-

15 tait et ça reprenait, juste le petit frisson qui secoue les chiens perdus, quand ils ont froid l'hiver, sous une porte. Déjà le ventre et les épaules avaient un frémissement d'eau sur le point de bouillir. Une drôle de démolition tout de même, s'en aller en se tordant, comme une fille à laquelle les chatouilles font de l'effet !

20 Coupeau, cependant, se plaignait d'une voix sourde. Il semblait souffrir beaucoup plus que la veille. Ses plaintes entrecoupées laissaient deviner toutes sortes de maux. Des milliers d'épingles le piquaient. Il avait partout sur la peau quelque chose de pesant ; une bête froide et mouillée se traînait sur ses cuisses et lui enfonçait des crocs dans la chair. Puis, c'étaient d'autres bêtes

25 qui se collaient à ses épaules, en lui arrachant le dos à coups de griffes.

« J'ai soif, oh ! j'ai soif ! » grognait-il continuellement.

L'interne prit un pot de limonade sur une planchette et le lui donna. Il saisit le pot à deux mains, aspira goulûment une gorgée, en répandant la moitié du liquide sur lui ; mais il cracha tout de suite la gorgée, avec un

30 dégoût furieux, en criant :

« Nom de Dieu ! c'est de l'eau-de-vie ! »

Alors, l'interne, sur un signe du médecin, voulut lui faire boire de l'eau, sans lâcher la carafe. Cette fois, il avala la gorgée, en hurlant, comme s'il avait avalé du feu.

35 « C'est de l'eau-de-vie, nom de Dieu ! c'est de l'eau-de-vie ! »

Depuis la veille, tout ce qu'il buvait était de l'eau-de-vie. Ça redoublait sa soif, et il ne pouvait plus boire, parce que tout brûlait. On lui avait apporté un potage, mais on cherchait à l'empoisonner bien sûr, car ce potage sentait le vitriol. Le pain était aigre et gâté. Il n'y avait que du poison autour de lui.

40 La cellule puait le soufre. Même il accusait des gens de frotter des allumettes sous son nez pour l'empester.

Le médecin venait de se relever et écoutait Coupeau, qui maintenant voyait de nouveau des fantômes en plein midi. Est-ce qu'il ne croyait pas apercevoir sur les murs des toiles d'araignée grandes comme des voiles de bateau ! Puis,

45 ces toiles devenaient des filets avec des mailles qui se rétrécissaient et s'allongeaient, un drôle de joujou ! Des boules noires voyageaient dans les mailles, de vraies boules d'escamoteur, d'abord grosses comme des billes, puis grosses comme des boulets ; et elles enflaient, et elles maigrissaient, histoire simplement de l'embêter. Tout d'un coup, il cria :

50 « Oh ! les rats, v'là les rats, à cette heure ! »

L'Assommoir, 1877.

1. Résumez la situation en une phrase ou deux.

2. Quelles relations s'établissent entre les trois personnages présents dans cet extrait ?

3. Montrez que le texte, malgré son caractère tragique, n'est pas exempt d'une certaine ironie : relevez la phrase qui l'exprime.

4. Le corps de Coupeau souffre de multiples tremblements : dressez le champ lexical de ce terme, en incluant les verbes et les noms qui renvoient à cette idée.

5. Énumérez tous les maux et toutes les hallucinations dont est victime Coupeau.

6. Illustrez sa tendance à la paranoïa.

7. Les écrivains du naturalisme se défendent de toute visée moralisatrice dans leurs textes. Commentez cette affirmation en vous appuyant sur cet extrait.

8. Montrez que ce texte illustre les caractéristiques du récit.

Musée des Arts Décoratifs, Paris.
Steinlen, affiche pour *L'Assommoir*
au Théâtre de la Porte Saint-Martin, 1900.

**Émile Zola
(1840-1902)**

Alors que Balzac s'intéresse à la montée de la bourgeoisie vers le pouvoir, Zola exprime l'aspiration à la dignité des démunis, essentiellement représentés par des mineurs dans le roman *Germinal*. Il donne d'ailleurs au roman qu'il consacre à leurs luttes un titre à la fois rempli d'espoir et lourd de souvenirs : les révolutionnaires de 1789 nommaient « germinal » le premier mois du printemps, celui de la germination. Dans cette œuvre engagée, Zola montre que des conditions de vie misérables ne peuvent que déboucher sur la révolte.

Dans l'extrait ci-contre, les mineurs, révoltés contre leurs conditions de travail, crachent leur soif de vengeance à la face horrifiée des bourgeois, ici représentés par les Hennebeau, leur neveu Négrel et quelques jeunes femmes. Dans la foule anonyme se détache le personnage de la Mouquette, une fille de mineur qui rejette par un geste d'ultime provocation tout le mépris dont elle a été victime.

DU PAIN ! DU PAIN ! DU PAIN !

Les femmes avaient paru, près d'un millier de femmes, aux cheveux épars, dépeignés par la course, aux guenilles montrant la peau nue, des nudités de femelles lasses d'enfanter des meurt-de-faim. Quelques-unes tenaient leur petit entre les bras, le soulevaient, l'agitaient, ainsi qu'un drapeau de deuil et
5 de vengeance. D'autres, plus jeunes, avec des gorges gonflées de guerrières, brandissaient des bâtons ; tandis que les vieilles, affreuses, hurlaient si fort, que les cordes de leurs cous décharnés semblaient se rompre. Et les hommes déboulèrent ensuite, deux mille furieux, des galibots, des haveurs, des raccommodeurs, une masse compacte qui roulait d'un seul bloc, serrée, confon-
10 due, au point qu'on ne distinguait ni les culottes déteintes, ni les tricots de laine en loques, effacés dans la même uniformité terreuse.

[...]

— Quels visages atroces ! balbutia Mme Hennebeau.

Négrel dit entre ses dents :

15 — Le diable m'emporte si j'en reconnais un seul ! D'où sortent-ils donc, ces bandits-là ?

Et, en effet, la colère, la faim, ces deux mois de souffrance et cette débandade enragée au travers des fosses, avaient allongé en mâchoires de bêtes fauves les faces placides des houilleurs de Montsou. À ce moment, le soleil se
20 couchait, les derniers rayons, d'un pourpre sombre, ensanglantaient la plaine. Alors, la route sembla charrier du sang, les femmes, les hommes continuaient à galoper, saignants comme des bouchers en pleine tuerie.

— Oh ! superbe ! dirent à demi-voix Lucie et Jeanne, remuées dans leur goût d'artistes par cette belle horreur.

25 Elles s'effrayaient pourtant, elles reculèrent près de Mme Hennebeau, qui s'était appuyée sur une auge. L'idée qu'il suffisait d'un regard, entre les planches de cette porte disjointe, pour qu'on les massacrât, la glaçait. Négrel se sentait blêmir, lui aussi, très brave d'ordinaire, saisi là d'une épouvante supérieure à sa volonté, une de ces épouvantes qui soufflent de l'inconnu.
30 Dans le foin, Cécile ne bougeait plus. Et les autres, malgré leur désir de détourner les yeux, ne le pouvaient pas, regardaient quand même.

C'était la vision rouge de la révolution qui les emporterait tous, fatalement, par une soirée sanglante de cette fin de siècle. Oui, un soir, le peuple lâché, débridé, galoperait ainsi sur les chemins ; et il ruissellerait du sang des bour-
35 geois, il promènerait des têtes, il sèmerait l'or des coffres éventrés. Les femmes hurleraient, les hommes auraient ces mâchoires de loups, ouvertes pour mordre. Oui, ce seraient les mêmes guenilles, le même tonnerre de gros sabots, la même cohue effroyable, de peau sale, d'haleine empestée, balayant le vieux monde, sous leur poussée débordante de barbares. Des incendies flambe-
40 raient, on ne laisserait pas debout une pierre des villes, on retournerait à la vie sauvage dans les bois, après le grand rut, la grande ripaille, où les pauvres, en une nuit, efflanqueraient les femmes et videraient les caves des riches. Il n'y aurait plus rien, plus un sou des fortunes, plus un titre des situations acquises, jusqu'au jour où une nouvelle terre repousserait peut-être. Oui,
45 c'étaient ces choses qui passaient sur la route, comme une force de la nature, et ils en recevaient le vent terrible au visage.

Un grand cri s'éleva, domina *La Marseillaise* :

— Du pain ! du pain ! du pain !

50 Lucie et Jeanne se serrèrent contre Mme Hennebeau, défaillante ; tandis que Négrel se mettait devant elles, comme pour les protéger de son corps. Était-ce donc ce soir même 55 que l'antique société craquait ? Et ce qu'ils virent, alors, acheva de les hébéter. La bande s'écoulait, il n'y avait plus que la queue des traînards, lorsque la Mouquette déboucha. Elle 60 s'attardait, elle guettait les bourgeois, sur les portes de leurs jardins, aux fenêtres de leurs maisons ; et quand elle en découvrait, ne pouvant leur cracher au nez, elle leur 65 montrait ce qui était pour elle le comble de son mépris. Sans doute elle en aperçut un, car brusquement elle releva ses jupes, tendit les fesses, montra son derrière énorme, nu 70 dans un dernier flamboiement du soleil. Il n'avait rien d'obscène, ce derrière, et ne faisait pas rire, farouche.

Germinal, 1885.

Musée des Beaux-Arts, Bruxelles.
Eugène Laermans, *Un Soir de grève* **ou** *Le Drapeau rouge,* **1894.**
« C'était la vision rouge de la révolution qui les emportait tous, fatalement, par une soirée sanglante de cette fin de siècle. » (Zola, *Germinal*, 1885.)

Exploration

1. Assurez-vous d'abord de bien comprendre l'extrait. Pour ce faire, cherchez les mots qui posent problème comme « houilleurs », « auge », « ripaille », et aussi ceux dont la définition est susceptible d'éclairer la signification du texte comme « barbares ».

2. Résumez la situation en une phrase ou deux.

3. Dressez la liste des termes qui traduisent la peur ressentie par le groupe des bourgeois.

4. « C'était la vision rouge de la révolution. » Comme un peintre, Zola fait en sorte que le rouge domine sur sa toile. Par quels moyens y arrive-t-il ?

5. Le texte est traversé par le réseau métaphorique de l'animalité. Relevez toutes les expressions qui y sont associées.

6. Étudiez comment Zola traduit par de multiples connotations l'idée de la fin d'une époque, d'un monde, d'une civilisation.

7. Chez les naturalistes, le corps impose sa présence. Montrez que cet aspect se vérifie dans cet extrait.

8. Analysez comment on peut avoir l'impression que Zola joue, dans cet extrait, avec l'objectif d'une caméra.

9. À la fin de l'extrait, Zola écrit : « Il n'avait rien d'obscène, ce derrière, et ne faisait pas rire, farouche. » Comment faut-il interpréter cette phrase ?

Hypothèses d'analyse et de dissertation

1. La thématique du pouvoir est au cœur du réalisme. Commentez cette affirmation en vous appuyant sur cet extrait.

2. Dans cet extrait, Zola fait la preuve de sa maîtrise narrative et stylistique. Démontrez-le.

Guy de Maupassant (1850-1893)

Guy de Maupassant naît dans un foyer désuni, d'une mère à l'équilibre fragile et d'un père qu'il n'aimera jamais, allant même jusqu'à mettre en doute sa propre légitimité. Élève de Flaubert, il fait son entrée en littérature par le biais d'une nouvelle, *Boule de Suif*, qui dresse un bilan cynique des rapports entre les classes sociales dans la France de 1870, année de la conquête du pays par les Prussiens. On trouve dans ce bref récit tous les ingrédients qui composent la manière de ce nouvelliste : pessimisme dans la peinture sociale ; personnages de petits bourgeois mesquins, de nobliaux de province complaisants et de prostituées ; thèmes de la duperie et de la médiocrité avec, comme cadre fictif de prédilection, la Normandie.

C'est ce même univers étouffant où règne une absence totale de sentimentalisme qu'explorent les six romans de Maupassant. L'amour et l'idéal sont objets de marchandage au même titre que les biens matériels. La scène suivante permet d'apprécier le style allusif caractéristique de Maupassant. Aucune réplique ne fait plus de deux lignes, et pourtant, en quelques traits, tout l'esprit mercantile de l'époque s'y trouve mis en lumière par cette négociation entre

(suite à la page suivante)

Atelier de comparaison

La demande en mariage : les points de vue réaliste et romantique

La version réaliste de Maupassant

LA DEMANDE EN MARIAGE (*PIERRE ET JEAN*, 1888)

Ils étaient debout maintenant dans la mare salée qui les mouillait jusqu'aux mollets, et les mains ruisselantes appuyées sur leurs filets, ils se regardaient au fond des yeux.

Elle reprit d'un ton plaisant et contrarié :

5 — Que vous êtes malavisé de me parler de ça en ce moment ! Ne pouviez-vous attendre un autre jour et ne pas me gâter ma pêche ?

Il murmura :

— Pardon, mais je ne pouvais plus me taire. Je vous aime depuis longtemps. Aujourd'hui vous m'avez grisé à me faire perdre la raison.

10 Alors, tout à coup, elle sembla en prendre son parti, se résigner à parler d'affaires et à renoncer aux plaisirs.

— Asseyons-nous sur ce rocher, dit-elle, nous pourrons causer tranquillement.

Ils grimpèrent sur le roc un peu haut, et lorsqu'ils y furent installés côte à 15 côte, les pieds pendants, en plein soleil, elle reprit :

— Mon cher ami, vous n'êtes plus un enfant et je ne suis pas une jeune fille. Nous savons fort bien l'un et l'autre de quoi il s'agit, et nous pouvons peser toutes les conséquences de nos actes. Si vous vous décidez aujourd'hui à me déclarer votre amour, je suppose naturellement que vous désirez 20 m'épouser.

Il ne s'attendait guère à cet exposé net de la situation, et il répondit niaisement :

— Mais oui.

— En avez-vous parlé à votre père et à votre mère ?

25 — Non, je voulais savoir si vous m'accepteriez.

Elle lui tendit sa main encore mouillée, et comme il y mettait la sienne avec élan :

— Moi, je veux bien, dit-elle. Je vous crois bon et loyal. Mais n'oubliez point que je ne voudrais pas déplaire à vos parents.

30 — Oh ! pensez-vous que ma mère n'a rien prévu et qu'elle vous aimerait comme elle vous aime si elle ne désirait pas un mariage entre nous ?

— C'est vrai, je suis un peu troublée.

Ils se turent. Et il s'étonnait, lui, au contraire, qu'elle fût si peu troublée, si raisonnable. Il s'attendait à des gentillesses galantes, à des refus qui disent oui, 35 à toute une coquette comédie d'amour mêlée à la pêche, dans le clapotement de l'eau ! Et c'était fini, il se sentait lié, marié, en vingt paroles. Ils n'avaient plus rien à se dire puisqu'ils étaient d'accord et ils demeuraient maintenant un peu embarrassés tous deux de ce qui s'était passé, si vite, entre eux, un peu confus même, n'osant plus parler, n'osant plus pêcher, ne sachant que faire.

Pierre et Jean, 1888.

La version romantique de George Sand

LA DEMANDE EN MARIAGE (*LA MARE AU DIABLE*, 1846)

La Petite Marie

— Petite Marie, lui dit-il en s'asseyant auprès d'elle, je viens te faire de la peine et t'ennuyer, je le sais bien : mais l'homme et la femme de chez nous (désignant ainsi, selon l'usage, les chefs de famille) veulent que je te parle et que je te demande de m'épouser. Tu ne le veux pas, toi, je m'y attends.

— Germain, répondit la petite Marie, c'est donc décidé que vous m'aimez ?

— Ça te fâche, je le sais, mais ce n'est pas ma faute : si tu pouvais changer d'avis, je serais trop content, et sans doute je ne mérite pas que cela soit. Voyons, regarde-moi, Marie, je suis donc bien affreux ?

— Non, Germain, répondit-elle en souriant, vous êtes plus beau que moi.

— Ne te moque pas ; regarde-moi avec indulgence ; il ne me manque encore ni un cheveu ni une dent. Mes yeux te disent que je t'aime. Regarde-moi donc dans les yeux, ça y est écrit, et toute fille sait lire dans cette écriture-là.

Marie regarda dans les yeux de Germain avec son assurance enjouée ; puis, tout à coup, elle détourna la tête et se mit à trembler.

— Ah ! mon Dieu ! je te fais peur, dit Germain, tu me regardes comme si j'étais le fermier des Ormeaux. Ne me crains pas, je t'en prie, cela me fait trop de mal. Je ne te dirai pas de mauvaises paroles, moi ; je ne t'embrasserai pas malgré toi, et quand tu voudras que je m'en aille, tu n'auras qu'à me montrer la porte. Voyons, faut-il que je sorte pour que tu finisses de trembler.

Marie tendit la main au laboureur, mais sans détourner sa tête penchée vers le foyer, et sans dire un mot.

— Je comprends, dit Germain ; tu me plains, car tu es bonne ; tu es fâchée de me rendre malheureux : mais tu ne peux pourtant pas m'aimer ?

— Pourquoi me dites-vous de ces choses-là, Germain ? répondit enfin la petite Marie, vous voulez donc me faire pleurer ?

— Pauvre petite fille, tu as bon cœur, je le sais ; mais tu ne m'aimes pas, et tu me caches ta figure parce que tu crains de me laisser voir ton déplaisir et ta répugnance. Et moi ! je n'ose pas seulement te serrer la main ! Dans le bois, quand mon fils dormait, et que tu dormais aussi, j'ai failli t'embrasser tout doucement. Mais je serais mort de honte plutôt que de te le demander et j'ai autant souffert dans cette nuit-là qu'un homme qui brûlerait à petit feu. Depuis ce temps-là j'ai rêvé à toi toutes les nuits. Ah ! comme je t'embrassais, Marie ! Mais toi, pendant ce temps-là, tu dormais sans rêver. Et, à présent, sais-tu ce que je pense ? c'est que si tu te retournais pour me regarder avec les yeux que j'ai pour toi, et si tu approchais ton visage du mien, je crois que je tomberais mort de joie. Et toi, tu penses que si pareille chose t'arrivait tu en mourrais de colère et de honte !

Germain parlait comme dans un rêve sans entendre ce qu'il disait. La petite Marie tremblait toujours ; mais comme il tremblait encore davantage, il ne s'en apercevait plus. Tout à coup elle se retourna ; elle était toute en larmes et le regardait d'un air de reproche. Le pauvre laboureur crut que c'était le dernier coup, et, sans attendre son arrêt, il se leva pour partir, mais la jeune fille l'arrêta en l'entourant de ses deux bras, et, cachant sa tête dans son sein :

— Ah ! Germain, lui dit-elle en sanglotant, vous n'avez donc pas deviné que je vous aime ?

Germain serait devenu fou, si son fils qui le cherchait et qui entra dans la chaumière au grand galop sur un bâton, avec sa petite sœur en croupe qui fouettait avec une branche d'osier ce coursier imaginaire, ne l'eût rappelé à lui-même. Il le souleva dans ses bras, et le mettant dans ceux de sa fiancée :

— Tiens, lui dit-il, tu as fait plus d'un heureux en m'aimant !

La Mare au diable, 1846.

(suite)

un homme et une femme au moment de la demande en mariage.

La comparaison avec un deuxième extrait tiré d'une œuvre de George Sand, *La Mare au diable*, permet de mesurer la distance entre les naturalistes qui se refusent à tout sentimentalisme et les romantiques qui présentent l'amour dans une perspective idéalisée. Dans le roman de George Sand, un laboureur, veuf de son état, demande en mariage une jeune femme de 12 ans sa cadette. Il a retardé ce moment parce qu'il entrevoit un refus de la jeune femme qui, au contraire, lui avoue son amour.

Musée d'Orsay, Paris.
Auguste Renoir, *Danse à la campagne*, 1883.

Atelier de comparaison

1. Assurez-vous de bien comprendre les deux extraits. Pour ce faire :
   - cherchez les mots qui posent problème comme « grisé », « loyal », « galantes » dans le texte de Maupassant et les mots « indulgence » et « répugnance » dans le texte de George Sand ; cherchez aussi ceux dont la signification est susceptible de vous éclairer ;
   - faites un bref résumé de chaque extrait.

2. Expliquez la différence d'attitudes entre les deux personnages de la scène tirée de *Pierre et Jean* de Maupassant.

3. « Il se sentait lié, marié, en vingt paroles. » Comment Maupassant arrive-t-il à donner une allure de transaction commerciale à cette demande en mariage ?

4. Expliquez la phrase suivante qui se trouve à la fin du texte de Maupassant : « Et il s'étonnait, lui, au contraire, qu'elle fût si peu troublée, si raisonnable. »

5. Quel est le rôle du paysage dans l'extrait de Maupassant ? Contribue-t-il à donner une tonalité particulière au texte comme ce serait le cas chez les écrivains romantiques ?

6. Dans le texte de *La Mare au diable*, relevez toute la gamme des émotions par lesquelles passent les personnages en dégageant pour chaque émotion la série de termes qui l'expriment.

7. Quels sont les trois mots clés qui éclairent le sens du texte ? Justifiez votre choix.

8. Analysez la différence entre les dialogues de chaque scène en considérant les aspects suivants :
   - la longueur des répliques ;
   - la tonalité générale des propos.

Hypothèses d'analyse et de dissertation

1. Comparez le traitement de la demande en mariage dans les deux extraits.

2. Est-il juste d'affirmer que l'expression de l'amour est dénuée d'émotion chez Maupassant par comparaison avec George Sand ?

UN MALAISE INEXPLICABLE

6 août. — Cette fois, je ne suis pas fou. J'ai vu... j'ai vu... j'ai vu !... Je ne puis plus douter... j'ai vu ! J'ai encore froid jusque dans les ongles... j'ai encore peur jusque dans les moelles... j'ai vu !...

Je me promenais à deux heures, en plein soleil, dans mon parterre de
5 rosiers... dans l'allée des rosiers d'automne qui commencent à fleurir.

Comme je m'arrêtais à regarder un *géant des batailles*, qui portait trois fleurs magnifiques, je vis, je vis distinctement, tout près de moi, la tige d'une de ces roses se plier, comme si une main invisible l'eût tordue, puis se casser, comme si cette main l'eût cueillie ! Puis la fleur s'éleva, suivant la courbe
10 qu'aurait décrite un bras en la portant vers une bouche, et elle resta suspendue dans l'air transparent, toute seule, immobile, effrayante tache rouge à trois pas de mes yeux.

Éperdu, je me jetai sur elle pour la saisir ! Je ne trouvai rien ; elle avait disparu. Alors je fus pris d'une colère furieuse contre moi-même ; car il n'est pas
15 permis à un homme raisonnable et sérieux d'avoir de pareilles hallucinations.

Mais était-ce bien une hallucination ? Je me retournai pour chercher la tige, et je la retrouvai immédiatement sur l'arbuste, fraîchement brisée, entre les deux autres roses demeurées à la branche.

Collection privée.
Gustave Courbet, *Le Désespéré*, 1841.

La version réaliste du récit fantastique

Guy de Maupassant (1850-1893)

Maupassant commentait son état d'écrivain en disant : « je suis avant tout un regardeur ». Pour lui, il n'y avait rien de plus beau que la lumière, l'espace, l'eau. Pourtant très tôt sa vue baisse, car il est atteint de la syphilis dont il mourra. Dix ans avant sa mort, il avoue être pratiquement aveugle. Ce déclin physique annonce la déchéance mentale. Dans sa dernière lettre, qui date de 1891, il écrit : « Je suis absolument perdu. [...] C'est la mort imminente et je suis fou. » C'est cette même anxiété, exprimée par un narrateur subjectif, qui donne à la nouvelle fantastique *Le Horla* un caractère introspectif exploité dans ses romans. Par ce fait, Maupassant annonce la vogue que connaîtra au XXe siècle le récit d'analyse psychologique.

Cet extrait, qui adopte la forme du journal, témoigne de la hantise d'un homme doté de toute sa raison mais que sa vision mystifie. Les questions surgissent. Le doute s'installe. L'intelligence recule. La folie guette.

Alors, je rentrai chez moi l'âme bouleversée ; car je suis certain, main-
20 tenant, certain comme de l'alternance des jours et des nuits, qu'il existe près
de moi un être invisible, qui se nourrit de lait et d'eau, qui peut toucher aux
choses, les prendre et les changer de place, doué par conséquent d'une nature
matérielle, bien qu'imperceptible pour nos sens, et qui habite comme moi,
sous mon toit...

25 *7 août.* — J'ai dormi tranquille. Il a bu l'eau de ma carafe, mais n'a point
troublé mon sommeil.

Je me demande si je suis fou. En me promenant, tantôt au grand soleil, le
long de la rivière, des doutes me sont venus sur ma raison, non point des
doutes vagues comme j'en avais jusqu'ici, mais des doutes précis, absolus. J'ai
30 vu des fous ; j'en ai connu qui restaient intelligents, lucides, clairvoyants
même sur toutes les choses de la vie, sauf sur un point. Ils parlaient de tout
avec clarté, avec souplesse, avec profondeur, et soudain leur pensée, touchant
l'écueil de leur folie, s'y déchirait en pièces, s'éparpillait et sombrait dans cet
océan effrayant et furieux, plein de vagues bondissantes, de brouillards, de
35 bourrasques qu'on nomme « la démence ».

Certes, je me croirais fou, absolument fou, si je n'étais conscient, si je ne
connaissais parfaitement mon état, si je ne le sondais en l'analysant avec une
complète lucidité. Je ne serais donc, en somme, qu'un halluciné raisonnant.
Un trouble inconnu se serait produit dans mon cerveau, un de ces troubles
40 qu'essaient de noter et de préciser aujourd'hui les physiologistes ; et ce trouble
aurait déterminé dans mon esprit, dans l'ordre et la logique de mes idées,
une crevasse profonde. Des phénomènes semblables ont lieu dans le rêve qui
nous promène à travers les fantasmagories les plus invraisemblables, sans que
nous en soyons surpris, parce que l'appareil vérificateur, parce que le sens du
45 contrôle est endormi ; tandis que la faculté imaginative veille et travaille. Ne
se peut-il pas qu'une des imperceptibles touches du clavier cérébral se trouve
paralysée chez moi ? Des hommes, à la suite d'accidents, perdent la mémoire
des noms propres ou des verbes ou des chiffres, ou seulement des dates. Les
localisations de toutes les parcelles de la pensée sont aujourd'hui prouvées.
50 Or, quoi d'étonnant à ce que ma faculté de contrôler l'irréalité de certaines
hallucinations se trouve engourdie chez moi en ce moment.

Le Horla, 1887.

1. Résumez brièvement la situation.

2. Montrez que ce texte est traversé par deux champs lexicaux qui s'opposent : celui de
la conscience et celui de la folie.

3. Analysez l'efficacité de la narration en tenant compte des éléments suivants :
   – les procédés stylistiques utilisés pour traduire l'inquiétude ;
   – le temps et le mode des verbes choisis, et leur effet sur la signification.

4. Montrez en quoi le regard que porte le personnage sur lui-même et sur la réalité contribue au caractère fantastique de ce texte.

5. Contrairement à la tendance générale chez les auteurs réalistes de s'en tenir à un point
de vue de narration omnisciente, Maupassant fait ici le choix d'un narrateur représenté
dans le texte. Cette option vous paraît-elle justifiée ?

LE WAGON-PROJECTILE

Il faut en convenir, c'était une magnifique pièce de métal, un produit métallurgique qui faisait le plus grand honneur au génie industriel des Américains. On venait d'obtenir pour la première fois l'aluminium en masse aussi considérable, ce qui pouvait être justement regardé comme un résultat
5 prodigieux. Ce précieux projectile étincelait aux rayons du Soleil. À le voir avec ses formes imposantes et coiffé de son chapeau conique, on l'eût pris volontiers pour une de ces épaisses tourelles en façon de poivrières, que les architectes du Moyen Âge suspendaient à l'angle des châteaux forts. Il ne lui manquait que des meurtrières et une girouette.

10 Le projectile mesurait neuf pieds de large extérieurement sur douze pieds de haut. Afin de ne pas dépasser le poids assigné, on avait un peu diminué l'épaisseur de ses parois et renforcé sa partie inférieure, qui devait supporter toute la violence des gaz développés par la déflagration du pyroxyle. Il en est ainsi, d'ailleurs, dans les bombes et les obus cylindro-coniques, dont le culot
15 est toujours plus épais.

On pénétrait dans cette tour de métal par une étroite ouverture ménagée sur les parois du cône, et semblable à ces « trous d'homme » des chaudières à vapeur. Elle se fermait hermétiquement au moyen d'une plaque d'aluminium, retenue à l'intérieur par de puissantes vis de pression. Les voyageurs pourraient
20 donc sortir à volonté de leur prison mobile, dès qu'ils auraient atteint l'astre des nuits.

Mais il ne suffisait pas d'aller, il fallait voir en route. Rien ne fut plus facile. En effet, sous le capitonnage se trouvaient quatre hublots de verre lenticulaire d'une forte épaisseur, deux percés dans la paroi circulaire du projectile ; un
25 troisième à sa partie inférieure et un quatrième dans son chapeau conique. Les voyageurs seraient donc à même d'observer, pendant leur parcours, la Terre qu'ils abandonnaient, la Lune dont ils s'approchaient et les espaces constellés du ciel. Seulement, ces hublots étaient protégés contre les chocs du départ par des plaques solidement encastrées, qu'il était facile de rejeter au-
30 dehors en dévissant des écrous intérieurs. De cette façon, l'air contenu dans le projectile ne pouvait pas s'échapper, et les observations devenaient possibles.

De la Terre à la Lune, 1865.

1. Montrez comment se concilient dans la description le passé, le présent et l'avenir.

2. Relevez tous les termes à connotation scientifique ou technique. Quel est l'effet visé par Jules Verne ?

3. Expliquez en quoi ce texte de science-fiction répond aux critères du réalisme.

Henri de Montaut, illustration originale tirée de *De la Terre à la Lune*, 1868.

La science-fiction

Jules Verne (1828-1905)

Né dans une famille d'avocats bien nantis, Jules Verne abandonne très rapidement le droit pour se consacrer à la littérature. Il éprouve toute sa vie de l'amertume de n'être pas considéré comme un écrivain majeur. Cette opinion est en voie de changer, car on redécouvre sa puissance imaginative. À l'instar des hommes de science qu'il admire, Jules Verne invente un genre littéraire, la science-fiction, qui aura de nombreux adeptes, comme lui envoûtés par les nouvelles technologies. Pour que le lecteur visualise ses inventions fictives et qu'il ne doute aucunement de leur réalité, Jules Verne a recours à un style figuratif où foisonnent les détails descriptifs. D'ailleurs, ses créations n'ont-elles pas fini par se concrétiser réellement, comme ce wagon-projectile qui ressemble étrangement à nos fusées modernes ?

La résonance du réalisme dans la francophonie, et jusqu'à aujourd'hui

Au Québec

Ce n'est qu'au XXe siècle que se développe le réalisme au Canada français. Au siècle précédent, les romanciers, peu nombreux, s'attardent encore à idéaliser le mode de vie agricole et versent même dans le mythe du peuple élu qui a pour mission de sauvegarder la culture française et la foi catholique en terre d'Amérique. Rompant avec ce romantisme éculé, Louis Hémon, un Français de passage au Québec, publie en 1916 un « récit du Canada français ». Intitulé *Maria Chapdelaine*, celui-ci brosse un portrait nuancé de la culture traditionnelle d'ici. Le romancier y dépeint avec des accents réalistes le quotidien des paysans, isolés dans une région au sol et au climat ingrats.

La leçon de Louis Hémon porte fruit. Ses successeurs observent désormais les mœurs des paysans d'un point de vue plus neutre, rendant compte des mutations qui transforment leur milieu, souvent à leur insu. C'est cette problématique qu'explore Ringuet dans son roman *Trente arpents* (1938). L'œuvre constate l'échec du mythe agriculturiste, et met ainsi fin à ce qu'il est convenu d'appeler le cycle des romans de la terre. Le réalisme trouve, quant à lui, un deuxième souffle dans la peinture des mœurs urbaines.

C'est comme journaliste que Gabrielle Roy, originaire du Manitoba, découvre le quartier ouvrier de Saint-Henri où elle situe l'action de son premier roman, *Bonheur d'occasion* (1945), dont le titre évoque les joies de « seconde main » des pauvres, tout en traduisant leur vulnérabilité économique et culturelle. Le roman illustre les principales caractéristiques du réalisme en les adaptant à la situation du pays. La dynamique des rapports de classes est tributaire des effets du colonialisme. Le thème de la guerre met au jour la profonde ambivalence des Canadiens français à l'égard des politiciens qui les gouvernent. À leurs yeux, les lois adoptées favorisent toujours les intérêts des anglophones, peuple dominant. Enfin, le style sobre et sensible de ce roman, de tonalité probablement plus américaine qu'européenne, convient parfaitement à l'objectif que poursuit l'auteure, soit une peinture vraisemblable du milieu prolétaire montréalais.

Dans la francophonie

Pour ce qui est du reste de la francophonie, on retiendra deux écrivains belges. Camille Lemonnier, bien ancré dans son temps et subissant incontestablement l'influence de Zola et de Flaubert, est considéré comme le chef de file de l'école naturaliste en Belgique. Qu'elle dépeigne des scènes du terroir ou le milieu ouvrier des mines et des usines, l'œuvre de Lemonnier est largement dominée par la volonté d'expression des besoins vitaux de l'être humain dans la lutte, l'effort et la violence.

En plein XXe siècle, Georges Simenon, pour sa part, se tient à l'écart des doctrines littéraires, mais il écrit d'instinct des romans peut-être encore plus vrais dans leur description minutieuse des rapports humains, dans leur dimension psychosociale. Simenon a bâti un univers romanesque d'une grande authenticité, en prise directe avec la condition humaine.

Jusqu'à nos jours, plusieurs romanciers témoignent de l'ascendance du réalisme en France et ailleurs, notamment Daï Sijie qui illustre le concept d'intertextualité, c'est-à-dire, dans son cas, comment l'influence de Balzac s'étend à la Chine communiste. Ses jeunes personnages découvrent, en effet, les valeurs de l'Occident par la lecture des grands romanciers français des XIXe et XXe siècles, dont Romain Rolland, ce dernier étant l'auteur d'une fresque très populaire intitulée *Jean-Christophe* écrite partiellement sur le modèle de *La Comédie humaine*.

D'hier à aujourd'hui : bilan critique

De la même façon que l'adolescent affirme sa singularité par opposition à ses parents, l'écrivain construit son originalité en rejetant l'esthétique des artistes de la génération précédente.

1. Les réalistes se distancient des romantiques

Ils privilégient :
- la chronique sociale plutôt que le récit à caractère autobiographique ;
- la neutralité plutôt que la subjectivité (prédilection généralisée pour la narration omnisciente) ;
- l'observation plutôt que l'idéalisation ;
- la distanciation par la raison plutôt que l'adhésion par les sentiments.

On constate toutefois que les principes si faciles à énoncer dans la théorie s'avèrent plus difficiles à appliquer quand arrive le moment de la création.

Les écrivains réalistes ont formé leur goût en lisant leurs prédécesseurs, en particulier Victor Hugo, pour lequel ils éprouvent tous une grande admiration : aussi l'influence romantique s'exerce-t-elle dans leurs écrits par des voies souterraines. Malgré les prétentions de Zola à l'objectivité, la littérature demeure le lieu de l'ambivalence, aussi faudra-t-il, pour ce courant comme pour les autres, nuancer ses propos au moment de l'analyse.

2. Les romanciers réalistes et leurs contemporains, les symbolistes

- On pourrait dire, en caricaturant un peu, que les premiers décrivent l'homme dans ses activités diurnes, utilitaires, alors que les poètes symbolistes préfèrent la nuit, quand le rêveur s'adonne à la gratuité du fantasme.

- Les uns et les autres sont fascinés par la ville, et on trouve dans la galerie de portraits qu'ils en dressent l'expression de l'épanouissement comme de la déchéance : Balzac, tout comme Flaubert, débusque les aspirations secrètes des femmes, Zola dépeint les hallucinations de l'alcoolique tout comme il évoque les fantasmes débridés du psychopathe, rejoignant Baudelaire qui fait le portrait du dandy comme de la prostituée avilie.

- Flaubert pourrait en outre faire sienne la vision de l'Art pour l'Art dont se réclament les symbolistes : si Baudelaire a le culte du vers sublime, Flaubert éprouve également le souci de la phrase parfaite. La perfection de l'écriture est une préoccupation commune chez ces artistes au tournant du siècle.

- Maupassant semble faire le pont entre le romantisme et le symbolisme en pratiquant la littérature fantastique dans une optique toutefois empreinte de réalisme.

3. Les limites du réalisme selon Marcel Proust

- L'être humain ne saurait se définir uniquement par sa relation avec son milieu social ; il faut aussi tenir compte de ses liens avec l'enfance.

- La raison n'est pas l'unique faculté qui explique ses mobiles et ses aspirations : l'humain est aussi un être de mémoire et de sensibilité, c'est un être qui a ses évidences et ses secrets.

- Tout en s'inscrivant dans une certaine continuité avec le réalisme puisque son œuvre intitulée *À la recherche du temps perdu* (1927) est une chronique sociale, Marcel Proust renouvelle la littérature en y adjoignant une quête existentielle par les voies de l'inconscient.

4. La contestation du nouveau roman

- Pour les pionniers du nouveau roman, la vie est moins faite de cohérence que d'arbitraire et l'ordre du monde est loin d'être logique.

- L'être humain aligne plus souvent des propos insignifiants qu'il ne coordonne des paroles sensées.

- Son comportement est plus souvent inconséquent que parfaitement maîtrisé.

- Enfin, il semble plus approprié de considérer la chronologie sous l'angle de la simultanéité : l'humain dans son inconscient se fabrique un monde en parallèle avec la réalité. Et en même temps, pendant qu'ont lieu des événements dans un autre monde, celui-ci réel, en Amérique par exemple, des incidents survenant sur d'autres continents lui échappent, trop anodins pour qu'aucun journaliste ne les rapporte.

La société se transforme tout comme évolue la connaissance que nous avons de l'être humain et c'est ce qui crée cet effet de décalage quand nous lisons aujourd'hui les écrivains réalistes. Tout en illustrant le drame immuable de l'humanité, ces personnages éclairent l'histoire d'un siècle haut en rebondissements.

On pourra finalement retenir les aspects suivants, qui permettent une distance critique par rapport à la vision du monde réaliste :
- l'être humain ne saurait se définir uniquement par son rôle dans la dynamique sociale ;
- l'inconscient façonne tout autant que la conscience le devenir de l'être humain ;
- la vision du temps et de l'espace s'est modifiée depuis le XIXe siècle ;
- le réalisme exerce toujours une attraction puisqu'il permet entre autres de mieux comprendre l'évolution du capitalisme en Europe et la formation des valeurs de la civilisation occidentale moderne.

Gabrielle Roy (1909-1983)

Gabrielle Roy naît au Manitoba et meurt au Québec. Entre-temps, elle aura donné le roman le plus représentatif de l'influence du courant réaliste au Québec, *Bonheur d'occasion*. Elle situe son intrigue dans le quartier Saint-Henri dont la misère contraste avec l'opulence de Westmount, ville bourgeoise et anglophone qui le surplombe et l'écrase à la fois. Le contexte, qui est celui de la Seconde Guerre mondiale, montre que l'héroïsme est une voie d'accès difficile quand on s'enrôle pour échapper au chômage et à la misère. Au cœur du roman, une famille dont chaque membre illustre une attitude différente à l'égard de la pauvreté : Rose-Anna, la mère, l'affronte avec le courage que donne la nécessité ; Azarius, le mari velléitaire, la fuit ou la nie ; Clémentine, la fille, s'y soustrait en se réfugiant d'abord dans le rêve, puis en faisant preuve d'opportunisme.

Dans l'extrait ci-contre, Rose-Anna est en quête d'un logement, comme chaque printemps. Pourtant, même si la famille s'accroît, elle doit se contenter d'espaces de plus en plus exigus et lamentables.

EXTRAITS ILLUSTRANT L'EXPANSION DU RÉALISME

À LA RECHERCHE D'UN LOGEMENT

À pas moins sûrs, moins courageux, elle s'engagea vers les endroits les plus misérables, derrière la gare de Saint-Henri.

Bientôt, elle arriva dans la rue Workman, qui porte bien son nom. « Travaille, ouvrier, dit-elle, épuise-toi, peine, vis dans la crasse et la laideur. »

5 Rose-Anna s'aventura au long des taudis de briques grises qui forment une longue muraille avec des fenêtres et des portes identiques, percées à intervalles réguliers.

Une nuée d'enfants dépenaillés jouaient sur les trottoirs au milieu de détritus. Des femmes maigres et tristes apparaissaient sur les seuils malodorants,
10 étonnées de ce soleil qui faisait des carrés de lumière devant chaque caisse à ordures. D'autres posaient leur nourrisson sur l'appui d'une fenêtre et leur regard absent errait. Partout des carreaux bouchés de guenilles ou de papiers gras. Partout des voix aigres, des pleurs d'enfants, des cris qui jaillissaient, douloureux, des profondeurs de quelque maison, portes et volets rabattus,
15 morte, murée sous la lumière comme une tombe.

Toutes les maisons — il ne faudrait pas dire les maisons, car comment les distinguer les unes des autres ; c'est au numéro, seul, au-dessus de la porte, qu'on reconnaît leur piteux appel à l'individualité — toutes les maisons de la rangée, non plus deux ou trois sur cinq, mais toutes, s'offraient à louer.

20 Chaque printemps, l'affreuse rue se vidait ; chaque printemps elle se remplissait.

Vers elle, le vent chassait, à grands coups tenaces, l'odeur de tabac sucré qui monte des fabriques de cigarettes, toutes proches. Il y avait encore place dans cette pénétrante senteur pour un relent de peintures chauffées et d'huile de
25 lin qui s'infiltrait par la bouche autant que par les narines, qui laissait la langue épaisse et la gorge sèche.

Bonheur d'occasion, © Fonds Gabrielle Roy, 1945.

Bibliothèque et Archives Canada. nº PA-043877
Richard Arless, *Quartier pauvre de Montréal*, 1946.

1. Montrez comment Gabrielle Roy traduit le thème de la pauvreté en tenant compte de la description de l'espace et des personnages.

2. Comment Gabrielle Roy traduit-elle la crasse et la laideur du lieu sur le plan sensoriel ?

3. Comment cet extrait donne-t-il à penser que la pauvreté rend anonyme ?

LE SALUT DANS LA FUITE

Ce qui ruisselait de son être par ses deux yeux, c'était toute la fatigue accumulée pendant quarante-huit années, et, si ces larmes étaient douces, c'est que maintenant l'épreuve était finie.

Il avait abandonné. Il ne luttait plus. Il était accouru de loin — le train
5 n'existait pas, mais seulement un immense mouvement de fuite, — il était accouru vers la mer qui, vaste et bleue, plus vivante que quiconque, âme de la terre, âme du monde, respirait paisiblement près de lui. Car, en dépit de l'oreiller dont la réalité était sans importance, il s'était, en bout de course, étendu près de la mer, il était tombé près d'elle, épuisé et déjà apaisé, il était
10 couché de tout son long sur du sable tiède et doré, et il n'y avait plus rien d'autre dans l'univers que la mer et le sable, et que lui qui parlait.

Il parlait sans ouvrir la bouche, car il n'en était pas besoin. Il disait son infinie courbature qui n'était pas celle du voyage dans un wagon, mais celle de son long voyage d'homme. [...]
15 Et pourquoi était-ce ses épaules à lui, qui n'avait fait de mal à personne, qu'on avait choisies pour les charger des poids les plus lourds ?

Jamais son père, par exemple, n'avait eu le moindre effort à accomplir. Il jonglait avec la vie, avec l'argent, avec les femmes, il vivait pour son seul plaisir et toujours il s'était levé, le matin, d'humeur allègre, toujours son fils
20 l'avait vu passer en sifflotant, l'œil allumé par le plaisir qu'il sortait de prendre ou par celui qu'il se promettait.

Il avait mangé de la sorte la dot de sa femme, et sa femme ne lui en avait pas voulu. Il avait presque ruiné la maison héritée de son père et de son grand-père, et c'était son fils qui, année après année, avait dû œuvrer pour la
25 remonter.

Malgré cela, quand cet homme avait enfin été abattu par la maladie, il avait retrouvé tous les siens autour de lui et le dévouement d'une femme qui ne lui avait jamais adressé un reproche et qui avait usé sa vie à l'attendre.

Tout cela était gigantesque, hors de proportion avec les mots, à l'échelle de
30 la mer, du sable et du soleil. M. Monde devenait de la taille d'une cariatide enfin délivrée de son fardeau. Il ne se plaignait pas. Il ne récriminait pas. Il n'en voulait à personne. Seulement, pour la première fois, maintenant que c'était fini, il laissait couler sa fatigue sur les vitres et il sentait son corps plus chaud et apaisé.
35 « Pourquoi as-tu été si dure avec moi ? » avait-il envie de murmurer doucement à l'oreille de la mer.

La Fuite de M. Monde (1945), © 2005 Georges Simenon Limited (a Chorion company). All rights reserved.

LE RÉCIT

Le roman policier belge

Georges Simenon (1903-1989)

Né en Belgique, Georges Simenon part très jeune tenter sa chance à Paris. Tout en travaillant comme journaliste, il écrit des petits romans d'aventures, policières et autres. En 1929, il crée l'un des plus célèbres personnages de la littérature policière : le commissaire Maigret. Simenon écrit aussi des romans psychologiques, des « romans durs » ainsi qu'il les appelle, qui nous montrent l'homme nu qui se cache « sous les apparences diverses ». Il analyse avec réalisme les conflits de la vie familiale ou quotidienne avec ses haines, ses tragédies, ses angoisses.

Dans l'extrait ci-contre, un personnage du nom significatif de M. Monde, blessé par la vie, quitte sur un coup de tête foyer et travail. La nuit tombée, il se retrouve dans une chambre d'hôtel, au bord de la mer. C'est la première « folie » de cet homme rangé qui avait vécu jusque-là comme un automate.

---

1. Cherchez la signification du mot « cariatide » et expliquez la métaphore dans le présent contexte.

2. M. Monde s'adresse à la mer comme à un être vivant. Que symbolise-t-elle pour celui qui est en fuite ?

3. Analysez le thème de l'évasion, un des thèmes favoris de Simenon.

La résonance du réalisme jusqu'en Chine

Daï Sijie (1954)

Né en Chine, Daï Sijie est envoyé sous le gouvernement communiste de Mao Tsé-Toung en rééducation dans une montagne reculée parmi d'anciens cultivateurs d'opium. Il tire de cet épisode de sa vie le roman *Balzac et la petite tailleuse chinoise*. Il y illustre comment la lecture de romans occidentaux contribue à changer le comportement des trois jeunes protagonistes qui font l'expérience de l'amour, de la jalousie, de la sexualité.

Dans l'extrait ci-contre, le narrateur exprime son admiration pour l'écrivain français Romain Rolland qui lui a fait découvrir, dans son œuvre *Jean-Christophe*, le pouvoir que donne l'individualisme quand vient le moment de changer son destin. Daï Sijie lui-même mettra en pratique cette morale puisqu'il va quitter la Chine pour émigrer en France, où il écrit des romans et réalise des films dans sa langue d'adoption, le français.

LES VALEURS DE L'OCCIDENT

Bien des années plus tard, une image de la période de notre rééducation reste toujours gravée dans ma mémoire, avec une exceptionnelle précision : sous le regard impassible d'un corbeau à bec rouge, Luo, une hotte sur le dos, avançait à quatre pattes sur un passage large d'environ trente centimètres,
5 bordé de chaque côté par un profond précipice. Dans sa hotte en bambou, anodine, sale mais solide, était caché un livre de Balzac, *Le Père Goriot*, dont le titre chinois était *Le Vieux Go* ; il allait le lire à la Petite Tailleuse, qui n'était encore qu'une montagnarde, belle mais inculte.

Durant tout le mois de septembre, après notre cambriolage réussi, nous
10 fûmes tentés, envahis, conquis par le mystère du monde extérieur, surtout celui de la femme, de l'amour, du sexe, que les écrivains occidentaux nous révélaient jour après jour, page après page, livre après livre. Non seulement le Binoclard était parti sans oser nous dénoncer mais, par chance, le chef de notre village était allé à la ville de Yong Jing, pour assister à un congrès des
15 communistes du district. Profitant de cette vacance du pouvoir politique, et de la discrète anarchie qui régnait momentanément dans le village, nous refusâmes d'aller travailler aux champs, ce dont les villageois, ex-cultivateurs d'opium reconvertis en gardiens de nos âmes, se fichèrent complètement. Je passai ainsi mes journées, ma porte plus hermétiquement verrouillée que
20 jamais, avec des romans occidentaux. Je laissai de côté les Balzac, passion exclusive de Luo, et tombai tour à tour amoureux, avec la frivolité et le sérieux de mes dix-neuf ans, de Flaubert, de Gogol, de Melville, et même de Romain Rolland.

Parlons de ce dernier. La valise du Binoclard ne contenait qu'un livre de
25 lui, le premier des quatre volumes de *Jean-Christophe*. Comme il s'agissait de la vie d'un musicien, et que j'étais moi-même capable de jouer au violon des morceaux tels que *Mozart pense à Mao*, je fus tenté de le feuilleter, à la manière d'un flirt sans conséquence, d'autant plus qu'il était traduit par Monsieur Fu Lei, le traducteur de Balzac. Mais dès que je l'ouvris, je ne le
30 lâchai plus. Mes livres préférés étaient normalement les recueils de nouvelles, qui vous racontent une histoire bien ficelée, avec des idées brillantes, quelquefois amusantes, ou à vous couper le souffle, des histoires qui vous accompagnent toute votre vie. Quant aux longs romans, à part quelques exceptions, je restais plutôt méfiant. Mais *Jean-Christophe*, avec son indivi-
35 dualisme acharné, sans aucune mesquinerie, fut pour moi une révélation salutaire. Sans lui, je ne serais jamais parvenu à comprendre la splendeur et l'ampleur de l'individualisme. Jusqu'à cette rencontre volée avec *Jean-Christophe*, ma pauvre tête éduquée et rééduquée ignorait tout simplement qu'on pût lutter seul contre le monde entier. Le flirt se transforma en un grand amour.
40 Même l'excessive emphase à laquelle l'auteur avait cédé ne me paraissait pas nuisible à la beauté de l'œuvre. J'étais littéralement englouti par le fleuve puissant des centaines de pages. C'était pour moi le livre rêvé : une fois que vous l'aviez fini, ni votre sacrée vie ni votre sacré monde n'étaient plus les mêmes qu'avant.
45 Mon adoration pour *Jean-Christophe* fut telle que, pour la première fois de ma vie, je voulus le posséder seul, et non plus comme un patrimoine commun à Luo et à moi. Sur la page blanche, derrière la couverture, je rédigeai donc une dédicace disant que c'était un cadeau pour le futur anniversaire de mes vingt ans, et je demandai à Luo de signer. Il me dit qu'il se sentait flatté, l'occa-
50 sion étant si rare qu'elle en devenait historique. Il calligraphia son nom d'un unique trait de pinceau, débridé, généreux, fougueux, liant ensemble les trois caractères en une belle courbe, qui occupait presque la moitié de la page.

De mon côté, je lui dédicaçai trois romans de Balzac, *Le Père Goriot*,
55 *Eugénie Grandet* et *Ursule Mirouët*, en cadeau de nouvel an, qui aurait lieu dans quelques mois. Sous ma dédicace, je dessinai trois objets qui représentaient chacun des trois
60 caractères chinois composant mon nom. Pour le premier, je dessinai un cheval au galop, hennissant, avec une somptueuse crinière flottant au vent. Pour le deuxième, je
65 représentai une épée longue et pointue, avec un manche en os finement ouvragé, enchâssé de diamants. Quant au troisième, ce fut une petite clochette de troupeau,
70 autour de laquelle j'ajoutai de nombreux traits formant un rayonnement, comme si elle avait remué, retenti, pour appeler au secours. Je fus si content de cette signature
75 que je faillis verser dessus quelques gouttes de mon sang, pour la sacraliser.

Balzac et la petite tailleuse chinoise,
Éditions Gallimard, 2000.

T.F. Chen Cultural Center, New York.
T.F. Chen, *Celebrating Human Education & Cultural Achievement*, 1990.
Une culture plusieurs fois millénaire, traditionnelle, en plus d'être bridée par un demi-siècle de dictature communiste, s'ouvre soudainement à la culture occidentale.

1. Quels sont les trois personnages signalés dans cet extrait? Qu'apprend-on sur chacun d'eux?
   – Aspect physique.
   – Action et comportement.
   – Changement de valeurs.

2. Que révèle l'extrait à propos de leurs relations?

3. Qu'apprend-on sur le contexte de la révolution chinoise dans la Chine de Mao?

4. Au moment où le narrateur entreprend de lire *Jean-Christophe*, il définit son attitude de la façon suivante : «je fus tenté de le feuilleter à la manière d'un flirt sans conséquence»; très rapidement son attitude évolue vers un sentiment de gravité proche du sacré. Commentez.

5. Ce texte vous paraît-il adopter les caractéristiques du réalisme quant aux aspects suivants?
   – Type de narrateur.
   – Thématique à prédominance sociale.
   – Lisibilité du style.

6. L'intertextualité implique qu'un texte construit sa signification par relation à d'autres textes, que ce soit de façon implicite ou explicite. Expliquez en quoi cet extrait illustre cette notion.

LE SYMBOLISME (1850-1914)

Événements politiques

1851 Coup d'État de Louis-Napoléon Bonaparte.

1852 Proclamation du Second Empire.

1861 Début de la guerre de Sécession aux États-Unis (1861-1865).

1867 Fédération canadienne.

1870 Guerre franco-prussienne (1870-1871) :
– déclaration de guerre à la Prusse (juillet) ;
– défaite de Sedan (2 sept.) ;
– déchéance de Napoléon III (4 sept.).

1870 Défaite de l'armée française, perte de l'Alsace et d'une grande partie de la Lorraine. Le choc de la défaite s'inscrit dans l'inconscient collectif et alimente le désir de revanche, la montée du nationalisme.

1870 Troisième République (1870-1940).

1871 La Commune, insurrection populaire à Paris, réprimée au cours d'une semaine sanglante.

1871 Création de l'Allemagne moderne. Guillaume 1er de Prusse en devient l'empereur.

1898 Affaire Dreyfus. Émile Zola publie une lettre ouverte au président de la République : *J'accuse*.

1899 Guerre des Boers (colons de l'Afrique australe, d'origine néerlandaise) contre les Anglais en Afrique du Sud (1899-1902).

1914 L'assassinat de l'archiduc François-Ferdinand d'Autriche entraîne le déclenchement de la Première Guerre mondiale.

Contexte socioéconomique

1852 Fin de la Deuxième République, retour à l'empire avec Napoléon III, neveu de Napoléon Bonaparte. Période de prospérité économique et de grands développements (ferroviaire, bancaire, industriel).

1853 Début des grands travaux du baron Haussmann, qui changent la physionomie même de Paris.

1860 Redivision de Paris en 20 arrondissements.

1868 Émancipation des esclaves aux États-Unis.

1882 John D. Rockefeller fonde la *Standard Oil Company*, le premier des grands trusts.

1884 Séries de lois sociales en France, concernant le statut des ouvriers et la syndicalisation (1884-1890).

1913 Henry Ford introduit le travail à la chaîne dans ses usines de construction automobile.

1914 Dans tous les pays en guerre, les femmes prennent une part active à la vie économique.

Beaux-arts, philosophie, sciences

1848 Début du réalisme en peinture avec Courbet et Daumier.

1852 Un Français fait décoller le premier dirigeable.

1855 Brûleur à gaz de Bunsen.

1859 *De l'origine des espèces* de Charles Darwin.

1863 Premier chemin de fer souterrain, à Londres.

1863 Première automobile à pétrole par Lenoir.

1865 Lois de l'hérédité de Mendel.

1865 *Introduction à l'étude de la médecine expérimentale* de Claude Bernard.

1866 La dynamite inventée par Alfred Nobel.

1867 Exposition universelle à Paris.

1869 Classification périodique des éléments chimiques de Mendeleïev.

1873 Fabrication en série de la machine à écrire de Remington.

1874 Première exposition impressionniste à Paris.

1876 Alexander Graham Bell met au point le téléphone.

1876 Inauguration du festival musical de Bayreuth fondé par Richard Wagner.

1878 Invention de l'ampoule électrique par Thomas Edison.

1882 Mise en service de la première centrale électrique construite par Thomas Edison.

1882 Découverte du bacille de la tuberculose par le médecin allemand Robert Koch.

1883 Voyage ferroviaire inaugural de l'*Orient-Express* reliant Paris à Istanbul.

1883 Mise au point du moteur à explosion par les ingénieurs Daimler et Benz.

1883 Nietzsche : *Ainsi parlait Zarathoustra*.

1885 Louis Pasteur met au point le vaccin contre la rage.

1885 Invention du cinéma par les frères Lumière.

1886 Manifeste et première exposition symbolistes à Paris.

1886 Le *Coca-Cola* inventé par un pharmacien américain.

1887 Le disque et le gramophone sont inventés aux États-Unis.

1889 La tour Eiffel est construite à Paris.

1889 Exposition universelle de Paris et valorisation de la civilisation industrielle.

1898 Pierre et Marie Curie isolent le radium.

1902 Pavlov et le conditionnement humain.

1907 Première exposition cubiste à Paris. Picasso : *Les Demoiselles d'Avignon*.

1913 Husserl : *Idées directrices pour une phénoménologie*.

1913 Stravinski : *Le Sacre du printemps*.

Chapitre 2

Le symbolisme
Sensations et subversion

Musée de Vienne.
Gustave Klimt, *Pallas Athéné*, 1898.

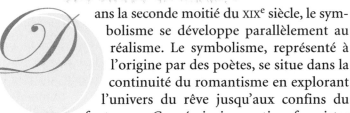

PRÉSENTATION

Une entrée en matière

*D*ans la seconde moitié du XIXe siècle, le symbolisme se développe parallèlement au réalisme. Le symbolisme, représenté à l'origine par des poètes, se situe dans la continuité du romantisme en explorant l'univers du rêve jusqu'aux confins du fantasme. Ces écrivains anticonformistes abordent la réalité de façon plus suggestive que leurs contemporains, les romanciers réalistes. De leur

La situation dans le contexte littéraire du XIXe siècle

point de vue, l'homme se définit moins par ce qui le domine, l'argent ou la soif de pouvoir, que par ce qui lui échappe, ses chimères ou ses hantises. Dans son recueil *Les Fleurs du mal*, publié en 1857, Charles Baudelaire trace la voie en cherchant à établir des liens entre l'univers matériel et le monde spirituel. Paul Verlaine et Arthur Rimbaud le suivront, eux qui utilisent le symbole pour rendre perceptibles les idées et les émotions en les associant à des sensations, que ce soit des sons, des couleurs, des parfums et même des paysages.

Le symbolisme étend son influence jusqu'à la Belle Époque, ces années d'insouciance illusoire qui précèdent la Première Guerre mondiale (1914-1918) grâce à des romanciers comme Marcel Proust et André Gide qui libèrent le roman du carcan réaliste. Colette, seule femme dans ce groupe, traduit la douce volupté de la Belle Époque alors que Paul Claudel donne au théâtre un souffle mystique.

La représentation du monde

En cette fin de siècle, si plusieurs faits paraissent rassurants, plusieurs aussi sèment la confusion dans les esprits. Au compte de la stabilité, il y a le choix, qui

Le contexte politique et social

semble définitif, du régime républicain par la France, mettant ainsi fin à un siècle d'incessant va-et-vient constitutionnel entre la **monarchie**, la **république** et l'**empire**. L'heure n'est pourtant pas à la réconciliation nationale puisque plusieurs crises politiques troublent les consciences. La plus importante, l'affaire Dreyfus, accentue le clivage entre les groupes politiques, la gauche étant convaincue de l'innocence du militaire d'ascendance juive accusé de trahison alors que la droite se montre soucieuse de protéger l'armée. Les procès se succèdent et enflamment l'opinion publique. Ils ne font qu'amplifier l'hostilité entre les dreyfusards, qui se réclament du principe de la justice égale pour tous, et les antidreyfusards, qui considèrent la nation comme la valeur suprême, garante de l'ordre et de la continuité. Entre-temps, les différents partis se succèdent au pouvoir sans arriver à s'y maintenir, malgré le prestige des hommes qui sont à leur tête, comme Maurice Barrès, nationaliste et antidreyfusard, Jean Jaurès, socialiste et dreyfusard (assassiné en 1914 par un extrémiste), et Georges Clémenceau, radical de gauche et dreyfusard. En 1905, ce dernier parvient, non sans mal, à faire adopter par l'Assemblée législative une loi sur la séparation de l'Église et de l'État, marquant ainsi un point contre les forces réactionnaires.

Par ailleurs, l'idée, chère aux réalistes, que l'humanité progresse vers le mieux-être grâce aux efforts conjugués de la science et du capitalisme suscite de plus en plus de scepticisme. La pauvreté, nullement enrayée, ainsi que ses conséquences, comme la maladie et la prostitution, font douter de la capacité du système à résoudre les problèmes de société. L'impuissance de la médecine devant les fléaux que sont la tuberculose et la syphilis réveille la peur ancestrale de la vengeance divine. Certaines pratiques, telle l'hypnose, qui rapprochent la science de l'occultisme, captivent et dérangent à la fois par le mystère qui les entoure. Il en va de même d'un sujet d'étude comme la folie, qui attire les curieux à la Salpêtrière pour voir le docteur Jean Charcot, célèbre aliéniste, donner en spectacle ses patientes hystériques.

D'autres facteurs modifient la façon de regarder le monde tout en changeant les mentalités. Par exemple, l'installation dans les rues de l'éclairage au gaz (puis à l'électricité) donne accès au monde nocturne. À la lumière des réverbères, la ville ne se mue-t-elle pas en un théâtre d'ombres étranges ? Les exclus du jour envahissent la scène : prostituées, marginaux et artistes sans le sou. Pour la bohème de l'époque, vivre la nuit devient une façon de détraquer l'horloge bourgeoise, celle qui compte chaque seconde parce que le temps, c'est de l'argent. La nuit, alors que toute beauté devient trompeuse, on s'enivre, on se laisse aller au dérèglement des sens.

Le jour aussi, les activités varient et traduisent un nouveau rapport à la vie. Les sports nautiques se répandent et on voit les Parisiens se laisser flotter sur la Seine dans de petits canots dont ils raffolent. Sur la berge, un peintre pose son chevalet et cherche à reproduire la luminosité de l'eau qui se fractionne en paillettes d'or. Il procède par petites touches, tentant de transposer sur sa toile la vibration de l'atmosphère.

Une mentalité en évolution

National Gallery, Londres.
Georges Seurat, *Une Baignade, Asnières*, 1883-1884.

Tout luit, tout coule, et tout paresse. La langueur est dans l'air du temps. Cette ambiance générale favorise l'effervescence artistique dans tous les domaines, comme en témoigne le foisonnement des groupes et des courants. L'impressionnisme, pratiqué par de grands peintres comme Claude Monet et Auguste Renoir, se voit déclassé par le fauvisme représenté par Henri Matisse et Raoul Dufy. Toutefois, le cubisme les supplante bientôt à l'avant-garde grâce

L'effervescence artistique

Monarchie : *régime politique dans lequel le chef de l'État est un roi héréditaire.*

République : *forme de régime démocratique.*

Empire : *État ou ensemble d'États soumis à une autorité absolue.*

Nationaliste : *qui donne priorité à la patrie.*

Socialiste : *qui fait passer le bien commun avant les intérêts des particuliers.*

Réactionnaire : *qui est contre le progrès social.*

Scepticisme : *attitude de défiance envers les idées toutes faites.*

Occultisme : *croyance en des pratiques secrètes, de l'ordre de la divination.*

Impressionnisme : *mot créé en 1874, désignant le style d'un groupe de peintres qui traduisent l'effet de la lumière par petites touches qui se fractionnent sur la toile.*

Fauvisme : *école de peinture au tournant du siècle, qui favorise l'usage juxtaposé de couleurs violentes ; le terme est synonyme d'expressionnisme.*

Cubisme : *école artistique (1910-1930) qui représente les objets et les êtres décomposés en formes géométriques, sans perspective.*

à George Braque et à Pablo Picasso qui radicalisent les leçons qu'ils ont retenues de Paul Cézanne, entraînant la peinture vers l'abstraction. Les artistes, qui rivalisent d'originalité, entretiennent aussi des échanges fructueux, comme l'illustre Claude Debussy qui met en musique des poèmes de Charles Baudelaire et de Stéphane Mallarmé.

La perception du monde se modifie, tout comme la relation au corps, autrefois frappé d'interdit. Il y a peu de temps encore, les vieilles dames se vantaient de n'avoir jamais lavé autre chose que leur visage et leurs mains, craignant la vue de leurs parties intimes ; depuis, la baignoire a fait son entrée dans la résidence bourgeoise. Ce corps, on peut désormais le contempler dans un miroir, cet objet réservé autrefois au bordel et qui orne à présent la chambre de la coquette avertie. Bientôt, le miroir, en format de poche, circulera jusque dans les campagnes, permettant à chacun d'évaluer ses attraits, puis de se comparer avec les autres. Ainsi, la beauté, autrefois considérée comme accessoire en milieu populaire, se transforme en condition importante dans le choix d'un partenaire amoureux.

Si le miroir présente une image fugitive de soi, la photographie, devenue à la mode après son invention en 1838, offre l'avantage de fixer l'éphémère sur la pellicule. Pour quelques sous, les photographes ambulants vous tirent le portrait pour la postérité. Chacun prend la pose et cherche à se singulariser. Tout quidam peut se donner l'impression d'accéder à la notoriété, d'échapper à l'anonymat. L'album de famille, qui se constitue progressivement, émerveille, tout en faisant naître la nostalgie du temps qui passe et des êtres chers qui ont disparu avec lui.

Tous ces faits favorisent l'émergence d'un processus d'individualisation qui s'étend à toutes les classes de la société ; il s'accompagne d'une tendance à l'intériorisation tant dans le sens d'un nouveau goût pour « l'intérieur », pour le cocon, que par l'importance accrue accordée au psychisme. Un nouvel **hédonisme** se manifeste aussi dans la décoration. Le bourgeois exprime son goût du luxe en s'entourant d'objets inutiles : il surcharge son décor de bibelots, de toiles,

Le processus d'individualisation

Photo d'une famille française, 1910.

de draperies, de tapis, de meubles pour étaler les signes de sa réussite. On l'imagine très bien dans son salon, coquet et tiré à quatre épingles, avec à ses pieds un petit chien parfaitement dressé. Il a le sourcil froncé pour que tienne son monocle. Cette sorte de lorgnette pourrait-elle avoir pour fonction de signifier la spécialisation de chaque œil, un pour regarder le monde et l'autre pour sonder son inconscient ? C'est en effet au cours de ces années que Sigmund Freud développe la psychanalyse et reçoit ses premiers patients. Le thérapeute se substitue en quelque sorte au curé pour soigner le malaise existentiel.

Le tournant du XXe siècle présente tous les traits qui en font une période de transition : des relents de **puritanisme** subsistent, la sensualité cohabite avec la culpabilité. Pourtant, les valeurs puritaines reculent devant le désir très fort de jouir de la vie. Dans les salons huppés, dans les cercles fermés de la haute bourgeoisie fréquentés par les artistes et les intellectuels, on lève le voile sur l'homosexualité, on affiche sa déviance, on prône l'**égocentrisme**. Désir, euphorie et excentricité décrivent bien ce qu'il est convenu d'appeler la Belle Époque, belle surtout pour les classes supérieures qui profitent du bien-être que procure l'argent tout en se voilant la face devant les conditions de vie du peuple. Bientôt, pourtant, tout bascule dans l'horreur. Le 28 juin 1914, l'archiduc d'Autriche est assassiné à Sarajevo, événement qui déclenche la Première Guerre mondiale.

Hédonisme : mentalité de ceux qui orientent leur vie vers la recherche du plaisir.

Puritanisme : mentalité de ceux qui respectent rigoureusement les principes de la morale.

Égocentrisme : caractère de l'individu centré sur lui-même.

L'esprit frivole de la Belle Époque, vers 1910.

L'écrivain symboliste

« Poètes maudits » : cette désignation, trouvée par Verlaine, sied comme un gant aux premiers représentants du symbolisme. Elle fait bien comprendre l'attitude de ces écrivains qui adoptent un comportement immoral pour rejeter la vision du monde des bien-pensants. Ces poètes, de Baudelaire à Mallarmé, s'opposent à la vie rangée des bourgeois et refusent de se plier à leur mentalité productiviste. Baudelaire fréquente les prostituées et a recours aux drogues pour provoquer artificiellement le rêve. Rimbaud multiplie les fugues pour échapper, encore adolescent, à un milieu besogneux et économe. Verlaine se réfugie dans l'alcool, prenant en vieillissant des allures de vagabond urbain. Les deux derniers vivent d'ailleurs une aventure amoureuse susceptible de choquer une société où le préjugé contre l'homosexualité est très fort.

Marginaux et bohèmes, les poètes symbolistes fréquentent le monde nocturne et cultivent l'anticonformisme, dans leur vie comme dans leur art. Leur conception du rôle de l'écrivain va à l'encontre des opinions communément admises à l'époque. Par *Une première génération marginale et bohème* la seule magie des mots, les symbolistes rendent esthétiques des réalités repoussantes, comme peut l'être une charogne par exemple, ou immorales, comme la perversion. Le langage ne sert plus à dépeindre le monde, comme chez les réalistes, mais à le transformer. De moyen d'expression, il devient aussi objet d'analyse. Le travail de création se double d'une activité critique. Les symbolistes s'interrogent sur la nature de l'image et du rythme poétiques, ils réfléchissent sur leur métier de poète. Aussi leur répugne-t-il de mettre leurs vers au service de causes sociales. Aucun d'eux, en effet, ne milite dans un parti ni ne se fait le porte-parole d'un *credo* idéologique. C'est que les symbolistes reprennent à leur compte la théorie de l'Art pour l'Art formulée par Théophile Gautier. Celui-ci a rompu avec le romantisme en s'érigeant contre une littérature engagée ; la poésie, et l'art en général, a pour seule vocation de donner forme à la beauté. Cette recherche de la perfection formelle fait d'ailleurs plusieurs adeptes chez les poètes, donnant naissance à un mouvement connu sous le nom de Parnasse.

Les écrivains de la Belle Époque ont été poètes avant d'explorer les autres genres littéraires. Leur fort désir d'innovation se nourrit, comme chez leurs précurseurs, d'un regard critique sur la littérature qui fait se côtoyer en chacun d'eux le théoricien et le créateur. Leur défi est de renouveler les formes littéraires, en insufflant au roman, par exemple, une plus grande subjectivité et plus de sensualité. Le défi consiste aussi à transposer dans la prose la thématique de la poésie symboliste : l'errance, l'adolescence, la subversion, l'homosexualité. Le mouvement de libération outrepasse ainsi le cercle étroit de la bohème littéraire des débuts pour rejoindre des écrivains désormais issus de l'intelligentsia bourgeoise comme André Gide, Marcel Proust et Paul *Une deuxième génération d'intellectuels bourgeois* Valéry. Colette fait figure d'exception dans ce groupe, étant l'unique femme qui accède à la célébrité en tant qu'écrivaine.

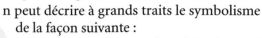
La conception symboliste

O n peut décrire à grands traits le symbolisme de la façon suivante :

- une vision du monde subjective, qui cherche en outre l'originalité et l'innovation, ce qui indique la parenté des écrivains symbolistes avec les romantiques, leurs prédécesseurs ;
- un refus assez généralisé de s'engager dans les débats politiques et de faire servir la littérature à des buts utilitaires comme instruire le lecteur, ce qui en particulier oppose ces écrivains au réalisme ;
- un anticonformisme fondamental exprimant une façon de vivre souvent en marge des normes sociales et morales.

En outre, le symbolisme a un caractère métapoétique, puisque les nombreux Arts poétiques se présentent comme des manifestes littéraires qui permettent au profane de mieux saisir les intentions des symbolistes, soit de faire une poésie où les images et le rythme traduisent le mariage des sensations aux idées.

Musée Gustave-Moreau, Paris.
Gustave Moreau, *Dalila et l'ibis*, 1880.

Les traits distinctifs de la poésie symboliste

La répartition suivante entre les réseaux du sens, de l'image et du rythme a pour but de rendre plus fonctionnelle la description de la poésie symboliste afin d'en faciliter l'analyse.

1. Le réseau du sens : une poésie lyrique et subversive

Les symbolistes privilégient l'expression personnelle des sentiments, dans une tonalité plutôt pessimiste. Le « mal du siècle » des romantiques, d'Alfred de Musset en particulier, devient le « spleen » de Baudelaire, exprimant un même ennui de vivre. Les symbolistes partagent aussi avec les romantiques le goût du sacré, mais leur esprit subversif leur fait trouver en Satan un allié dans leur lutte contre la rigidité morale de la bourgeoisie.

Pour eux, le rôle du poète s'assimile à celui de l'orfèvre : il faut ciseler le vers sans autre souci que celui de créer un bel objet. Cette théorie de l'Art pour l'Art est un emprunt de Baudelaire au Parnasse, un courant littéraire qui regroupe des poètes qu'on appelle justement « formalistes » parce qu'ils accordent plus d'importance à la forme, c'est-à-dire à la beauté du vers, qu'au contenu, les émotions que le vers exprime. Parmi ces poètes, Théophile Gautier est celui qui résume le mieux cette théorie, exprimant le souhait d'une littérature pure, uniquement occupée d'elle-même.

Les symbolistes privilégient les thèmes de la liberté et de la révolte. Ils sont portés à vouloir réconcilier les contraires, le masculin avec le féminin, le bien avec le mal, le grotesque avec le sublime. Leur nature rebelle les porte à transgresser les normes et les tabous : aussi les amours interdites, les fantasmes et le monde nocturne les attirent-ils plus particulièrement.

2. Le réseau de l'image : une poésie synesthésique

Les symbolistes n'inventent aucune figure de style, mais ils donnent à la métaphore un caractère synesthésique qui facilite la perception des idées et des émotions (par exemple, la révolte et la peur) en les associant à des sensations auditives, visuelles, olfactives et tactiles. Le poète se fait musicien et peintre du langage. Le symbole possède comme autre attribut de fournir la clé d'univers inconnus et il permet d'atteindre un idéal esthétique.

Les symbolistes analysent les procédés stylistiques et se questionnent sur la place du langage dans la création. Peu à peu, ils refusent de plier leurs textes à la fonction de communication qui oblige l'auteur à maintenir un lien de compréhension avec le lecteur. Mallarmé, le meilleur représentant de cette tendance, trouve que les mots s'usent comme de la vieille monnaie dans les échanges courants et qu'il faut rompre avec la syntaxe habituelle pour ressusciter leur magie. Il en résulte que ses poèmes, qu'il adresse à une élite de lecteurs exigeants, paraissent très hermétiques, c'est-à-dire difficiles à comprendre.

3. Le réseau du rythme : une poésie innovatrice

Le puissant désir d'innover amène les poètes symbolistes à explorer toutes les possibilités sur le plan formel : de la métrique traditionnelle au vers impair, puis au vers libre, pour finalement faire éclater, dans le poème en prose, les frontières qui séparaient la poésie de la prose. Pour maintenir l'effet de musicalité, ils travaillent la structure et la sonorité de la phrase.

Ainsi, la poésie suit la direction prise par tous les arts qui, en cette fin de siècle, rompent avec la tradition pour faire émerger les lignes de force de la modernité. Les artistes livrent une vision transformée du monde plutôt que de le dépeindre tel qu'il est. Les poètes s'ouvrent à de nouveaux rythmes, renonçant, comme les musiciens, à donner une illusion de régularité dans le passage du temps.

Tableau synthèse

La poésie symboliste : subjective, synesthésique, subversive

Réseaux poétiques	Caractéristiques
I Réseau du sens *Le poète « maudit » transgresse les tabous sociaux et les normes du genre poétique.*	• Thématique subversive. • Invocation de Satan. • Marginalité, révolte, liberté. • Monde urbain, monde nocturne. • Nombreux manifestes (appelés aussi *Arts poétiques*) qui présentent une réflexion sur la poésie.
II Réseau du rythme *Le poète est un musicien du langage qui explore les possibilités formelles de la poésie.*	Renouvellement des formes poétiques : • du vers régulier au poème en prose ; • travail sur la structure et la sonorité de la phrase et du vers.
III Réseau de l'image *Le poète est un peintre du langage qui considère le symbole comme l'élément essentiel du poème établissant le lien entre le monde matériel (les sensations) et le monde spirituel (l'idéal).*	• Prédilection pour les métaphores à caractère synesthésique (reliées au sensoriel). • Associations très personnelles (qui contribuent au caractère hermétique des poèmes). • Glissement vers l'onirisme, les hallucinations, les fantasmes.

Les traits distinctifs du récit et du théâtre symbolistes

Les grands poètes symbolistes décèdent tous à la fin du siècle : Rimbaud en 1891, Verlaine en 1896, Mallarmé en 1898. Baudelaire est décédé plus tôt, en 1867 ; c'est pourquoi il apparaît comme le précurseur du symbolisme. Les romanciers et les dramaturges prennent leur relève en étendant à tous les genres littéraires le processus d'innovation amorcé par leurs aînés. Alors que les romanciers réalistes tournaient leur regard vers le monde extérieur et les conflits sociaux, les symbolistes favorisent des récits à caractère initiatique (synonyme de récits d'apprentissage), avec des héros naturellement portés vers l'introspection (l'analyse de soi) plutôt que l'action. Cherchant à échapper au quotidien dérisoire, leurs personnages, souvent issus de milieux aisés, s'engagent dans une quête qui concerne moins leur réussite matérielle que la poursuite d'un rêve qui tourne presque toujours à la désillusion. Le narrateur, souvent identifié au personnage principal, se comporte tel un investigateur qui décèle non seulement les drames secrets de ses voisins mais les siens propres. Les énigmes conservent toutefois leurs zones d'ombre car, en cherchant la révélation du mystère, le lecteur découvre souvent la complexité mystérieuse de l'être humain qui veut s'affranchir de contraintes morales. Ainsi, ces écrivains présentent du monde une image sensuelle, quelquefois empreinte de mysticisme, comme chez Paul Claudel, pour qui la vérité passe par la grâce divine. L'écriture, fluide et voluptueuse, se met au service de la mémoire affective dans son retour vers l'enfance et dans son repli vers le monde intérieur.

Tableau synthèse

Le récit et le théâtre symbolistes : introspectifs et initiatiques

Intrigue	
Donner à l'action un caractère introspectif.	• Personnages de l'élite intellectuelle. • Personnages masculins souvent introvertis ; personnages féminins enclins à la frivolité.
Structure	
Entraîner le lecteur dans un récit à caractère initiatique.	• Prédilection pour un narrateur qui est aussi le héros du récit. • Le narrateur assimilé à un voyeur qui révèle les secrets. • Retour à l'enfance. • Exploration formelle ; restructuration spatio-temporelle. • Temps : intériorisé et extensible. • Espace : la ville, les quartiers riches, mais aussi les lieux de la mémoire et de l'inconscient.
Thématique	
Explorer tout l'univers sensoriel. *Exprimer une forme d'insouciance raffinée propre au mode de vie de la haute société.*	• Les fantasmes, les interdits. • L'homosexualité. • En amour, la jalousie ou l'affranchissement. • La culture, l'art. • La frivolité, le snobisme. • Le mysticisme.
Style	
Personnaliser l'écriture ; explorer toutes les ressources de la langue.	• Phrase qui suit les méandres de la quête personnelle. • Innovation formelle jusqu'à l'hermétisme.

Charles Baudelaire : l'instigateur du symbolisme

Portrait de l'homme

Baudelaire conjugue dans sa vie les caractéristiques du poète maudit. Son père, beaucoup plus âgé que sa mère, décède sept ans après la naissance de Charles, en 1821. À la grande déception du fils, la mère se remarie rapidement. Le nouvel époux, Jacques Aupick, est un officier de l'armée mal disposé par son caractère autoritaire à s'entendre avec un enfant dont la sensibilité est en tous points opposée à la sienne.

Héritant à sa majorité d'une fortune importante, Baudelaire s'adonne à une vie de bohème déréglée, entre alcool et haschich. Pour l'éloigner de ses mauvaises fréquentations, la famille l'embarque pour un voyage en direction de Calcutta, voyage qu'il interrompt à mi-chemin, non sans en conserver des images indélébiles. En réaction, son beau-père et sa mère lui coupent les vivres. Pour s'assurer des revenus, Baudelaire se convertit alors à la critique d'art, faisant preuve dans ce domaine d'une rare perspicacité qui l'amène à se passionner pour des compositeurs tel Richard Wagner et des peintres comme Eugène Delacroix, bientôt consacrés par la postérité. Il découvre aussi Edgar Allan Poe en qui il reconnaît une parenté d'inspiration : il se fait alors un devoir de traduire tous ses contes.

Musée d'Orsay, Paris.
Henri Fantin-Latour, détail d'*Hommage à Delacroix*, 1864.

Pourtant, sa vie n'est que solitude, trouble et misère. Il entretient une relation orageuse avec son amante Jeanne Duval, une mulâtresse langoureuse qui nourrit en lui le goût de l'exotisme et des ailleurs luxuriants. À cause de son recueil, *Les Fleurs du mal*, publié en 1857, il est poursuivi en justice pour immoralité. Cet événement réveille en lui une lancinante nostalgie qu'il nomme le spleen ; il fait une tentative de suicide, notamment pour échapper à la maladie qui le tenaille : la syphilis. Il en mourra en 1867, comme sa maîtresse avant lui, en revenant de Belgique où il était allé se réfugier à la fin de sa vie, inutilement, puisqu'il n'échappe nulle part à ses fantômes intérieurs.

Son influence

Depuis sa parution en 1857, le recueil de poèmes *Les Fleurs du mal* a connu le plus fort tirage de toute la francophonie.
- Baudelaire renouvelle la tradition en portant à son accomplissement l'écriture du sonnet et ouvre les portes de la modernité, en révélant en outre tout le potentiel de la poésie.
- Il brise les frontières qui permettaient de distinguer la poésie de la prose en explorant une nouvelle avenue, celle du poème en prose.

- Il développe ainsi une conscience plus aiguë de ce qui, dorénavant, caractérise la poésie :
  – les thèmes de prédilection sont les émotions plutôt que les événements ;
  – les figures de style vont à la rencontre du sensoriel ;
  – le rythme repose sur un agencement de sons s'appelant et se répondant par des effets d'homophonie.

Le poème est ainsi constitué d'un ensemble d'éléments en corrélation, évoluant en quelque sorte de façon concentrique, puisque la signification est portée à la fois par les mots, par les sons et par les images. Se référant à cette figure en spirale, l'analyse tiendra compte des réseaux du sens, de l'image et du rythme.

Vous trouverez d'autres renseignements sur Baudelaire aux pages 56, 57 et 58.

DESCRIPTION DU GENRE DE PRÉDILECTION

La poésie : l'exploration symboliste

Le réseau du sens

Le réseau du sens est en rapport avec la vision du monde et les valeurs de l'écrivain, sa conception de l'art et son rôle dans la société.

- La thématique de Baudelaire est centrée sur l'individu, sa quête d'idéal et son sentiment d'être marginal dans la société.
- Son anticonformisme le porte à heurter le « bon goût ». Tout peut désormais devenir l'objet d'une œuvre artistique, même la chose la plus bizarre, la plus horrible ou la plus inattendue comme l'illustre son poème intitulé *Une Charogne.*
- Par esprit de contestation, il s'attaque aux valeurs bourgeoises : la famille, le confort, l'argent. Toute forme d'hypocrisie l'irrite, aussi montre-t-il une prédilection particulière pour les sujets scandaleux comme le mal, la prostitution, la ville interdite.

Partageant avec leur aîné le goût de la provocation, Verlaine et Rimbaud incluent l'homosexualité, alors taboue, dans la thématique symboliste. Maître et disciples s'intéressent à toutes les questions qui touchent la poésie, comme en témoignent les nombreux *Arts poétiques* qu'ils composent. Pour certains, comme Rimbaud, la poésie conditionne la façon de vivre : le poète favorise le dérèglement des sens, se fait l'âme monstrueuse, goûte à toutes les formes de folie. Voulant parvenir à l'extase et se faire « voyant », il franchit les frontières du rationnel pour accéder aux fantasmes et à l'hallucination. Il se produit en quelque sorte une inversion dans les valeurs puisque l'écriture passe avant la vie : pour nourrir l'originalité de son œuvre, le poète cultive l'excentricité dans son existence.

Le réseau de l'image

Le langage permet non seulement d'exprimer le rationnel mais aussi l'irrationnel, les émotions, les sentiments. Les poètes symbolistes souhaitent en explorer tout le potentiel en multipliant les liens entre l'idée et les sensations, entre le matériel et le spirituel.

- Au moyen des comparaisons et des métaphores à caractère synesthésique, Baudelaire associe ainsi une idée, celle du voyage par exemple, à des parfums et à des sensations tactiles tout en souhaitant l'adhésion à un idéal d'« ordre » et de « beauté », de « luxe », de « calme » et de « volupté » (*L'Invitation au voyage*).

- On observe d'ailleurs une grande recherche dans la construction de ses images, puisqu'il joue aussi avec des connotations variées qui font écho à la figure de style, par exemple quand il compare sa maîtresse au serpent :

> À te voir marcher en cadence,
>   Belle d'abandon,
> On dirait un serpent qui danse
>   Au bout d'un bâton.
> (*Les Fleurs du mal*)

On trouve ce même souci d'évocation dans les vers suivants où les métaphores s'appellent et se répondent :

> Quand vers toi mes désirs partent en caravane,
> Tes yeux sont la citerne où boivent mes ennuis.

Avant l'arrivée des symbolistes, l'art de la poésie consistait souvent à surprendre par des images isolées. Les symbolistes, au contraire, préfèrent créer des liens entre toutes les strates du poème conçu comme un ensemble unifié. L'efficacité de la figure de style se mesure alors à sa capacité de participer à la signification globale, de la faire « résonner » dans le texte et chez le lecteur en créant un effet unique.

Le symbolisme, comme son nom l'indique, a placé le symbole au centre de sa réflexion esthétique et a clairement révélé son rôle : l'image poétique n'est pas un ornement du langage, mais bien un élément essentiel de la poésie. Le symbole traduit une quête d'unité entre les idées et les sensations, entre le réel et l'idéal.

Le réseau du rythme

L'homme vit au rythme des battements de son cœur, de sa respiration ; il traverse la vie à la cadence de ses pas alors que reviennent les saisons, chacune à leur tour. La poésie traduit ces mouvements vitaux : « Le rythme du vers est comme le battement du cœur devenu sensible à l'oreille et guidant notre voix. » (Georges Jean, *La Poésie*, 1961)

Les poètes symbolistes ont l'ambition d'être des musiciens du langage. Ils font entendre toute émotion avec sa vibration, révèlent toute signification avec sa tonalité interne. Quelles sont les ressources à leur disposition ? Les rimes et le décompte des syllabes dans la métrique régulière ; les jeux sonores et la dislocation du vers, puis de la phrase, lorsque la poésie se libère de la versification traditionnelle.

Quelle est la contribution particulière du symbolisme à l'assouplissement du rythme ? Dans l'histoire de la littérature, il est ce moment de toutes les aventures, de l'exploration de tous les possibles formels.

- Baudelaire peut à la fois plier son inspiration aux règles du sonnet, ou les transgresser, tout comme il peut expérimenter des formules nouvelles et pousser jusqu'au poème en prose.
- Verlaine, pour sa part, essaie d'aller à l'encontre du goût des Français pour la régularité classique en proposant le vers impair (de 7, 9 ou 11 pieds).
- Quant à Rimbaud, son œuvre se présente comme un laboratoire de formes : il fait l'essai du vers libre, ce type de vers où on ne compte pas les syllabes, pour finalement donner la priorité au poème en prose.
- Enfin, Mallarmé déplace la provocation du pôle du message à celui du matériau puisque c'est le langage lui-même qu'il perturbe en bouleversant l'ordre syntaxique. Sa façon d'écrire augmente la difficulté de la lecture, comportant le risque de rendre la poésie peu accessible, voire de la marginaliser comme genre littéraire.

La théorie de l'Art pour l'Art empruntée au Parnasse

Théophile Gautier (1811-1872)

Théophile Gautier est à la fois poète, journaliste et romancier. Ardent partisan du romantisme dans sa jeunesse, il participe avec fougue à la bataille d'Hernani. Il évolue ensuite vers le formalisme, adhérant à l'idée qu'un poème s'impose avant tout par sa perfection plastique. Opposé à l'idée d'une littérature engagée, il formule en ces termes sa théorie de l'Art pour l'Art dans la préface de son roman *Mademoiselle de Maupin* : « Rien de ce qui est beau n'est indispensable à la vie. On supprimerait les fleurs, le monde n'en souffrirait pas matériellement ; qui voudrait cependant qu'il n'y eût plus de fleurs ? [...] Il n'y a de vraiment beau que ce qui ne peut servir à rien... » Cette conception de l'art, alors associée à un courant qui s'appelle le Parnasse, va

(suite à la page suivante)

EXTRAITS CLASSÉS PAR GENRES

L'ART

Oui, l'œuvre sort plus belle
D'une forme au travail
   Rebelle,
Vers, marbre, onyx, émail.

5 Point de contraintes fausses !
Mais que pour marcher droit
   Tu chausses,
Muse, un cothurne étroit.

Fi du rythme commode,
10 Comme un soulier trop grand,
   Du mode
Que tout pied quitte et prend !

Statuaire, repousse
L'argile que pétrit
15   Le pouce,
Quand flotte ailleurs l'esprit ;

Lutte avec le carrare,
Avec le paros dur
   Et rare,
20 Gardiens du contour pur ;

Emprunte à Syracuse
Son bronze où fermement
   S'accuse
Le trait fier et charmant ;

25 D'une main délicate
Poursuis dans un filon
   D'agate
Le profil d'Apollon.

Peintre, fuis l'aquarelle
30 Et fixe la couleur
   Trop frêle
Au four de l'émailleur.

Fais les Sirènes bleues,
Tordant de cent façons
35   Leurs queues,
Les monstres des blasons ;

Dans son nimbe trilobe
La Vierge et son Jésus,
   Le globe
40 Avec la croix dessus.

Tout passe. — L'art robuste
Seul a l'éternité ;
   Le buste
Survit à la cité.

45 Et la médaille austère
Que trouve un laboureur
   Sous terre
Révèle un empereur.

Les dieux eux-mêmes meurent.
50 Mais les vers souverains
   Demeurent
Plus forts que les airains.

Sculpte, lime, cisèle ;
Que ton rêve flottant
55   Se scelle
Dans le bloc résistant.

Émaux et Camées, 1852.

Musée d'Orsay, Paris.
Édouard Manet, *Le Déjeuner sur l'herbe*, 1863.

(suite)

largement influencer le symbolisme, comme en témoigne le fait que Baudelaire dédie son recueil, *Les Fleurs du mal*, à Gautier.

Le texte de la page ci-contre présente cette même théorie sous forme poétique. Il attribue des limites au territoire artistique et formule les buts que doit viser l'artiste dans son travail. Pour ces raisons, on doit le lire comme un *Art poétique* puisqu'il témoigne d'une position particulière sur un aspect essentiel du métier d'écrivain.

1. Relevez les expressions par lesquelles Gautier invite le poète à se tenir éloigné de toute facilité, au profit de la fermeté.

2. Traduisez en vos mots le sens des vers suivants :
   – « Mais que pour marcher droit / Tu chausses, / Muse, un cothurne étroit. »
   – « Tout passe. – L'art robuste / Seul a l'éternité ; / Le buste / Survit à la cité. »
   – « Sculpte, lime cisèle ; / Que ton rêve flottant / Se scelle / Dans le bloc résistant. »

3. Dressez la liste des matériaux et des métiers auxquels Gautier se réfère pour souligner l'idée que la poésie exige du travail.

4. Selon Gautier, c'est la forme beaucoup plus que le contenu qui donne sa valeur au poème. Commentez.

L'image : le pivot du poème symboliste

Charles Baudelaire (1821-1867)

Baudelaire est l'écrivain charnière du symbolisme, car il fait la synthèse d'idées empruntées à d'autres courants tout en ouvrant de nouvelles voies. Des écrivains romantiques, il retient le lyrisme mais délaisse les veines épique (soit la poésie qui raconte des faits héroïques) et didactique (soit la poésie qui vise à instruire) ; du Parnasse, il conserve le souci de la forme, mais refuse de se limiter à l'impassible description de paysages.

Baudelaire place ce sonnet des *Correspondances* dans la première partie de son recueil pour en souligner l'importance. Il cherche à démontrer que le symbole est consubstantiel au langage poétique, ce qui signifie que le poète n'utilise pas les figures de style comme des décorations pour embellir l'expression de sa pensée. Les images, comme le rythme d'ailleurs, sont des éléments intrinsèques du discours poétique. Les symbolistes reconnaîtront en ce sonnet un texte fondateur de leur esthétique.

CORRESPONDANCES

La Nature est un temple où de vivants piliers
Laissent parfois sortir de confuses paroles ;
L'homme y passe à travers des forêts de symboles
Qui l'observent avec des regards familiers.

5 Comme de longs échos qui de loin se confondent
Dans une ténébreuse et profonde unité,
Vaste comme la nuit et comme la clarté,
Les parfums, les couleurs et les sons se répondent.

Il est des parfums frais comme des chairs d'enfants,
10 Doux comme les hautbois, verts comme les prairies,
    — Et d'autres, corrompus, riches et triomphants,

Ayant l'expansion des choses infinies,
Comme l'ambre, le musc, le benjoin et l'encens,
Qui chantent les transports de l'esprit et des sens.

Les Fleurs du mal, 1857.

1. Traduisez en vos mots le sens du poème.

2. Prouvez que le poème est construit comme une démonstration logique en relevant les éléments suivants :
   – une représentation du monde ;
   – une définition du symbole sur le plan horizontal, celui des échanges sensoriels ;
   – une définition du symbole sur le plan vertical, celui des échanges avec l'idéal ou l'intelligence ;
   – des exemples de symboles à l'appui de la démonstration.

3. Justifiez le choix du temps des verbes dans ce texte.

4. Comment l'idée que la beauté inclut le mal est-elle suggérée dans le texte ?

5. Selon ce poème, quel est le sens dominant chez Baudelaire : la vue, l'ouïe, le goût, l'odorat ou le toucher ?

6. Le symbole, tel qu'il est défini par Baudelaire dans ce poème, se réduit-il à n'être que l'équivalent de la synesthésie, cette figure de style qui consiste en des associations sensorielles ? Discutez.

7. Est-il juste d'affirmer que ce poème explique le rôle de l'image chez les symbolistes ?

Atelier d'analyse

L'INVITATION AU VOYAGE

Mon enfant, ma sœur,
Songe à la douceur
D'aller là-bas vivre ensemble !
Aimer à loisir,
5   Aimer et mourir
Au pays qui te ressemble !
Les soleils mouillés
De ces ciels brouillés
Pour mon esprit ont les charmes
10   Si mystérieux
De tes traîtres yeux,
Brillant à travers leurs larmes.

Là, tout n'est qu'ordre et beauté,
Luxe, calme et volupté.

15   Des meubles luisants,
Polis par les ans,
Décoreraient notre chambre ;
Les plus rares fleurs
Mêlant leurs odeurs
20   Aux vagues senteurs de l'ambre,
Les riches plafonds,
Les miroirs profonds,

La splendeur orientale,
Tout y parlerait
25   À l'âme en secret
Sa douce langue natale.

Là, tout n'est qu'ordre et beauté,
Luxe, calme et volupté.

Vois sur ces canaux
30   Dormir ces vaisseaux
Dont l'humeur est vagabonde ;
C'est pour assouvir
Ton moindre désir
Qu'ils viennent du bout du monde.
35   — Les soleils couchants
Revêtent les champs,
Les canaux, la ville entière,
D'hyacinthe et d'or ;
Le monde s'endort
40   Dans une chaude lumière.

Là, tout n'est qu'ordre et beauté,
Luxe, calme et volupté.

Les Fleurs du mal, 1857.

La filiation avec le romantisme

Charles Baudelaire (1821-1867)

Baudelaire se trouve au carrefour de la tradition et de la modernité. Dans son recueil, plusieurs poèmes portent sur des thèmes franchement romantiques comme l'ennui de vivre et la solitude du poète dans la société. Ailleurs, il innove en préférant la ville à la nature, en décrivant le mal plutôt qu'en louangeant le bien comme le faisait Victor Hugo. Sur le plan formel, il privilégie le sonnet, mais il introduit toutes sortes d'irrégularités dans ceux qu'il compose.

On trouve aussi des tentatives plus aventureuses comme ce poème verlainien avant la lettre, en vers impairs, qui conjugue sur un rythme envoûtant plusieurs thèmes comme le rêve, le luxe, le voyage, faisant la preuve de l'indéniable virtuosité de Baudelaire.

Exploration

Le réseau du sens

1. Assurez-vous de bien comprendre le poème. Pour ce faire, cherchez la définition des mots qui vous sont moins familiers, comme «ambre», «assouvir», «hyacinthe», etc. Interrogez-vous également sur les mots dont la définition peut éclairer la signification du texte, comme «volupté».

2. Montrez comment progresse le sens dans chacune des strophes du poème.

3. Comment Baudelaire s'y prend-il pour illustrer dans les strophes les cinq mots du refrain ?

4. Quelle image de la femme ce poème révèle-t-il ?

5. Justifiez le titre du poème en étant sensible à la fois à l'expression du rêve, du désir et de l'ailleurs.

Le réseau de l'image

6. Baudelaire explore un large registre de sensations dans ce poème. Dressez-en la liste.

7. Ce poème, verlainien avant la lettre, privilégie la nuance et l'«indécis». Repérez les images qui traduisent ces idées.

Le réseau du rythme

8. Étudiez le rythme en considérant les aspects suivants :
   – le choix et l'ordonnance des vers ;
   – les rimes et le jeu des sonorités ;
   – la syntaxe et le temps des verbes ;
   – le lien du rythme avec la signification du poème.

Hypothèses d'analyse et de dissertation

1. Baudelaire lance une invitation au voyage à la femme qu'il aime tandis qu'il convie le lecteur à l'aventure poétique. Commentez cette affirmation.

2. Est-il juste d'affirmer que ce poème se situe au croisement de la tradition et de la modernité ?

Charles Baudelaire (1821-1867)

Baudelaire aime scandaliser dans sa vie comme dans son œuvre. Il se perçoit comme un dandy, et définit ce style comme étant celui de l'homme qui affirme son originalité, qui se distingue du commun des mortels par une attitude de défi. Dans le domaine de l'art, Baudelaire s'oppose à la conception selon laquelle certaines choses sont poétiques par leur nature même (une fleur, par exemple) tandis que d'autres, comme la chair en putréfaction, ne sauraient l'être. Pour Baudelaire, la beauté n'est pas tant dans l'objet décrit que dans le regard que l'artiste pose sur lui.

La comparaison avec le poème *L'Hirondelle au printemps* tiré du recueil *Les Contemplations* permet de mieux saisir les différences par rapport à la conception romantique de la beauté. Hugo choisit un sujet propice à l'émerveillement, conforme en quelque sorte aux attentes du lecteur. Chez Baudelaire, le sujet choisi vise à ébranler, voire à heurter le lecteur dans ses convictions esthétiques.

Deux conceptions de la beauté : les points de vue symboliste et romantique

La version symboliste de Charles Baudelaire

UNE CHAROGNE

Rappelez-vous l'objet que nous vîmes, mon âme,
    Ce beau matin d'été si doux :
Au détour d'un sentier une charogne infâme
    Sur un lit semé de cailloux,

5 Les jambes en l'air, comme une femme lubrique,
    Brûlante et suant les poisons,
Ouvrait d'une façon nonchalante et cynique
    Son ventre plein d'exhalaisons.

Le soleil rayonnait sur cette pourriture,
10   Comme afin de la cuire à point,
Et de rendre au centuple à la grande Nature
    Tout ce qu'ensemble elle avait joint.

Et le ciel regardait la carcasse superbe
    Comme une fleur s'épanouir.
15 La puanteur était si forte, que sur l'herbe
    Vous crûtes vous évanouir.

Les mouches bourdonnaient sur ce ventre putride,
    D'où sortaient de noirs bataillons
De larves, qui coulaient comme un épais liquide
20   Le long de ces vivants haillons.

Tout cela descendait, montait comme une vague,
    Ou s'élançait en pétillant ;
On eût dit que le corps, enflé d'un souffle vague,
    Vivait en se multipliant.

25 Et ce monde rendait une étrange musique,
    Comme l'eau courante et le vent,
Ou le grain qu'un vanneur d'un mouvement rythmique
    Agite et tourne dans son van.

Les formes s'effaçaient et n'étaient plus qu'un rêve,
30   Une ébauche lente à venir,
Sur la toile oubliée, et que l'artiste achève
    Seulement par le souvenir.

Derrière les rochers une chienne inquiète
    Nous regardait d'un œil fâché,
35 Épiant le moment de reprendre au squelette
    Le morceau qu'elle avait lâché.

— Et pourtant vous serez semblable à cette ordure,
  À cette horrible infection,
Étoile de mes yeux, soleil de ma nature,
40   Vous, mon ange et ma passion !

Oui ! telle vous serez, ô la reine des grâces,
  Après les derniers sacrements,
Quand vous irez, sous l'herbe et les floraisons grasses,
  Moisir parmi les ossements.

45 Alors, ô ma beauté ! dites à la vermine
  Qui vous mangera de baisers,
Que j'ai gardé la forme et l'essence divine
  De mes amours décomposés !

Les Fleurs du mal, 1857.

Musées royaux des Beaux-Arts de Belgique,
Bruxelles.
Antoine Wiertz, *La Belle Rosine*, 1847.

La version romantique de Victor Hugo

L'HIRONDELLE AU PRINTEMPS

L'hirondelle au printemps cherche les vieilles tours,
Débris où n'est plus l'homme, où la vie est toujours ;
La fauvette en avril cherche, ô ma bien-aimée,
La forêt sombre et fraîche et l'épaisse ramée,
5 La mousse, et, dans les nœuds des branches, les doux toits
Qu'en se superposant font les feuilles des bois.
Ainsi fait l'oiseau. Nous, nous cherchons, dans la ville
Le coin désert, l'abri solitaire et tranquille,
Le seuil qui n'a pas d'yeux obliques et méchants,
10 La rue où les volets sont fermés ; dans les champs,
Nous cherchons le sentier du pâtre et du poëte ;
Dans les bois, la clairière inconnue et muette
Où le silence éteint les bruits lointains et sourds.
L'oiseau cache son nid, nous cachons nos amours.

Victor Hugo, *Les Contemplations*, 1856.

1. Assurez-vous de bien comprendre les deux poèmes. Pour ce faire, cherchez les mots qui posent problème comme «infâme», «lubrique», «exhalaisons», «putride», «haillons» et «van» dans *Une Charogne*, les mots «ramée», «obliques» et «pâtre» dans *L'Hirondelle au printemps*, et tout autre mot susceptible d'éclairer la signification des deux poèmes.

2. Résumez chacun des deux poèmes en quelques phrases.

3. Relevez les mots ou les expressions à caractère péjoratif dans le poème de Baudelaire.

4. Expliquez le caractère provocateur des deux vers suivants :
   Et le ciel regardait la carcasse superbe
   Comme une fleur s'épanouir.

5. Dans le texte de Baudelaire, relevez deux comparaisons et deux métaphores, et expliquez en quoi elles contribuent à la signification du poème.

6. Dressez le champ lexical des termes relatifs à chacun des sens : la vue, l'ouïe, l'odorat, le goût, le toucher.

7. Comment Baudelaire arrive-t-il à créer des effets de contraste dans le poème? Quel(s) but(s) vise-t-il?

8. Quelle est la tonalité générale dans le recours à la nature (faune et flore comprises)?

9. Montrez comment se traduit dans ce texte l'aspiration à l'idéal tout en précisant la nature de cet idéal.

10. Le poème de Victor Hugo partage avec celui de Charles Baudelaire certains éléments : quels sont-ils?

11. La nature, telle qu'elle est représentée par Hugo, confirme le lecteur dans ses attentes par rapport à ce qui, traditionnellement, doit inspirer un poème. Commentez cette affirmation en vous appuyant sur le texte.

12. À qui chacun des poèmes s'adresse-t-il? Quel est le message adressé à chacune de ces femmes? Laquelle des destinataires, selon vous, se montrera la plus heureuse à la lecture du poème qui lui est adressé? Expliquez chacune de vos réponses en vous rapportant aux textes.

Hypothèses d'analyse et de dissertation

1. Comparez la représentation de la nature et de l'amour dans les deux textes.

2. Est-il juste d'affirmer que les deux titres annoncent des visions divergentes de la beauté?

Atelier d'analyse

LAETI ET ERRABUNDI

Les courses furent intrépides
(Comme aujourd'hui le repos pèse !)
Par les steamers et les rapides.
(Que me veut cet at home obèse ?)

5 Nous allions, — vous en souvient-il,
Voyageur où ça disparu ? —
Filant légers dans l'air subtil,
Deux spectres joyeux, on eût cru !

Car les passions satisfaites
10 Insolemment outre mesure
Mettaient dans nos têtes des fêtes
Et dans nos sens, que tout rassure,

Tout, la jeunesse, l'amitié,
Et nos cœurs, ah ! que dégagés
15 Des femmes prises en pitié
Et du dernier des préjugés,

Laissant la crainte de l'orgie
Et le scrupule au bon ermite,
Puisque quand la borne est franchie
20 Ponsard ne veut plus de limite.

Entre autres blâmables excès
Je crois que nous bûmes de tout,
Depuis les plus grands vins français
Jusqu'à ce faro, jusqu'au stout,

25 En passant par les eaux-de-vie
Qu'on cite comme redoutables,
L'âme au septième ciel ravie,
Le corps, plus humble, sous les tables.

Des paysages, des cités
30 Posaient pour nos yeux jamais las ;
Nos belles curiosités
Eussent mangé tous les atlas.

Fleuves et monts, bronzes et marbres,
Les couchants d'or, l'aube magique,
35 L'Angleterre, mère des arbres,
Fille de beffrois, la Belgique,

La mer, terrible et douce au point, —
Brochaient sur le roman très cher
Que ne discontinuait point
40 Notre âme, — et quid de notre chair ?...

Le roman de vivre à deux hommes
Mieux que non pas d'époux modèles,
Chacun au tas versant des sommes
De sentiments forts et fidèles.

45 L'envie aux yeux de basilic
Censurait ce mode d'écot :
Nous dînions du blâme public
Et soupions du même fricot.

La misère aussi faisait rage
50 Par des fois dans le phalanstère :
On ripostait par le courage,
La joie et les pommes de terre.

Scandaleux sans savoir pourquoi,
(Peut-être que c'était trop beau)
55 Mais notre couple restait coi
Comme deux bons porte-drapeau,

Coi dans l'orgueil d'être plus libres
Que les plus libres de ce monde,
Sourd aux gros mots de tous calibres,
60 Inaccessible au rire immonde,

Nous avions laissé sans émoi
Tous impédiments dans Paris,
Lui quelques sots bernés, et moi
Certaine princesse Souris,

65 Une sotte qui tourna pire...
Puis soudain tomba notre gloire,
Tels nous des maréchaux d'empire
Déchus en brigands de la Loire,

Mais déchus volontairement.
70 C'était une permission,
Pour parler militairement,
Que notre séparation,

Permission sous nos semelles,
Et depuis combien de campagnes !
75 Pardonnâtes-vous aux femelles ?
Moi j'ai peu revu ces compagnes,

Assez toutefois pour souffrir.
Ah, quel cœur faible que mon cœur !
Mais mieux vaut souffrir que mourir
80 Et surtout mourir de langueur.
[...]

Parallèlement, 1889.

Le thème de la marginalité

Paul Verlaine (1844-1896)

Lorsque Paul Verlaine meurt, à Paris, il est presque méconnu du grand public. Sa rencontre avec Rimbaud en 1871 le pousse à rompre avec son milieu et brise son mariage. Dès lors, il se laisse aller à tous les excès et s'adonne à la boisson. Pendant les dernières années de sa vie, il en est réduit à l'état de clochard, faisant la navette entre le bar et l'hôpital. Ironiquement, c'est à ce moment qu'on redécouvre sa poésie et que ses disciples le consacrent prince des poètes.

Le poème ci-contre porte sur le thème des amours marginales, cher aux symbolistes. On pourrait s'étonner que le titre, qui signifie « errance heureuse », soit en langue latine : est-ce une manière pour Verlaine de souligner sa filiation avec Baudelaire qui intitulait un de ses poèmes *Mœsta et errabunda* ? Ou serait-ce une nouvelle façon de transgresser les codes en outrepassant les frontières entre les langues ?

Exploration

Le réseau du sens

1. Assurez-vous de bien comprendre le poème. Pour ce faire :
   – cherchez la définition des mots qui vous sont moins familiers, comme «faro», «stout», «phalanstère», «coi», «impédiments», etc. Interrogez-vous également sur les mots dont la définition peut éclairer la signification du texte, comme «basilic» ;
   – relevez les emprunts aux langues étrangères et montrez qu'il s'agit d'un choix judicieux en tenant compte du titre du poème et de sa thématique ;
   – dans un dictionnaire des noms propres, cherchez qui est Ponsard (vers 20).

2. Résumez le poème en quelques phrases.

3. Qui est le destinataire du poème ? Relevez les vers qui soulignent sa présence dans le poème.

4. Montrez que le poème traite de la marginalité sur le plan sexuel. Pour ce faire :
   – repérez toutes les références à l'homosexualité ;
   – repérez, en les classant, les moyens adoptés pour contester les normes sociales ;
   – dressez le champ lexical des termes associés d'une part à la censure et d'autre part à la liberté de pensée et d'action.

5. La marginalité s'inscrit dans une trajectoire spatiale : montrez comment Verlaine oppose l'espace du *home*, où règne une «certaine princesse Souris» (il fait référence à sa femme qu'il a abandonnée pour partir avec Rimbaud), à celui du déplacement. Quels sont les valeurs et les sentiments associés à chacun de ces espaces ?

6. Quelle vision de l'amour, de la femme et de la liberté se dégage de ce poème ?

7. Verlaine exprime ailleurs dans sa poésie une nostalgie de la pureté. La nostalgie est-elle présente ici ? Si oui, est-elle relative à la pureté ?

8. Y a-t-il d'autres aspects qui vous touchent ou qui vous semblent importants ? Expliquez votre réponse.

Le réseau de l'image

9. Dans ce poème, Verlaine franchit de multiples frontières. Lesquelles ? Trouvez dans le poème une expression qui traduit chacune d'elles.

Le réseau du rythme

10. Montrez comment Verlaine suggère l'idée de mouvement en analysant le lexique, la coupe du vers, le jeu des énumérations, des parallélismes et des répétitions.

Hypothèses d'analyse et de dissertation

1. Justifiez le titre du poème : *Laeti et errabundi*, l'errance heureuse.

2. Est-il juste d'affirmer que ce poème illustre l'esprit et le mode de vie subversifs du poète maudit ?

Musée d'Ixelles, Bruxelles.
Jean Delville, *L'amour des âmes*, 1900.
Chez un poète symboliste comme Verlaine, même un amour jugé décadent par la société conformiste devient spirituel, voire sacré.

ART POÉTIQUE

De la musique avant toute chose
Et pour cela préfère l'Impair,
Plus vague et plus soluble dans l'air,
Sans rien en lui qui pèse ou qui pose.

5 Il faut aussi que tu n'ailles point
Choisir tes mots sans quelque méprise :
Rien de plus cher que la chanson grise
Où l'Indécis au Précis se joint.

C'est des beaux yeux derrière des voiles,
10 C'est le grand jour tremblant de midi,
C'est, par un ciel d'automne attiédi
Le bleu fouillis des claires étoiles !

Car nous voulons la Nuance encor,
Pas la Couleur, rien que la nuance !
15 Oh ! la nuance seule fiance
Le rêve au rêve et la flûte au cor !

Fuis du plus loin la Pointe assassine,
L'Esprit cruel et le Rire impur,

Qui font pleurer les yeux de l'Azur,
20 Et tout cet ail de basse cuisine !

Prends l'éloquence et tords-lui son cou !
Tu feras bien, en train d'énergie,
De rendre un peu la Rime assagie.
Si l'on n'y veille, elle ira jusqu'où ?

25 Oh ! qui dire les torts de la Rime !
Quel enfant sourd ou quel nègre fou
Nous a forgé ce bijou d'un sou
Qui sonne creux et faux sous la lime ?

De la musique encore et toujours !
30 Que ton vers soit la chose envolée
Qu'on sent qui fuit d'une âme en allée
Vers d'autres cieux à d'autres amours,

Que ton vers soit la bonne aventure
Éparse au vent crispé du matin
35 Qui va fleurant la menthe et le thym...
Et tout le reste est littérature.

Jadis et Naguère, 1884.

LA POÉSIE

Paul Verlaine (1844-1896)

Verlaine est un intuitif qui ressemble à ces musiciens qui jouent à l'oreille, aussi une versification trop rigide ne peut-elle lui convenir. Tant sur le plan des atmosphères que sur celui des émotions et des idées, il aime la nuance suggestive, le flou et l'indéfini. La tonalité unique de sa poésie se fait d'ailleurs entendre dans son propre nom, Verlaine, qui le prédestine à la tiédeur douce des paysages d'automne voilés de nostalgie.

Son *Art poétique* est le seul à se rapporter spécifiquement à l'aspect du rythme. La démonstration n'a pas le caractère franchement innovateur des poèmes de Rimbaud et de Baudelaire, car Verlaine préfère le compromis et l'imprécision à la rupture et au défi.

1. Relevez tous les termes appartenant au champ lexical du son et de la musique. Traduisez en vos mots la pensée de Verlaine sur le rythme poétique.

2. Quelles pratiques poétiques Verlaine rejette-t-il dans ce poème ?

3. Sur le plan de la signification, Verlaine fait le choix de « l'indécis ». Dressez le champ lexical de ce terme dans le poème.

4. Relevez dans le texte quatre métaphores à caractère synesthésique.

5. Le poème applique-t-il les idées suivantes ?
   – « De la musique avant toute chose »
   – « Et pour cela préfère l'Impair »

La tonalité mélancolique

Paul Verlaine (1844-1896)

Paul Verlaine cultive la naïveté en reproduisant souvent dans ses poèmes la simplicité des comptines. Comment en effet résister au charme indescriptible de poèmes qui disent l'émotion pure, loin de tout souci utilitaire ? Ils ont la grâce de la légèreté, et pourtant ils s'impriment dans la mémoire pour ne plus s'en évader.

En examinant un poème comme *Chanson d'automne*, on se rend compte de toute la maîtrise qui sous-tend l'écriture de ces textes très courts et sans prétention. Le poète joue habilement avec les sons alors que le choix lexical obéit à une telle nécessité qu'on ne peut déplacer un seul mot du poème sans rompre son équilibre... instable !

CHANSON D'AUTOMNE

Les sanglots longs
Des violons
   De l'automne
Blessent mon cœur
5 D'une langueur
   Monotone.

Tout suffocant
Et blême, quand
   Sonne l'heure,
10 Je me souviens
Des jours anciens
   Et je pleure ;

Et je m'en vais
Au vent mauvais
15   Qui m'emporte
Deçà, delà,
Pareil à la
   Feuille morte.

Poèmes saturniens, 1866.

Galerie Tretïakoff, Moscou.
I. S. Gorjuschkin-Sorokopudow, *Blätterfall*, vers 1900.

1. Relevez les termes qui expriment la tristesse douloureuse dans ce poème.

2. Le temps des verbes vous paraît-il justifié en fonction du sens du poème ? Expliquez votre réponse.

3. Comment la tendance de Verlaine à l'indécision et à la passivité transparaît-elle dans ce poème ?

4. Étudiez par quels moyens Verlaine traduit, sur le plan du rythme, les sentiments qu'il éprouve.

5. Peut-on considérer ce poème comme une application des idées de Verlaine sur la poésie telles qu'elles sont exprimées dans son *Art poétique* (page 63) ? Expliquez votre réponse.

ALCHIMIE DU VERBE

À moi. L'histoire d'une de mes folies.

Depuis longtemps je me vantais de posséder tous les paysages possibles, et trouvais dérisoires les célébrités de la peinture et de la poésie moderne.

J'aimais les peintures idiotes, dessus de portes, décors, toiles de saltim-
5 banques, enseignes, enluminures populaires ; la littérature démodée, latin d'église, livres érotiques sans orthographe, romans de nos aïeules, contes de fées, petits livres de l'enfance, opéras vieux, refrains niais, rythmes naïfs.

Je rêvais croisades, voyages de découvertes dont on n'a pas de relations, républiques sans histoires, guerres de religion étouffées, révolutions de mœurs,
10 déplacements de races et de continents : je croyais à tous les enchantements.

J'inventai la couleur des voyelles ! — *A* noir, *E* blanc, *I* rouge, *O* bleu, *U* vert. — Je réglai la forme et le mouvement de chaque consonne, et, avec des rythmes instinctifs, je me flattai d'inventer un verbe poétique accessible, un jour ou l'autre, à tous les sens. Je réservais la traduction.

15 Ce fut d'abord une étude. J'écrivais des silences, des nuits, je notais l'inexprimable. Je fixais des vertiges.

> Loin des oiseaux, des troupeaux, des villageoises,
> Que buvais-je, à genoux dans cette bruyère
> Entourée de tendres bois de noisetiers,
20 > Dans un brouillard d'après-midi tiède et vert ?
>
> Que pouvais-je boire dans cette jeune Oise,
> — Ormeaux sans voix, gazon sans fleurs, ciel couvert ! —
> Boire à ces gourdes jaunes, loin de ma case
> Chérie ? Quelque liqueur d'or qui fait suer.
>
25 > Je faisais une louche enseigne d'auberge.
> Un orage vint chasser le ciel. Au soir
> L'eau des bois se perdait sur les sables vierges,
> Le vent de Dieu jetait des glaçons aux mares ;
> Pleurant, je voyais de l'or – et ne pus boire.
>
30 > À quatre heures du matin, l'été,
> Le sommeil d'amour dure encore.
> Sous les bocages s'évapore
> L'odeur du soir fêté. [...]

La vieillerie poétique avait une bonne part dans mon alchimie du verbe.

35 Je m'habituai à l'hallucination simple : je voyais très franchement une mosquée à la place d'une usine, une école de tambours faite par des anges, des calèches sur les routes du ciel, un salon au fond d'un lac ; les monstres, les mystères ; un titre de vaudeville dressait des épouvantes devant moi.

Puis j'expliquai mes sophismes magiques avec l'hallucination des mots !

40 Je finis par trouver sacré le désordre de mon esprit. J'étais oisif, en proie à une lourde fièvre : j'enviais la félicité des bêtes, — les chenilles, qui représentent l'innocence des limbes, les taupes, le sommeil de la virginité !

Mon caractère s'aigrissait. Je disais adieu au monde dans d'espèces de romances :

45 > Chanson de la plus haute tour.
> Qu'il vienne, qu'il vienne,
> Le temps dont on s'éprenne.
> J'ai tant fait patience
> Qu'à jamais j'oublie.
50 > Craintes et souffrances
> Aux cieux sont parties.
> Et la soif malsaine
> Obscurcit mes veines.
> Qu'il vienne, qu'il vienne.

Une saison en enfer, 1873.

L'esprit subversif

Arthur Rimbaud (1854-1891)

Né dans une famille indigente, Arthur Rimbaud meurt jeune deux fois : comme poète, il cesse d'écrire à 18 ans ; comme homme, il s'éteint à 37 ans des suites de l'amputation d'une jambe. Il y a donc un mystère Rimbaud, celui d'un être intensément poète, voire « existentiellement » poète, qui renoncera pourtant d'un seul coup, et pour toujours, à l'écriture. Quelles sont les raisons d'une telle décision ? A-t-il craint les conséquences de ses propres postulats, soit de sombrer dans la folie en s'adonnant trop longuement au « dérèglement » des sens ? A-t-il cru que la vie dans ce continent d'Afrique encore inexploré à l'époque pouvait lui offrir des sensations plus fortes que celles qu'il attendait de la création ?

Ce poème, de forme composite, reflète par son titre même l'intérêt de Rimbaud pour le langage (le verbe), matériau premier du travail poétique. Le terme « alchimie » fait référence à la fois au Moyen Âge, aux sciences occultes, à l'idée de fusion des éléments et à celle de la réalisation du « Grand Œuvre ». Voilà donc un titre qui ouvre de multiples pistes d'interprétation pour un poème où s'entrecroisent la réflexion esthétique et le bilan existentiel.

1. Ce poème peut-il être considéré comme un *Art poétique* ? Étudiez, en particulier, à quelles valeurs s'attaque l'esprit subversif de Rimbaud.

2. Ce texte fait éclater les frontières entre prose et poésie, notamment par son caractère autobiographique. Prouvez cette affirmation.

3. Alchimie, fusion des éléments, fusion des contraires : relevez dans le texte les passages qui illustrent ces termes.

4. Ce poème fournit-il des pistes pouvant expliquer pourquoi Rimbaud a abandonné la poésie ?

5. Expliquez en quoi la phrase « Puis j'expliquai mes sophismes magiques avec l'hallucination des mots ! » traduit en quelque sorte le sens et la tonalité générale du texte.

6. Ce texte se présente comme un bilan à la fois existentiel et artistique. Cette hypothèse serait-elle, selon vous, justifiée pour analyser cet extrait ?

Museum of Fine Arts, Boston.
Paul Gauguin, *D'où venons-nous ? Que sommes-nous ? Où allons-nous ?*, 1897.

VOYELLES

A noir, E blanc, I rouge, U vert, O bleu : voyelles,
Je dirai quelque jour vos naissances latentes :
A, noir corset velu des mouches éclatantes
Qui bombinent autour des puanteurs cruelles,

5 Golfes d'ombre ; E, candeurs des vapeurs et des tentes,
Lances des glaciers fiers, rois blancs, frissons d'ombelles ;
I, pourpres, sang craché, rire des lèvres belles
Dans la colère ou les ivresses pénitentes ;

U, cycles, vibrements divins des mers virides,
10 Paix des pâtis semés d'animaux, paix des rides
Que l'alchimie imprime aux grands fronts studieux ;

O, suprême Clairon plein des strideurs étranges,
Silences traversés des Mondes et des Anges :
— O l'Oméga, rayon violet de Ses Yeux !

Œuvres complètes, 1873.

LA POÉSIE

De l'innovation à l'abstraction

Arthur Rimbaud (1854-1891)

Rimbaud aborde la poésie avec le goût de l'exploration propre à l'adolescence et une intransigeance de jeune rebelle. Ainsi, dans la conception de l'image poétique, il va plus loin que Baudelaire en précisant que, dans l'ordre sensoriel, les sons ne peuvent être ramenés au même niveau que les autres sensations, puisqu'ils sont le support matériel de la pensée humaine. Les voyelles deviennent les seuls leviers capables de faire surgir les autres sensations, telles que les parfums, les couleurs et les saveurs.

Pour exprimer sa conception, Rimbaud opte pour le sonnet, le même type de poème que celui des *Correspondances* de Baudelaire. Est-ce un hasard ? On peut penser au contraire que Rimbaud fait ce choix pour mieux mettre en relief sa propre originalité dans les idées comme dans le choix des images qui se font plus libres, plus arbitraires que celles de Baudelaire.

Vous trouverez un autre poème de Rimbaud, Le Dormeur du val, *dans la section sur la méthodologie.*

1. Pour ce poème, Rimbaud invente les mots «bombiner», «vibrement», «viride» et «strideur». Quel peut être le sens de ces mots ? Dans quelle intention place-t-il ici ces mots inventés ?

2. Le texte se présente comme une agglutination d'images : relevez-en trois et expliquez ce qu'elles révèlent de la signification du poème.

3. Peut-on considérer ce poème comme l'illustration rimbaldienne du concept de symbole ou de correspondance tel qu'il est présenté par Baudelaire ?

4. Comment l'idée d'une beauté incluant le mal et la laideur est-elle suggérée ?

5. Le poème de Rimbaud est plus innovateur que le poème *Correspondances* de Baudelaire (*page 56*). Illustrez cette affirmation.

6. Le poème de Rimbaud évolue dans le sens de l'abstraction et de l'hermétisme. Expliquez cette affirmation.

La restructuration du langage

Stéphane Mallarmé (1842-1898)

Mallarmé demande à la poésie, activité à laquelle il se consacre très jeune, la satisfaction que la vie ne lui apporte pas. Sur le plan littéraire, ses ambitions sont très élevées, tenant même de l'utopie : il veut régénérer le langage, briser la logique syntaxique tout en tirant des effets musicaux des mots, et arriver à produire « l'œuvre d'art totale ». Il utilise un lexique rare parce que, selon lui, les mots courants sont usés et qu'ils ont perdu leur pouvoir incantatoire. Il en résulte une poésie difficile d'accès. Cet hermétisme répond au souhait de Mallarmé, pour qui la poésie ne devrait être accessible qu'à de rares disciples.

Le poème suivant (sans titre) adopte une allure vaguement hiéroglyphique parce que Mallarmé a recours aux lettres « y » et « x », d'usage limité en français. Le lecteur se sent ainsi un peu comme un espion devant un message codé qu'on lui proposerait de déchiffrer.

(SANS TITRE)

Ses purs ongles très haut dédiant leur onyx,
L'Angoisse, ce minuit, soutient, lampadophore,
Maint rêve vespéral brûlé par le Phénix,
Que ne recueille pas de cinéraire amphore

5 Sur les crédences, au salon vide : nul ptyx,
Aboli bibelot d'inanité sonore,
(Car le Maître est allé puiser des pleurs au Styx
Avec ce seul objet dont le Néant s'honore.)

Mais proche la croisée au nord vacante, un or
10 Agonise selon peut-être le décor
Des licornes ruant du feu contre une nixe,

Elle, défunte nue en le miroir, encor
Que, dans l'oubli fermé par le cadre, se fixe
De scintillations sitôt le septuor.

Poésies, 1887.

1. Montrez comment le lexique contribue à l'hermétisme du poème.

2. Expliquez les effets de la syntaxe désarticulée sur la signification du poème et sur le rythme.

3. On vous demande de peindre une toile qui s'inspire de ce poème. Décrivez-la.

DESCRIPTION DES AUTRES GENRES

Les écrivains de la Belle Époque : le symbolisme dans les autres genres littéraires

Le récit

Les crises que traverse la France au début du XXᵉ siècle sont à la source d'une vie intellectuelle intense. Plusieurs écrivains affichent leurs convictions, voire leur allégeance idéologique, les uns en faveur du socialisme, les autres pour le pacifisme. Certains font même le saut en politique, comme Maurice Barrès, figure dominante de l'époque, qui doit une partie de son prestige à son œuvre romanesque. D'autres, comme Charles Péguy et André Gide, animent des revues qui deviennent des lieux d'échanges incontournables. Toutefois, les écrivains d'esprit symboliste, comme Valéry et Proust, se distinguent par leur tendance à se tenir à l'écart du débat public. Issus de familles aisées, sans souci financier, ce sont des esthètes qui souvent font leur entrée en littérature par le moyen de la poésie. Leur intérêt pour les questions d'ordre formel les pousse au renouvellement des genres. Valéry, l'écrivain le plus représentatif de cette tendance, s'intéresse au rôle du langage dans la structuration du texte littéraire. Insatisfait du genre romanesque, qui utilise, selon lui, le langage à des fins utilitaires, il pousse à l'extrême la contestation des postulats narratifs en créant un personnage, M. Teste, qui est un cerveau pur, dénué d'émotion. Celui-ci est détaché de toute continuité existentielle puisque Valéry morcelle sa description en de courts textes juxtaposés les uns aux autres.

Proust partage avec Valéry le même intérêt pour les théories esthétiques au point de faire de l'art un des thèmes de son œuvre. Voici sa conception de l'art romanesque :

- Ses personnages, artistes virtuels ou accomplis, ont sur l'art des considérations qui enrichissent les réflexions formulées par le narrateur lui-même.
- Le processus créatif apparaît, de surcroît, comme un principe unificateur de l'œuvre : le jeu des métaphores et des réminiscences permet d'associer des tranches de vie à des sensations furtives.
- Les déplacements dans le temps, par exemple les retours à l'enfance, s'accompagnent de déplacements dans l'espace.

- Les lieux ont pour fonction de refléter la dynamique sociale.
- À ces aspects, qui placent l'œuvre de Proust dans la filiation symboliste, il faut ajouter d'autres caractéristiques : la subjectivité du point de vue narratif, l'insertion de l'homosexualité dans la thématique et les qualités du style dont on a dit qu'il progressait en volutes musicales.

Dans le sillage symboliste, d'autres écrivains cherchent à affranchir le roman du moule réaliste.

- André Gide dénonce la double imposture du réalisme : celle du romancier, qui prétend copier la réalité avec des mots, et celle de son lecteur, qui feint de s'y laisser prendre. Toujours est-il que *Les Faux-Monnayeurs* (roman publié après la guerre) représente l'aboutissement de tentatives préliminaires pour concevoir un récit polyphonique où se mêlent adroitement fiction et analyse du processus de création. Comme chez Proust, l'homosexualité est un prétexte à une dénonciation plus large de l'hypocrisie des bien-pensants.
- Colette imprègne son œuvre des valeurs de la Belle Époque : insouciance, légèreté des mœurs, sensualité, goût du bonheur. Elle cherche à traduire des atmosphères et à illustrer un mode de vie plutôt qu'à raconter.

Tous ces auteurs sont à l'origine d'un large mouvement de spéculation et d'invention touchant les formes littéraires, qui se prolonge jusque dans les années soixante-dix. Les multiples avant-gardes se bousculeront ensuite dans une quête effrénée d'originalité.

Le théâtre

Plusieurs poètes qui tentent de porter à la scène la magie du langage poétique essuient un échec. Comment livrer au spectateur les analogies entre le monde visible et les valeurs spirituelles autrement que par les mots ? Comment traduire sur scène les aspirations tenues secrètes ou les émotions intimes ? Comment, enfin, échapper à la nécessité du vraisemblable dans la mise en scène ?

Des dramaturges de différentes origines proposeront des réponses souvent composites.

- Maurice Maeterlinck, le premier, est issu, comme le grand poète Émile Verhaeren, du foyer symboliste belge. Enclin au silence et au vide, c'est le poète du dépouillement. Ses réflexions sur le théâtre exerceront une influence déterminante sur Antonin Artaud et les dramaturges de l'absurde, en particulier Samuel Beckett, qui semble partiellement lui devoir son style.

- Français de naissance, Paul Claudel noue le drame de l'individu au cycle du cosmos pour glorifier Dieu, ce qui fait de lui le poète de la plénitude.
- Jean Giraudoux revisite les mythes du passé pour les moderniser dans une grande finesse de style à la limite de la préciosité.

Ces dramaturges présentent certaines caractéristiques communes.

- Ils s'inspirent du cérémonial religieux pour tirer le spectateur hors de la réalité et l'amener vers le sacré.

- Comme à l'église, le décor est chargé de sens et, par des effets d'éclairage, on donne une dimension abstraite aux personnages qui se fondent dans le clair-obscur ou ne sont plus que des ombres vulnérables ou fantomatiques.
- Accessoires et costumes servent la signification globale avant d'être utilitaires et l'espace théâtral semble régi par un code secret.
- Le spectateur cherche la clé des songes, à l'affût du moindre indice lui permettant de déchiffrer le mystère.

Guggenheim Museum, New York.

Vassili Kandinsky, *Composition VIII*, 1923.

Si l'art abstrait fait disparaître toute trace de l'objet, il ne perd pas pour autant son sens. Avec *Du spirituel dans l'art* (1912), notamment, Vassili Kandinsky se fait le théoricien de cette forme artistique en donnant une signification symbolique non seulement à chaque couleur mais à chaque ligne, à chaque angle de ses tableaux.

LE RICHE D'ESPRIT

Cet homme avait en soi de telles possessions, de telles perspectives ; il était
5 fait de tant d'années de lectures, de réfutations, de méditations, de com-
binaisons internes, d'observations ; de telles ramifications que ses réponses
étaient difficiles à prévoir ; qu'il ignorait lui-même à quoi il aboutirait, quel
aspect le frapperait enfin, quel sentiment prévaudrait en lui, quels crochets et
quelle simplification inattendue se feraient, quel désir naîtrait, quelle
10 riposte, quels éclairages !…

Peut-être était-il parvenu à cet étrange état de ne pouvoir regarder sa
propre décision ou réponse intérieure que sous l'aspect d'un expédient,
sachant bien que le développement de son attention serait infini et que l'*idée*
d'en *finir* n'a plus aucun sens, dans un esprit qui se connaît assez. Il était au
15 degré de *civilisation intérieure* où la conscience ne souffre plus d'opinions
qu'elle ne les accompagne de leur cortège de modalités, et qu'elle ne se
repose (si c'est là se reposer) que dans le sentiment de ses prodiges, de ses
exercices, de ses substitutions, de ses précisions innombrables.

… Dans sa tête où derrière les yeux fermés se passaient des rotations
20 curieuses, — des changements si variés, si libres, et pourtant si limités — des
lumières comme celles que ferait une lampe portée par quelqu'un qui visi-
terait une maison dont on verrait les fenêtres dans la nuit, comme des fêtes
éloignées, des foires de nuit ; mais qui pourraient se changer en gares et en
sauvageries si l'on pouvait en approcher — ou en effrayants malheurs, — ou
25 en vérités et révélations…

C'était comme le sanctuaire et le lupanar des possibilités.

L'habitude de méditation faisait vivre cet esprit au milieu — au moyen —
d'états rares ; dans une supposition perpétuelle d'expériences purement
idéales ; dans l'usage continuel des conditions-limites et des phases critiques
30 de la pensée…

Comme si les raréfactions extrêmes, les vides inconnus, les températures
hypothétiques, les pressions et les charges monstrueuses avaient été ses
ressources naturelles — et que rien ne pût être pensé en lui qu'il ne le
soumît par cela seul au traitement le plus énergique et ne recherchât tout le
domaine de son existence.

Extraits du Log-book de M. Teste, 1925.

1. Résumez le texte en deux phrases.

2. Dressez la liste des termes relatifs à des opérations mentales.

3. L'homme que Valéry valorise est un cérébral. Quels synonymes sont relatifs au cerveau dans ce texte ?

4. « C'était comme le sanctuaire et le lupanar des possibilités. » Expliquez en quoi cette phrase traduit métaphoriquement l'essence du texte.

5. On a reproché à Valéry son narcissisme, c'est-à-dire sa tendance à se replier sur lui-même, à oublier l'autre, soit le lecteur dans le cas de l'écriture. Ce texte pourrait-il être utilisé comme un argument à l'appui de cette critique ?

LE RÉCIT

Tout texte qui se compose d'une histoire (la fiction, les événements racontés) et d'une narration (la façon dont les événements sont racontés).

Un personnage type : l'homme cultivé

Paul Valéry (1871-1945)

Né la même année que Proust, Valéry lui survit jusqu'en 1945. Esprit rigoureux et méthodique, il veut plier la poésie aux exigences d'une versification régulière pour la distinguer de la prose et lui assurer toute sa valeur. Admirateur de Baudelaire et disciple de Mallarmé, il observe comment fonctionne le langage en cours de création. Peu enclin à écrire pour séduire, Valéry aime par-dessus tout exercer ses facultés mentales et jongler avec des concepts. Sa pensée se concentre souvent en de courts textes portant sur des sujets aussi variés que l'art, le passage du temps et la disparition des civilisations. Ce dernier fait contribue à donner à l'œuvre un caractère morcelé.

Allergique au réalisme qui utilise le langage pour décrire des faits selon lui insignifiants, Valéry crée avec M. Teste un personnage unique, un être de pure abstraction, à nul autre pareil en littérature. Le titre de cet extrait en résume le sujet.

Réflexion sur l'art

Marcel Proust (1871-1922)

Né dans une famille de la bourgeoisie intellectuelle, Marcel Proust meurt après avoir vécu en réclusion, consacrant les dernières années de sa vie à écrire son œuvre monumentale, *À la recherche du temps perdu*, qui fait le pont entre le roman réaliste et la modernité. Des réalistes, il retient le goût pour la chronique sociale, empruntant à Balzac son procédé de retour des personnages dans l'œuvre (la sienne est aussi ambitieuse et tentaculaire que *La Comédie humaine* de Balzac). Proche du symbolisme par sa sensibilité, Proust transpose dans le récit les correspondances qui chez lui s'établissent entre des sensations et des épisodes de vie recomposés. Il crée un narrateur conscient de devenir un personnage par l'écriture. L'art permet d'échapper en quelque sorte au passage du temps. Sa thématique est aussi profondément moderne, englobant l'homosexualité, la jalousie et le snobisme.

Dans *Le Temps retrouvé*, le narrateur, qui se fait le porte-parole de l'auteur, expose sa conception du processus créatif. Un roman ne cherche pas uniquement à raconter une histoire ; il sert aussi à expliquer les buts visés par l'entreprise de création.

IMPRESSIONS CRÉATIVES

En somme, dans un cas comme dans l'autre, qu'il s'agît d'impressions comme celle que m'avait donnée la vue des clochers de Martinville, ou de réminiscences comme celle de l'inégalité des deux marches ou le goût de la madeleine, il fallait tâcher d'interpréter les sensations comme les signes
5 d'autant de lois et d'idées, en essayant de penser, c'est-à-dire de faire sortir de la pénombre ce que j'avais senti, de le convertir en un équivalent spirituel. Or, ce moyen qui me paraissait le seul, qu'était-ce autre chose que faire une œuvre d'art ? Et déjà les conséquences se pressaient dans mon esprit ; car qu'il s'agît de réminiscences dans le genre du bruit de la fourchette ou
10 du goût de la madeleine, ou de ces vérités écrites à l'aide de figures dont j'essayais de chercher le sens dans ma tête où, clochers, herbes folles, elles composaient un grimoire compliqué et fleuri, leur premier caractère était que je n'étais pas libre de les choisir, qu'elles m'étaient données telles quelles. Et je sentais que ce devait être la griffe de leur authenticité. Je n'avais pas été
15 chercher les deux pavés inégaux de la cour où j'avais buté. Mais justement la façon fortuite, inévitable, dont la sensation avait été rencontrée, contrôlait la vérité du passé qu'elle ressuscitait, des images qu'elle déclenchait, puisque nous sentons son effort pour remonter vers la lumière, que nous sentons la joie du réel retrouvé. Elle est le contrôle aussi de la vérité de tout le tableau,
20 fait d'impressions contemporaines qu'elle ramène à sa suite avec cette infaillible proportion de lumière et d'ombre, de relief et d'omission, de souvenir et d'oubli, que la mémoire ou l'observation conscientes ignoreront toujours. […]

Ce livre, le plus pénible de tous à déchiffrer, est aussi le seul que nous ait
25 dicté la réalité, le seul dont « l'impression » ait été faite en nous par la réalité même. De quelque idée laissée en nous par la vie qu'il s'agisse, sa figure matérielle, trace de l'impression qu'elle nous a faite, est encore le gage de sa vérité nécessaire. Les idées formées par l'intelligence pure, n'ont qu'une vérité logique, une vérité possible, leur élection est arbitraire. Le livre aux
30 caractères figurés, non tracés par nous, est notre seul livre. Non que ces idées que nous formons ne puissent être justes logiquement, mais nous ne savons pas si elles sont vraies. Seule l'impression, si chétive qu'en semble la matière, si insaisissable la trace, est un critérium de vérité, et à cause de cela mérite seule d'être appréhendée par l'esprit, car elle est seule capable, s'il sait en
35 dégager cette vérité, de l'amener à une plus grande perfection et de lui donner une pure joie.

Le Temps retrouvé, 1927.

1. Assurez-vous de bien comprendre l'extrait. Pour ce faire, cherchez dans le dictionnaire les mots qui posent problème ou qui peuvent éclairer la signification du texte, comme « réminiscence », « spirituel », « grimoire », « fortuite », « matérielle », « chétive » et « critérium ».

2. Quel lien Proust cherche-t-il à établir entre les réminiscences, les sensations et le monde spirituel ?

3. Expliquez les phrases suivantes : « Les idées formées par l'intelligence pure, n'ont qu'une vérité logique, une vérité possible, leur élection est arbitraire. Le livre aux caractères figurés, non tracés par nous, est notre seul livre. »

4. À la lecture de ce texte, peut-on présupposer l'influence de Freud ou du discours de la psychologie sur Marcel Proust ?

5. Comment Proust marque-t-il ses distances par rapport au réalisme ?

6. À quel type de lecteur s'adresse ce texte selon vous : un lecteur néophyte ou un lecteur cultivé ?

Musée d'Orsay, Paris.
Vincent Van Gogh, *L'église d'Anvers-sur-Oise*, 1890.
« [...] il fallait tâcher d'interpréter les sensations comme les signes d'autant de lois et d'idées, en essayant de penser, c'est-à-dire de faire sortir de la pénombre ce que j'avais senti, de le convertir en un équivalent spirituel. » (Marcel Proust, *Le Temps retrouvé*, 1927)

André Gide joue au XXe siècle un rôle prépondérant dans l'évolution des mentalités en prônant l'émancipation de l'individu à l'égard d'une morale de l'abnégation. Son écriture se nourrit de l'expérience vécue : ses personnages homosexuels vivent les mêmes crises de conscience que Gide lui-même, cet homme déchiré entre son désir d'affranchissement et son besoin de légitimer moralement son existence. La problématique œdipienne se trouve au cœur de son œuvre qui oscille entre la confession, la fiction, l'analyse critique et l'écriture militante. Le récit, soumis chez lui à une multitude de points de vue narratifs, démontre l'impossibilité de rendre compte de la réalité de façon univoque et définitive.

Son roman, *Les Faux-Monnayeurs*, dénonce les faux-fuyants d'une morale hypocrite. L'intérêt du récit réside notamment dans sa structure, puisqu'en même temps qu'il raconte une histoire, Gide réfléchit sur le mode d'élaboration du récit. C'est là un des premiers exemples du procédé de mise en abyme que reprendront les écrivains du nouveau roman. Cet extrait présente Édouard,

(suite à la page suivante)

UN ROMAN EN GESTATION

— Et… le sujet de ce roman ?

— Il n'en a pas, repartit Édouard brusquement ; et c'est là ce qu'il a de plus étonnant peut-être. Mon roman n'a pas de sujet. Oui, je sais bien ; ça a l'air stupide ce que je dis là. Mettons si vous préférez qu'il n'y aura pas *un*
5 sujet… « Une tranche de vie », disait l'école naturaliste. Le grand défaut de cette école, c'est de couper sa tranche toujours dans le même sens ; dans le sens du temps, en longueur. Pourquoi pas en largeur ? ou en profondeur ? Pour moi, je voudrais ne pas couper du tout. Comprenez-moi : je voudrais tout y faire entrer, dans ce roman. Pas de coup de ciseaux pour arrêter,
10 ici plutôt que là, sa substance. Depuis plus d'un an que j'y travaille il ne m'arrive rien que je n'y verse, et que je n'y veuille faire entrer : ce que je vois, ce que je sais, tout ce que m'apprend la vie des autres et la mienne…

— Et tout cela stylisé ? dit Sophroniska, feignant l'attention la plus vive, mais sans doute avec un peu d'ironie. Laura ne put réprimer un sourire.
15 Édouard haussa légèrement les épaules et reprit :

— Et ce n'est même pas cela que je veux faire. Ce que je veux, c'est présenter d'une part la réalité, présenter d'autre part cet effort pour la styliser, dont je vous parlais tout à l'heure.

— Mon pauvre ami, vous ferez mourir d'ennui vos lecteurs, dit Laura ; ne
20 pouvant plus cacher son sourire, elle avait pris le parti de rire vraiment.

— Pas du tout. Pour obtenir cet effet, suivez-moi, j'invente un personnage de romancier, que je pose en figure centrale ; et le sujet du livre, si vous voulez, c'est précisément la lutte entre ce que lui offre la réalité et ce que, lui, prétend en faire.

25 — Si, si ; j'entrevois, dit poliment Sophroniska, que le rire de Laura était bien près de gagner. – Ce pourrait être assez curieux. Mais, vous savez, dans les romans, c'est toujours dangereux de présenter des intellectuels. Ils assomment le public ; on ne parvient à leur faire dire que des âneries, et, à tout ce qui les touche, ils communiquent un air abstrait.

30 — Et puis je vois très bien ce qui va arriver, s'écria Laura : dans ce romancier, vous ne pourrez faire autrement que de vous peindre.

Elle avait pris, depuis quelque temps, en parlant à Édouard, un ton persifleur qui l'étonnait elle-même, et qui désarçonnait Édouard d'autant plus qu'il en surprenait un reflet dans les regards malicieux de Bernard. Édouard
35 protesta :

— Mais non ; j'aurai besoin de le faire très désagréable.

Laura était lancée :

— C'est cela : tout le monde vous y reconnaîtra, dit-elle en éclatant d'un rire si franc qu'il entraîna celui des trois autres.

40 — Et le plan de ce livre est fait ? demanda Sophroniska, en tâchant de reprendre son sérieux.

— Naturellement pas.

— Comment ! naturellement pas ?

— Vous devriez comprendre qu'un plan, pour un livre de ce genre, est
45 essentiellement inadmissible. Tout y serait faussé si j'y décidais rien par avance. J'attends que la réalité me le dicte.

— Mais je croyais que vous vouliez vous écarter de la réalité.

— Mon romancier voudra s'en écarter ; mais moi je l'y ramènerai sans cesse. À vrai dire, ce sera là le sujet : la lutte entre les faits proposés par la
50 réalité, et la réalité idéale.

L'illogisme de son propos était flagrant, sautait aux yeux d'une manière pénible. Il apparaissait clairement que, sous son crâne, Édouard abritait deux exigences inconciliables, et qu'il s'usait à les vouloir accorder.

— Et c'est très avancé ? demanda poliment Sophroniska.

55 — Cela dépend de ce que vous entendez par là. À vrai dire, du livre même, je n'ai pas encore écrit une ligne. Mais j'y ai déjà beaucoup travaillé. J'y pense chaque jour et sans cesse. J'y travaille d'une façon très curieuse, que je m'en vais vous dire : sur un carnet, je note au jour le jour l'état de ce roman dans mon esprit ; oui, c'est une sorte de journal que je tiens, comme on ferait celui 60 d'un enfant… C'est-à-dire qu'au lieu de me contenter de résoudre, à mesure qu'elle se propose, chaque difficulté (et toute œuvre d'art n'est que la somme ou le produit des solutions d'une quantité de menues difficultés successives), chacune de ces difficultés, je l'expose, je l'étudie. Si vous voulez, ce carnet contient la critique continue de mon roman ; ou mieux : du roman en 65 général. Songez à l'intérêt qu'aurait pour nous un semblable carnet tenu par Dickens, ou Balzac ; si nous avions le journal de *L'Éducation sentimentale*, ou des *Frères Karamazof* ! l'histoire de l'œuvre, de sa gestation ! Mais ce serait passionnant… plus intéressant que l'œuvre elle-même…

Les Faux-Monnayeurs, 1925.

(suite)

porte-parole de Gide lui-même, qui tente d'expliquer l'originalité d'un roman en gestation, celui-là même que le lecteur est en train de lire, *Les Faux-Monnayeurs*.

1. Quels sont les quatre personnages présents dans cet extrait ? Quels traits de caractère les répliques de trois d'entre eux traduisent-elles ?

2. Énumérez les principales caractéristiques du projet romanesque d'Édouard.

3. Parallèlement, énumérez les critiques que ce projet soulève chez ses interlocutrices.

4. Quels sont les trois mots clés de cet extrait ? Justifiez votre choix.

5. Quels moyens Gide emploie-t-il pour traduire le caractère innovateur de son projet, tant par la description qu'en donne Édouard que par les réactions qu'il suscite chez ses interlocutrices ?

6. Cet extrait illustre-t-il en partie le type de récit qu'Édouard projette d'écrire ? En possède-t-il les caractéristiques ? Les critiques des interlocutrices d'Édouard sont-elles applicables à cet extrait ?

7. La mise en abyme est un procédé qui consiste à créer un effet de miroir par rapport à l'anecdote racontée dans un texte. L'auteur peut faire les choix suivants :
   – réfléchir (effet de miroir) sur les modalités d'écriture de son anecdote ;
   – insérer un résumé de son histoire dans l'histoire ;
   – apporter des variations possibles à cette histoire.
   Laquelle des trois options est retenue ici ?

L'esprit frivole de la Belle Époque

Colette
(1873-1954)

Nul mieux que Colette n'illustre dans sa vie et dans son œuvre la vitalité insouciante de la Belle Époque. Sous le parrainage de son mari Willy, Sidonie Gabrielle Colette suscite l'intérêt du milieu littéraire en lançant la série des Claudine, une chronique d'adolescence vaguement osée pour l'époque. Adoptant le nom de son père (ce qui lui permet l'économie d'un prénom), Colette place sous le patronage de sa mère Sido, mythe et modèle, sa galerie d'héroïnes féminines. Femmes et bêtes femelles se disputent la première place d'un territoire de chasse dont l'homme est la proie. Ces conquérantes mènent le jeu de la séduction en portant sur l'autre sexe un regard analogue à celui d'un don Juan évaluant l'objet de son désir. L'écriture de Colette se tient entre féminité et virilité : la sensualité, fût-elle gourmande, fait bon ménage avec une perspicacité presque cruelle.

Après leur nuit de noces, Alain et Camille font une récapitulation de leurs émotions alors que déjà surgit un premier motif de discorde.

LE RETOUR AU QUOTIDIEN

Elle avait crié si haut, d'un tel cœur qu'elle rougit, et il lui vit les yeux pleins de larmes. Mais courageusement elle fuit leur émotion et sauta du lit sous prétexte d'emporter le plateau. Elle courut vers les fenêtres, se prit le pied dans son peignoir trop long, jura un gros juron et se suspendit à un
5   cordage de bateau. Les rideaux de toile cirée se replièrent. Paris avec sa banlieue, bleuâtres et sans bornes comme le désert, tachés de verdures encore claires, de verrières d'un bleu d'insecte, entrèrent d'un bond dans la chambre triangulaire, qui n'avait qu'une paroi de ciment, les deux autres étant de verre à mi-hauteur.
10   — C'est beau, dit Alain, à mi-voix.

Mais il mentait à demi et sa tempe cherchait l'appui d'une jeune épaule, d'où glissait le peignoir éponge. « Ce n'est pas un logis humain... Tout cet horizon chez soi, dans son lit... Et les jours de tempête ? Abandonnés au sommet d'un phare, parmi les albatros... »
15   Le bras de Camille, qui l'avait rejoint sur le lit, lui tenait le cou, et elle regardait sans peur tour à tour les vertigineuses limites de Paris et la blonde tête désordonnée. Sa fierté nouvelle, qui semblait faire crédit à la prochaine nuit, aux jours suivants, se contentait sans doute des licences d'aujourd'hui : fouler le lit commun, étayer, de l'épaule et de la hanche, un corps de jeune
20   homme, s'habituer à sa couleur, à ses courbes, à ses offenses, appuyer avec assurance le regard sur les secs petits tétons, les reins qu'elle enviait, l'étrange motif du sexe capricieux...

Ils mordirent la même pêche insipide, et rirent en se montrant leurs belles dents mouillées, leurs gencives un peu pâles d'enfants fatigués.
25   — Cette journée d'hier !... soupira Camille. Quand on pense qu'il y a des gens qui se marient si souvent !...

La vanité lui revint, et elle ajouta :

— C'était d'ailleurs très bien. Aucun accroc. N'est-ce pas ?

— Oui, dit Alain mollement.
30   — Oh ! toi... C'est comme ta mère ! Je veux dire que du moment qu'on n'abîmait pas le gazon de votre jardin, et qu'on ne jetait pas de mégots sur votre gravier, vous trouviez tout très bien. N'est-ce pas ? N'empêche que notre mariage aurait été plus joli à Neuilly. Seulement ça aurait dérangé la chatte sacro-sainte...

La Chatte, Éditions Grasset, 1933.

---

1. Expliquez en quoi Camille s'éloigne du comportement traditionnellement attribué aux jeunes filles bien.

2. La description de Paris contribue à donner un caractère de sensualité à la scène. Expliquez comment en vous appuyant sur l'extrait.

3. Dans l'échange entre les jeunes gens, quels indices laissent présager une mésentente ?

LE REGARD DE L'ACTRICE

LECHY ELBERNON — Ils regardent le rideau de la scène,
Et ce qu'il y a derrière quand il est levé.
Et il arrive quelque chose sur la scène comme si c'était vrai.

MARTHE — Mais puisque ce n'est pas vrai ! C'est comme les rêves que l'on
5 fait quand on dort.

LECHY ELBERNON — C'est ainsi qu'ils viennent au théâtre la nuit.

THOMAS POLLOCK NAGEOIRE — Elle a raison. Et quand ce serait vrai encore,
qu'est-ce que cela me fait ?

LECHY ELBERNON — Je les regarde, et la salle n'est rien que de la chair vivante
10 et habillée.
Et ils garnissent les murs comme des mouches, jusqu'au plafond.
Et je vois ces centaines de visages blancs.
L'homme s'ennuie, et l'ignorance lui est attachée depuis sa naissance.
Et ne sachant de rien comment cela commence ou finit, c'est pour cela qu'il
15 va au théâtre.
Et il se regarde lui-même, les mains posées sur les genoux.
Et il pleure et il rit, et il n'a point envie de s'en aller.
Et je les regarde aussi, et je sais bien qu'il y a là le caissier qui sait que demain
On vérifiera les livres, et la mère adultère dont l'enfant vient de tomber
20 malade.
Et celui qui vient de voler pour la première fois, et celui qui n'a rien fait de
tout le jour.
Et ils regardent et écoutent comme s'ils dormaient.

MARTHE — L'œil est fait pour voir et l'oreille
25 Pour entendre la vérité.

LECHY ELBERNON — Qu'est-ce que la vérité ? Est-ce qu'elle n'a pas dix-sept
enveloppes, comme les oignons ?
Qui voit les choses comme elles sont ? L'œil certes voit, l'oreille entend.
Mais l'esprit tout seul connaît. […]

L'Échange (1894), Mercure de France, 1901.

1. Dégagez les trois mots clés de cet extrait et justifiez votre choix.
2. Relevez une métaphore, une comparaison et une antithèse, et montrez qu'elles contribuent au sens du texte.
3. Dans cet extrait, montrez que la vue a préséance sur les autres sens.
4. La symbolique est unificatrice chez Claudel : en vous appuyant sur le texte, montrez comment l'accès au spirituel passe par le charnel.

LE THÉÂTRE
Genre littéraire, généralement sous forme de dialogue, visant à représenter une action devant un public.

Le mysticisme mis en scène

Paul Claudel (1868-1955)

Claudel réagit fortement aux valeurs matérialistes de son époque en pratiquant, tout au long de sa vie, l'écriture comme un sacerdoce. Il meurt à Paris. Trois faits principaux l'orientent vers le mysticisme et le surnaturel : la lecture de Rimbaud qui « illumine » sa vie, selon ses propres termes ; sa conversion à la foi chrétienne qui le pousse à louanger l'ordre divin ; sa carrière diplomatique qui, en le mettant en contact avec des cultures variées, enrichit sa perception du monde. Convaincu qu'il existe une harmonie universelle, Claudel croit que « tout ce qui passe est promu à la signification, tout est symbole ou parabole, tout est figure ». La forme du verset, ample vers libre, convient à son souffle épique et à son inspiration plus baroque que classique.

Profondément poète dans ses rapports au langage, Claudel n'en est pas moins conscient des exigences propres au théâtre comme l'illustre cet extrait, tiré de l'une de ses premières pièces, *L'Échange*.

Jean Giraudoux
(1882-1944)

Venu tardivement à l'écriture dramatique, Giraudoux intègre dans son art des influences multiples qui en font un auteur de transition, à mi-chemin entre la tradition et la modernité. Lecteur érudit, il s'inspire des mythes grecs pour rendre la conception du tragique plus actuelle. Les dieux ont perdu tout pouvoir ; désormais, ce sont les hommes qui affrontent les conflits. La gravité des enjeux semble toutefois se diluer dans une écriture toute en impressions et en sensations, à la fois musicale et scintillante, qui traduit l'affinité de cet écrivain avec le symbolisme. Bien que réfractaire à toute forme de dogmatisme, Giraudoux n'en reflète pas moins l'esprit de l'époque par son rejet de la guerre et par des thèmes comme la liberté et l'absurde.

La guerre de Troie n'aura pas lieu est un titre significatif dans le contexte où la pièce a été créée : la France est divisée en deux camps et prend conscience du péril nazi. Dans cette version que donne Giraudoux du drame antique, Hector incarne un partisan de la paix, alors qu'Ulysse s'incline devant la fatalité de la guerre.

ELLE AURA LIEU

HECTOR. Vous vous êtes senti sur un sol ennemi ?

ULYSSE. Pourquoi toujours revenir à ce mot ennemi ! Faut-il vous le redire ? Ce ne sont pas les ennemis naturels qui se battent. Il est des peuples que tout désigne pour une guerre, leur peau, leur langue et leur odeur, ils se jalousent,
5 ils se haïssent, ils ne peuvent pas se sentir… Ceux-là ne se battent jamais. Ceux qui se battent, ce sont ceux que le sort a lustrés et préparés pour une même guerre : ce sont les adversaires.

HECTOR. Et nous sommes prêts pour la guerre grecque ?

ULYSSE. À un point incroyable. Comme la nature munit les insectes dont elle
10 prévoit la lutte, de faiblesses et d'armes qui se correspondent, à distance, sans que nous nous connaissions, sans que nous nous en doutions, nous nous sommes élevés tous deux au niveau de notre guerre. Tout correspond de nos armes et de nos habitudes comme des roues à pignon. Et le regard de vos femmes, et le teint de vos filles sont les seuls qui ne suscitent en nous ni
15 la brutalité, ni le désir, mais cette angoisse du cœur et de la joie qui est l'horizon de la guerre. Frontons et leurs soutaches d'ombre et de feu, hennissements des chevaux, péplums disparaissent à l'angle d'une colonnade, le sort a tout passé chez vous à cette couleur d'orage qui m'impose pour la première fois le relief de l'avenir. Il n'y a rien à faire. Vous êtes dans la lumière
20 de la guerre grecque.

HECTOR. Et c'est ce que pensent aussi les autres Grecs ?

ULYSSE. Ce qu'ils pensent n'est pas plus rassurant. Les autres Grecs pensent que Troie est riche, ses entrepôts magnifiques, sa banlieue fertile. Ils pensent qu'ils sont à l'étroit sur du roc. L'or de vos temples, celui de vos blés et de
25 votre colza ont fait à chacun de nos navires, de nos promontoires, un signe qu'il n'oublie pas. Il n'est pas très prudent d'avoir des dieux et des légumes trop dorés.

HECTOR. Voilà enfin une parole franche… La Grèce en nous s'est choisi une proie. Pourquoi alors une déclaration de guerre ? Il était plus simple de pro-
30 fiter de mon absence pour bondir sur Troie. Vous l'auriez eue sans coup férir.

ULYSSE. Il est une espèce de consentement à la guerre que donnent seulement l'atmosphère, l'acoustique et l'humeur du monde. Il serait dément d'entreprendre une guerre sans l'avoir. Nous ne l'avions pas.

La guerre de Troie n'aura pas lieu, extrait de l'acte II, scène 13, 1935.

1. Quels sont les véritables enjeux de la guerre selon Ulysse ?

2. La tragédie naît de la fatalité, c'est-à-dire de l'impossibilité de changer le cours des choses. Comment cette idée se traduit-elle dans le texte ?

3. Analysez le caractère poétique du style de Giraudoux en vous appuyant sur l'extrait.

La résonance du symbolisme dans la francophonie, et jusqu'à aujourd'hui

*L*e symbolisme fait son entrée au Canada français par les vers d'Émile Nelligan, un jeune poète avant-gardiste dans cette société conformiste, toujours soumise au clergé catholique. Un des premiers lecteurs des grands poètes symbolistes de ce côté-ci de l'Atlantique, Nelligan s'inspire de leur conception du rythme et de l'image pour traduire son propre malaise existentiel. À la palette des couleurs symbolistes s'ajoute le blanc hivernal et au registre des sensations s'ajoute le froid qui gèle l'âme, comme l'illustre *Soir d'hiver* :

Ah ! comme la neige a neigé !
Ma vitre est un jardin de givre.
Ah ! comme la neige a neigé !
Qu'est-ce que le spasme de vivre
À la douleur que j'ai que j'ai !
Tous les étangs gisent gelés,
Mon âme est noire : Où vis-je ? où vais-je ?
Tous ses espoirs gisent gelés :
Je suis la nouvelle Norvège
D'où les blonds ciels s'en sont allés.

Poésies complètes, 1952.

Collection de l'Université de Montréal.
Jean-Paul Lemieux, *Hommage à Émile Nelligan*, 1971.

Incapable de résister aux assauts de la maladie mentale, Nelligan est interné au moment de la parution de son œuvre en 1904. Il mourra en 1941 dans un hôpital psychiatrique. Ce destin tragique contribue à la fascination qu'exerce son œuvre sur les générations d'écrivains qui lui succèdent, en premier lieu Réjean Ducharme.

Alain Grandbois illustre aussi la solitude du poète symboliste qui choisit de porter son regard ailleurs plutôt que de rester prisonnier d'une société étouffante. La poésie intemporelle de ce grand voyageur traduit les grands thèmes de l'expérience humaine en des métaphores à caractère cosmique.

PRIS ET PROTÉGÉ
Pris et protégé et condamné par la mer
Je flotte au creux des houles
Les colonnes du ciel pressent mes épaules
Mes yeux fermés refusent l'archange bleu
Les poids des profondeurs frissonnent sous moi
Je suis seul et nu
Je suis seul et sel
Je flotte à la dérive sur la mer
J'entends l'aspiration géante des dieux noyés
J'écoute les derniers silences
au-delà des horizons morts

Les Îles de la nuit, Éditions de l'Hexagone, 1963.

Rina Lasnier, autre représentante du symbolisme au Québec, choisit plutôt le cheminement intérieur dans une poésie imprégnée de sérénité mystique.

C'est à Anne Hébert qu'il reviendra de faire passer le songe poétique dans l'univers du récit. Construite avec une grande rigueur, son œuvre fictive présente des personnages qui se tiennent en équilibre instable entre l'innocence de l'enfance et les trahisons de l'âge adulte. S'ils franchissent la frontière, ils se trouvent précipités dans le cycle infernal de la folie.

Anne Hébert illustre d'ailleurs une des voies qui permet au symbolisme de se renouveler. Ayant résidé en France et publié dans ce même pays, elle a pourtant campé la plupart de ses intrigues dans les paysages sauvages de l'Amérique, ceux qui ont nourri son imaginaire.

D'autres écrivains puisent à même les mythes et légendes d'Afrique ou du Moyen-Orient pour tisser des fils de correspondances inédites. Jusqu'au XXᵉ siècle, le symbolisme poursuit donc son entreprise d'affranchissement des contraintes formelles, des préjugés ethnocentriques et des tabous de toutes sortes.

Le symbolisme au Québec

Anne Hébert (1916-2000)

Née dans une famille bourgeoise très cultivée de la ville de Québec, Anne Hébert a pour ancêtre le premier grand historien du Québec, pour père un critique littéraire reconnu et pour cousin un poète renommé, Hector de Saint-Denys Garneau, dont la mort à 31 ans l'affectera énormément. Elle est décédée à l'âge de 84 ans. D'abord poète, Anne Hébert transposera dans ses récits l'exigeante densité émotive de ses poèmes et fera peser sur ses personnages une fatalité obscure.

Dans le roman *Les Fous de Bassan* pour lequel elle obtient le prix Fémina en 1982, un crime a lieu à Griffin Creek, petit village anglophone isolé en Gaspésie. Deux cousines, Olivia et Nora Atkins, disparaissent le soir du 31 août 1936, sur la grève. Ont-elles été assassinées ? Qui est le coupable ? Tous les habitants du village, prisonniers de leur puritanisme, semblent avoir des motifs inavouables qui les empêchent de collaborer à l'enquête. Dans cet extrait, celle qui s'exprime est Olivia, fantôme aux os « dissous dans la mer pareils au sel ».

EXTRAITS ILLUSTRANT L'EXPANSION DU SYMBOLISME

OLIVIA DE LA HAUTE MER

Il y a certainement quelqu'un qui m'a tuée. Puis s'en est allé. Sur la pointe des pieds.

Les haies d'églantines n'ont plus de parfum. Le jardin de Maureen est envahi par les mauvaises herbes, des roses blanches persistent contre la clô-
5 ture, dégénérées et sans odeur. Les pommiers noirs et tordus sont tout à fait morts maintenant. Le jardin du pasteur sent l'ail et le poireau. La forêt se rapproche de plus en plus des maisons de bois, éparpillées au milieu des champs en friche où foisonnent les épilobes. Ma senteur forte de fruit de mer pénètre partout. Je hante à loisir le village, quasi désert, aux fenêtres
10 fermées. Transparente et fluide comme un souffle d'eau, sans chair ni âme, réduite au seul désir, je visite Griffin Creek, jour après jour, nuit après nuit. Dans les rafales de vent, des embruns légers, je passe entre les planches mal jointes des murs, les interstices des fenêtres vermoulues, je traverse l'air immobile des chambres comme un vent contraire et provoque des tour-
15 billons imperceptibles dans les fenêtres fermées, les corridors glacés, les escaliers branlants, les galeries à moitié pourries, les jardins dévastés. J'ai beau siffler dans le trou des serrures, me glisser sous les lits sans couvertures ni matelas, souffler les poussières fines, faire bouffer le volant de cretonne fanée du cosy-corner dans le petit salon de ma cousine Maureen, me faufiler
20 toute mouillée dans les songes de mon oncle Nicolas, emmêler les tresses blondes des petites servantes de mon oncle Nicolas ; celui que je cherche n'est plus ici.

Ah ça ! l'horloge de la vie s'est arrêtée tout à l'heure, je ne suis plus au monde. Il est arrivé quelque chose à Griffin Creek. Le temps s'est définitivement
25 arrêté le soir du 31 août 1936.

Dans le petit salon fermé qui sent la cave, l'heure immobile est affichée sur le cadran doré de l'horloge de ma cousine Maureen. Parmi l'abondance des napperons au crochet et les bibelots minuscules, l'écho de la demie de neuf heures persiste comme un songe dans l'air raréfié. Neuf heures trente.
30 Je puis remonter ce temps jusque-là, jusque-là seulement. À peine plus loin. Jusqu'à ce que… Mes os sont dissous dans la mer pareils au sel. Il est neuf heures trente du soir, le 31 août 1936.

Les Fous de Bassan (1982), Éditions du Seuil, 1998.

1. Expliquez pourquoi la première phrase plonge le lecteur dans un climat de mystère, qui n'est pas uniquement celui d'un roman policier.

2. Relevez tous les termes et toutes les expressions qui illustrent que le paysage respire la désolation.

3. Montrez que le fantôme d'Olivia est fait d'eau et de vent.

4. Quel procédé stylistique contribue à donner un caractère de litanie oppressante à ce texte ? Illustrez-le.

5. « *Ah ça ! l'horloge de la vie s'est arrêtée tout à l'heure, je ne suis plus au monde.* » Montrez que les dernières phrases du texte tendent à confirmer cette affirmation en italique dans le texte.

Cette énorme tristesse

Cette vérité, banale, somme toute, défait le temps et le visage, me tend un miroir où je ne peux me regarder sans être troublé par une profonde tristesse, pas de ces mélancolies de jeunesse qui bercent notre orgueil et nous couchent dans la nostalgie, mais une tristesse qui désarticule l'être, le
5 détache du sol et le jette comme élément négligeable dans un monticule d'immondices ou un placard municipal d'objets trouvés que personne n'est jamais venu réclamer, ou bien encore dans le grenier d'une maison hantée, territoire des rats. Le miroir est devenu le chemin par lequel mon corps aboutit à cet état, où il s'écrase dans la terre, creuse une tombe provisoire et
10 se laisse attirer par les racines vives qui grouillent sous les pierres, il s'aplatit sous le poids de cette énorme tristesse dont peu de gens ont le privilège non pas de connaître, mais simplement de deviner les formes, le poids et les ténèbres. Alors, j'évite les miroirs. Je n'ai pas toujours le courage de me trahir, c'est-à-dire de descendre les marches que mon destin a tracées et qui
15 me mènent au fond de moi-même dans l'intimité — insoutenable — de la vérité qui ne peut être dite. Là, seuls les vermisseaux ondulants me tiennent compagnie. Je suis souvent tenté d'organiser mon petit cimetière intérieur de sorte que les ombres couchées se relèvent pour faire une ronde autour d'un sexe érigé, une verge qui serait mienne mais que je ne pourrais jamais
20 porter ni exhiber. Je suis moi-même l'ombre et la lumière qui la fait naître, le maître de maison — une ruine dissimulant une fosse commune — et l'invité, la main posée sur la terre humide et la pierre enterrée sous une touffe d'herbe, le regard qui se cherche et le miroir, je suis et ne suis pas cette voix qui s'accommode et prend le pli de mon corps, mon visage enroulé
25 dans le voile de cette voix, est-elle de moi ou est-ce celle du père qui l'aurait insufflée, ou simplement déposée pendant que je dormais en me faisant du bouche à bouche ? Tantôt je la reconnais, tantôt je la répudie, je sais qu'elle est mon masque le plus fin, le mieux élaboré, mon image la plus crédible ; elle me trouble et m'exaspère ; elle raidit le corps, l'enveloppe d'un duvet qui
30 devient tôt des poils. Elle a réussi à éliminer la douceur de ma peau, et mon visage est celui de cette voix. Je suis le dernier à avoir droit au doute. Non, cela ne m'est pas permis. La voix, grave, granulée, travaille, m'intimide, me secoue et me jette dans la foule pour que je la mérite, pour que je la porte avec certitude, avec naturel, sans fierté excessive, sans colère ni folie, je dois
35 en maîtriser le rythme, le timbre et le chant, et la garder dans la chaleur de mes viscères.

L'Enfant de sable, Éditions du Seuil, 1985.

1. Quel narrateur Ben Jelloun a-t-il choisi ?
2. Relevez les phrases qui expriment la quête d'identité. Justifiez votre choix.
3. Dressez le champ lexical de la tristesse et du deuil.
4. Relevez dans le texte :
   – les références au corps ;
   – les références à la terre ;
   – les références à la mort.

L'influence du symbolisme jusqu'à aujourd'hui

Tahar Ben Jelloun (1944)

Né à Fès au Maroc Tahar Ben Jelloun fait d'abord des études de philosophie. Il écrit son premier poème en réaction à la répression brutale, par les forces de l'ordre, des manifestations populaires à Casablanca, en 1965. Il s'installe à Paris au début des années soixante-dix pour y étudier la psychiatrie sociale, et ses recherches sur la solitude de l'émigré nourrissent son inspiration littéraire. Écrivain prolifique, défenseur des opprimés, il traite dans ses œuvres des rapports entre les cultures et des liens entre le corps, l'imaginaire, l'exil et l'oppression. Il allie les formes de la littérature maghrébine – oralité, onirisme – à la quête identitaire et à une réflexion sur l'écriture. En 1986, il reçoit le prix Goncourt pour *La Nuit sacrée*, la suite de *L'Enfant de sable* dont est tiré l'extrait ci-contre.

Ahmed a été élevée comme un garçon alors qu'elle est en réalité une fille. Lorsque surviennent ses premières règles, la lutte épuisante entre ses deux identités ne fait que commencer.

LE SURRÉALISME (1914-1950)

Événements politiques

1914 L'assassinat de l'archiduc François-Ferdinand d'Autriche entraîne le déclenchement de la Première Guerre mondiale.

1917 En Russie, la révolution bolchevique dirigée par Lénine aboutit à la prise du pouvoir.

1918 Fin de la Première Guerre mondiale.

1920 Fondation de la Société des Nations (ancêtre de l'ONU).

1922 Benito Mussolini prend le pouvoir en Italie. En 1926, mise en place de la dictature fasciste.

1925 Révolte dirigée par Abd el-Krim au Maroc.

1929 Début d'une période d'instabilité politique et économique en France.

1930 La crise économique mondiale frappe durement l'Allemagne. Le parti nazi emporte 107 sièges au Parlement.

1933 Adolf Hitler est nommé chancelier. Le parti national-socialiste devient l'unique parti légal en Allemagne.

1934 En Chine, Mao Tsé-Toung entreprend la *longue marche*.

1936 Les Français élisent un gouvernement de Front populaire (alliance des partis de gauche).

1936 Début de la guerre civile en Espagne (1936-1939).

1939 Début de la Seconde Guerre mondiale.

1940 Gouvernement de Vichy en France (1940-1941).

1941 L'attaque japonaise sur Pearl Harbour provoque l'entrée en guerre des États-Unis.

1945 Capitulation de l'Allemagne. Explosions atomiques sur Hiroshima et Nagasaki. Capitulation du Japon. Les populations découvrent le génocide des Juifs en Europe.

1946 Établissement du Rideau de fer entre l'Europe de l'Est et de l'Ouest. Début de la guerre froide.

1946 Constitution de la IVe République en France.

1947 Indépendance de l'Inde.

1948 Création de deux Allemagnes.

1948 Proclamation de l'État d'Israël.

1948 Déclaration universelle des droits de l'homme de l'ONU.

Contexte socioéconomique

1914 Dans tous les pays en guerre, les femmes prennent une part active à la vie économique.

1919 Grippe espagnole : 20 millions de morts dans le monde.

1920 La première station d'émission radiophonique est ouverte à Pittsburgh.

1927 Premières émissions de télévision publiques réalisées en Angleterre par la BBC.

1929 Krach boursier de Wall Street et grave crise financière et économique aux États-Unis. La crise se généralise à l'ensemble du monde occidental au cours des deux années suivantes.

1929 Publication du premier album de Tintin, à l'origine de l'engouement pour la bande dessinée en Europe.

1930 À Paris, formation du mouvement de la Négritude pour la défense des valeurs de la culture des Noirs.

1930 Premiers écrivains maghrébins reconnus sur la scène littéraire. Importance de l'École d'Alger.

1933 Le président Roosevelt lance le *New Deal*, une série de politiques de relance économique destinée principalement à lutter contre le chômage.

1934 En France, le gouvernement du Front populaire fait voter des mesures sociales : semaine de travail de quarante heures, congés payés.

1940 L'exode jette sur les routes de France près de sept millions de personnes qui fuient l'avance de l'armée allemande.

1942 Aux États-Unis, mise en œuvre du projet Manhattan, lequel aboutira en 1945 à la production de l'arme atomique.

1945 Création de l'ONU.

1945 Création de l'UNESCO, organisme de l'ONU pour les sciences, la culture et l'enseignement.

1945 Création d'un tribunal des crimes de guerre à Nuremberg.

1948 Les États-Unis comptent 750 000 récepteurs de télévision.

1949 Début du développement des ordinateurs.

1950 Publication de nombreux romans de contestation dans les colonies dans l'après-guerre.

Beaux-arts, philosophie, sciences

1916 Freud : *Introduction à la psychanalyse*.

1921 Albert Einstein formule la théorie de la relativité restreinte et généralisée.

1922 Découverte de l'insuline par les médecins Banting et McLeod.

1925 George Gershwin : *Rhapsody in Blue*.

1925 Heidegger : *L'Être et le Temps* — naissance de l'existentialisme.

1927 Premier film parlant : *Le chanteur de jazz*, de A. Crossland.

1928 Alexander Fleming découvre la pénicilline.

1931 Husserl : *Introduction à la phénoménologie*.

1931 Gallup effectue un premier sondage.

1932 Construction de l'Empire State Building à New York.

1934 Irène Joliot-Curie et Frédéric Joliot produisent les premiers corps radioactifs artificiels.

1935 Popper : *La Logique de la découverte scientifique*.

1943 Sartre : *L'Être et le Néant*.

1948 Fondation, à Amsterdam, du groupe de peintres COBRA.

1950 Invention du transistor.

Chapitre 3

Le surréalisme
Avant-garde de l'esprit moderne

Collection privée.
Salvador Dalí, *Le Rêve*, 1931.

PRÉSENTATION

Une entrée en matière

Une définition

*M*ouvement de révolte à l'avant-garde de l'esprit moderne, le surréalisme doit sa naissance à la découverte de l'automatisme, mode d'exploration des images et des significations enfouies dans l'inconscient. Refusant de représenter la réalité en se pliant aux conventions logiques, le surréalisme regroupe des artistes d'origines et d'horizons variés : peintres, écrivains, photographes, cinéastes, qu'ils soient français, belges, allemands ou espagnols. André Breton est à la fois l'animateur du courant et son principal théoricien. Quant au terme lui-même, couramment utilisé

La situation

comme synonyme d'invraisemblable, il est créé par le poète Guillaume Apollinaire qui l'utilise pour qualifier l'une de ses pièces. Très rapidement, il s'applique aux artistes qui adhèrent aux principes de ce courant né après la Première Guerre mondiale, et qui décline dans la décennie suivant la Seconde Guerre mondiale.

La représentation du monde

Le choc de la Première Guerre mondiale vient ébranler des certitudes séculaires auxquelles adhèrent aussi les milieux culturels : stabilité de l'argent, équilibre politique, mythe du progrès.

Le désastre de la Première Guerre mondiale

Tout s'écroule : après quatre ans de combats dans des conditions inhumaines principalement en Belgique, en France et en Russie, les morts civils et militaires sont évalués à près de vingt millions, sans compter tous les blessés qui souffrent des séquelles physiques ou psychologiques de cet affrontement qui mènera à la chute des Empires austro-hongrois et ottoman ainsi qu'à une nouvelle division politique de l'Europe.

L'ampleur des destructions fait prendre conscience de l'absurdité de ce conflit et donne naissance à une vague de **nihilisme** s'exprimant souvent dans un esprit violemment antireligieux qui rejoint toutes les couches de la société. Né à Zurich en 1916 et animé par Tristan Tzara, le mouvement dada, prédécesseur immédiat du surréalisme, incarne cette révolte dans un monde où les valeurs **humanistes** s'écroulent sous la gouverne d'hommes politiques qui font figure de dangereux déséquilibrés. Cris, scandales, rejet de l'esthétique, toutes ces actions du mouvement dada

Rue détruite à Ornes, près de Verdun, durant la Première Guerre mondiale, juillet 1916.

principales causes de dissension au sein du groupe surréaliste est la question de l'engagement, et, plus précisément, de l'adhésion au Parti communiste. Quoi qu'il en soit, la vie politique et sociale française se concentre autour de la lutte entre la droite et la gauche, et la succession des gouvernements reflète cette réalité. Le reste de l'Europe n'échappe pas à cet antagonisme idéologique : la preuve en est que, en 1937, la guerre civile d'Espagne motive un certain nombre de sympathisants français à se battre aux côtés des républicains espagnols (qui sont partisans de la démocratie) contre la dictature de Franco.

En Allemagne, la montée du nazisme, l'idéologie du parti fondé par Adolf Hitler, est à l'origine de la Seconde Guerre mondiale, encore plus dévastatrice que la première. En 1940, les Allemands envahissent la France, qui se retrouve divisée en deux zones : le Nord, occupé par les nazis, et le Sud, sous l'administration du maréchal Pétain. Soumis aux pressions de l'occupant, celui-ci arrive difficilement à sauvegarder l'indépendance de son gouvernement ; d'ailleurs, il sera accusé de trahison après la guerre et la sentence de peine de mort sera commuée en détention à vie.

proclament que l'art ne trouve plus sa place dans une civilisation qui sacrifie l'être humain à des finalités douteuses. Les espoirs soulevés par le modernisme, qui donne naissance au début du siècle à une littérature de la vie contemporaine, sont déjà balayés. La révolution industrielle, les innovations technologiques et les audaces du décor urbain suscitaient, avant la guerre, l'enthousiasme de poètes comme Guillaume Apollinaire et Blaise Cendrars. Ce temps est maintenant révolu. Les dadaïstes, ces intellectuels qui ressentent une coupure brutale avec l'ancien monde, condamnent le désastre actuel provoqué par la science mise au service de la guerre. Les surréalistes revendiqueront partiellement l'esprit de provocation des dadaïstes, mais ils se distancient d'une vision trop profondément désengagée et désespérée qui a poussé plusieurs artistes au suicide.

Comme pour contrecarrer cette atmosphère de morosité engendrée par la guerre, un événement de portée internationale éveille un espoir fou : la révolution russe de 1917. Le régime oppressant des tsars est renversé et on instaure une dictature du prolétariat. La création de l'URSS (Union des républiques socialistes soviétiques) entraîne en Occident une scission idéologique parfois très marquée. Ainsi, la société française se scinde en deux : d'un côté la droite, représentant les forces conservatrices, et de l'autre la gauche, représentant les idées progressistes. Fait révélateur, le Parti communiste français, créé en 1920, exerce une forte attraction sur les intellectuels et tous doivent définir leur position sur l'échiquier politique. Ainsi, une des

Le triomphe de la révolution communiste

Défilé d'une troupe des SA, à Berlin, en 1935.

> **Nihilisme :** désabusement total et attraction pour le néant.
>
> **Humanisme :** courant de pensée qui se donne comme finalité la dignité de l'homme (considéré comme le centre de l'Univers).
>
> **Régime des tsars :** gouvernement autocratique de la Russie (qui s'apparente à la monarchie) avant la révolution communiste de 1917.
>
> **Dictature du prolétariat :** dans une société communiste, phase transitoire durant laquelle le pouvoir politique revient aux travailleurs.

L'occupation allemande divise la France en deux groupes antagoniques : les collaborateurs avec l'Allemagne nazie d'un côté et de l'autre, les résistants qui luttent contre l'envahisseur, sous la direction du général Charles de Gaulle, réfugié en Angleterre. Pour plusieurs écrivains, dont Paul Éluard et Louis Aragon, participer à la Résistance est l'occasion de raffermir leur engagement communiste et d'évoluer vers une écriture militante. On peut considérer que la poésie de la Résistance constitue un genre en soi. D'autre part, plusieurs artistes et écrivains sont contraints à l'exil, certains parce qu'ils sont d'origine juive, d'autres parce qu'ils expriment des opinions menaçantes pour le système en place. Le fait que Breton et le noyau surréaliste s'expatrient à New York contribue certes à la diffusion internationale du mouvement, mais il signifie aussi la fin d'une époque. Après la Libération (la fin de l'occupation allemande à la suite de la défaite des nazis), les activités parisiennes des surréalistes reprennent, sans toutefois atteindre l'ampleur de naguère. La vie culturelle et intellectuelle change et c'est l'existentialisme, autour de Jean-Paul Sartre, qui devient le courant dominant.

L'influence de la psychanalyse Outre la philosophie de Karl Marx, qui étend son emprise en Occident, un autre système de pensée marque le début du siècle et influence l'évolution du surréalisme. Il s'agit de la psychanalyse : la théorie des rêves de Sigmund Freud confirme et relance les intuitions des fondateurs du mouvement, qui désirent reproduire le « fonctionnement réel de la pensée » en se mettant à l'écoute de l'inconscient et en refusant toute censure exercée par la raison. Ayant à se situer par rapport à la pensée de Karl Marx, Breton, quant à lui, tente de concilier ces deux mots d'ordre : « transformer le monde » (héritage du marxisme) et « changer la vie » (héritage de Freud et de Rimbaud). Il reste ainsi fidèle au projet exprimé en 1924 dans son premier *Manifeste du surréalisme* : « Je crois à la résolution future de ces deux états, en apparence si contradictoires, que sont le rêve et la réalité, en une sorte de réalité absolue, de surréalité, si l'on peut ainsi dire. »

Maison transportée lors de la reconstruction des territoires détruits, Paris, 1920.

Le surréalisme naît donc de la nécessité d'inventer une nouvelle façon d'aborder la vie. Paradoxalement, malgré le tragique des événements historiques, le surréalisme se fonde sur un enthousiasme collectif consacré à la reconstruction profonde de l'humain. Cela se traduit en littérature par le goût pour le jeu, pour l'humour et par l'évasion dans l'imaginaire. Ces écrivains fuient dans le rêve pour échapper à l'horreur du monde en ayant pour objectif de rebâtir l'individu après l'échec collectif. L'ambition première du surréalisme est de fonder une nouvelle morale.

L'écrivain surréaliste

Les écrivains surréalistes sont avant tout des poètes. Cela explique leur passion pour le langage. Il leur importe peu que leurs textes soient considérés comme des œuvres littéraires, car ce qui les intéresse d'abord, c'est de connaître les ressources du psychisme ignorées par des siècles de rationalisme. Pourtant, ce sont tous de grands écrivains, de grands poètes, de grands prosateurs, et la langue qu'ils utilisent témoigne de la qualité de leur travail littéraire. Breton considérait comme une déchéance l'insertion éventuelle de ses écrits dans les manuels d'histoire littéraire : or, ils y figurent dans tous, à une place enviable. Certes, les surréalistes valorisent, plus que d'autres, le premier jet de l'écriture : il correspond selon Breton au « fonctionnement réel de la pensée », c'est-à-dire au contact direct avec l'inconscient. Cependant, ces écrivains refusent de

La primauté de la poésie

Tate Gallery, Londres.
Paul Delvaux, *La Vénus endormie*, 1944.
Même si l'univers des surréalistes n'est pas aussi facilement déchiffrable que celui des symbolistes, on ne sort pas nécessairement des grands archétypes et des grands mythes fondateurs, à commencer par Éros et Thanatos.

soumettre ce premier jet au jugement critique traditionnel et aux préceptes stylistiques des courants précédents. Malgré ses dénégations, le surréalisme est un mouvement littéraire, artistique et esthétique, et les formes qu'il invente entraînent un profond renouvellement de la littérature et de l'art, non seulement en France, mais partout dans le monde.

Issus de la révolte dadaïste, les écrivains surréalistes se refusent au confort de l'idéologie bourgeoise. Ils critiquent le monde dans lequel ils vivent, les valeurs établies, la culture officielle. Leur révolte s'appuie sur une relecture du passé et se réclame de quelques grands noms représentant les valeurs subversives (le marquis de Sade, Marx, Freud, Rimbaud, le comte de Lautréamont, etc.). Leur attrait pour des sources d'inspiration peu conventionnelles est tout aussi connu : ils révèlent au public des peintres autodidactes et professent un grand intérêt pour l'art des primitifs et des aliénés.

En dépit de ses prétentions révolutionnaires, le mouvement surréaliste laisse peu de place à la femme créatrice. Certes, peintres et écrivains participent à la création d'un mythe, celui d'une créature étrange et merveilleuse, mais celle-ci demeure cantonnée au rôle d'inspiratrice, réduite à n'être qu'objet du discours et de la représentation picturale. Les femmes

La place de la femme dans le surréalisme

n'arrivent cependant pas à se tailler une place en tant qu'artistes : peu d'entre elles publient et les quelques peintres importantes sont d'origine étrangère (Leonora Carrington, Dorothea Tanning, Leonor Fini, entre autres). Pour ces raisons, le surréalisme est critiqué par le féminisme des années 1970 comme c'est le cas pour d'autres mouvements de la première moitié du siècle.

Il faut enfin mentionner qu'il existe un lien essentiel entre le surréalisme et les arts visuels. Très tôt, en 1928, Breton publie la première édition du *Surréalisme et la Peinture*, indiquant par là les affinités profondes entre la poésie et l'art des peintres et sculpteurs comme Salvador Dali, Max Ernst, Paul Delvaux et René Magritte. Plusieurs d'entre eux refusent l'étiquette de surréalistes et, comme chez les écrivains, les rapprochements et les exclusions sont multiples. Pablo Picasso, par exemple, a toujours maintenu ses distances. Même le cinéma naissant donne lieu, au cours des années 1920 et 1930, à la production d'œuvres d'inspiration dadaïste et surréaliste ; les films de Luis Buñuel et de Salvador Dali, ainsi que ceux de Jean Cocteau, constituent l'amorce d'un cinéma expérimental qui se développe dans les années 1960. Ainsi, les arts visuels contribuent fortement à la diffusion du surréalisme, car ils permettent d'établir un contact direct avec l'image.

Le lien avec les arts visuels

Les traits distinctifs
de la littérature surréaliste

1. Le jeu et l'expérimentation

L e surréalisme favorise l'expérimentation des formes littéraires en se dotant de consignes susceptibles de provoquer l'inspiration. Cette approche de la littérature par le jeu détache le surréalisme à la fois du pathétisme romantique (qui correspond à une expression codifiée de l'émotion) et de l'esthétisme symboliste (qui valorise un travail formel autonome, menant à la conception de l'art pour l'art héritée du Parnasse). Le surréalisme fait sienne la phrase de Rimbaud : « Je est un autre. » Les techniques utilisées tentent d'exprimer cet inconnu intérieur. Par exemple, la pratique de l'écriture automatique (écriture sans idée préconçue, au fil de la plume) et le jeu du cadavre exquis (phrase écrite à plusieurs sans que personne connaisse le mot qui précède le sien) permettent des découvertes thématiques et stylistiques surprenantes.

Ainsi, le jeu créateur peut rester conscient tout en demeurant un moyen d'accéder à l'inconscient. En littérature, le surréalisme ne reconnaît aucune règle. Chaque texte invente sa forme : vers libre, poème en prose, jeux de mots, mélange des genres, des tons, des niveaux de langue, effets graphiques, insertion d'illustrations, etc. C'est donc à une libération des structures rationnelles du langage qu'invite le surréalisme.

2. L'arbitraire de l'image

La hiérarchie des genres littéraires est bouleversée. Dans un siècle où la prépondérance du roman s'accentue, le surréalisme place la poésie au centre de l'expérience humaine. Tout autre genre ou procédé visant la représentation réaliste du monde est déprécié au profit d'une valorisation de l'imaginaire. L'objectif premier de la poésie surréaliste est de créer une image, une comparaison ou une métaphore, fondée sur le rapprochement inédit et innovateur de termes éloignés. L'écriture est alors perçue comme un processus de recherche et de

Musée national d'Art Moderne, Paris.
Marc Chagall, *Double portrait au verre de vin*, 1917.

trouvaille. Par la suite, les textes sont retravaillés et chaque poète se définit un style, des thèmes, un univers symbolique.

3. L'exploration de l'inconscient

S'abandonner à la dictée de l'inconscient suppose une ouverture au monde du rêve et du fantasme. L'expérience intérieure consiste à donner libre cours au désir et au plaisir, entre autres pulsions. Toutefois, si certains poètes élaborent un merveilleux monde d'images autour des thèmes de l'amour et de l'érotisme, d'autres répondent à leur besoin d'exprimer l'angoisse, la douleur, la révolte.

De nouvelles catégories de textes apparaissent, dont le récit de rêve et la transcription de phrases entendues en rêve. Certains genres considérés comme mineurs mais qui s'attaquent au réalisme gagnent en importance. L'humour n'est plus considéré comme un simple jeu du langage depuis que Freud a démontré ses racines inconscientes. Breton définit et illustre « l'humour noir » comme une entreprise de déstructuration de nos certitudes logiques et des conventions du langage. Le fantastique retrouve ses lettres de noblesse, de même que les contes merveilleux traditionnels et une certaine littérature enfantine.

4. L'ouverture au mythe

Malgré son aspect expérimental, la littérature surréaliste ne produit pas sur le lecteur un effet de froideur, car les écrivains, portés par leur passion, élaborent des mythes qui renouvellent l'imaginaire. « Des mythes nouveaux naissent sous chacun de nos pas », écrit Louis Aragon dans *Le Paysan de Paris* (1926). Parmi ceux-ci,

soulignons le pouvoir libérateur de l'amour, l'érotisme comme expérience poétique, les mythes de la femme-mystère et de la femme-enfant tout comme celui de la ville en tant que lieu de rencontres et de trouvailles magiques auxquels il faut ajouter la croyance au hasard objectif et au pouvoir transformateur du langage.

Tous ces thèmes marquent le siècle à divers titres, et ce, jusqu'à nos jours. L'empreinte du surréalisme sur les arts et la littérature est profonde, mais son impact sur la culture populaire et les mentalités est également indéniable, comme en témoignent la publicité, les illustrations sur les pochettes de disques, particulièrement celles de la musique rock. Dans cette optique, ne pourrait-on pas affirmer que le surréalisme a atteint son but, soit celui de changer la vie ?

Tableau synthèse

La poésie surréaliste : l'exploration de l'inconscient

Réseaux	Caractéristiques
Réseau du sens *Capter les messages et les significations qui surgissent de l'inconscient.* *Se libérer de la censure morale.*	• Exprimer l'inconnu intérieur. • Thèmes du rêve, de l'érotisme (incluant le fantasme pervers ou sadique). • Angoisse, douleur, révolte. • Humour noir. • Libération de mythes : l'amour, la femme, la ville associés au mystère et à la magie. • Le hasard objectif (effets des coïncidences et des prémonitions sur la destinée personnelle).
Réseau de l'image *Libérer le langage des contraintes de la logique.*	• Associations de mots imprévues, inédites, innovatrices. • Liens entre les mots qui semblent arbitraires du point de vue de la logique. • Prédilection pour la répétition, l'énumération et leurs variantes. • Effets graphiques, insertions d'illustrations, collage.
Réseau du rythme *Expérimenter des procédés d'écriture et en traduire le rythme hors de toute contrainte exercée par la raison.*	• Jeux et expérimentations variées : écriture automatique, transcription de rêves, cadavres exquis, écriture collective. • Écriture spontanée, au fil de la plume. • Mélange de genres, de tons, de niveaux de langue. • Rythme de litanie qui vise l'envoûtement.

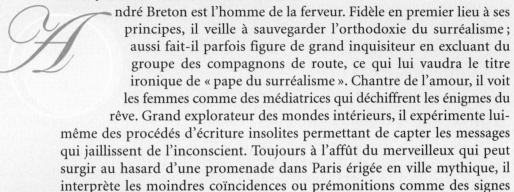

André Breton : l'instigateur du surréalisme

Un explorateur des mondes intérieurs

*A*ndré Breton est l'homme de la ferveur. Fidèle en premier lieu à ses principes, il veille à sauvegarder l'orthodoxie du surréalisme ; aussi fait-il parfois figure de grand inquisiteur en excluant du groupe des compagnons de route, ce qui lui vaudra le titre ironique de « pape du surréalisme ». Chantre de l'amour, il voit les femmes comme des médiatrices qui déchiffrent les énigmes du rêve. Grand explorateur des mondes intérieurs, il expérimente lui-même des procédés d'écriture insolites permettant de capter les messages qui jaillissent de l'inconscient. Toujours à l'affût du merveilleux qui peut surgir au hasard d'une promenade dans Paris érigée en ville mythique, il interprète les moindres coïncidences ou prémonitions comme des signes révélateurs de sa destinée.

Né en 1896 dans la petite bourgeoisie (son père était gendarme), Breton choisit très tôt d'exprimer par la poésie sa révolte contre cet humanisme sénile qui a poussé l'Europe dans le sang et la boue. Lui-même participe à la Première Guerre mondiale et c'est en tant qu'infirmier militaire qu'il met à profit ses connaissances de la psychanalyse au chevet de soldats victimes de psychoses. À son retour, il intègre le dadaïsme, groupe à caractère anarchiste, qui érige le vide en art de vivre et la provocation en outil de destruction du conformisme. De concert avec Philippe Soupault, il compose le texte fondateur du surréalisme, *Les Champs magnétiques*, en adoptant la méthode de l'écriture automatique.

En 1921, âgé de 25 ans, il se marie pour une première fois. La femme occupe d'ailleurs une place centrale dans la poésie d'André Breton puisque les chemins de la connaissance passent, selon son opinion, par le cœur. De fait, Breton, poète ou critique, n'écrit que sur ce qu'il aime. L'émotion, comme chez les romantiques, est garante de l'authenticité de sa parole. Elle explique aussi la profondeur de son engagement pour le surréalisme qu'il contribue à définir par la publication de ses *Manifestes* (1924 et 1930) et par les autres textes théoriques qui jalonnent sa carrière.

Entre-temps, il aura été attiré par le marxisme puisqu'il adhère en 1927 au Parti communiste avec lequel il rompt définitivement en 1935, refusant de réduire le rôle de l'artiste à celui d'un propagandiste politique. Au moment de la Seconde Guerre mondiale, il s'exile en Amérique, se sépare de sa deuxième femme et y rencontre la troisième avec laquelle il effectue d'ailleurs un voyage en Gaspésie où il compose *Arcane 17*. De retour en France, Breton participe à de nombreuses expositions qui témoignent de la vitalité du groupe surréaliste, jusqu'à sa mort en 1966.

Vous trouverez d'autres renseignements sur André Breton aux pages 98, 104 et 107.

La poésie surréaliste

Sous l'égide de Breton, la poésie s'inscrit à la fois dans un mouvement de filiation et de contestation.

1. Le lien avec le romantisme

- L'émotion, qui s'exprime autant par le contenu que par l'expression.
- La thématique de l'amour exclusif et passionné, qui se traduit par un nouveau lyrisme.
- Malgré un écart de soixante ans, les deux courants partagent la même ambition et la même capacité de créer des mythes, autour des personnages historiques comme Napoléon chez les romantiques alors que les surréalistes préfèrent les personnages imaginaires comme « Rrose Sélavy ».
- Le principe de l'unité entre le sens, l'image et le rythme est maintenu.

2. Le lien avec le symbolisme

- La coupure avec les conventions du langage tout en poussant plus loin la liberté de contenu et de forme.
- Le travail subversif sur le plan du sens : anticléricalisme, antimilitarisme, marginalité de l'artiste « maudit » et anti-conformisme sont des idées communes.

3. L'innovation surréaliste

- Les surréalistes détachent l'image poétique de son contenu descriptif ou sensoriel et favorisent la rencontre imprévue de réalités éloignées comme la machine à coudre et le parapluie sur une table de dissection, selon les mots empruntés à Lautréamont.
- C'est le premier mouvement du siècle à s'inspirer d'une « tradition de la rupture » : la poésie surréaliste tente de dépasser les innovations les plus radicales de ses prédécesseurs notamment en explorant l'inconscient individuel.
- L'image surréaliste ne se construit pas avec des procédés logiques ; elle emprunte ceux du rêve.
- Les surréalistes n'ont pas le culte de la forme (la théorie de l'art pour l'art) comme les symbolistes. Ils privilégient la liberté d'invention. C'est souvent le procédé utilisé qui crée la forme : ainsi la litanie naît de l'usage de l'anaphore (figure de répétition).
- Les techniques du jeu de mots servent aussi à structurer le poème, par exemple la contrepèterie chez Desnos (assemblage par interversion de lettres à des fins humoristiques ; ex. : *femme folle à la messe* pour *femme molle à la fesse*).

Pour apprécier la poésie surréaliste, il importe donc de se déconditionner de ses habitudes de lecteur rationnel pour générer un nouveau pacte de lecture.

L'écriture libre

**Lautréamont
(Isidore Ducasse,
dit le comte de)
(1846-1870)**

Né en Uruguay et venu étudier à Paris, Isidore Ducasse publie, à l'âge de 23 ans, *Les Chants de Maldoror* sous le pseudonyme de comte de Lautréamont. Son livre passe inaperçu et il meurt l'année suivante. Son existence mystérieuse amène les surréalistes, qui le redécouvrent au cours des années 1920, à créer autour de lui un véritable mythe. Par sa liberté d'écriture, Lautréamont se présente, au même titre que Rimbaud, comme l'un des principaux précurseurs de l'esprit et de la littérature surréalistes.

Au sixième chant, le narrateur compose un court roman qui se situe dans un quartier de Paris où Lautréamont a habité. En reprenant le prénom d'un héros de Walter Scott, il présente dans cet extrait la nouvelle victime qui, à la fin du livre, sera tuée et projetée dans le ciel par le cruel Maldoror.

EXTRAITS CLASSÉS PAR GENRES

UN MALHEUR SE PRÉPARE

Les magasins de la rue Vivienne étalent leurs richesses aux yeux émerveillés. Éclairés par de nombreux becs de gaz, les coffrets d'acajou et les montres en or répandent à travers les vitrines des gerbes de lumière éblouissante. Huit heures ont sonné à l'horloge de la bourse : ce n'est pas
5 tard ! à peine le dernier coup de marteau s'est-il fait entendre, que la rue, dont le nom a été cité, se met à trembler, et secoue ses fondements depuis la place royale jusqu'au boulevard Montmartre. Les promeneurs hâtent le pas, et se retirent pensifs dans leurs maisons. Une femme s'évanouit et tombe sur l'asphalte. Personne ne la relève : il tarde à chacun de s'éloigner de ce parage.
10 Les volets se referment avec impétuosité, et les habitants s'enfoncent dans leurs couvertures. On dirait que la peste asiatique a révélé sa présence. Ainsi, pendant que la plus grande partie de la ville se prépare à nager dans les réjouissances des fêtes nocturnes, la rue Vivienne se trouve subitement glacée par une sorte de pétrification. Comme un cœur qui cesse d'aimer, elle
15 a vu sa vie éteinte. Mais, bientôt, la nouvelle du phénomène se répand dans les autres couches de la population, et un silence morne plane sur l'auguste capitale. Où sont-ils passés, les becs de gaz ? Que sont-elles devenues, les vendeuses d'amour ? Rien... la solitude et l'obscurité ! Une chouette, volant dans une direction rectiligne, et dont la patte est cassée, passe au-dessus de la
20 Madeleine, et prend son essor vers la barrière du Trône, en s'écriant : « Un malheur se prépare. » Or, dans cet endroit que ma plume (ce véritable ami qui me sert de compère) vient de rendre mystérieux, si vous regardez du côté par où la rue Colbert s'engage dans la rue Vivienne, vous verrez, à l'angle formé par le croisement de ces deux voies, un personnage montrer
25 sa silhouette, et diriger sa marche légère vers les boulevards. Mais, si l'on s'approche davantage, de manière à ne pas amener sur soi-même l'attention de ce passant, on s'aperçoit, avec un agréable étonnement, qu'il est jeune ! De loin on l'aurait pris en effet pour un homme mûr. La somme des jours ne compte plus, quand il s'agit d'apprécier la capacité intellectuelle d'une
30 figure sérieuse. Je me connais à lire l'âge dans les lignes physiognomoniques du front : il a seize ans et quatre mois ! Il est beau comme la rétractilité des serres des oiseaux rapaces ; ou encore, comme l'incertitude des mouvements musculaires dans les plaies des parties molles de la région cervicale postérieure ; ou plutôt, comme ce piège à rats perpétuel, toujours retendu
35 par l'animal pris, qui peut prendre seul des rongeurs indéfiniment, et fonctionner même caché sous la paille ; et surtout, comme la rencontre fortuite sur une table de dissection d'une machine à coudre et d'un parapluie ! Mervyn, ce fils de la blonde Angleterre, vient de prendre chez son professeur une leçon d'escrime, et, enveloppé dans son tartan écossais, il retourne chez
40 ses parents. C'est huit heures et demie, et il espère arriver chez lui à neuf heures : de sa part, c'est une grande présomption que de feindre d'être certain de connaître l'avenir.

Les Chants de Maldoror, « Chant sixième » (extrait de la strophe 3), 1869.

1. Relevez les éléments de ce texte qui contribuent à mettre en place une situation étrange s'apparentant au cadre privilégié des surréalistes : lieu, personnages, actions.

2. Montrez que cet extrait se construit par l'alternance de passages narratifs relevant du réalisme fantastique et de passages qui viennent rompre cette linéarité. Donnez trois exemples de ces ruptures. Quel est l'effet produit ?

3. Relevez les comparaisons. Décrivez l'usage particulier qui est fait de ce procédé. En quoi annonce-t-il l'image surréaliste ?

4. Comment la présence de l'émotion se traduit-elle dans le texte ?

Kunsthalle Hambourg.
Giorgio de Chirico, *Mélancolie d'une rue*, 1924.

**La poésie graphique :
le calligramme**

Guillaume Apollinaire (1880-1918)

Né d'une mère issue de la noblesse et de père inconnu, Guillaume Apollinaire peut à ce titre prétendre à l'extravagance, aussi privilégie-t-il la vie bohème et les conduites frivoles. Il écrit des romans érotiques alors même que les histoires amoureuses se succèdent dans sa vie. L'épidémie de grippe espagnole l'emporte à l'âge de 38 ans.

Faisant le pont entre les deux siècles, son œuvre poétique présente des traits symbolistes, voire romantiques. En effet, il utilise avec bonheur les formes régulières de la versification et s'inscrit dans la plus pure tradition de la poésie lyrique. Pourtant, ce défenseur de « l'esprit nouveau » (titre de sa conférence de 1917) et inventeur de l'adjectif *surréaliste* est aussi à la recherche de nouveauté : il supprime toute ponctuation dans son recueil *Alcools*. Il entremêle vers traditionnels et vers libres et crée ces poèmes calligrammes qui, comme *La Cravate et la Montre*, sont faits de mots disposés dans une forme figurative.

LA CRAVATE ET LA MONTRE

LA CRAVATE
DOU
LOU
REUSE
QUE TU
PORTES
ET QUI T'
ORNE O CI
VILISÉ
OTE- TU VEUX
LA BIEN
SI RESPI
RER

COMME L'ON
S'AMUSE
BIEN

les
heures   la

et le   beau
vers   Mon
dantesque   coeur   té
luisant et
cadavérique   de

le bel   la
inconnu   Il   les
est   Et   yeux   vie
— tout
les Muses   5   se   pas
aux portes de   en   ra
ton corps   fin fi   se
ni
l'enfant la

dou
l'infini
redressé   leur
par un fou   Agia
de philosophe   de

mou

rir
semaine   la main

Tireis

Calligrammes, 1918.

1. Transcrivez ce calligramme en vers libres placés à l'horizontale (calligramme : poème dont la disposition des mots renvoie à des formes). Observez les modifications de sens lorsque l'ordre et la disposition des parties changent. À l'aide du dictionnaire et d'une encyclopédie, tentez d'élucider les allusions aux chiffres de la montre.

2. La lecture de la « cravate » semble plus facile que celle de la « montre ». Pourquoi ?

3. Ces deux objets constituent-ils des symboles ? Combinés l'un à l'autre, construisent-ils une image surréaliste ?

4. Relevez les mots associés au thème du temps. Quelles sont les réflexions du poète sur ce thème ?

5. Y a-t-il dans ce calligramme un récit implicite ? Si oui, lequel ?

POUR FAIRE UN POÈME DADAÏSTE

Prenez un journal.

Prenez des ciseaux.

Choisissez dans ce journal un article ayant la longueur que vous comptez donner à votre poème.

5 Découpez l'article.

Découpez ensuite avec soin chacun des mots qui forment cet article et mettez-les dans un sac.

Agitez doucement.

Sortez ensuite chaque coupure l'une après l'autre.

10 Copiez consciencieusement dans l'ordre où elles ont quitté le sac.

Le poème vous ressemblera.

Et vous voilà un écrivain infiniment original et d'une sensibilité charmante, encore qu'incomprise du vulgaire[1]

---

1. *Exemple* : lorsque les chiens traversent l'air dans un diamant comme les idées et l'appendice
15 de la méninge montre l'heure du réveil programme (le titre est de moi)
prix ils sont hier convenant ensuite tableaux / apprécier le rêve époque des théose imaginer
dit-il fatalité pouvoir des couleurs / tailla cintres ahuri la réalité un enchantement / spectateur
tous à effort de la ce n'est plus 10 à 12 / pendant la divagation virevolte descend pression /
rendre de fous queu-leu-leu chairs sur un monstrueuse écrasant scène / célébrer mais leur
20 160 adeptes dans pas aux mis en mon nacré / fastueux de terre bananes soutint s'éclairer / joie
demander réunis presque / de a la un tant que le invoquait des visions / des chante celle-ci rit /
sort situation disparaît décrit celle 25 danse salut / dissimula le tout de ce n'est pas fut / magnifique l'ascension a la bande mieux lumière dont somptuosité scène me music-hall / reparaît
suivant instant s'agite vivre / affaires qu'il n'y a prêtait / manière mots viennent ces gens

Sept manifestes dada (1924), *Œuvres complètes*, tome I, Flammarion, 1975.

1. En vous appuyant sur le changement de vocabulaire, montrez que cette « recette » adopte deux tons différents : un ton descriptif et technique, puis un ton ironique.

2. Commentez, dans l'« Exemple », les effets de cette méthode de composition sur l'organisation de la phrase, la logique, la chronologie et le plan du texte. Reste-t-il des fragments compréhensibles ? Suffisent-ils à construire un « poème » ?

3. De quelles conceptions de la création littéraire et de l'écrivain Tzara se moque-t-il par l'absurde et l'ironie ?

Le poème dadaïste

Tristan Tzara
(1896-1963)

Né en Roumanie, Tristan Tzara est l'initiateur du mouvement dada, fondé à Zurich, en Suisse, en 1916, qui se transporte ensuite à Paris, attirant les futurs surréalistes, dont André Breton et Paul Éluard. Ce courant, profondément nihiliste, exprime la désorientation morale de toute une génération qui ne trouve de réconfort, après les horreurs de la guerre, que dans la provocation. Réfractaire à toute forme de militantisme par les voies de la littérature, Tzara n'hésite pourtant pas à s'engager dans la Résistance contre l'oppresseur nazi. Il meurt à Paris.

La « recette » ci-contre fait partie d'un manifeste dada lu en public et publié pour la première fois en 1920. Elle exprime bien la révolte par l'absurde des dadaïstes, qui réussissent à produire le scandale espéré. Ce culte de l'absurde est à l'origine même du mouvement, dont le nom « dada » a été trouvé, selon la légende, en ouvrant le dictionnaire au hasard.

La poésie expérimentale

Robert Desnos (1900-1945)

La destinée de Robert Desnos illustre la fatalité du siècle puisque ce poète de la légèreté se mue en tragique héros de la Résistance avant d'être déporté au camp de concentration de Terezin où il meurt au moment même où les alliés libèrent la Tchécoslovaquie. Au début du mouvement surréaliste, Desnos est au cœur des activités « expérimentales » menées par le groupe, car il est l'un des plus brillants sujets des « sommeils », qui consistent à inventer des poèmes et des textes sous hypnose. « Robert Desnos parle surréaliste à volonté », déclare André Breton en guise d'hommage à ce compagnon de route qui manifeste une disposition naturelle pour l'écriture automatique.

Le recueil *Corps et Biens* (1930) contient de nombreux textes qui, de façons très diversifiées, jouent avec les mots et créent un univers imaginaire personnel. Dans *Rrose Sélavy*, Desnos recueille des phrases énigmatiques, utilisant un procédé développé par le peintre Marcel Duchamp. Pour ce faire, tous les moyens lui sont utiles, y compris des noms de personnages mythologiques ou bibliques, ou des noms d'écrivains, d'artistes ou de musiciens.

RROSE SÉLAVY

2. Rrose Sélavy demande si Les Fleurs du Mal ont modifié les mœurs du phalle : qu'en pense Omphale ?

7. O mon crâne, étoile de nacre qui s'étiole.

8. Au pays de Rrose Sélavy on aime les fous et les loups sans foi ni loi.

9. Suivrez-vous Rrose Sélavy au pays des nombres décimaux où il n'y a ni décombres ni maux ?

13. Rrose Sélavy connaît bien le marchand du sel.

21. Au virage de la course au rivage, voici le secours de Rrose Sélavy.

24. Croyez-vous que Rrose Sélavy connaisse ces jeux de fous qui mettent le feu aux joues ?

27. Le temps est un aigle agile dans un temple.

32. Voici le cratère où le Missouri prend sa source et la cour de Sara son mystère.

34. Dans le sommeil de Rrose Sélavy il y a un nain sorti d'un puits qui vient manger son pain, la nuit.

42. Paul Éluard : le poète élu des draps.

88. Au fond d'une mine Rrose Sélavy prépare la fin du monde.

107. Mots, êtes-vous des mythes et pareils aux myrtes des morts ?

108. L'argot de Rrose Sélavy, n'est-ce pas l'art de transformer en cigognes les cygnes ?

120. O ris cocher des flots ! Auric, hochet des flots au ricochet des flots.

140. Nos peines sont des peignes de givre dans des cheveux ivres.

144. La peur, c'est une hache pure sous un granit ingrat.

Corps et Biens, extraits de « Rrose Sélavy », 1930.

---

1. Vérifiez le sens des mots « contrepet » et « contrepèterie » dans le dictionnaire. Relevez dans le texte cinq jeux de mots fondés sur le déplacement ou le remplacement simple de sons (par exemple, le n° 8) et cinq autres fondés sur le déplacement de lettres, avec changement de prononciation (par exemple, le n° 27).

2. Décrivez les particularités du n° 120. Montrez en quoi les jeux sonores du n° 32 sont plus complexes.

3. Donnez quelques exemples montrant que le jeu avec les mots constitue un instrument de découverte pour susciter des éléments de récit, le développement de l'idée et l'image poétique.

4. Proposez une explication au nom de « Rrose Sélavy ». Peut-on interpréter l'ensemble de ces phrases à l'aide de ce personnage et de son nom ? Relevez la phrase où Desnos rend hommage au créateur de « Rrose Sélavy ».

Il n'aurait fallu

Il n'aurait fallu
Qu'un moment de plus
Pour que la mort vienne
Mais une main nue
5 Alors est venue
Qui a pris la mienne

Qui donc a rendu
Leurs couleurs perdues
Aux jours aux semaines
10 Sa réalité
À l'immense été
Des choses humaines

Moi qui frémissais
Toujours je ne sais
15 De quelle colère
Deux bras ont suffi
Pour faire à ma vie
Un grand collier d'air

Rien qu'un mouvement
20 Ce geste en dormant
Léger qui me frôle
Un souffle posé
Moins Une rosée
Contre mon épaule

25 Un front qui s'appuie
À moi dans la nuit
Deux grands yeux ouverts
Et tout m'a semblé
Comme un champ de blé
30 Dans cet univers

Un tendre jardin
Dans l'herbe où soudain
La verveine pousse
Et mon cœur défunt
35 Renaît au parfum
Qui fait l'ombre douce

Le Roman inachevé (1956),
Éditions Gallimard, 1968.

Collection Ganz, New York.
Pablo Picasso, *Le Rêve*, 1932.
Pour les surréalistes, l'expérience amoureuse, parce qu'elle permet l'expression libre des désirs et des pulsions enfouies, est un moyen d'accéder à la surréalité.

1. Observez la régularité de la construction de ce poème : longueur des vers, longueur des strophes, système de rimes. Étudiez la qualité de ces dernières : rimes suffisantes (deux sons communs), rimes riches (plus de deux sons communs). Remarquez que certains mots à la fin des vers sont entièrement contenus dans le mot avec lequel ils riment. Ce travail du langage est-il compatible avec la conception surréaliste de la création littéraire ?

2. Ce poème fait le récit d'une rencontre amoureuse. Comment le poète passe-t-il de la mort à la renaissance ? Y a-t-il une progression dans les allusions au corps ?

3. Lesquels des cinq sens sont les plus évoqués ? Lesquels des quatre éléments symboliques (air, eau, feu, terre) peut-on identifier ? Y a-t-il une progression dans les sensations évoquées ?

4. Comparez ce poème avec « L'Union libre » de Breton qui porte sur le même thème, celui de la femme. Faites ressortir au moins deux différences pour chacun des réseaux : celui du sens, celui de l'image et celui du rythme.

La louange à la femme-muse

Louis Aragon
(1897-1982)

Toute l'œuvre de Louis Aragon est dirigée vers la quête de soi, car son identité lui échappe aux premiers jours de sa vie : sa famille brouille les liens de parenté pour cacher la honte de sa naissance illégitime. Fondateur et ardent défenseur du surréalisme, il rompt pourtant avec le groupe en 1931 pour devenir un fervent militant du Parti communiste. Sur le plan de l'écriture, il effectue un retour aux formes traditionnelles à la fois dans sa poésie et dans ses romans. Marié à Elsa Triolet, il forme avec elle un couple mythique ; les poèmes qu'il dédie à sa compagne contribuent à l'édification de cette légende. Homme au millier de masques, son homosexualité, connue à la fin de sa vie, confirme la complexité de sa personnalité.

Au même titre que celle d'Éluard, sa poésie amoureuse marque le siècle. Plusieurs de ses poèmes ont été mis en musique et chantés par de nombreux interprètes. Celui qui est retenu ici, de forme régulière, montre une grande virtuosité dans le traitement du thème de la femme salvatrice.

La résurrection de formes poétiques oubliées

André Breton
(1896-1966)

Ses études de médecine conduisent André Breton à s'intéresser à Freud et à la psychanalyse ; son œuvre témoigne d'ailleurs d'une attirance continue pour la folie et les discours de la folie susceptibles de révéler une part d'inconnu qui, chez l'être humain, aurait été occultée par des siècles de rationalisme. En fait, Breton place un immense espoir dans le message de l'inconscient, tout comme dans l'amour qui génère cette énergie vitale directement liée à l'imagination instinctive. D'ailleurs, Breton valorise la poésie plus que tout puisque c'est le genre qui permet de placer l'émotion à la source d'une révolution du langage.

Ce poème, un des plus célèbres du surréalisme, présente une synthèse des principaux procédés (figures de style en association libre, énumération) et des grands thèmes du courant (la femme aimée, l'amour, l'érotisme, les éléments naturels).

Atelier d'analyse

L'UNION LIBRE

Ma femme à la chevelure de feu de bois
Aux pensées d'éclairs de chaleur
À la taille de sablier
Ma femme à la taille de loutre entre les dents du tigre
5 Ma femme à la bouche de cocarde et de bouquet d'étoiles de dernière grandeur
Aux dents d'empreintes de souris blanche sur la terre blanche
À la langue d'ambre et de verre frottés
Ma femme à la langue d'ostie poignardée
À la langue de poupée qui ouvre et ferme les yeux
10 À la langue de pierre incroyable
Ma femme aux cils de bâtons d'écriture d'enfant
Aux sourcils de bord de nid d'hirondelle
Ma femme aux tempes d'ardoise de toit de serre
Et de buée aux vitres
15 Ma femme aux épaules de champagne
Et de fontaine à têtes de dauphins sous la glace
Ma femme aux poignets d'allumettes
Ma femme aux doigts de hasard et d'as de cœur
Aux doigts de foin coupé
20 Ma femme aux aisselles de martre et de fênes
De nuit de la Saint-Jean
De troène et de nid de scalares
Aux bras d'écume de mer et d'écluse
Et de mélange du blé et du moulin
25 Ma femme aux jambes de fusée
Aux mouvements d'horlogerie et de désespoir
Ma femme aux mollets de moelle de sureau
Ma femme aux pieds d'initiales
Aux pieds de trousseaux de clés aux pieds de calfats qui boivent
30 Ma femme au cou d'orge imperlé
Ma femme à la gorge de Val d'or
De rendez-vous dans le lit même du torrent
Aux seins de nuit
Ma femme aux seins de taupinière marine
35 Ma femme aux seins de creuset du rubis
Aux seins de spectre de la rose sous la rosée
Ma femme au ventre de dépliement d'éventail des jours
Au ventre de griffe géante
Ma femme au dos d'oiseau qui fuit vertical
40 Au dos de vif-argent
Au dos de lumière
À la nuque de pierre roulée et de craie mouillée
Et de chute d'un verre dans lequel on vient de boire
Ma femme aux hanches de nacelle
45 Aux hanches de lustre et de pennes de flèche

Et de tiges de plumes de paon blanc
De balance insensible
Ma femme aux fesses de grès et d'amiante
Ma femme aux fesses de dos de cygne
50 Ma femme aux fesses de printemps
Au sexe de glaïeul
Ma femme au sexe de placer et d'ornithorynque
Ma femme au sexe d'algue et de bonbons anciens
Ma femme au sexe de miroir
55 Ma femme aux yeux pleins de larmes
Aux yeux de panoplie violette et d'aiguille aimantée
Ma femme aux yeux de savane
Ma femme aux yeux d'eau pour boire en prison
Ma femme aux yeux de bois toujours sous la hache
60 Aux yeux de niveau d'eau de niveau d'air de terre et de feu

Clair de terre (1931), Éditions Gallimard, 1966.

Exploration

Le réseau du sens

1. Pour vous aider à comprendre le texte :
   – cherchez la définition des mots qui vous sont moins familiers, comme «cocarde», «ambre», «troène», «sureau», «calfat», «placer», etc. (Les mots «fêne» et «scalare» n'existent pas : allez voir à «faîne» et «scalaire».) Interrogez-vous également sur les mots dont la définition peut éclairer la signification du texte, comme «ardoise», «taupinière», etc. ;
   – dressez les principaux champs lexicaux du texte.

2. Ce poème appartient à un genre poétique ancien (XVIe siècle) appelé blason du corps féminin qui consiste en une description détaillée, élogieuse ou satirique, d'une personne ou d'une chose (*Petit Robert*). Établissez un plan du texte axé sur le passage d'une partie du corps à une autre. Décrivez les mouvements du regard. Comment interpréter le fait que le poème se termine par des images reliées aux yeux ?

3. Les surréalistes ont idéalisé la femme. Ce poème s'inscrit-il dans cette perspective ?

Le réseau du rythme

4. Décrivez la structure de base de chaque section (de un à cinq vers) du poème, en relevant des répétitions, des parallélismes et des variations.

5. Ce poème contient-il des verbes conjugués ? Comporte-t-il une proposition principale complète ? Comment peut-on interpréter sa construction linguistique ?

6. Vérifiez la définition du mot «anaphore». Quel est l'effet recherché par ce procédé ?

7. Ce poème a la forme d'une prière. Expliquez l'impression que peut produire ce choix sur le lecteur.

Le réseau de l'image

8. Étudiez cinq images de votre choix, en montrant leur audace, leur pouvoir de métamorphose et les sensations qui y sont reliées.

9. Relevez les allusions aux quatre éléments symboliques (air, eau, feu, terre). En quoi le dernier vers constitue-t-il une synthèse du poème ? Formulez la conception surréaliste de la «femme cosmique».

10. Montrez que ce poème illustre la méthode de création de l'image surréaliste, et fait la démonstration de sa liberté et de sa variété.

Hypothèses d'analyse et de dissertation

1. Proposez une explication au titre de ce poème en le mettant en rapport avec la conception surréaliste de l'amour et la méthode surréaliste de création de l'image.

2. Comparez ce poème de Breton avec celui d'Aragon portant sur le même thème, celui de la femme.

**Poème de
la Résistance**

Paul Éluard
(1895-1952)

Né dans une famille fortunée, Paul Éluard fait très tôt l'expérience de la maladie puisqu'il est atteint de tuberculose dans l'adolescence. C'est au sanatorium qu'il rencontre la première de ses trois épouses, une jeune femme russe surnommée Gala qui deviendra plus tard la compagne et l'inspiratrice du peintre Salvador Dalí. Celle qui la remplace recevra le surnom de Nusch; il la célèbre dans sa poésie jusqu'à sa mort inattendue en 1946, événement qui amène le poète au bord du suicide.

Grand poète de l'amour, il exprime son lyrisme à travers un univers imaginaire très riche. Alors que dans *L'Union libre* Breton décrit le corps immobile de la femme aimée, Éluard fait de la femme le centre d'un monde transformé par la poésie.

Au moment de la guerre, Éluard prend toutefois ses distances par rapport au groupe surréaliste qu'il a contribué à créer afin d'exprimer les grands thèmes de la Résistance. Il compose son célèbre poème *Liberté* qu'on laisse pleuvoir sur Paris à partir d'un avion afin de soutenir l'espoir des Français qui attendent la libération de leur territoire.

LIBERTÉ

Sur mes cahiers d'écolier
Sur mon pupitre et les arbres
Sur le sable de neige
J'écris ton nom

5 Sur les pages lues
Sur toutes les pages blanches
Pierre sang papier
J'écris ton nom

Sur les images dorées
10 Sur les armes des guerriers
Sur la couronne des rois
J'écris ton nom

Sur la jungle et le désert
Sur les nids sur les genêts
15 Sur l'écho de mon enfance
J'écris ton nom

Sur tous mes chiffons d'azur
Sur lie étang soleil moisi
Sur le lac lune vivante
20 J'écris ton nom

Sur les champs sur l'horizon
Sur les ailes des oiseaux
Et sur le moulin des ombres
J'écris ton nom

25 Sur chaque bouffée d'aurore
Sur la mer sur les bateaux
Sur la montagne démente
J'écris ton nom

Sur la mousse des nuages
30 Sur les sueurs de l'orage
Sur la pluie épaisse de fade
J'écris ton nom

Sur les sentiers éveillés
Sur les routes déployées
35 Sur les places qui débordent
J'écris ton nom

Sur la lampe qui s'allume
Sur la lampe qui s'éteint
Sur mes raisons réunies
40 J'écris ton nom

Sur le fruit coupé en deux
Du miroir et de ma chambre
Sur mon lit coquille vide
J'écris ton nom

45 Sur mon chien gourmand et tendre
Sur ses oreilles dressées
Sur sa patte maladroite
J'écris ton nom

Sur le tremplin de ma porte
50 Sur les objets familiers
Sur le flot du feu béni
J'écris ton nom

Sur toute chair accordée
Sur le front de mes amis
55 Sur chaque main qui se tend
J'écris ton nom

Sur la vitre des surprises
Sur les lèvres attendries
Bien au-dessus du silence
60 J'écris ton nom

Sur mes refuges détruits
Sur mes phares écroulés
Sur les murs de mon ennui
J'écris ton nom

65 Sur l'absence sans désir
Sur la solitude nue
Sur les marches de la mort
J'écris ton nom

Sur la santé revenue
70 Sur le risque disparu
Sur l'espoir sans souvenir
J'écris ton nom

Et par le pouvoir d'un mot
Je recommence ma vie
75 Je suis né pour te connaître
Pour te nommer

Liberté

Au rendez-vous allemand,
Les Éditions de Minuit, 1942.

1. Quels procédés contribuent à donner un rythme de litanie à ce poème ?

2. Un des vers les plus connus d'Éluard, « La terre est bleue comme une orange », repose sur une association de mots inattendue mais signifiante. Relevez dans le poème au moins cinq vers de cette nature en dégageant des éléments de signification.

3. En alternance, Éluard dispose des vers suggestifs mais accessibles. Relevez-en cinq. Justifiez votre choix.

4. La quête de liberté se joue sur une toile en clair-obscur. Relevez les vers qui font référence à la lumière.

5. La thématique de la liberté est associée à une symbolique cosmique. Illustrez et commentez la pertinence de cette alliance.

6. À l'opposé, de nombreux vers sont dotés d'un caractère autobiographique. Relevez cinq de ces vers en expliquant ce qu'ils révèlent de l'auteur et les effets possibles sur le lecteur.

7. En dehors des liens avec la guerre, ce poème conserve encore aujourd'hui un fort pouvoir d'évocation, particulièrement pour des jeunes adultes. Commentez cette affirmation.

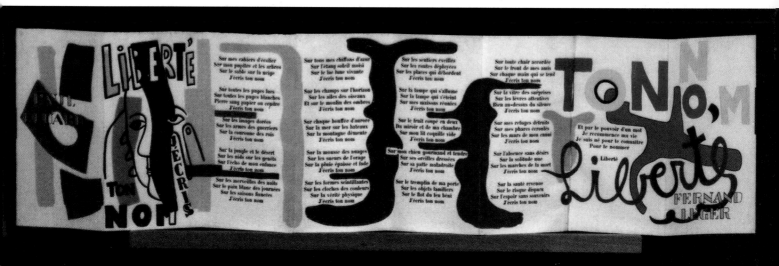

Musée d'art et d'histoire, Saint-Denis.
Fernand Léger, *Liberté j'écris ton nom*, 1953.
« Je suis né pour te connaître, pour te nommer » :
Éluard, comme tous ses compagnons surréalistes,
s'est donné comme mission de promouvoir
la liberté sous toutes ses formes : artistique,
littéraire, amoureuse, politique…

Le surréalisme rendu familier

Jacques Prévert (1900-1977)

Né dans un milieu humble et dévot, Jacques Prévert reste fidèle à ses origines mais hostile à toutes formes de bigoterie. À le lire, l'impression se confirme qu'il a voulu rendre le surréalisme accessible au lecteur moyen. Sa révolte s'exprime dans une langue familière, dont on dirait qu'elle est plus orale qu'écrite et empreinte d'humour. Son engagement politique de gauche l'amène à contribuer au développement d'un théâtre populaire. Il est aussi le scénariste de plusieurs films et le parolier de grands interprètes de la chanson française, de Yves Montand à Serge Reggiani. Au moment de son décès, il est en quelque sorte devenu, à son grand dam, un monument de la littérature française. Fait exceptionnel, son recueil *Paroles* demeure sur la liste des best-sellers, avec plus de trois millions d'exemplaires vendus.

Dans ce poème, Prévert enveloppe son antimilitarisme de l'esprit de solidarité et de l'amour de la vie qui le caractérisent.

PATER NOSTER

Notre Père qui êtes aux cieux
Restez-y
Et nous nous resterons sur la terre
Qui est quelquefois si jolie
5   Avec ses mystères de New York
Et puis ses mystères de Paris
Qui valent bien celui de la Trinité
Avec son petit canal de l'Ourcq
Sa grande muraille de Chine
10   Sa rivière de Morlaix
Ses bêtises de Cambrai
Avec son océan Pacifique
Et ses deux bassins aux Tuileries
Avec ses bons enfants et ses mauvais sujets
15   Avec toutes les merveilles du monde
Qui sont là
Simplement sur la terre
Offertes à tout le monde
Éparpillées
20   Émerveillées elles-mêmes d'être de telles merveilles
Et qui n'osent se l'avouer
Comme une jolie fille nue qui n'ose se montrer
Avec les épouvantables malheurs du monde
Qui sont légion
25   Avec leurs légionnaires
Avec leurs tortionnaires
Avec les maîtres de ce monde
Les maîtres avec leurs prêtres leurs traîtres et leurs reîtres
Avec les saisons
30   Avec les années
Avec les jolies filles et avec les vieux cons
Avec la paille de la misère pourrissant dans l'acier des canons.

Paroles (1949), Éditions Gallimard, 1964.

1. Trouvez le sens des termes militaires et relevez les allusions géographiques.

2. Relevez et expliquez, s'il y a lieu, les nombreuses antithèses et oppositions entre les valeurs positives et les valeurs négatives, entre les grandes et les petites choses, etc.

3. Établissez un plan du texte en quatre ou cinq parties et donnez un titre à chacune.

4. Relevez des séries de mots qui s'appellent les uns les autres par répétitions, rimes et variations sonores. Quel est, selon vous, l'utilité de ce procédé ?

5. Montrez que cette « prière » constitue d'abord une satire du discours religieux et qu'elle évolue vers une dénonciation sociale. Quelles sont les valeurs défendues par Prévert ? Comment faut-il interpréter les deux derniers vers ?

CONTRE !

Je vous construirai une ville avec des loques, moi !
Je vous construirai sans plan et sans ciment
Un édifice que vous ne détruirez pas,
Et qu'une espèce d'évidence écumante
5 Soutiendra et gonflera, qui viendra vous braire au nez,
Et au nez gelé de tous vos Parthénons, vos arts arabes, et de vos Mings.

Avec de la fumée, avec de la dilution de brouillard
Et du son de peau de tambour,
Je vous assoirai des forteresses écrasantes et superbes,
10 Des forteresses faites exclusivement de remous et de secousses,
Contre lesquelles votre ordre multimillénaire et votre géométrie
Tomberont en fadaises et galimatias et poussière de sable sans raison.

Glas ! Glas ! Glas sur vous tous, néant sur les vivants !
Oui, je crois en Dieu ! Certes, il n'en sait rien !
15 Foi, semelle inusable pour qui n'avance pas.
Oh monde, monde étranglé, ventre froid !
Même pas symbole, mais néant, je contre, je contre,
Je contre et te gave de chiens crevés.
En tonnes, vous m'entendez, en tonnes, je vous arracherai ce que vous m'avez
                                                      [refusé en grammes.
20 Le venin du serpent est son fidèle compagnon,
Fidèle, et il l'estime à sa juste valeur.
Frères, mes frères damnés, suivez-moi avec confiance.
Les dents du loup ne lâchent pas le loup.
C'est la chair du mouton qui lâche.

25 Dans le noir nous verrons clair, mes frères.
Dans le labyrinthe nous trouverons la voie droite.
Carcasse, où est ta place ici, gêneuse, pisseuse, pot cassé ?
Poulie gémissante, comme tu vas sentir les cordages tendus des quatre mondes !
Comme je vais t'écarteler !

La nuit remue (1935), dans *L'espace du dedans*, Éditions Gallimard, 1944.

1. En consultant un dictionnaire au besoin, relevez les objets successifs de la révolte du poète. Que leur oppose-t-il ? Établissez le plan du texte. Donnez un titre à chaque partie.

2. Quel phonème (consonne) contribue à donner un rythme de roulement à la première strophe ? Dans la deuxième strophe, Michaux enrichit le tissu sonore en jouant sur une nouvelle allitération : quelle est-elle ?

3. Relevez les énumérations qui, dans cette deuxième strophe, contribuent au rythme saccadé du poème.

4. Dans la troisième strophe, Michaux continue de donner de l'importance au tissu sonore du poème par un autre procédé. Nommez ce procédé et citez un exemple.

5. Expliquez le caractère ironique de cette troisième strophe.

6. Relevez les répétitions et expliquez leur effet sur le rythme du poème.

7. Relevez des passages qui donnent à cette strophe un ton de parabole antireligieuse.

8. En juxtaposant le dernier vers du poème au premier, commentez l'évolution du sens dans le poème.

Le nihilisme créatif

Henri Michaux (1899-1984)

Né en Belgique, Henri Michaux est un écrivain qui, malgré des affinités avec le surréalisme, reste en marge de tout groupe. Sa révolte le conduit plutôt à entamer une longue exploration intérieure, traduite dans le titre d'un de ses ouvrages : *L'espace du dedans*. Il poursuit sa recherche en écrivant des livres sur les états seconds provoqués par les drogues, les rêves et d'autres expériences. Jusqu'à son décès, il produit une importante œuvre de peintre, de dessinateur, de graveur, où taches, lignes et couleurs élaborent un langage personnel au service d'une imagination singulière.

Le titre *La nuit remue* montre à la fois l'univers de création privilégié de Michaux et le bouillonnement qui l'habite. Le poème ci-contre appartient aux textes-cris qu'il lance afin de matérialiser sa violence et sa douleur.

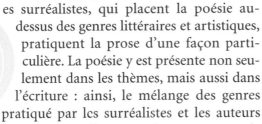

DESCRIPTION DES AUTRES GENRES

Le surréalisme dans les autres genres littéraires

Les surréalistes, qui placent la poésie au-dessus des genres littéraires et artistiques, pratiquent la prose d'une façon particulière. La poésie y est présente non seulement dans les thèmes, mais aussi dans l'écriture : ainsi, le mélange des genres pratiqué par les surréalistes et les auteurs apparentés participe d'un grand mouvement de transformation de la prose au XXe siècle.

Le surréalisme et l'essai

C'est peut-être en raison de leur appartenance à une avant-garde littéraire et artistique, de leur position de rupture et des conflits au sein de leur groupe que les écrivains surréalistes développent l'essai.

- Ils y expriment leurs idées tout en justifiant leurs interventions dans la vie culturelle et sociale.
- Ils pratiquent toutes les formes du texte polémique : manifestes, pamphlets, tracts, lettres ouvertes, etc., où ils donnent libre cours à la violence verbale et où, dans certains cas, ils règlent leurs comptes par des attaques personnelles.
- Les *Manifestes* de Breton constituent les jalons de l'histoire du groupe, comportant théories, définitions et exemples, ainsi que la liste des écrivains admirés ou frappés d'interdit. Aucun thème n'en est exclu, qu'il soit philosophique, politique, social ou culturel.

En 1924, dans le premier *Manifeste du surréalisme*, qui est l'acte officiel de fondation du mouvement, Breton énumère les noms des écrivains dont il se réclame (Gérard de Nerval, Arthur Rimbaud, le comte de Lautréamont, Alfred Jarry, etc.) ainsi que ceux de ses camarades de l'époque (Paul Éluard, Louis Aragon, Robert Desnos, Antonin Artaud, Benjamin Péret, etc.). Il y formule aussi, sur le modèle de celles du dictionnaire, une définition qu'il veut définitive :

> SURRÉALISME, n. m. Automatisme psychique pur par lequel on se propose d'exprimer, soit verbalement, soit par écrit, soit de toute autre manière, le fonctionnement réel de la pensée. Dictée de la pensée, en l'absence de tout contrôle exercé par la raison, en dehors de toute préoccupation esthétique ou morale.

Cependant, avec le recul, on constate que, contrairement à cette affirmation, les essais surréalistes constituent bel et bien des prises de position esthétiques et littéraires. Dans *Signe ascendant* (1947), Breton admet que des règles formelles et éthiques gouvernent l'écriture surréaliste telle qu'il la conçoit. Le style très rationnel des parties argumentatives de ses essais démontre que le surréalisme ne se limite pas à s'abandonner aux forces irrationnelles de l'inconscient et du rêve.

À la même époque, d'autres écrivains apparentés au surréalisme cherchent aussi à définir la singularité de leur démarche. Henri Michaux le fait en demeurant à l'extérieur des courants littéraires et en proposant au lecteur une expérience individuelle.

Le surréalisme et le récit

Dans son premier manifeste, Breton condamne le roman et rejette la description. Il va jusqu'à en interdire la pratique aux membres du groupe. C'est pourquoi il n'existe pas de romans surréalistes au sens strict du terme. Pourtant, plusieurs des écrivains du passé célébrés par les surréalistes ont publié des récits. Le romantisme noir, sous la forme du roman ou du conte, les fascine à cause des effets poétiques du genre fantastique (chez Gérard de Nerval, par exemple). C'est plutôt le réalisme qui, en cherchant à refléter la réalité dans son apparence extérieure, fait l'objet d'une réfutation radicale de la part des surréalistes. « Je veux qu'on se taise, quand on cesse de ressentir », écrit Breton en 1924, mettant ainsi l'accent sur la nécessité intérieure qui doit gouverner l'art et la vie.

Cependant, pour atteindre cette autre réalité visée par le surréalisme, Breton invente, avec *Nadja* (1928), un nouveau genre de récit qui contribuera à façonner la modernité.

- *Nadja* emprunte la forme générale du récit autobiographique.
- Le personnage de l'auteur y est fortement présent : il raconte sa quête personnelle, amoureuse, inconsciente, symbolique, politique, cherchant à rendre compte de la démarche synthétique propre au surréalisme.
- Il intègre des passages théoriques, poétiques, polémiques.
- Il remplace la description par l'insertion de documents photographiques et la reproduction d'œuvres plastiques.
- Les grands thèmes de la poésie surréaliste se retrouvent dans ce récit.
- Le mélange des genres donne au livre-collage de Breton un caractère tout à fait novateur.

De nombreux romanciers contemporains subissent l'influence du surréalisme et utilisent les procédés du fantastique et de l'humour pour mettre en récit des images et des thèmes proches de ceux des surréalistes. Les univers créés par Julien Gracq et Boris Vian en constituent des exemples singuliers.

Le surréalisme et le théâtre

Le surréalisme ne retient rien du théâtre passé, qu'il soit classique, romantique ou symboliste, parce que ce genre concentre, à ses yeux, l'essence de la culture bourgeoise, traditionaliste et conventionnelle.

- Il rejette le paradoxe qui consiste à présenter des faits fictifs comme authentiques alors qu'on se trouve dans l'illusion du spectacle.

- Il refuse l'idée de la cohérence au théâtre puisque cela ne tient pas compte du fonctionnement réel du psychisme.

- Le seul point de vue valorisé est celui de la caricature, de la dérision et de la provocation emprunté en fait à l'esprit dada. Alfred Jarry, qui crée avec Ubu un personnage burlesque, grotesque, en est d'ailleurs l'unique représentant.

- À mesure que l'époque s'imprègne de l'esprit surréaliste, certains auteurs, souvent en marge du courant, s'emploient à mettre en scène des événements imaginaires. À ce titre, Jean Cocteau fait figure d'exception en tentant de matérialiser des images de rêve dans un univers hérité du théâtre symboliste.

- On peut dire qu'il n'y a pratiquement pas de théâtre surréaliste. Il faudra attendre l'anti-théâtre pour que se réalisent les vœux du surréalisme dans ce domaine. D'ailleurs, les écrivains associés au surréalisme qui se sont intéressés à ce genre l'ont fait malgré la réprobation du groupe ou après leur défection ou leur exclusion de celui-ci.

Cependant, Artaud exerce une forte influence sur un théâtre d'avant-garde qui prend vie à partir des années 1960 sous l'impulsion de troupes et de metteurs en scène de divers pays : par exemple, le metteur en scène Jerzy Grotowski (Pologne), la troupe du Living Theatre (États-Unis) et le Théâtre du Soleil d'Ariane Mnouchkine (France).

Ces spectacles présentent en effet une certaine dimension surréaliste par l'esprit d'expérimentation et de provocation qui les caractérise, par leur ouverture à l'inconscient, aux mythes et aux symboles, ainsi que par la libération des formes et la rupture avec la linéarité du récit qu'ils préconisent.

Les formes contemporaines de spectacles, qu'il s'agisse du happening, du nouveau théâtre, de la danse-théâtre, de la nouvelle danse ou de la performance, sont tributaires du rayonnement international des théories d'Artaud.

Ces diverses formes de spectacles remettent en question la suprématie de l'auteur et du texte par divers moyens : la création collective et l'improvisation, la collaboration avec d'autres arts (peinture, sculpture, danse, musique) et, surtout, l'importance accordée au langage corporel et gestuel.

L'Oulipo, dans le sillage du surréalisme

Dans les années soixante, un ancien membre du surréalisme, Raymond Queneau, se joint à François Le Lionnais pour donner son impulsion à un courant littéraire qui s'apparente à l'esprit du surréalisme, ce dont témoignent les œuvres insolites qu'il engendre ; en revanche, il remet en cause plusieurs idées relatives au processus de création. L'Oulipo (Ouvroir de littérature potentielle) impose des contraintes à la rédaction pour obtenir, en bout de ligne, une œuvre originale qui déstabilise le lecteur dans ses attentes. Ce sont ces cadres préétablis et non le recours à l'inconscient ou à l'improvisation, comme le préconisaient les surréalistes, qui déstructurent le langage tout en abolissant les frontières entre les genres. Cette démarche très exigeante donne notamment comme résultat le récit désopilant de *Zazie dans le métro* dans lequel Queneau tente de transcrire phonétiquement la langue orale pour illustrer l'écart qui se creuse entre les structures phonétiques et syntaxiques de l'écrit par rapport à l'oral, justement. Quant à son compère Georges Perec, il se donne comme défi hallucinant, dans son roman intitulé fort à propos *La Disparition*, de faire disparaître tous les « e », voyelle essentielle dans la langue française. Ce procédé donne à son récit une tonalité particulière puisque la phonétique et la syntaxe de la langue sont atteintes.

Certes, il peut sembler arbitraire d'associer l'Oulipo au surréalisme alors qu'il en conteste plusieurs points essentiels, mais il faut préciser que cet arbitraire touche la majorité des écrivains inclus dans ce chapitre. Ils ont presque tous entretenu des relations ambivalentes avec ce courant : certains en ont été exclus par Breton, d'autres ont choisi de s'en retirer volontairement ; quelques-uns, sans jamais y adhérer, s'en sont sentis proches parents. Cette intensité qui marque les rapports humains et cette intransigeance dans les jugements tiennent à la nature même de ce courant qui veut réformer non seulement l'art, mais la vie.

Tableau synthèse

Le théâtre et le récit surréalistes : se libérer des conventions

Intrigue

Incarner le rêve.
Rompre avec la culture établie.

- Femme-mystère, femme-muse, personnages à caractère onirique.
- Personnage principal qui est souvent une projection de l'auteur ; artistes maudits.
- Au théâtre, personnages excessifs et même caricaturaux.
- Au théâtre, esprit de provocation et d'expérimentation qui influence notamment la mise en scène.

Structure

Déstructurer le récit et le théâtre.

- Récit déstructuré où s'entremêlent réflexion philosophique et fiction à caractère nettement autobiographique.
- Rejet de la description.
- Nette prédilection pour le narrateur représenté dans le récit.
- La ville, lieu de rencontres et de trouvailles magiques.
- Temps élastique ou brisé.

Thématique

Refuser toute forme de conformisme.

- Quête existentielle.
- Retour aux thèmes de la littérature fantastique : les mondes étranges et nocturnes.
- Goût pour le merveilleux.
- Pouvoir libérateur de l'amour.
- Violente critique des conventions et des cadres sociaux (propos antireligieux, antimilitaristes).

Style

Utiliser les mots pour transformer la vie.

- Écriture qui traduit un processus de recherche.
- Caractère novateur des images.
- Goût du défi.
- Au théâtre, caricature et dérision.

Atelier de comparaison

Trois femmes : celles du surréalisme, du romantisme et du réalisme

La femme du surréalisme de Breton

NADJA (1928), LA PASSANTE MYSTÉRIEUSE

J'observais sans le vouloir des visages, des accoutrements, des allures. Allons, ce n'étaient pas encore ceux-là qu'on trouverait prêts à faire la Révolution. Je venais de traverser ce carrefour dont j'oublie ou ignore le nom, là, devant une église. Tout à coup, alors qu'elle est peut-être encore à dix
5 pas de moi, venant en sens inverse, je vois une jeune femme, très pauvrement vêtue, qui, elle aussi, me voit ou m'a vu. Elle va la tête haute, contrairement à tous les autres passants. Si frêle qu'elle se pose à peine en marchant. Un sourire imperceptible erre peut-être sur son visage. Curieusement fardée, comme quelqu'un qui, ayant commencé par les yeux, n'a pas eu le temps de
10 finir, mais le bord des yeux si noir pour une blonde. Le bord, nullement la paupière […]. Je n'avais jamais vu de tels yeux. Sans hésitation j'adresse la parole à l'inconnue, tout en m'attendant, j'en conviens du reste, au pire. Elle sourit, mais très mystérieusement, et, dirai-je comme *en connaissance de cause*, bien qu'alors je n'en puisse rien croire. Elle se rend, prétend-elle, chez
15 un coiffeur du boulevard Magenta (je dis : prétend-elle, parce que sur l'instant j'en doute et qu'elle devait reconnaître par la suite qu'elle allait sans but aucun). Elle m'entretient bien avec une certaine insistance de difficultés d'argent qu'elle éprouve, mais ceci, semble-t-il, plutôt en manière d'excuse et pour expliquer l'assez grand dénuement de sa mise. Nous nous arrêtons à la
20 terrasse d'un café proche de la gare du Nord. Je la regarde mieux. Que peut-il bien passer de si extraordinaire dans ces yeux ? Que s'y mire-t-il à la fois obscurément de détresse et lumineusement d'orgueil ? C'est aussi l'énigme que pose le début de confession que, sans m'en demander davantage, avec une confiance qui pourrait (ou bien qui ne pourrait ?) être mal placée elle
25 me fait. À Lille, ville dont elle est originaire et qu'elle n'a quittée qu'il y a deux ou trois ans, elle a connu un étudiant qu'elle a peut-être aimé, et qui l'aimait. Un beau jour, elle s'est résolue à le quitter alors qu'il s'y attendait le moins, et cela « de peur de le gêner ». C'est alors qu'elle est venue à Paris, d'où elle lui a écrit à des intervalles de plus en plus longs sans jamais lui
30 donner son adresse. À près d'un an de là, cependant, elle l'a rencontré par hasard : tous deux ont été très surpris. Lui prenant les mains, il n'a pu s'empêcher de dire combien il la trouvait changée et, posant son regard sur ces mains, s'est étonné de les voir si soignées (elles ne le sont guère maintenant). Machinalement alors, à son tour, elle a regardé l'une des mains qui
35 tenaient les siennes et n'a pu réprimer un cri en s'apercevant que les deux derniers doigts en étaient inséparablement joints. « Mais tu t'es blessé ! » Il fallut absolument que le jeune homme lui montrât son autre main, qui présentait la même malformation. Là-dessus, très émue, elle m'interroge

LE RÉCIT
explorations variées
Tout texte qui se compose d'une histoire (les événements racontés) et d'une narration (la façon dont les événements sont racontés).

André Breton (1896-1966)

Nadja est une œuvre au carrefour de plusieurs genres. À la fois récit autobiographique et essai sur l'art et la philosophie, l'œuvre se présente sous forme de collage de textes et de photos. Dans la thématique, Breton entrelace plusieurs idées chères au surréalisme : la quête existentielle, la femme-mystère et la ville mythique, tout naturellement Paris, où déambule l'écrivain qui y fait la rencontre de Nadja. Cette femme, qui paraît dotée du pouvoir d'interpréter les signes, dérive vers la folie et Breton semble impuissant à freiner ce mouvement.

Nadja brosse en outre un portrait de femme qui permet de mieux cerner la conception de la féminité chez les surréalistes tout en mesurant les distances par rapport aux descriptions de femmes faites à des époques antérieures.

longuement : « Est-ce possible ? Avoir vécu si longtemps avec un être, avoir
eu toutes les occasions possibles de l'observer, s'être attachée à découvrir ses
moindres particularités physiques ou autres, pour enfin si mal le connaître,
pour ne pas même s'être aperçue de *cela* ! Vous croyez… vous croyez que
l'amour peut faire de ces choses ? Et lui qui a été si fâché, que voulez-vous, je
n'ai pu ensuite que me taire, ces mains… Il a dit alors quelque chose que je
ne comprends pas, où il y a un mot que je ne comprends pas, il a dit :
"Gribouille ! Je vais retourner en Alsace-Lorraine. Il n'y a que là que les
femmes sachent aimer." Pourquoi : Gribouille ? Vous ne savez pas ? » Comme
on pense je réagis assez vivement : « N'importe. Mais je trouve odieuses ces
généralités sur l'Alsace-Lorraine, à coup sûr cet individu était un bel idiot,
etc. Alors il est parti, vous ne l'avez plus revu ? Tant mieux. » Elle me dit son
nom, celui qu'elle s'est choisi. « Nadja, parce qu'en russe c'est le commencement du mot espérance, et parce que ce n'en est que le commencement. »

Nadja, Éditions Gallimard, Collection Folio, 1964.

La femme du romantisme de Mérimée

CARMEN (1845), LA FEMME FATALE

Un soir, à l'heure où l'on ne voit plus rien, je fumais, appuyé sur le parapet
du quai, lorsqu'une femme, remontant l'escalier qui conduit à la rivière, vint
s'asseoir près de moi. Elle avait dans les cheveux un gros bouquet de jasmin,
dont les pétales exhalent le soir une odeur enivrante. Elle était simplement,
peut-être pauvrement vêtue, tout en noir, comme la plupart des grisettes
dans la soirée. Les femmes comme il faut ne portent le noir que le matin ; le
soir, elles s'habillent *a la francesa*. En arrivant auprès de moi, ma baigneuse
laissa glisser sur ses épaules la mantille qui lui couvrait la tête, et, *à l'obscure
clarté qui tombe des étoiles*, je vis qu'elle était petite, jeune, bien faite, et
qu'elle avait de très grands yeux.

[…]

Je crus n'être point indiscret en lui offrant d'aller prendre des glaces à la
neveria. Après une hésitation modeste elle accepta ; mais avant de se décider,
elle désira savoir quelle heure il était. Je fis sonner ma montre, et cette sonnerie
parut l'étonner beaucoup.

Quelles inventions on a chez vous, messieurs les étrangers ! De quel pays
êtes-vous, monsieur ? Anglais sans doute ?

— Français et votre grand serviteur. Et vous mademoiselle, ou madame,
vous êtes probablement de Cordoue ?

[…]

— Allons, allons ! Vous voyez bien que je suis bohémienne. [...]

J'étais alors un tel mécréant, il y a de cela quinze ans, que je ne reculai pas
d'horreur en me voyant à côté d'une sorcière. — Bon ! me dis-je ; la semaine
passée j'ai soupé avec un voleur de grands chemins, allons aujourd'hui
prendre des glaces avec une servante du diable.

[…]

C'était une beauté étrange et sauvage, une figure qui étonnait d'abord,
mais qu'on ne pouvait oublier. Ses yeux surtout avaient une expression à
la fois voluptueuse et farouche que je n'ai trouvée depuis à aucun regard
humain.

Carmen, Éditions Librio, 1994.

La femme du réalisme de Maupassant

BOULE DE SUIF (1880), LA FEMME EN CHAIR

La femme, une de celles appelées galantes, était célèbre par son embonpoint précoce qui lui avait valu le surnom de Boule de Suif. Petite, ronde de partout, grasse à lard, avec des doigts bouffis, étranglés aux phalanges, pareils à des chapelets de courtes saucisses, avec une peau luisante et tendue, une
5 gorge énorme qui saillait sous sa robe, elle restait cependant appétissante et courue, tant sa fraîcheur faisait plaisir à voir. Sa figure était une pomme rouge, un bouton de pivoine prêt à fleurir, et là-dedans s'ouvraient, en haut, deux yeux noirs magnifiques, ombragés de grands cils épais qui mettaient une ombre dedans ; en bas, une bouche charmante, étroite, humide pour le
10 baiser, meublée de quenottes luisantes et microscopiques. […]

Aussitôt qu'elle fût reconnue, des chuchotements coururent parmi les femmes honnêtes, et les mots de « prostituée », de « honte publique » furent chuchotés si haut qu'elle leva la tête.

Boule de Suif, Éditions Librio, 1994.

Atelier de comparaison

1. D'après les pensées du narrateur et les observations qu'il fait sur Nadja, que peut-on déduire de son propre caractère et des attentes qu'il a par rapport à la vie ?

2. Relevez dans l'extrait de Breton les passages qui montrent
   – que Nadja se distingue des gens ordinaires ;
   – qu'elle présente des caractéristiques souvent attribuées aux fantômes ;
   – qu'elle a un comportement imprévisible.

3. Relevez les mots ou les expressions qui traduisent l'état de doute dans lequel Nadja plonge le narrateur.

4. Tout passe par le regard dans l'extrait de Breton. Commentez cette affirmation.

5. En quoi l'anecdote contribue-t-elle partiellement à l'effet de merveilleux chez Breton ?

6. En quoi le prénom « Nadja », choisi par la jeune femme, peut-il être interprété comme un présage positif ou négatif ?

7. Comparez le portrait de femme de Nadja avec le portrait de Carmen, héroïne romantique (Mérimée, *Carmen*) :
   – notez les similitudes et les différences dans l'attitude du narrateur ;
   – notez les similitudes et les différences dans la description physique ;
   – relevez les renseignements fournis sur l'identité de la belle baigneuse ;
   – relevez les termes qui associent ce personnage au diable ;
   – relevez toutes les allusions à la sensualité de Carmen.

8. Comparez Nadja avec Boule de Suif, personnage réaliste (Maupassant, *Boule de Suif*) :
   – notez le point de vue narratif adopté par l'auteur ;
   – relevez tous les termes qui associent ce personnage à la nourriture ;
   – notez les renseignements fournis sur le statut social de Boule de Suif et déterminez la perception des autres personnages ;
   – expliquez si les surnoms attribués à ces deux personnages féminins produisent le même effet sur le lecteur ;
   – notez les similitudes et les différences par rapport au personnage surréaliste de Nadja.

9. Résumez les ressemblances et les différences entre les trois femmes en considérant les aspects suivants :
   – physique ;
   – psychologique ;
   – social (y compris la perception de l'entourage et du narrateur) ;
   – idéologique (valeurs, croyances, etc.).

10. Quelle est la filiation entre les personnages ? Justifiez votre réponse.

**Le tragique
fantasque**

Boris Vian (1920-1959)

Atteint très jeune d'une maladie grave, Boris Vian vit avec frénésie sa courte existence. Parallèlement à une carrière de chansonnier et de musicien de jazz, Vian pratique plusieurs genres littéraires, dont la poésie, le théâtre et l'essai. Il appartient à l'époque fiévreuse de l'après-guerre et on peut l'associer au développement d'une littérature marquée par l'existentialisme. Il est d'ailleurs l'ami de Jean-Paul Sartre. Cependant, son écriture s'apparente au surréalisme par sa fantaisie, son sens de l'absurde, son inventivité verbale, son humour, ainsi que par des thèmes comme l'anticléricalisme, l'antimilitarisme et l'amour absolu.

Dans l'univers magique de *L'Écume des jours*, les animaux, les objets et les éléments naturels s'animent et participent à la vie des personnages. Dans ce chapitre du début du roman, Chick aide son ami Colin à terminer les préparatifs de son mariage avec Chloé, mais la mauvaise volonté des objets annonce la fin tragique du récit.

NOUER UNE CRAVATE

— Ça va ? dit Colin.

— Pas encore, dit Chick.

Pour la quatorzième fois, Chick refaisait le nœud de cravate de Colin, et ça n'allait toujours pas.

5 — On pourrait essayer avec des gants, dit Colin.

— Pourquoi ? demanda Chick. Ça ira mieux ?

— Je ne sais pas, dit Colin. C'est une idée sans prétention.

— On a bien fait de s'y prendre en avance, dit Chick !

— Oui, dit Colin. Mais on sera quand même en retard si on n'y arrive pas.

10 — Oh ! dit Chick. On va y arriver.

Il réalisa un ensemble de mouvements rapides étroitement associés et tira les deux bouts avec force. La cravate se brisa par le milieu et lui resta dans les doigts.

— C'est la troisième, remarqua Colin, l'air absent.

15 — Oh ! dit Chick. Ça va… je le sais…

Il s'assit sur une chaise et se frotta le menton d'un air absorbé.

— Je ne sais pas ce qu'il y a, dit-il.

— Moi non plus, dit Colin. Mais c'est anormal.

— Oui, dit Chick, nettement. Je vais essayer sans regarder.

20 Il prit une quatrième cravate et l'enroula négligemment autour du cou de Colin, en suivant des yeux le vol d'un brouzillon, d'un air très intéressé. Il passa le gros bout sous le petit, le fit revenir dans la boucle, un tour vers la droite, le repassa dessous, et, par malheur, à ce moment-là, ses yeux tombèrent sur son ouvrage et la cravate se referma brutalement, lui écrasant 25 l'index. Il laissa échapper un gloussement de douleur.

— Bougre de néant ! dit-il. La vache ! ! !

— Elle t'a fait mal ? demanda Colin compatissant.

Chick se suçait vigoureusement le doigt.

— Je vais avoir l'ongle tout noir, dit-il.

30 — Mon pauvre vieux ! dit Colin.

Chick marmonna quelque chose et regarda le cou de Colin.

— Minute !... souffla-t-il. Le nœud est fait !... Bouge pas !...

Il recula avec précaution sans le quitter des yeux et saisit sur la table, derrière lui, une bouteille de fixateur à pastel. Il porta lentement à sa bouche l'ex-35 trémité du petit tube à vaporiser et se rapprocha sans bruit. Colin chantonnait en regardant ostensiblement le plafond.

Le jet de pulvérin frappa la cravate en plein milieu du nœud. Elle eut un soubresaut rapide et s'immobilisa, clouée à sa place par le durcissement de la résine.

L'Écume des jours (1947), J.-J. Pauvert 1963/Société Nouvelle des Éditions Pauvert, 1979.

1. Pourquoi la phrase de départ introduit-elle déjà un élément d'insolite ?

2. Relevez dans le premier paragraphe une métaphore (à caractère de personnification). Expliquez en quoi le comportement de la cravate ajoute un deuxième élément d'insolite.

3. Commentez l'efficacité du recours à la langue orale de niveau familier en vous appuyant sur quelques exemples.

4. Étudiez l'expression des émotions dans les mots, les gestes et la ponctuation.

5. Certains mots laissent transparaître une impression de malaise, comme si le passage indiquait un glissement vers la mort. Commentez cette affirmation en l'illustrant.

Vente publique, Sotheby's, Londres.
Max Ernst, *Le couple*, 1924.

Julien Gracq
(1910)

Julien Poirier choisit le pseudonyme de Gracq pour séparer sa
profession d'enseignant et sa vocation d'écrivain.

Chez cet auteur, le sortilège
des lieux est aussi celui du style,
fastueux, qui lui permet d'évo-
quer des atmosphères insolites.
Puisant aux sources du romantisme noir, Gracq prolonge l'influence du surréalisme au-delà de
la Seconde Guerre en alliant dans
une narration intemporelle trois
ingrédients du fantastique : la
quête d'absolu, l'érotisme et les
pouvoirs occultes. Son écriture
chargée de comparaisons et de
métaphores fait continuellement
basculer l'émotion individuelle
dans une symbolique cosmique.

Oppressé par une nuit lourde
et close, Aldo, le personnage principal du *Rivage des Syrtes* n'arrive
pas à déloger la peur au cœur de
la forteresse, au cœur de Vanessa,
la femme qu'il aime.

AU CŒUR DE LA FORTERESSE

Quelquefois, derrière la barre de la lagune, un aviron par intervalles tâtait
l'eau gluante, ou tout près s'étranglait le cri falot et obscène d'un rat ou de
quelque bête menue comme il en rôde aux abords des charniers. Je me
retournais sous cette nuit oppressante comme dans le suint d'une laine,
5 bâillonné, isolé, cherchant l'air roulé dans une moiteur suffocante ; Vanessa
sous ma main reposait près de moi comme l'accroissement d'une nuit plus
lourde et plus close : fermée, plombée, aveugle sous mes paumes, elle était
cette nuit où je n'entrais pas, un ensevelissement vivace, une ténèbre ardente
et plus lointaine, et toute étoilée de sa chevelure, une grande rose noire
10 dénouée et offerte, et pourtant durement serrée sur son cœur lourd. On eût
dit que ces nuits à la douceur trop moite couvaient interminablement un
orage qui ne voulait pas mûrir — je me levais, je marchais nu dans les
enfilades de pièces aussi abandonnées qu'au cœur d'une forêt, presque gémis-
santes de solitude, comme si quelque chose d'alourdi et de faiblement vole-
15 tant m'eût fait signe à la fois et fui de porte en porte à travers l'air stagnant
de ces hautes galeries moisies — le sommeil se refermait mal sur mon oreille
tendue, comme quand nous a éveillé dans la nuit la rumeur et la lueur lointaine d'un incendie. Quelquefois, en revenant, je voyais de loin une ombre
remuer sur le sol, et, à la lueur de la lampe, les mains de Vanessa qui soulevait
20 ses cheveux emmêlés sitôt qu'elle s'éveillait faisaient voleter sur les murs
de gros papillons de nuit ; les traits très légèrement exténués aux lumières,
elle paraissait lasse et pâle, sérieuse, toute recouverte encore d'un songe qui
donnait trop à penser, et la lumière immobile de la lampe ne me rassurait pas.
Une fois sa voix s'éleva, bizarrement impersonnelle, une voix de médium ou
25 de somnambule, qui semblait en proie à l'évidence d'un délire calme.

— Tu me laisses seule, Aldo. Pourquoi me laisses-tu toute seule dans le noir ?
Je sentais que tu m'avais quittée, je faisais un rêve triste…
Elle leva sur moi des yeux de sommeil :
— … Il n'y a pas de fantôme dans le palais, tu sais. Viens, ne me laisse pas
30 seule.
Je caressai le front et la douce naissance des cheveux, tout amolli de tendresse
par cette voix d'enfance.
— Est-ce que tu as peur, Vanessa ? Peur la nuit, au cœur de ta forteresse… Et
quelle forteresse ! grands dieux… Des panoplies jusque dans notre chambre.
35 Et les quatorze Aldobrandi qui montent la garde en effigie.

Le Rivage des Syrtes, Librairie José Corti, 1951.

---

1. Faites l'inventaire des termes qui contribuent à l'atmosphère lourde du récit.

2. Relevez quelques figures de style – antithèse, comparaison et métaphore – et montrez
comment elles contribuent à l'interpénétration de l'individuel et du cosmique.

3. En vous appuyant sur l'extrait, analysez l'influence de la littérature fantastique sur l'écriture de Julien Gracq (*voir le tableau au chapitre 1, page 24*).

LE TEMPS DES IMPÔTS

PÈRE UBU. Qui de vous est le plus vieux ? (*Un paysan s'avance.*) Comment te nommes-tu ?

LE PAYSAN. Stanislas Leczinski.

PÈRE UBU. Eh bien, cornegidouille, écoute-moi bien sinon ces messieurs te
5 couperont les oneilles. Mais, vas-tu m'écouter enfin ?

STANISLAS. Mais Votre Excellence n'a encore rien dit.

PÈRE UBU. Comment, je parle depuis une heure. Crois-tu que je vienne ici pour prêcher dans le désert ?

STANISLAS. Loin de moi cette pensée.

10 PÈRE UBU. Je viens donc te dire, t'ordonner et te signifier que tu aies à produire et exhiber promptement ta finance, sinon tu seras massacré. Allons, messeigneurs les salopins de finance, voiturez ici le voiturin à phynances.

On apporte le voiturin.

STANISLAS. Sire, nous ne sommes inscrits sur le registre que pour cent
15 cinquante-deux rixdales que nous avons déjà payées, il y aura tantôt six semaines à la Saint-Mathieu.

PÈRE UBU. C'est fort possible, mais j'ai changé le gouvernement et j'ai fait mettre dans le journal qu'on paierait deux fois tous les impôts et trois fois ceux qui pourront être désignés ultérieurement. Avec ce système, j'aurai vite
20 fait fortune, alors je tuerai tout le monde et je m'en irai.

PAYSANS. Monsieur Ubu, de grâce, ayez pitié de nous. Nous sommes de pauvres citoyens.

PÈRE UBU. Je m'en fiche. Payez.

PAYSANS. Nous ne pouvons, nous avons payé.

25 PÈRE UBU. Payez ! ou ji vous mets dans ma poche avec supplice et décollation du cou et de la tête ! Cornegidouille, je suis le roi peut-être !

TOUS. Ah, c'est ainsi ! Aux armes ! Vive Bougrelas, par la grâce de Dieu, roi de Pologne et de Lithuanie !

PÈRE UBU. En avant, messieurs des Finances, faites votre devoir.

30 *Une lutte s'engage, la maison est détruite et le vieux Stanislas s'enfuit seul à travers la plaine. Ubu reste à ramasser la finance.*

Ubu Roi, acte III, scène 4, 1896.

---

1. Décrivez les deux langages qui s'opposent dans cette scène : l'un réaliste et l'autre absurde. Montrez que cette opposition est aussi présente dans les noms propres.

2. Quels moyens Jarry utilise-t-il pour construire un monde étranger au réalisme (personnages, action, langue) ?

3. Montrez que Jarry fait ici une caricature du pouvoir totalitaire qui va jusqu'à l'absurde. Relevez la phrase qui, à vos yeux, résume le mieux cette critique et justifiez votre choix.

LE THÉÂTRE

Genre littéraire, généralement sous forme de dialogue, visant à représenter une action devant un public.

La parodie

Alfred Jarry (1873-1907)

Alfred Jarry est un original et un joyeux fêtard condamné à une fin précoce par son goût immodéré pour l'absinthe, liqueur alcoolique nocive, très en vogue au XIXᵉ siècle. Il est d'abord connu pour les pièces mettant en scène le personnage du père Ubu. La naissance d'Ubu est doublement parodique : parodie du théâtre classique et antique (référence à *Œdipe roi* de Sophocle), parodie de la vie scolaire (dans la première version d'*Ubu Roi*, Jarry se moque d'un de ses professeurs). Salué par les surréalistes comme un des inventeurs de l'humour noir, cet auteur inclassable exerce une influence importante au XXᵉ siècle, en particulier sur les dramaturges de l'anti-théâtre Samuel Beckett et Eugène Ionesco.

Après s'être emparé du trône de Pologne et en avoir chassé Bougrelas, le père Ubu met en pratique les méthodes violentes que lui dicte son appétit du pouvoir.

**Le théoricien
de l'avant-garde**

**Antonin Artaud
(1896-1948)**

Antonin Artaud souffre d'une maladie nerveuse qui le porte à l'usage des drogues et qui menace son équilibre mental jusqu'à son décès. Excessif par nature, Artaud est porté vers le surréalisme par son goût des extrêmes. Théoricien du théâtre, il exerce par ses essais une énorme influence sur tout le théâtre expérimental de la deuxième moitié du XXe siècle. Son œuvre, marquée par l'invention d'une «écriture du corps» et fondée sur l'idée d'exorcisme par la cruauté, s'oppose nettement à la tradition du théâtre français qui accorde la priorité au texte.

Dans *Le Théâtre et son double*, Artaud fonde son exigeante méthode sur le postulat suivant : «Sans un élément de cruauté à la base de tout spectacle, le théâtre n'est pas possible. Dans l'état de dégénérescence où nous sommes, c'est par la peau qu'on fera rentrer la métaphysique dans les esprits.»

LE THÉÂTRE DE LA CRUAUTÉ

On ne peut continuer à prostituer l'idée de théâtre qui ne vaut que par une liaison magique, atroce, avec la réalité et avec le danger.

Posée de la sorte, la question du théâtre doit réveiller l'attention générale, étant sous-entendu que le théâtre par son côté physique, et parce qu'il exige
5   l'expression dans l'espace, la seule réelle en fait, permet aux moyens magiques de l'art et de la parole de s'exercer organiquement et dans leur entier, comme des exorcismes renouvelés. De tout ceci il ressort qu'on ne rendra pas au théâtre ses pouvoirs spécifiques d'action, avant de lui rendre son langage.

C'est-à-dire qu'au lieu d'en revenir à des textes considérés comme défi-
10 nitifs et comme sacrés, il importe avant tout de rompre l'assujettissement du théâtre au texte, et de retrouver la notion d'une sorte de langage unique à mi-chemin entre le geste et la pensée.

Ce langage, on ne peut le définir que par les possibilités de l'expression dynamique et dans l'espace opposées aux possibilités de l'expression par la
15 parole dialoguée. Et ce que le théâtre peut encore arracher à la parole, ce sont ses possibilités d'expansion hors des mots, de développement dans l'espace, d'action dissociatrice et vibratoire sur la sensibilité. C'est ici qu'interviennent les intonations, la prononciation particulière d'un mot. C'est ici qu'intervient, en dehors du langage auditif des sons, le langage visuel des objets, des
20 mouvements, des attitudes, des gestes, mais à condition qu'on prolonge leur sens, leur physionomie, leurs assemblages jusqu'aux signes, en faisant de ces signes une manière d'alphabet. Ayant pris conscience de ce langage dans l'espace, langage de sons, de cris, de lumières, d'onomatopées, le théâtre se doit de l'organiser en faisant avec les personnages et les objets de véritables
25 hiéroglyphes, et en se servant de leur symbolisme et de leurs correspondances par rapport à tous les organes et sur tous les plans.

Il s'agit donc, pour le théâtre, de créer une métaphysique de la parole, du geste, de l'expression, en vue de l'arracher à son piétinement psychologique et humain. […] La question d'ailleurs ne se pose pas de faire venir sur la scène
30 et directement des idées métaphysiques, mais de créer des sortes de tentations, d'appels d'air autour de ces idées. Et l'humour avec son anarchie, la poésie avec son symbolisme et ses images, donnent comme une première notion des moyens de canaliser la tentation de ces idées.

Le Théâtre et son double (1938), *Œuvres complètes*, tome IV, Éditions Gallimard, 1985.

---

1. Relevez les passages qui soulignent le désir d'Artaud de détruire un langage et d'en construire un autre. Donnez les caractéristiques de chacun de ces langages.

2. Établissez les champs lexicaux de la liaison et de la rupture. Quels rapports entretiennent-ils?

3. Quels mots ou expressions donnent des indices sur le sens du terme «cruauté» dans ce début de manifeste?

LES PAPOUILLES ZOZÉES

Ltipstu et Zazie reprit son discours en ces termes :

— Papa, il était donc tout seul à la maison, tout seul qu'il attendait, il attendait rien de spécial, il attendait tout de même, et il était tout seul, ou plutôt il se croyait tout seul, attendez, vous allez comprendre. Je rentre donc,
5 faut dire qu'il était noir comme une vache, papa, il commence donc à m'embrasser ce qu'était normal puisque c'était mon papa, mais voilà qu'il se met à me faire des papouilles zozées, alors je dis ah non parce que je comprenais où c'est qu'il voulait en arriver le salaud, mais quand je lui ai dit ah non ça jamais, lui il saute sur la porte et il la ferme à clé et il met la clé dans sa poche
10 et il roule les yeux en faisant ah ah ah tout à fait comme au cinéma, c'était du tonnerre. Tu y passeras à la casserole qu'il déclamait, tu y passeras à la casserole, il bavait même un peu quand il proférait ces immondes menaces et finalement immbondit dssus. J'ai pas de mal à l'éviter. Comme il était rétamé, il se fout la gueule par terre. Isrelève. Ircommence à me courser,
15 enfin bref, une vraie corrida. Et voilà qu'il finit par m'attraper. Et les papouilles zozées de recommencer. Mais, à ce moment, la porte s'ouvre tout doucement, parce qu'il faut vous dire que maman elle lui avait dit comme ça, je sors, je vais acheter des spaghetti et des côtes de porc, mais c'était pas vrai, c'était pour le feinter, elle s'était planquée dans la buanderie où c'est
20 que c'est qu'elle avait garé la hache et elle s'était ramenée en douce et naturellement elle avait avec elle son trousseau de clés. Pas bête la guêpe, hein ?

— Eh oui, dit le type.

— Alors donc elle ouvre la porte en douce et elle entre tout tranquille-
25 ment, papa lui il pensait à autre chose le pauvre mec, il faisait pas attention quoi, et c'est comme ça qu'il a eu le crâne fendu. Faut reconnaître, maman elle avait mis la bonne mesure. C'était pas beau à voir. Dégueulasse même. De quoi mdonner des complexes. Et c'est comme ça qu'elle a été acquittée. J'ai eu beau dire que c'était Georges qui lui avait refilé la hache, ça n'a rien
30 fait, ils ont dit que quand on a un mari qu'est un salaud de skalibre, y a qu'une chose à faire, qu'à lbousiller. Jvous ai dit, même qu'on l'a félicitée. Un comble, vous trouvez pas ?

— Les gens… dit le type… (geste).

— Après, elle a râlé contre moi, elle m'a dit, sacrée conarde, qu'est-ce que
35 t'avais besoin de raconter cette histoire de hache ? Bin quoi jlui ai répondu, c'était pas la vérité ? Sacrée conarde, qu'elle a répété et elle voulait me dérouiller, dans la joie générale. Mais Georges l'a calmée et puis elle était si fière d'avoir été applaudie par des gens qu'elle connaissait pas qu'elle pouvait plus penser à autre chose. Pendant un bout de temps, en tout cas.

40 — Et après ? demanda le type.

— Bin après c'est Georges qui s'est mis à tourner autour de moi. Alors maman a dit comme ça qu'elle pouvait tout de même pas les tuer tous quand même, ça finirait par avoir l'air drôle, alors elle l'a foutu à la porte, elle s'est privée de son jules à cause de moi. C'est pas bien, ça ? C'est pas une
45 bonne mère ?

Zazie dans le métro (1959), Éditions Gallimard, 1979.

LE RÉCIT
de l'Oulipo

L'humour mystificateur

Raymond Queneau (1903-1976)

La vie de Raymond Queneau se joue sur les modes du sérieux et de la fantaisie : lecteur érudit, directeur aux éditions Gallimard, l'écrivain est aussi l'un des fondateurs de l'Oulipo. En peu de mots, la formule suivante le décrit très bien : « Le plus savant des mystificateurs, le plus gai des érudits. » (Jean d'Ormesson)

Après sa participation aux activités surréalistes, Queneau élabore en effet une œuvre romanesque et poétique caractérisée par l'humour et l'angoisse, et dont l'écriture semble tendue entre deux extrêmes. D'une part, ses récits font preuve d'une apparente simplicité par l'utilisation de la langue parlée, l'abondance d'expressions populaires et argotiques, et par la narration de situations quotidiennes. D'autre part, l'auteur joue de façon habile avec les structures du récit et l'orthographe des mots.

En dépit de son titre, *Zazie dans le métro* raconte la visite à Paris d'une petite fille dégourdie qui veut à tout prix visiter le métro, mais qui ne peut le faire. Dans ce chapitre, Zazie continue de raconter son histoire à un « type » qu'elle a rencontré dans la rue.

1. Le premier mot de l'extrait donne le ton au texte : « Itipstu ». Transcrivez en orthographe courante ce mot et tous ceux qui sont écrits de manière à reproduire la prononciation à l'oral. Quel effet ces mots produisent-ils sur la tonalité du texte ? En quoi ce choix contribue-t-il à déstabiliser le lecteur ?

2. Comment Queneau tente-t-il de traduire dans le récit de Zazie les incohérences et les fréquentes contradictions du discours oral ?

3. Quelles actions sont faites par le père dans le récit de Zazie ? En quoi l'attitude de Zazie paraît-elle paradoxale dans ce contexte ? Cela contribue-t-il à créer un effet comique ?

4. Faut-il croire le récit de Zazie ? En quoi la réponse de son interlocuteur étonne-t-elle dans le contexte ?

5. Résumez l'intervention de la mère.

6. Commentez cette phrase du texte : « Jvous ai dit, même qu'on l'a félicitée. Un comble, vous trouvez pas ? »

7. Quelle description de Zazie peut-on faire à la suite de la lecture de l'extrait ? En quoi le prénom Zazie choisi par Queneau pour son héroïne est-il heureux ?

8. Comparez ce portrait de jeune adolescente avec les portraits de femmes qui se trouvent dans l'atelier comparatif de *Nadja* de Breton. Lequel des quatre personnages féminins vous paraît le plus moderne ?

Galerie Carmen Bores, Madrid.
Joan Miró, *La nuit, l'ours*, 1920.

L'INSTANT DU POINT FINAL

— Ainsi donc, dit la Squaw, voici sonnant l'instant du *Finis Coronat Opus*? Voici la fin du roman ? Voici son point final ?

Oui, affirma Aloysius Swann, voici parcouru jusqu'au bout, jusqu'au fin mot, l'insinuant circuit labyrinthal où nous marchions d'un pas somnambu-
5   lant. Chacun, parmi nous, offrit sa contribution, sa participation. Chacun, s'avançant plus loin dans l'obscur du non-dit, a ourdi jusqu'à sa saturation, la configuration d'un discours qui, au fur qu'il grandissait, n'abolissait l'hasard du jadis qu'au prix d'un futur apparaissant sans solution, à l'instar d'un fanal n'illuminant qu'un trop court instant la portion d'un parcours,
10   lors n'offrant au fuyard qu'un jalon minimal, fil d'Ariana toujours rompu, n'autorisant qu'un pas à la fois. Franz Kafka l'a dit avant nous : il y a un but, mais il n'y a aucun parcours ; nous nommons parcours nos dubitations.

Nous avancions pourtant, nous nous rapprochions à tout instant du point final, car il fallait qu'il y ait un point final. Parfois, nous avons cru
15   savoir : il y avait toujours un « ça » pour garantir un « Quoi ? », un « jadis », un « aujourd'hui », un « toujours », justifiant un « Quand ? », un « car » donnant la raison d'un « Pourquoi ? ».

Mais sous nos solutions transparaissait toujours l'illusion d'un savoir total qui n'appartint jamais à aucun parmi nous, ni aux protagons, ni au
20   scrivain, ni à moi qui fus son loyal proconsul, nous condamnant ainsi à discourir sans fin, nourrissant la narration, ourdissant son fil idiot, grossissant son vain charabia, sans jamais aboutir à l'insultant point cardinal, l'horizon, l'infini où tout paraissait s'unir, où paraissait s'offrir la solution,
        mais nous approchant, d'un pas, d'un micron,
25   d'un angström, du fatal instant, où,
        n'ayant plus pour nous l'ambigu concours d'un
        discours qui, tout à la fois, nous unissait, nous
        constituait, nous trahissait,
        la mort,
30   la mort aux doigts d'airain,
        la mort aux doigts gourds,
        la mort où va s'abîmant l'inscription,
        la mort qui, à jamais, garantit l'immatriculation d'un
        Album qu'un histrion un jour a cru pouvoir noircir,
35   la mort nous a dit la fin du roman.

La Disparition, Éditions Denoël, 1969.

---

1. « L'insinuant circuit labyrinthal » : expliquez en quoi cette métaphore peut s'appliquer à la vie comme à l'écriture et amplifier la signification de cette fin de roman.

2. Montrez comment s'interpénètrent les genres littéraires dans cet extrait.

3. Expliquez en quoi le dénouement éclaire le titre du roman.

4. Dégagez les interprétations multiples qu'on peut prêter à la phrase suivante : « Nous avancions pourtant, nous nous rapprochions à tout instant du point final, car il fallait qu'il y ait un point final. »

LE RÉCIT
de l'Oulipo

Le défi hallucinant

Georges Perec (1936-1982)

Georges Perec tente de guérir par l'écriture les plaies laissées par les événements insupportables qui jalonnent son enfance : ses deux parents, juifs polonais immigrés en France, meurent à la guerre, le père comme soldat en 1940, la mère, selon toute probabilité, dans un camp de concentration. L'écriture lui permet alors de s'ancrer à la vie : il assemble les mots pour recomposer son histoire personnelle qui se perd dans les méandres de sa mémoire et de son inconscient. En tant que membre de l'Oulipo (Ouvroir de littérature potentielle), il accorde un grand rôle aux contraintes formelles : elles sont les leviers qui permettent d'inventer pour chaque livre une manière neuve de raconter.

Le roman *La Disparition* fascine d'ailleurs par la témérité du défi que s'impose Perec : comment concevoir un récit sans recourir à la lettre « e », essentielle en français ? En cours de lecture, le caractère tragique qui s'attache au titre se révèle peu à peu : les êtres humains sont condamnés à disparaître... On ne connaît aucun revenant à ce jeu fatal, celui de la vie.

La résonance du surréalisme dans la francophonie, et jusqu'à aujourd'hui

Au Québec

Bien que le surréalisme français ait trouvé quelques lecteurs au Québec avant la Seconde Guerre mondiale, on ne peut pas parler d'une pratique surréaliste de la littérature avant la fin des années 1940 à Montréal. La prédominance du roman de la terre et la persistance d'une poésie d'inspiration romantique expliquent que le Québec résiste aux avancées de la littérature française de la fin du XIXe siècle et du début du XXe. Les recueils qui marquent la naissance de la poésie moderne au Québec (ceux d'Hector de Saint-Denys Garneau en 1937, d'Alain Grandbois en 1944 et d'Anne Hébert en 1953) sont le fait d'écrivains qui ne manifestent pas de liens directs avec l'esthétique surréaliste. Ces explorations du langage se situent davantage dans la foulée du symbolisme.

L'éclosion tardive du surréalisme au Québec ne se fait pas de façon orthodoxe. Les créateurs québécois proposent leur propre interprétation des théories surréalistes et inventent leur propre écriture. Autour du peintre Paul-Émile Borduas se regroupent des artistes et des écrivains appelés les automatistes. Ils organisent plusieurs manifestations collectives, de 1944 à 1956 principalement. Leur coup d'éclat est sans contredit la publication, en 1948, du *Refus global*, un ensemble de textes chapeauté par le manifeste du même titre (rédigé par Borduas et contresigné par quinze personnes). Il comprend également trois « objets dramatiques » du poète Claude Gauvreau ainsi que divers textes d'autres signataires qui proposent des réflexions novatrices sur l'art, la danse, la peinture et la société. Celles-ci sont très mal reçues par les élites en place qui condamnent l'ouvrage par divers gestes de censure : retrait du *Refus global* des librairies, licenciement de Borduas qui enseigne à l'École du meuble, exil plus ou moins consenti de plusieurs membres du groupe. Malgré cet échec, les œuvres picturales et poétiques des automatistes, animées par un esprit de révolte, constituent quelques-uns des facteurs de progrès qui jalonnent la transformation collective que représente la Révolution tranquille (dont on s'entend pour situer le début en 1960).

Somme toute, le surréalisme québécois a peu de liens avec le surréalisme français. Même si André Breton visite le Québec pendant la guerre et qu'il situe en Gaspésie le début de son œuvre *Arcane 17* (publiée en 1945), les intellectuels québécois ne font pas partie du groupe qu'il recrée à New York. Après son retour d'exil, la reprise des activités surréalistes à Paris attire quelques Québécois, dont les peintres Fernand Leduc et Jean-Paul Riopelle (sur lequel Breton publie un texte dans son essai *Le Surréalisme et la Peinture*) et le poète Roland Giguère. Toutefois, leur participation ne signifie aucunement une adhésion sans condition au mouvement.

Cela dit, on doit distinguer, dans l'art et la littérature au Québec, l'automatisme comme tel (que pratiquent plusieurs peintres autour de Borduas et un poète comme Gauvreau) d'un surréalisme québécois plus libre. En effet, plusieurs artistes et écrivains ne participent pas aux manifestations publiques des automatistes, ne signent pas leur manifeste, n'adhèrent pas explicitement à leurs théories. Quoi qu'il en soit, la littérature, l'esthétique et l'esprit surréalistes marquent la culture québécoise, car ils constituent des outils de rupture avec le passé et de mutation profonde.

Le surréalisme a connu une diffusion internationale d'une ampleur sans précédent. On trouve des écrivains et des artistes s'en réclamant dans plus de quinze pays, du Mexique au Japon, de Cuba à la Yougoslavie. Plusieurs d'entre eux ont connu André Breton et les surréalistes français. Leur type de participation va de l'intégration au groupe parisien à l'autonomie totale.

Dans la francophonie

Au sein de la francophonie, le mouvement prend des formes diverses, selon qu'il s'agit des pays européens ou des anciennes colonies françaises. En Belgique, un mouvement surréaliste foisonnant s'est développé dès 1925. Il a toujours revendiqué son indépendance tout en maintenant des liens étroits avec le groupe français (conférences, publications et expositions communes). Le peintre René Magritte en est le représentant le plus illustre. Ses images énigmatiques sont les symboles les plus connus du surréalisme. Cependant, un poète solitaire comme Henri Michaux, bien que né en Belgique, est souvent considéré comme un écrivain français, subissant ainsi la force d'attraction de la culture francophone dominante.

En revanche, dans les Antilles, en Afrique et en Amérique, la libération appelée par les surréalistes prend un sens particulier, en s'associant à une affirmation d'identité nationale. La diffusion internationale du surréalisme s'accentue pendant la Seconde Guerre mondiale, à l'occasion de l'exil américain de Breton. En Haïti et en Martinique, il prend une position résolument anticolonialiste, et rencontre des écrivains qui s'associent de diverses façons au mouvement. Il faut noter que, pour plusieurs, l'écriture constitue un outil de contestation de l'oppression, qu'elle soit le fait des pays colonisateurs ou des élites locales qui collaborent avec eux. Ce n'est pas un hasard si le mouvement de la négritude, revendication de l'identité noire qui traverse les frontières, est né en français et est associé à un écrivain surréaliste comme le Martiniquais Aimé Césaire. C'est ce poète qui, dans ses notes titrées « Poésie et Connaissance » (publiées en 1945), donne une des formules les plus frappantes qui résument l'entreprise surréaliste : « La poésie est cette démarche qui par le mot, l'image, le mythe, l'amour et l'humour m'installe au cœur vivant de moi-même et du monde. »

Musée des beaux-arts du Canada, Ottawa.
Jean-Paul Riopelle, *La roue II*, 1956.

Le surréalisme au Québec

**Roland Giguère
(1929-2003)**

Bien qu'il élabore son œuvre en marge des mouvements et des théories, Roland Giguère demeure un des plus purs représentants de l'esthétique surréaliste, et ce, à l'échelle internationale. Son travail de poète se double d'une importante contribution picturale (peinture, gravure, dessin, maquette de livres) et éditoriale (il est le fondateur des éditions Erta, et il publie des livres de plusieurs poètes surréalistes et automatistes québécois). À la fois magicien et musicien du verbe, il explore inlassablement un imaginaire marqué par la violence de l'oppression et de la révolte.

Son livre *L'Âge de la parole* constitue un des jalons de la Révolution tranquille. Dans une langue directe et dépouillée, le narrateur de ce texte fait déferler des éléments qui risquent de l'emporter dans sa totalité, « corps et biens ».

EXTRAITS ILLUSTRANT L'EXPANSION DU SURRÉALISME

CORPS ET BIENS

Après être descendu dans la spirale de la nuit, voilà que je me retrouve face à moi-même, au centre d'un silence inquiétant. Une boule de verre vient choir dans ma main droite ; sa rotation progressive libère une à une les phases d'un engloutissement dont je n'avais eu, jusqu'ici, qu'une vague
5 appréhension. Ma vue baisse considérablement. La boule de verre s'échauffe et prend feu, je la lance alors de toute ma force sur le mur d'en face où s'étage une ville verticale. Tout flambe, les habitants dévalent le mur et se ruent sur moi en hurlant. Pris de panique, je me réfugie sous le lit ; la clameur s'éloigne mais fait place à un bruit de cascade, là au-dessus de moi.
10 J'essaie d'imaginer : c'est un torrent, bien sûr. Je passe la main sur le matelas et me rends compte qu'il est imbibé d'eau ; des gouttelettes commencent de tomber sur mon front. J'ai maintenant toutes les raisons de croire qu'un fleuve traverse mon lit. Je tente de me dégager de dessous le lit mais la terre me mure. Comme une taupe, je décide de creuser un tunnel jusqu'à la sur-
15 face qui doit être au niveau du lit. J'y parviens, non sans peine, et je débouche en plein champ balayé par l'orage. Je cours au premier arbre, mais comme j'y arrive, la foudre éclate ; paralysé, je vois le soc d'une charrue qui me laboure la poitrine. La terre boit.
1955

La Main au feu (1973), Éditions Typo, 1987.
© Éditions Typo et succession Roland Giguère

1. Notez les passages qui apparentent ce texte à un récit de rêve. Montrez que le réel et l'imaginaire s'y entremêlent.

2. Relevez les principaux déplacements du narrateur dans l'espace. Quelles émotions y sont reliées ?

3. Repérez les allusions aux quatre éléments symboliques (air, eau, feu, terre). Relisez le texte en montrant leurs relations : passage de l'un à l'autre, jusqu'à l'image finale.

PROPHÉTIE

là où l'aventure garde les yeux clairs
là où les femmes rayonnent de langage
là où la mort est belle dans la main comme un oiseau saison de lait
là où le souterrain cueille de sa propre génuflexion un luxe de prunelles plus
5   violent que des chenilles
là où la merveille agile fait flèche et feu de tout bois

là où la nuit vigoureuse saigne une vitesse de purs végétaux

là où les abeilles des étoiles piquent le ciel d'une ruche plus ardente que la nuit
là où le bruit de mes talons remplit l'espace et lève à rebours la face du
10   temps
là où l'arc-en-ciel de ma parole est chargé d'unir demain à l'espoir et l'infant
    à la reine,

d'avoir injurié mes maîtres mordu les soldats du sultan
d'avoir gémi dans le désert
15   d'avoir crié vers mes gardiens
d'avoir supplié les chacals et les hyènes pasteurs de caravanes

je regarde
la fumée se précipite en cheval sauvage sur le devant de la scène ourle un
    instant la lave de sa fragile queue de paon puis se déchirant la chemise
20   s'ouvre d'un coup la poitrine et je la regarde en îles britanniques en îlots
    en rochers déchiquetés se fondre peu à peu dans la mer lucide de l'air
où baignent prophétiques
    ma gueule
      ma révolte
25   mon nom.

Les Armes miraculeuses (1946), Éditions Gallimard, 1970.

---

1. Relevez les principaux procédés de ce poème. Cette analyse permet-elle d'en dégager un plan simple ? Que peut-on en conclure sur le rôle du rythme dans la poésie de Césaire ?

2. Classez les principales images de ce texte en deux champs lexicaux opposés. Expliquez leur interaction.

3. Quel est le contenu général de cette « prophétie » ? Trouvez un vers qui évoque le titre du recueil. Comment interpréter la fin du poème ?

LA POÉSIE
explorations variées

Le surréalisme dans la francophonie

Aimé Césaire (1913)

Né en Martinique, Aimé Césaire devient, au moment de ses études à Paris, l'ami de Léopold Sédar Senghor, poète lui aussi et futur homme d'État sénégalais. Ensemble, ils lancent le mouvement de la négritude. Au moment où Breton découvre la poésie de Césaire, celle-ci a déjà ses accents personnels, qui l'apparentent au surréalisme. Cependant, sa révolte se fonde sur une recherche collective d'identité que certains ont appelée l'antillanité. Engagé dans la politique de son pays, Césaire est connu pour ses pièces se rattachant au théâtre de libération (*Une Saison au Congo*, 1967).

Les Armes miraculeuses sont celles du langage qui, utilisé avec le maximum de liberté, devient un appel à la révolte et réalise dans les mots mêmes le « miracle » de la transformation espérée, comme si le combat au cœur de la langue avait pour conséquence directe la libération de l'image.

LE SENS ET LE NON-SENS (1939-1975)

Événements politiques

1939 Début de la Seconde Guerre mondiale.

1940 Gouvernement de Vichy en France (1940-1941).

1941 L'attaque japonaise sur Pearl Harbour provoque l'entrée en guerre des États-Unis.

1945 Capitulation de l'Allemagne. Explosions atomiques sur Hiroshima et Nagasaki. Capitulation du Japon. Les populations découvrent le génocide des Juifs en Europe.

1946 Établissement du Rideau de fer entre l'Europe de l'Est et de l'Ouest. Début de la guerre froide.

1946 Constitution de la IVe République en France.

1947 Indépendance de l'Inde.

1948 Proclamation de l'État d'Israël.

1948 Création de deux Allemagnes.

1948 Déclaration universelle des droits de l'homme de l'ONU.

1955 Fin de la guerre d'Indochine. Début de l'insurrection en Algérie.

1957 François Duvalier prend le pouvoir en Haïti.

1958 Le général de Gaulle fonde la Ve République.

1960 Début d'un grand mouvement de décolonisation en Afrique.

1960 Senghor devient le premier président du Sénégal.

1962 Indépendance de l'Algérie.

1962 Crise des missiles à Cuba : le monde au bord d'une guerre atomique.

1963 Assassinat du président John F. Kennedy.

1968 Assassinat de Martin Luther King.

1975 Fin de la guerre du Vietnam.

Contexte socioéconomique

1940 L'exode jette sur les routes de France près de sept millions de personnes qui fuient l'avance de l'armée allemande.

1942 Aux États-Unis, mise en œuvre du projet Manhattan, lequel aboutira en 1945 à la production de l'arme atomique.

1945 Création de l'ONU.

1945 Création de l'UNESCO, organisme de l'ONU pour les sciences, la culture et l'enseignement.

1945 Création d'un tribunal des crimes de guerre à Nuremberg.

1948 Les États-Unis comptent 750 000 récepteurs de télévision.

1949 Début du développement des ordinateurs.

1950 Publication de nombreux romans de contestation dans les colonies dans l'après-guerre.

1957 Création de la Communauté économique européenne.

1961 Construction du mur de Berlin.

1968 Agitation étudiante dans de nombreux pays occidentaux dont la France : revendications pour l'égalité, pour la libération des mœurs, pour des réformes scolaires et sociales. Importance du féminisme.

1973 Choc pétrolier : les pays producteurs augmentent le prix du baril de 70 %.

Beaux-arts, philosophie, sciences

1943 Sartre : *L'Être et le Néant*.

1945 Roberto Rossellini réalise *Rome, ville ouverte*, film-phare du néoréalisme.

1948 Fondation, à Amsterdam, du groupe de peintres COBRA.

1950 Invention du transistor.

1953 Formation du mouvement beatnik aux États-Unis.

1953 Pénétration de la culture américaine en France : jazz et cinéma.

1954 Première greffe d'organe (rein).

1954 Pilule contraceptive orale.

1955 Naissance du pop'art.

1955 Mode du blue-jean.

1957 Lancement du *Spoutnik 1* par l'URSS, premier satellite artificiel.

1959 Claude Chabrol (*Le beau Serge*, 1959), François Truffaut (*Les Quatre Cents Coups*, 1959) et Jean-Luc Godard (*À bout de souffle*, 1960) : la « nouvelle vague » du cinéma français.

1961 Gagarine, premier cosmonaute dans l'espace (URSS).

1962 Claude Lévi-Strauss : publication de *La Pensée sauvage*.

1962 Formation du groupe anglais de musique « pop », les Beatles.

1962 Culture populaire dominée par la musique rock.

1967 Première greffe cardiaque.

1969 Mission américaine *Apollo XI* : N. Armstrong et E. Aldrin sont les premiers hommes à marcher sur la Lune.

1971 Première calculatrice de poche.

Chapitre 4

Le sens et le non-sens
Les écrivains et l'absurde

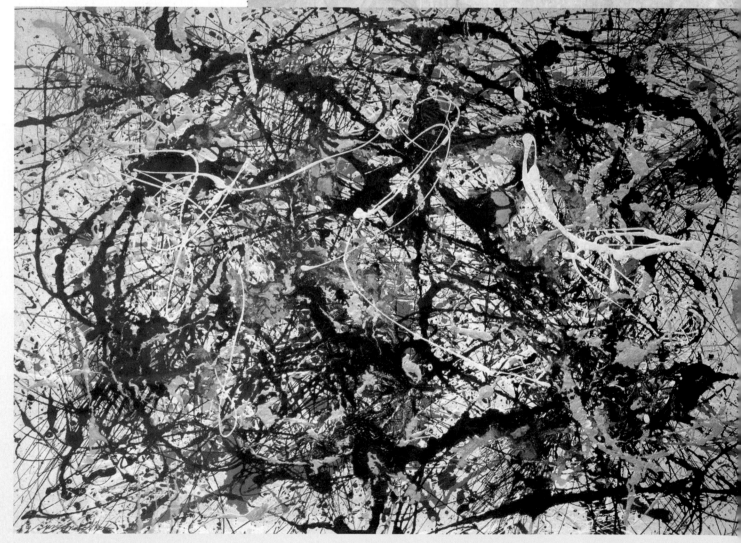

Munson-Williams-Proctor Art Institute, Utica.
Jackson Pollock, *Number 34*, 1949.

PRÉSENTATION

Une entrée en matière

*L*es deux conflits mondiaux qui se succèdent à moins de trente ans d'intervalle illustrent bien la difficulté qu'éprouve le monde occidental à résoudre ses crises politiques. La science, qui a rendu possible l'emploi de gaz de combat au cours de la Première Guerre mondiale (1914-1918), de même que l'usage de la bombe atomique au cours de la Seconde (1939-1945), suscite à présent plus d'appréhension que d'admiration. Ce monde qui s'abîme dans l'absurde renvoie les écrivains à deux questions désormais incontournables : Pourquoi vivre ? Pourquoi écrire ? L'humanisme chrétien regroupe des écrivains comme François Mauriac et Georges Bernanos. L'existentialisme en regroupe d'autres comme Jean-Paul Sartre ou Albert Camus. Tous proposent d'échapper à l'angoisse par la solidarité ou par l'engagement au service d'une cause. Parallèlement, un deuxième groupe, composé de représentants du nouveau roman, comme Alain Robbe-Grillet et Nathalie Sarraute, et de l'anti-théâtre, comme Samuel Beckett et Eugène Ionesco, renouvelle radicalement les formes littéraires. Anti-réalistes, ces écrivains transposent en codes formels inusités la peur de l'homme abandonné de Dieu.

L'influence des deux guerres

Le sentiment de l'absurde

La représentation du monde

L'iniquité des traités de paix à la suite de la Première Guerre alimente les rancunes entre vainqueurs et vaincus, et perpétue les affrontements entre grandes puissances. Adolf Hitler déclenche la Seconde Guerre mondiale, qui à son tour pose les prémisses de la guerre froide que se livrent ensuite les États-Unis et l'URSS pour la suprématie du monde. Les crises économiques, qui freinent la mise en place des programmes sociaux, contribuent également à l'instabilité politique. Toutefois, les ouvriers ne sont plus seuls à manifester ; les femmes, sous l'impulsion du mouvement féministe, revendiquent leurs droits, bientôt suivies par leurs enfants qui, en prenant conscience de leur nombre, veulent bénéficier d'avantages sociaux. De la lutte des classes au duel des sexes, puis au combat des générations, on assiste en fait tout au long de cette période, qui s'étend de 1940 à la fin des années 1970, à un durcissement idéologique suivi d'un large mouvement de libération à la fois morale et politique.

En France, dès le tournant du siècle, la tension monte entre les partisans de la droite, qui proposent

Le durcissement idéologique
des idées d'ordre et de pureté raciale, et ceux de la gauche, qui font la promotion de l'égalité sociale. La séparation de l'Église et de l'État, survenue en 1905, semblait pourtant offrir des garanties contre les préjugés raciaux, tel l'**antisémitisme**, partiellement légitimés par l'histoire religieuse. Or, voilà que des hypothèses scientifiques (entre autres la sélection des espèces de Darwin) paraissent accréditer la théorie de l'inégalité des peuples. Les milieux conservateurs et ultra-catholiques s'en emparent aussitôt pour propager un **nationalisme** à caractère **xénophobe**. Le régime de Vichy, qui capitule devant Hitler et signe l'armistice en 1940, est issu de ces milieux. Le maréchal Pétain, qui le dirige, adopte des mesures de nature moralisatrice comme la restriction des divorces et des avortements. Acceptant de collaborer avec l'ennemi, Pétain oblige les Juifs à porter l'étoile jaune, un insigne distinctif qui les soumet à l'humiliation. Le pas menant à leur persécution et à leur extermination dans les camps de concentration est rapidement franchi. D'ailleurs, sous le **régime nazi**, tous ceux qui ne correspondent pas aux normes de la race aryenne (la race supérieure selon Hitler), soit les malades mentaux, les homosexuels, les anarchistes et les Tziganes (parce qu'ils forment un peuple nomade et très pauvre) sont envoyés dans ces camps de la mort.

En 1945, au moment de la libération, quand vient le temps des règlements de compte, les hommes ne sont pas seuls au banc des accusés ; on y trouve aussi les valeurs de l'ordre et de la patrie au nom desquelles tant d'horreurs ont été commises. Dans les rues, la violence contre les profiteurs de guerre reprend de plus belle. On dénonce et on traque les collaborateurs. La rancœur fait basculer la raison.

L'angoisse existentielle
Pas moyen d'échapper au cauchemar que sont devenues les villes avec leurs immeubles dévastés, leurs rues délabrées et leur lot de sans-abri. Les cimetières, où s'alignent à perte de vue des croix toutes pareilles, renvoient l'homme à l'anonymat ; c'est cette même perte d'identité qu'il affrontera dans les édifices impersonnels de demain. Dans ce contexte, la tentation est forte de faire le procès de Dieu : comment un créateur a-t-il pu abandonner ainsi ses créatures ? Au lendemain de la guerre, cette question rend suspecte toute certitude et a pour conséquence d'engendrer l'angoisse.

De surcroît, la conviction qu'avait l'homme occidental de la supériorité de sa culture se voit ébranlée par la connaissance de ce qui se passe ailleurs dans le monde. Les journaux, la radio et la télévision font prendre conscience que le **colonialisme**, qui apporte pourtant des bienfaits aux populations conquises, contribue aussi à leur aliénation. Le grand rêve colonial s'écroule. Les pays d'Afrique et d'Asie, qui

La fin du rêve colonial
dépendaient directement des métropoles européennes, certains depuis deux siècles, gagnent progressivement leur autonomie. Sur une période d'une trentaine d'années, la France et la Grande-Bretagne, longtemps en lutte pour la suprématie coloniale, perdent la majeure partie de leur empire : l'Indochine, plusieurs pays d'Afrique noire et du Maghreb quittent le giron français. Ces bouleversements ont de multiples répercussions, parfois imprévisibles. Ainsi, la

Des rapatriés d'Algérie arrivant à Marseille par bateau en mai 1962.

Guerre froide : période d'hostilité après la Seconde Guerre mondiale entre les États-Unis (idéologie capitaliste) et l'URSS (idéologie communiste).

Antisémitisme : discrimination raciale qui s'exerce contre les Juifs.

Nationalisme xénophobe : point de vue de ceux qui, accordant la priorité à la nation, ont tendance à vouloir préserver ce qu'ils nomment la « pureté de la race » de toute intrusion étrangère.

Nazisme : idéologie attribuable à Hitler, qui la résume en trois mots : un peuple, un empire, un chef, c'est-à-dire une race supérieure qui règne sur le monde sous la loi d'un parti totalitaire.

Colonialisme : expansion territoriale d'un État puissant qui soumet d'autres pays à son pouvoir ; synonyme de « impérialisme ».

longue et violente guerre d'Algérie divise une fois de plus la France en deux camps : d'un côté, les tenants de l'Algérie française et, de l'autre, les partisans de l'autodétermination. Ramené au pouvoir par la gravité de la crise, le général Charles de Gaulle remanie la Constitution à son avantage, puis, tirant profit des nouvelles attributions présidentielles, il met fin au conflit en 1962, et l'Algérie accède enfin à l'indépendance. Quantité de nouvelles entités nationales émergent ainsi à l'échelle du globe. Cependant, ces États peu industrialisés, qui ne disposent que de leurs matières premières comme monnaie d'échange, obtiennent une faible part de la richesse mondiale. Ce contexte explique pourquoi le **marxisme**, qui prend la défense des opprimés, maintient son pouvoir d'attraction.

La contestation généralisée

La contestation ne touche pas seulement la sphère publique ; elle s'étend bientôt à toutes les institutions, et la vie privée s'en trouve radicalement transformée. Sous la poussée du féminisme, on réévalue les rôles à l'intérieur du couple et on remet en question tant la morale familiale que la discipline dans les écoles. Les militantes réclament des changements tels que la parité de droits, l'autonomie à l'égard des hommes, l'égalité des salaires, la légalisation de l'avortement et le contrôle des naissances. Les mentalités se libèrent. Les pratiques sexuelles se modifient d'autant plus que de nouvelles méthodes contraceptives, parmi lesquelles la pilule anticonceptionnelle, atténuent la peur des grossesses inopportunes. Bientôt l'usage des drogues, réservé jusqu'alors à des groupes marginaux, s'étend à toute une jeunesse qui s'affranchit pour donner libre cours à sa soif de vivre à l'occasion de mémorables festivals de musique rock comme celui de Woodstock. « *Peace and Love* » devient le mot d'ordre de ces garçons et de ces filles, qui semblent désormais se confondre en un seul sexe puisqu'ils portent les mêmes bijoux, les mêmes vêtements, les mêmes cheveux longs. La tolérance s'étendra bientôt à l'homosexualité, longtemps considérée comme taboue.

La révolte étudiante de mai 1968 se présente en quelque sorte comme l'événement qui, en France, marque l'aboutissement de tout ce mouvement de revendication. L'agitation, qui met en cause la conception élitiste et hiérarchique de l'éducation universitaire, finit par déborder de ce cadre étroit pour atteindre les dimensions d'une véritable crise nationale qui menace la stabilité de toute la société française. Se réclamant d'utopies libertaires, les étudiants montent aux barricades, mais leur idéal de révolution bute contre un obstacle majeur : le refus des ouvriers de se joindre à la rébellion. Ceux-ci préfèrent les avantages obtenus par l'action syndicale aux gains plus aléatoires que leur font miroiter de jeunes meneurs inexpérimentés. Finalement, le président de Gaulle, à la tête du gouvernement, réussit à mater l'insurrection en s'appuyant sur l'armée.

Au cours de cette même décennie (1960-1970), alors que l'économie rend l'acquisition de biens accessible à un plus grand nombre, on récuse l'idée même d'un bonheur fondé sur la consommation. Par un curieux retournement de situation, l'esprit critique finit sur ces entrefaites par atteindre le marxisme lui-même. C'est que les illusions entretenues par la gauche militante se dissipent progressivement à mesure que sont connues les conditions de vie dans les pays communistes. Cette désaffection donne-t-elle à l'Europe le goût de l'Amérique ? La réaction des intellectuels se teinte d'ambivalence. Ils fustigent l'impérialisme du géant américain, l'accusant d'entretenir les hostilités afin de maintenir son hégémonie, mais ils se montrent réceptifs à sa culture. Les romans américains sont lus et commentés ; le cinéma américain exerce son influence sur la nouvelle vague française dont font partie des

La révolte étudiante de mai 1968 à Paris.

Marxisme : *philosophie qui vise l'égalité entre les classes sociales ; synonyme de « communisme ».*

Le jazz en vogue à Paris, 1950.

metteurs en scène comme Jean-Luc Godard et François Truffaut. Dans les boîtes de nuit de Saint-Germain-des-Prés, le quartier « in » de l'époque, on accourt pour écouter les musiciens de jazz, souvent plus appréciés en France que dans leur pays d'origine. Bientôt, le jean devient pour toute une jeunesse l'emblème de l'égalité sociale et de la libération des mœurs. En effet, c'est la génération des enfants nés dans l'après-guerre qui récolte les fruits de l'extra-ordinaire essor économique qu'entraîne l'intense production industrielle.

En fait, ces années tirent profit des retombées de la guerre. La science, qui a rendu possibles de gigantesques destructions, fournit les moyens de faciliter la reconstruction et d'inventer l'avenir. Cette idée de progrès qui prend sa source dans la pulsion de mort est l'ultime paradoxe de cette tranche d'histoire. C'est aussi là l'ultime preuve d'un monde absurde.

L'écrivain et l'absurde

Dans un monde privé de Dieu, quel sens faut-il donner à la destinée humaine ? Le seul fait de soulever la question de l'existence de Dieu sème le doute dans les esprits. Même François Mauriac ou Georges Bernanos, qui sont croyants, présentent des personnages torturés. Quant aux écrivains associés à l'existentialisme, ils poussent l'homme vers l'héroïsme (Malraux), l'engagement (Sartre), ou la solidarité (Camus) pour lui redonner sa dignité. Ainsi, leurs œuvres

Les écrivains catholiques

Les existentialistes

donnent quelquefois l'impression de servir de prétexte à un enseignement philosophique ou moral. En fait, l'état de crise planétaire porte à prendre parti, à assumer des choix politiques. Écrire, c'est agir sur la réalité.

Les écrivains de l'anti-théâtre et du nouveau roman perçoivent l'absurde comme une condition inhérente à la vie humaine. Ils souhaitent traduire cet état de choses par des formes nouvelles. Aussi participent-ils à une dénonciation radicale des moules hérités du réalisme. Leur travail d'exploration se trouve en outre favorisé par le rapport distancié que certains d'entre eux entretiennent avec la langue française. Eugène Ionesco, roumain d'origine, en révèle les automatismes, alors que Samuel Beckett, qui est irlandais, la dépouille à l'extrême. D'autres, comme Nathalie Sarraute et Marguerite Duras, ont grandi dans un contexte de bilinguisme, ce qui les porte, semble-t-il, à simplifier la syntaxe.

L'anti-théâtre et le nouveau roman

La prose, maniable et fluide, s'impose comme le véhicule privilégié de la pensée. Elle éclipse nettement la poésie dans la faveur populaire, alors que le roman est le genre qui consacre la renommée des auteurs. L'écrivain doit dorénavant se plier aux lois de la concurrence qu'illustre la prolifération des prix littéraires. Dans le but de promouvoir le livre, on conçoit un ensemble de mesures comme l'édition en format de poche et la couverture médiatique des parutions littéraires. L'attribution de quatre prix Nobel de littérature successivement à François Mauriac (1952), à Albert Camus (1957), à Jean-Paul Sartre (qui le refuse en 1964) et à Samuel Beckett (1969) atteste du rayonnement de la culture.

Le contexte de l'écriture

Au-delà des frontières linguistiques, ces auteurs manifestent une compréhension intuitive du lecteur qui désormais leur ressemble de plus en plus. Celui-ci est plus éduqué et se tient au courant de l'actualité ; il se préoccupe des retombées de chaque événement, ce qui le porte à l'anxiété. Par ailleurs, les écrivains de cette période forment un échantillon représentatif de la société jusque dans leur histoire personnelle : certains, comme Sartre et Mauriac, sont orphelins de père ; d'autres, comme Louis-Ferdinand Céline, sont enfants uniques ; Sarraute et Ionesco sont issus de familles immigrantes et éclatées ; il en est, comme Camus et Duras, qui ont connu la pauvreté dans leur jeunesse. Plusieurs ont vécu leur différence comme une blessure, se sentant exilés dans leur pays d'adoption ou exclus de leur classe sociale.

La conception de la littérature dans l'après-guerre

Les écrivains de cette époque, de l'existentialisme au nouveau roman, privilégient la prose pour exprimer leur vision du monde. Ils s'insurgent contre le modèle et les conventions réalistes qui remontent à Honoré de Balzac et à Émile Zola. Ils refusent d'entretenir l'illusion d'un univers cohérent et unifié. Pour eux, les choses sont incertaines, les vérités sont relatives, et il leur faut exprimer autrement ce nouveau rapport à la réalité.

- Ils s'inspirent de la littérature étrangère et du cinéma pour structurer le roman selon d'autres possibilités que la linéarité réaliste. Ainsi, l'organisation des événements pour traduire la simultanéité de leur occurrence est empruntée à l'écrivain américain John Dos Passos.
- Les écrivains empruntent au jazz une conception du rythme moins classique, moins orientée vers l'équilibre des formes.
- De même, la peinture, en devenant abstraite, remet en question toute forme de représentation fidèle du monde.

Les romanciers et dramaturges français puisent à ces multiples sources les innovations qui bouleversent les genres littéraires. Leurs recherches alimentent un discours critique qui envahit même le champ de la fiction, allant jusqu'à faire chavirer le récit qui bientôt ne servira plus à raconter une histoire, mais à réfléchir sur les difficultés mêmes de l'acte d'écrire.

Les traits distinctifs du récit et du théâtre de l'après-guerre

1. Le déclassement de l'intrigue et des personnages

Les romanciers réalistes du XIXᵉ siècle cherchaient avant tout à raconter une histoire vraisemblable qui soit, si possible, captivante. À partir de 1930, l'intrigue passe au second plan et sert désormais à soutenir le message de l'œuvre. Chez les écrivains catholiques, elle vise l'édification du lecteur ; chez les existentialistes, elle vise sa conscientisation sociale. On parlera même d'œuvres à thèse souvent condensées dans des formules-chocs comme « l'enfer, c'est les autres » qu'on trouve dans *Huis clos* de Sartre.

Plus radicaux, les écrivains du nouveau roman ou de l'anti-théâtre font subir à l'intrigue des contorsions multiples : ils la noient dans la description, ou encore la fractionnent, la déconstruisent ou la laissent incomplète. Ils soumettent le personnage à des procédés de dépersonnalisation : dépouillé de son identité, il ne comprend pas ce qui lui arrive ni quel sort on lui réserve ; ou encore, clochard ou vagabond, il est menacé de destruction et tourne en rond et à vide dans un espace anonyme.

Ces antihéros ont entre eux des échanges d'une vaine hostilité ou dénués de sens. Il leur arrive aussi de jouer à dialoguer pour écouler le temps ou de s'inventer de faux rendez-vous. L'existence humaine se conçoit comme l'attente inutile de quelqu'un ou de quelque chose qui ne survient jamais.

2. L'innovation formelle et le renouvellement des genres

Chez les écrivains réalistes, le recours à un point de vue unique, celui du narrateur qui adopte un point de vue généralement omniscient, permettait de renforcer l'illusion d'un fonctionnement logique de l'univers. Les écrivains de l'absurde ne croient ni à un créateur tout-puissant ni à une création harmonieuse. Le récit éclate sous la poussée de multiples procédés. Ainsi Sartre, grand lecteur de romanciers américains, emprunte à ces derniers la technique du simultanéisme : pourquoi tout ordonner chronologiquement alors que, dans le monde, des événements sans liens entre eux se produisent synchroniquement ? Faut-il uniquement prétendre à une vision objective de la réalité ? D'autres écrivains, prenant pour modèle le romancier irlandais James Joyce, tentent de faire entendre la voix de la conscience par le monologue intérieur. Enfin, l'influence d'André Gide se reconnaît dans le recours à la mise en abyme, procédé par lequel on intègre dans la fiction une réflexion sur l'écriture. Le lecteur est invité à conserver une distance critique par rapport à ce qui lui est raconté.

Au théâtre et dans le roman, on cherche à échapper au déroulement linéaire traditionnel. On multiplie les digressions, on mélange tous les genres dans une même œuvre. Le texte est organisé soit de façon symétrique, avec des scènes qui se font écho d'un acte ou d'une séquence à l'autre, soit circulaire, avec plusieurs versions de la même anecdote. Le tout illustre le travail de la mémoire, cette faculté infidèle qui modifie le passé pour satisfaire aux exigences du présent.

3. La thématique de l'angoisse, du malaise existentiel

Les écrivains du XIXe siècle croyaient en Dieu ou en la science : dans un cas comme dans l'autre, ils pensaient trouver des réponses à leurs questions. Ceux du XXe siècle doutent de tout. Les romanciers catholiques se méfient de la tranche conservatrice des pratiquants qui dénature la religion, la transformant en une morale statique et stérile. Les existentialistes se demandent comment justifier leur liberté de pensée et d'action. En dernier lieu, les écrivains du nouveau roman ou de l'anti-théâtre font de l'irrésolution une composante de base du comportement de leurs personnages.

Le désenchantement s'exacerbe en une attitude de « ras-le-bol anti-tout ». Des écrivains, tel Louis-Ferdinand Céline, ont la fascination du vide. Le dérisoire entraîne la dérision ; le sarcasme accompagne le malentendu. L'individu est renvoyé à sa solitude. Rien ne semble briser le cercle de son tourment.

4. L'écriture des extrêmes : du dénuement à la prolifération

Les romanciers réalistes présentaient généralement comme universelle la langue soutenue des bourgeois, dans laquelle s'expriment tous leurs personnages, y compris ceux qui sont ouvriers. Les écrivains de l'absurde donnent une nouvelle orientation au style en puisant à même le lexique et les structures de la langue orale. Les dialogues seront désormais transcrits en langage courant et, dans certains cas, ce sera le récit au complet. Les résultats sont très variés, allant du lyrisme sobre de Camus à l'absolu dénuement de Beckett, de la logorrhée argotique de Céline au délire répétitif de Ionesco. Les écrivains du nouveau roman ne sont pas en reste ; ils laissent proliférer les descriptions, comme Robbe-Grillet, ou ils pratiquent une écriture lacunaire, comme Duras ou Sarraute. Ce dernier mode d'expression consiste à cultiver le non-dit, à cacher volontairement des faits importants. Ce choix a pour double conséquence de créer un climat de mystère, mais surtout d'appeler la participation du lecteur, invité à reconstituer lui-même l'action.

Museo Nacional Centro de Arte Regina Sofia, Madrid.
Pablo Picasso, *Guernica*, 1937.

Tableau synthèse

Le récit et le théâtre de l'après-guerre : de l'engagement à la dérision

Intrigue

Développer le regard critique sur le monde.
Illustrer le sentiment de l'absurde.

- Personnages cérébraux et histoire mise au service des idées (chez les existentialistes).
- Antihéros, déclassés, marginaux (anti-théâtre et nouveau roman).
- Personnages anonymes ou réduits à une présence minimale.
- Monde privé de sens, envahi ou non d'objets.
- Espace clos ou labyrinthique.
- Temps : intérieur, subjectif ou aléatoire.

Structure

Remettre en question les conventions héritées du réalisme.
Susciter l'interaction avec le lecteur ou le spectateur.

- Expérimentations formelles (plus importantes dans le nouveau roman et l'anti-théâtre).
- Récits ou pièces de théâtre fragmentés, lacunaires ou circulaires.
- Interpénétration des genres littéraires.
- Œuvres ouvertes à de multiples interprétations.

Thématique

Exprimer l'angoisse devant un monde absurde.

- Concepts de conscience, de liberté, d'engagement (chez les existentialistes).
- Rapport d'étrangeté au monde et doute systématique.
- Incommunicabilité ; malaise existentiel ; mort, cruauté, violence.
- Déchéance et néant.

Style

Défier les normes de la langue écrite.
Donner forme à l'esprit de dérision.

- Chez les existentialistes, écriture qui prend une tendance polémique (au service des idées).
- Chez les nouveaux romanciers et les dramaturges de l'anti-théâtre, écriture mise à l'avant-plan (l'auteur fait prendre conscience au lecteur ou au spectateur qu'il est devant une œuvre de langage).
- Écriture de la démesure, allant du dénuement à l'excès.
- Invention verbale, humour noir et sarcasme.

L'AFFREUSE LUCIDITÉ

Où en étais-je ? Oui, tu te demandes pourquoi cette soudaine furie d'écrire, « furie » est bien le mot. Tu peux en juger sur mon écriture, sur ces lettres courbées dans le même sens comme les pins par le vent d'ouest. Écoute : je t'ai parlé d'abord d'une vengeance longtemps méditée et à laquelle
5 je renonce. Mais il y a quelque chose en toi, quelque chose de toi dont je veux triompher, c'est de ton silence. Oh ! Comprends-moi : tu as la langue bien pendue, tu peux discuter des heures avec Cazau au sujet de la volaille ou du potager. Avec les enfants, même les plus petits, tu jacasses et bêtifies des journées entières. Ah ! Ces repas d'où je sortais la tête vide, rongé par
10 mes affaires, par mes soucis dont je ne pouvais parler à personne… Surtout, à partir de l'affaire Villenave, quand je suis devenu brusquement un grand avocat d'assises, comme disent les journaux. Plus j'étais enclin à croire à mon importance, plus tu me donnais le sentiment de mon néant… Mais non, ce n'est pas encore de cela qu'il s'agit, c'est d'une autre sorte de silence
15 que je veux me venger : le silence où tu t'obstinais touchant notre ménage, notre désaccord profond. Que de fois, au théâtre, ou lisant un roman, je me suis demandé s'il existe, dans la vie, des amantes ou des épouses qui font des « scènes », qui s'expliquent à cœur ouvert, qui trouvent du soulagement à s'expliquer.

20 Pendant ces quarante années où nous avons souffert flanc à flanc, tu as trouvé la force d'éviter toute parole un peu profonde, tu as toujours tourné court.

J'ai cru longtemps à un système, à un parti pris dont la raison m'échappait, jusqu'au jour où j'ai compris que, tout simplement, cela ne t'intéressait
25 pas. J'étais tellement en dehors de tes préoccupations que tu te dérobais, non par terreur, mais par ennui. Tu étais habile à flairer le vent, tu me voyais venir de loin ; et si je te prenais par surprise, tu trouvais de faciles défaites, ou bien tu me tapotais la joue, tu m'embrassais et prenais la porte.

Sans doute pourrais-je craindre que tu déchires cette lettre après en avoir
30 lu les premières lignes. Mais non, car depuis quelques mois je t'étonne, je t'intrigue. Aussi peu que tu m'observes, comment n'aurais-tu pas noté un changement dans mon humeur ? Oui, cette fois-ci, j'ai confiance que tu ne te déroberas pas. Je veux que tu saches, je veux que vous sachiez, toi, ton fils, ta fille, ton gendre, tes petits-enfants, quel était cet homme qui vivait seul en
35 face de votre groupe serré, cet avocat surmené qu'il fallait ménager car il détenait la bourse, mais qui soufflait dans une autre planète. Quelle planète ? Tu n'as jamais voulu y aller voir. Rassure-toi : il ne s'agit pas plus ici de mon éloge funèbre écrit d'avance par moi-même, que d'un réquisitoire contre vous. Le trait dominant de ma nature et qui aurait frappé toute autre femme
40 que toi, c'est une lucidité affreuse.

Le Nœud de vipères (1932), Éditions Bernard Grasset, 1979.

LE RÉCIT
des écrivains catholiques

Le récit : tout texte qui se compose d'une histoire (les événements racontés) et d'une narration (la façon dont les événements sont racontés).

Le ressentiment

François Mauriac (1885-1970)

François Mauriac naît dans un milieu janséniste où la piété est de rigueur (le jansénisme est un mouvement religieux à la morale austère notamment représenté par Pascal au XVIIe siècle). Mauriac meurt après s'être fait un devoir, tout au long du siècle, de placer son talent de romancier et de polémiste au service des valeurs chrétiennes. Ses personnages, saisis en pleine crise existentielle, sont incapables de communiquer avec leur entourage. Ils se lancent donc dans un long échange avec leur propre conscience, avouant leurs fautes, mais aussi leur inexorable besoin de salut personnel. Pour le bourgeois puritain qu'est Mauriac, aller vers l'autre, vers l'extérieur, s'assimile facilement au péché. C'est une dépense d'énergie dangereuse susceptible de mener à la débauche.

(suite à la page suivante)

(suite)

Aussi paraît-il significatif que ses héros, profondément sédentaires et souvent avaricieux, ne se déplacent que vers le passé et n'arrivent à échapper au monde qui les étouffe qu'en s'élevant vers Dieu. Mauriac apparaît ainsi comme l'écrivain de la confrontation du présent avec le passé.

Le Nœud de vipères se présente comme le roman du ressentiment qui précède le pardon. Le protagoniste, amer et rancunier, adresse à sa femme une longue lettre qui présente un compte rendu acerbe de sa vie de couple.

1. Quel choix de narrateur Mauriac fait-il dans ce récit ? Quelle est l'influence de ce choix sur le ton du récit ?

2. Quel portrait peut-on dresser de cet homme à la suite de la lecture de cet extrait ?

3. Cette lettre s'adresse à l'épouse du narrateur : d'après ce que le narrateur en dit, quels traits de caractère peut-on attribuer à ce personnage ?

4. Dressez le champ lexical de la rancune.

5. Le recours à l'écriture illustre en fait l'incapacité du personnage à communiquer oralement avec sa femme. Démontrez-le.

6. On a appliqué le terme de « réalisme subjectif » à l'écriture de Mauriac. Commentez cette appréciation.

Kunstmuseum, Bâle.
Oskar Kokoschka, *La femme du vent*, 1914.

Une paroisse dévorée par l'ennui

Ma paroisse est dévorée par l'ennui, voilà le mot. Comme tant d'autres paroisses ! L'ennui les dévore sous nos yeux et nous n'y pouvons rien. Quelque jour peut-être la contagion nous gagnera, nous découvrirons en nous ce cancer. On peut vivre très longtemps avec ça.

5 L'idée m'est venue hier sur la route. Il tombait une de ces pluies fines qu'on avale à pleins poumons, qui vous descendent jusqu'au ventre. De la côte de Saint-Vaast, le village m'est apparu brusquement, si tassé, si misérable sous le ciel hideux de novembre. L'eau fumait sur lui de toutes parts, et il avait l'air de s'être couché là, dans l'herbe ruisselante, comme une pauvre

10 bête épuisée. Que c'est petit, un village ! Et ce village était ma paroisse. C'était ma paroisse, mais je ne pouvais rien pour elle, je la regardais tristement s'enfoncer dans la nuit, disparaître… Quelques moments encore, et je ne la verrais plus. Jamais je n'avais senti si cruellement sa solitude et la mienne. Je pensais à ces bestiaux que j'entendais tousser dans le brouillard et

15 que le petit vacher, revenant de l'école, son cartable sous le bras, mènerait tout à l'heure à travers les pâtures trempées, vers l'étable chaude, odorante… Et lui, le village, il semblait attendre aussi — sans grand espoir — après tant d'autres nuits passées dans la boue, un maître à suivre vers quelque improbable, quelque inimaginable asile.

20 Oh ! je sais bien que ce sont des idées folles, que je ne puis même pas prendre tout à fait au sérieux, des rêves… Les villages ne se lèvent pas à la voix d'un petit écolier, comme les bêtes. N'importe ! Hier soir, je crois qu'un saint l'eût appelé.

Je me disais donc que le monde est dévoré par l'ennui. Naturellement, il

25 faut un peu réfléchir pour se rendre compte, ça ne se saisit pas tout de suite. C'est une espèce de poussière. Vous allez et venez sans la voir, vous la respirez, vous la mangez, vous la buvez, et elle est si fine, si ténue qu'elle ne craque même pas sous la dent. Mais que vous vous arrêtiez une seconde, la voilà qui recouvre votre visage, vos mains. Vous devez vous agiter sans cesse

30 pour secouer cette pluie de cendres. Alors, le monde s'agite beaucoup.

On dira peut-être que le monde est depuis longtemps familiarisé avec l'ennui, que l'ennui est la véritable condition de l'homme. Possible que la semence en fût répandue partout et qu'elle germât çà et là, sur un terrain favorable. Mais je me demande si les hommes ont jamais connu cette contagion de

35 l'ennui, cette lèpre ? Un désespoir avorté, une forme turpide du désespoir, qui est sans doute comme la fermentation d'un christianisme décomposé.

Le Journal d'un curé de campagne (1936), Librairie Plon, 1987.

1. Quelle figure de style semble orienter toute la signification du texte ? Justifiez votre choix.

2. Comment Bernanos traduit-il, sur le plan de l'image et du lexique, l'ennui qui règne dans sa paroisse ? Montrez, entre autres, que le texte est traversé par l'idée de la contagion, dont le terme apparaît dans le deuxième paragraphe.

3. Après avoir dressé le champ lexical du corps et des termes qui se rapportent aux sens, montrez comment cet extrait illustre le fait que le surnaturel est toujours charnel chez Bernanos.

4. Quel choix de narrateur Bernanos fait-il dans ce récit ? Ce choix permet-il une description du personnage principal ? Si oui, par quels moyens et en quels termes ?

5. Les écrivains de cette époque tendent à mettre l'intrigue au service des idées. Selon vous, ce jugement s'applique-t-il à ces pages de Bernanos ?

6. Expliquez en quoi ce début de roman vous paraît (ou non) bien réussi.

L'épopée du surnaturel

Georges Bernanos (1888-1948)

Tel un chevalier des temps modernes, Georges Bernanos porte l'étendard d'un Christ plus perturbateur que rédempteur. Cet homme de convictions ne transige pas avec ses idéaux. Jusqu'à sa mort, il pourfend les politiciens de droite qui sacrifient la dignité humaine à leur soif de pouvoir ; il dénonce les intellectuels de gauche qui font entrave au changement. Les personnages de ses romans lui ressemblent : ils sont isolés dans leur milieu parce que leur quête d'absolu dérange le petit confort des gens en place. Engagés contre leur gré dans une épopée du surnaturel, ces héros trop ardents ne trouvent leur salut que dans la fuite ou le suicide. Sur ce point aussi, ils sont semblables au romancier, éternel exilé. Incapable de se fixer dans aucun pays et n'adhérant à aucun parti, Bernanos n'a qu'une fidélité qui va à la religion de son enfance.

Cet extrait, tiré du *Journal d'un curé de campagne*, permet de saisir les affinités de Bernanos avec les existentialistes, en particulier Camus. Son personnage de jeune curé porte un regard désabusé sur le monde.

Le grand conteur

Jean Giono (1895-1970)

On associe l'œuvre de Jean Giono à la Provence où il naît, et qui sera aussi le cadre de sa vie. Pacifiste inconditionnel, Giono réagit amèrement au déclenchement de la Seconde Guerre mondiale. Ses romans, qui s'inscrivaient jusqu'alors dans un régionalisme relativement serein, s'orientent vers un lyrisme plus tragique. Toutefois, Giono demeure un conteur puissant qui insuffle une force nouvelle aux mythes hérités du romantisme. Son respect des conventions romanesques pourrait le faire passer pour un représentant attardé du réalisme, mais une lecture attentive de son œuvre permet de déceler ses affinités avec les écrivains de sa génération.

Roman composite, *Le Hussard sur le toit* se présente à la fois comme une chronique historique puisque l'action se situe au XIXe siècle, un tribut à Stendhal que Giono admire, et un poignant réquisitoire contre la guerre. Dans cette scène macabre, Angélo, le héros, fait la découverte d'un village peuplé de cadavres que mangent les bêtes. Une épidémie sème la mort (on pense à *La Peste* de Camus) dans une ville où les médecins sont juifs, ce qui amène le lecteur à faire le lien avec la Seconde Guerre mondiale.

LE GRAND COMBAT

Il courut vers la maison ; mais sur le seuil il fut repoussé par un véritable torrent d'oiseaux qui en sortait et l'enveloppa d'un froissement d'ailes ; les plumes lui frappèrent le visage. Il était dans une colère folle de ne rien comprendre et d'avoir peur. Il saisit le manche d'une bêche appuyée contre la
5 porte et il entra. Il fut tout de suite presque renversé par l'assaut d'un chien qui lui sauta au ventre et l'aurait cruellement mordu s'il ne l'avait instinctivement repoussé d'un coup de genou. La bête s'apprêtait à bondir de nouveau sur lui quand il la frappa de toutes ses forces d'un coup de bêche pendant qu'il voyait venir vers lui d'étranges yeux à la fois tendres et hypo-
10 crites et une gueule souillée de lambeaux innombrables. Le chien tomba, la tête fendue. La colère ronronnait dans les oreilles d'Angélo en même temps qu'elle avait fait descendre sur ses yeux des voiles troubles qui ne lui permettaient de voir que le chien qui s'étirait paisiblement dans son sang. Enfin, il eut conscience qu'il serrait un peu trop fort le manche de sa bêche et il put
15 voir autour de lui un spectacle heureusement très insolent.

C'étaient trois cadavres dans lesquels le chien et les oiseaux avaient fait beaucoup de dégâts. Notamment dans un enfant de quelques mois écrasé sur la table comme un gros fromage blanc. Les deux autres, vraisemblablement celui d'une vieille femme et d'un homme assez jeune, étaient ridicules
20 avec leurs têtes de pitres fardées de bleu, leurs membres désarticulés, leurs ventres bouillonnants de boyaux et de vêtements hachés et pétris. Ils étaient aplatis par terre au milieu d'un grand désordre de casseroles tombées de la batterie de cuisine, de chaises renversées et de cendres éparpillées. Il y avait une sorte d'emphase insupportable dans la façon dont ces deux cadavres
25 grimaçaient et essayaient d'embrasser la terre dans des bras dont les coudes et les poignets jouaient à contre-sens sur des charnières pourries.

Angélo était moins ému qu'écœuré ; son cœur battait sous sa langue lourde comme du plomb. Enfin, il aperçut un gros corbeau qui, se dissimulant dans le tablier noir de la vieille femme, continuait son repas ; il en fut tellement
30 dégoûté qu'il vomit et il tourna les talons.

Le Hussard sur le toit (1951), Éditions Gallimard, 1972.

---

1. Le premier paragraphe présente une scène de combat. Dressez d'un côté la liste des assaillants et de leurs actions, et de l'autre, celle des réactions (émotions et actions) du personnage principal.

2. Angélo, le personnage principal, découvre une scène macabre dont la description n'a rien de statique : faites l'inventaire de tous les termes associés au mouvement.

3. Par quels aspects le texte peut-il être considéré comme romantique, pacifiste et représentatif de l'après-guerre ?

Trajet matinal en banlieue

En banlieue, c'est surtout par les tramways que la vie vous arrive le matin. Il en passait des pleins paquets avec des pleines bordées d'ahuris bringuebalant, dès le petit jour, par le boulevard Minotaure, qui descendaient vers le boulot.

Les jeunes semblaient même comme contents de s'y rendre au boulot. Ils
5 accéléraient le trafic, se cramponnaient aux marchepieds, ces mignons, en rigolant. Faut voir ça. Mais quand on connaît depuis vingt ans la cabine téléphonique du bistrot, par exemple, si sale qu'on la prend toujours pour les chiottes, l'envie vous passe de plaisanter avec les choses sérieuses et avec Rancy en particulier. On se rend alors compte où qu'on vous a mis. Les
10 maisons vous possèdent, toutes pisseuses qu'elles sont, plates façades, leur cœur est au propriétaire. Lui on le voit jamais. Il n'oserait pas se montrer. Il envoie son gérant, la vache. On dit pourtant dans le quartier qu'il est bien aimable le proprio quand on le rencontre. Ça n'engage à rien.

La lumière du ciel à Rancy, c'est la même qu'à Detroit, du jus de fumée qui
15 trempe la plaine depuis Levallois. Un rebut de bâtisses tenues par des gadoues noires au sol. Les cheminées, des petites et des hautes, ça fait pareil de loin qu'au bord de la mer les gros piquets dans la vase. Là-dedans, c'est nous.

Faut avoir le courage des crabes aussi, à Rancy, surtout quand on prend de l'âge et qu'on est bien certain d'en sortir jamais plus. Au bout du tramway
20 voici le pont poisseux qui se lance au-dessus de la Seine, ce gros égout qui montre tout. Au long des berges, le dimanche et la nuit les gens grimpent sur les tas pour faire pipi. Les hommes ça les rend méditatifs de se sentir devant l'eau qui passe. Ils urinent avec un sentiment d'éternité, comme des marins. Les femmes, ça ne médite jamais. Seine ou pas. Au matin donc le tramway
25 emporte sa foule se faire comprimer dans le métro. On dirait à les voir tous s'enfuir de ce côté-là, qu'il leur est arrivé une catastrophe du côté d'Argenteuil, que c'est leur pays qui brûle. Après chaque aurore, ça les prend, ils s'accrochent par grappes aux portières, aux rambardes. Grande déroute. C'est pourtant qu'un patron qu'ils vont chercher dans Paris, celui qui vous
30 sauve de crever de faim, ils ont énormément peur de le perdre, les lâches. Il vous la fait transpirer pourtant sa pitance. On en pue pendant dix ans, vingt ans et davantage. C'est pas donné.

Et on s'engueule dans le tramway déjà un bon coup pour se faire la bouche. Les femmes sont plus râleuses encore que des moutards. Pour un
35 billet en resquille, elles feraient stopper toute la ligne. C'est vrai qu'il y en a déjà qui sont saoules parmi les passagères, surtout celles qui descendent au marché vers Saint-Ouen, les demi-bourgeoises. « Combien les carottes ? » qu'elles demandent bien avant d'y arriver pour faire voir qu'elles ont de quoi.

Voyage au bout de la nuit (1932), Éditions Gallimard, 1952.

1. Cette scène très animée grouille de figurants anonymes : identifiez-les en relevant les caractéristiques attachées à chaque groupe.

2. Relevez dans l'extrait les figures de style suivantes et expliquez en quoi elles contribuent à la signification du texte :
   – une personnification ;
   – deux comparaisons ;
   – trois métaphores.

3. Relevez quelques exemples qui illustrent l'influence de la langue orale sur le style de Céline.

4. Le monde est un merdier : montrez comment cette image étend ses ramifications dans tout le texte.

Le romancier de la provocation

Louis-Ferdinand Céline (1894-1961)

Provocateur désespéré ou cabotin génial, Louis-Ferdinand Céline, de son vrai nom Louis-Ferdinand Destouches traverse le siècle en balançant par-dessus bord toutes les valeurs autrefois considérées comme sacrées. *Voyage au bout de la nuit*, son épopée burlesque du vice et de la déchéance, choque et fascine à la fois par son style : la langue de Céline, qui mêle argot et propos orduriers, constitue un véritable attentat contre l'esthétique littéraire. La phrase télescope l'ordre syntaxique tout comme la narration bouscule la chronologie.

Le personnage principal du roman, Bardamu, est une sorte de héros picaresque qui se déplace d'un continent à l'autre pour illustrer par ses aventures les deux thèmes du roman, soit que le monde est un merdier, et que l'homme est un dégénéré. Il arrive que le narrateur se laisse aller à la compassion, mais le pessimisme général s'en trouve à peine atténué.

**André Malraux
(1901-1976)**

Élevé par trois femmes, André Malraux est hanté toute sa vie par la figure absente du père. Il quitte l'école à 17 ans par volonté de tout apprendre par lui-même afin de mieux impressionner le milieu littéraire et artistique qu'il fréquente. Entraîné par son esprit d'aventure vers des pays secoués par la violence politique, il y constate les abus du colonialisme qui traduisent selon lui la décadence de la civilisation européenne. Sa vision désabusée du monde moderne en fait un précurseur de l'existentialisme : « Le spectacle de la vie est triste. » Cultivant le paradoxe jusqu'à la fin de sa vie, Malraux deviendra ministre de la Culture dans le gouvernement de Charles de Gaulle.

En 1933, il obtient le prix Goncourt pour *La Condition humaine*, roman sur la révolution chinoise dans laquelle sont engagés le Kuomintang, un parti nationaliste et le Parti communiste dirigé par Mao Tsé-Toung. Les héros, Kyo et sa compagne May, s'insurgent contre des coutumes qui maintiennent en place le système d'exploitation dont les femmes sont victimes.

La comparaison de May, une femme du XXᵉ siècle, avec Antonia, une héroïne romantique du XIXᵉ siècle créée par Alexandre Dumas, met en relief des différences importantes qui témoignent de l'évolution des femmes.

Atelier de comparaison

Deux femmes, deux époques

L'héroïne de Malraux

MAY, LA GUERRIÈRE (1933)

Couché pour tenter d'affaiblir sa fatigue, Kyo attendait. Il n'avait pas allumé ; il ne bougeait pas. Ce n'était pas lui qui songeait à l'insurrection, c'était l'insurrection, vivante dans tant de cerveaux comme le sommeil dans tant d'autres, qui pesait sur lui au point qu'il n'était plus qu'inquiétude et
5 attente. Moins de quatre cents fusils en tout. Victoire, — ou fusillade, avec quelques perfectionnements. Demain. Non : tout à l'heure. Question de rapidité : désarmer partout la police et, avec les cinq cents Mauser, armer les groupes de combat avant que les soldats du train blindé gouvernemental entrassent en action. L'insurrection devait commencer à une heure — la
10 grève générale, donc, à midi — et il fallait que la plus grande partie des groupes de combat fût armée avant cinq heures. [...] Victoire ou défaite, le destin du monde, cette nuit, hésitait près d'ici. À moins que le Kuomintang, Shanghaï prise, n'essayât d'écraser ses alliés communistes... Il sursauta : la porte du jardin s'ouvrait. Le souvenir recouvrit l'inquiétude : sa femme ? Il
15 écoutait : la porte de la maison se referma. May entra. Son manteau de cuir bleu, d'une coupe presque militaire, accentuait ce qu'il y avait de viril dans sa marche et même dans son visage, — bouche large, nez court, pommettes marquées des Allemandes du Nord.

— C'est bien pour tout à l'heure, Kyo ?
20 — Oui.

Elle était médecin de l'un des hôpitaux chinois, mais elle venait de la section des femmes révolutionnaires dont elle dirigeait l'hôpital clandestin :

— Toujours la même chose, tu sais : je quitte une gosse de dix-huit ans qui a essayé de se suicider avec une lame de rasoir de sûreté dans le palanquin
25 du mariage. On la forçait à épouser une brute respectable... On l'a apportée avec sa robe rouge de mariée, toute pleine de sang. La mère derrière, une petite ombre rabougrie qui sanglotait, naturellement... Quand je lui ai dit que la gosse ne mourrait pas, elle m'a dit : « Pauvre petite ! Elle avait pourtant eu presque la chance de mourir... » La chance... Ça en dit plus long que nos
30 discours sur l'état des femmes ici...

Allemande mais née à Shanghaï, docteur de Heidelberg et de Paris, elle parlait le français sans accent. Elle jeta son béret sur le lit. Ses cheveux ondulés étaient rejetés en arrière, pour qu'il fût plus facile de les coiffer. Il eut envie de les caresser. Le front très dégagé, lui aussi, avait quelque chose
35 de masculin, mais depuis qu'elle avait cessé de parler elle se féminisait — Kyo ne la quittait pas des yeux — à la fois parce que l'abandon de la volonté adoucissait ses traits, que la fatigue les détendait, et qu'elle était sans béret. Ce visage vivait par sa bouche sensuelle et par ses yeux très grands, transparents, et assez clairs pour que l'intensité du regard ne semblât pas être
40 donnée par la prunelle, mais par l'ombre du front dans les orbites allongées.

La Condition humaine (1933), Éditions Gallimard, 1946.

L'héroïne romantique d'Alexandre Dumas

ANTONIA, L'ANGÉLIQUE (1851)

Antonia avait dix-sept ans à peine ; elle était de taille moyenne, plutôt grande que petite, mais si mince sans maigreur, si flexible sans faiblesse, que toutes les comparaisons de lis se balançant sur leur tige, de palmier se courbant au vent, eussent été insuffisantes pour peindre cette *morbidezza* italienne,
5 seul mot de la langue exprimant à peu près l'idée de douce langueur qui s'éveillait à son aspect. [...] Ainsi, avec la finesse de peau des femmes du Nord, elle avait la matité de peaux des femmes du Midi ; ainsi ses cheveux blonds, épais et légers à la fois, flottant au moindre vent, comme une vapeur dorée, ombrageaient des yeux et des sourcils de velours noir. [...] Aussi,
10 lorsque Antonia parlait allemand, la douceur de la belle langue où, comme dit Dante, résonne le si, venait adoucir la rudesse de l'accent germanique [...].

Mais ce n'était pas seulement au physique que se faisait remarquer cette fusion ; Antonia était au moral un type merveilleux et rare de ce que peuvent
15 réunir de poésie opposée le soleil de l'Italie et les brumes de l'Allemagne. On eût dit à la fois une muse et une fée, la Lorelei de la ballade et la Béatrice de *La Divine Comédie*.

[...]

La jeune fille s'avança lentement ; deux larmes brillaient à sa paupière ; et,
20 faisant trois pas vers Hoffmann, elle lui tendit la main.

Puis, avec un accent de chaste familiarité, et comme si elle eût connu le jeune homme depuis dix ans :

— Bonjour, frère, dit-elle.

[...]

25 Quant à Hoffmann, il ne savait s'il veillait ou dormait, s'il était sur la terre ou au ciel, si c'était une femme qui venait à lui, ou un ange qui lui apparaissait.

La Femme au collier de velours, 1851.

1. Comment Malraux exprime-t-il l'idée que la liberté ne prend son sens que dans la solidarité ?

2. Dans quels passages le narrateur fait-il sentir à quel point la condition des femmes est dramatique en Chine ?

3. Analysez par quels moyens variés Malraux tente ici d'accélérer le rythme de la narration.

4. En quoi ce rythme saccadé contribue-t-il à la signification générale de l'extrait ?

5. Faites le portrait de May :
   – l'aspect physique ;
   – l'aspect psychologique (*ce qu'on peut en déduire*) ;
   – l'aspect social ;
   – l'aspect idéologique (*ses valeurs*).

6. Comparez ce portrait avec celui d'Antonia, héroïne romantique du roman d'Alexandre Dumas, *La Femme au collier de velours*.

Jean-Paul Sartre : l'instigateur de l'existentialisme

Portrait de l'homme

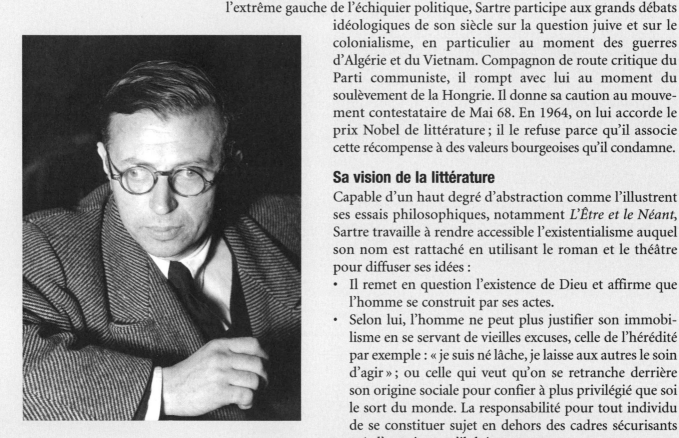

P ar la variété de son œuvre, par son implication dans les débats publics et par le caractère mobilisateur de ses propos, Jean-Paul Sartre s'impose comme l'intellectuel le plus prestigieux de sa génération, qu'on ne peut comparer qu'à Voltaire ou à Victor Hugo aux siècles précédents. Revendiquant dans sa vie comme dans sa philosophie la plus absolue liberté en dehors de toute compromission, il est l'écrivain qui exprime le plus clairement les défis qui se posent à l'homme après l'écroulement des valeurs traditionnelles. Il forme avec Simone de Beauvoir, son égale, un couple anticonformiste, ouvert aux expériences du côté affectif et sexuel. Toujours situé à l'extrême gauche de l'échiquier politique, Sartre participe aux grands débats idéologiques de son siècle sur la question juive et sur le colonialisme, en particulier au moment des guerres d'Algérie et du Vietnam. Compagnon de route critique du Parti communiste, il rompt avec lui au moment du soulèvement de la Hongrie. Il donne sa caution au mouvement contestataire de Mai 68. En 1964, on lui accorde le prix Nobel de littérature ; il le refuse parce qu'il associe cette récompense à des valeurs bourgeoises qu'il condamne.

Sa vision de la littérature

Capable d'un haut degré d'abstraction comme l'illustrent ses essais philosophiques, notamment *L'Être et le Néant*, Sartre travaille à rendre accessible l'existentialisme auquel son nom est rattaché en utilisant le roman et le théâtre pour diffuser ses idées :

- Il remet en question l'existence de Dieu et affirme que l'homme se construit par ses actes.
- Selon lui, l'homme ne peut plus justifier son immobilisme en se servant de vieilles excuses, celle de l'hérédité par exemple : « je suis né lâche, je laisse aux autres le soin d'agir » ; ou celle qui veut qu'on se retranche derrière son origine sociale pour confier à plus privilégié que soi le sort du monde. La responsabilité pour tout individu de se constituer sujet en dehors des cadres sécurisants crée l'angoisse, qu'il doit assumer.
- Il importe, à ses yeux, de fonder une nouvelle morale pour affronter l'avenir : « l'homme, sans aucun appui et sans aucun secours, est condamné à chaque instant à inventer l'homme » (*L'Existentialisme est un humanisme*).
- L'être humain doit donner un sens à sa liberté par l'engagement social en s'opposant aux attentes de son milieu.

Son influence

Or, la littérature de son époque, fût-elle catholique, reflète plusieurs des idées de Sartre. Les héros romanesques ont la volonté d'affirmer leur liberté en s'opposant aux attentes de leur milieu.

- C'est le cas du curé de campagne de Georges Bernanos (*Le Journal d'un curé de campagne*, 1936) qui choque ses paroissiens en voulant retourner aux sources du christianisme. Son comportement, qui ne correspond pas à ce qu'on attend d'un prêtre, lui permet d'échapper à la médiocrité ambiante. C'est en exerçant sa liberté qu'il dérange.
- De la même manière, Antoine Meursault, le protagoniste de *L'Étranger* de Camus, s'abstient de toute compromission.
- Quant aux personnages d'André Malraux, ils militent en faveur d'une cause, contribuant à forger le mythe de l'intellectuel révolutionnaire.
- Cette affirmation de la liberté et ce rejet de tout déterminisme trouvent leur expression la plus extrême dans *Le Deuxième Sexe*. En posant comme postulat qu'on ne naît pas femme mais qu'on le devient, Simone de Beauvoir remet en question l'argument qui veut que la nature féminine soit différente de celle de l'homme, justifiant par là un statut social inférieur. De son point de vue, la femme est conditionnée par les valeurs et les modèles que lui impose une société dominée par les hommes. De plus, les lois consacrent l'inégalité. Changeons-les et il n'y aura plus trace d'écart entre les sexes.

Vous trouverez d'autres renseignements sur Jean-Paul Sartre aux pages 143 et 146.

DESCRIPTION DES GENRES DE PRÉDILECTION

L'orientation philosophique des genres littéraires

Tout cet arrière-fond philosophique insuffle une grande rigueur aux genres littéraires les plus pratiqués à l'époque, soit l'essai, le roman et le théâtre.

1. Les essais

- Ils sont d'une facture exigeante, car les auteurs jonglent avec des termes abstraits : la contingence (l'existence humaine est considérée comme gratuite), l'essence (la nature de l'homme n'est pas programmée, car il crée sa propre identité par ses actes), la transcendance (l'aspiration au dépassement prend sa source dans l'homme et se justifie par lui, non par une divinité supérieure).

- Les essais ne sont pas seulement à saveur philosophique ; ils touchent les domaines de la politique, de la sociologie et de la critique littéraire. Dans ce dernier domaine aussi, Sartre propose des réflexions d'une grande profondeur et d'une grande justesse, entre autres dans son essai intitulé *Qu'est-ce que la littérature ?*

- Le texte à caractère référentiel ou argumentatif s'insère aussi dans les récits et dans les pièces de théâtre, ce qui contribue à conférer à cette littérature une réputation de rigueur.

2. Les récits

- Les romans ont pour fonction, notamment, d'illustrer les concepts philosophiques.

- Les idées orientent la progression de l'intrigue, d'ailleurs ralentie par de nombreuses discussions.

- Les personnages, généralement des hommes et souvent des intellectuels, accordent peu de place à l'amour ; l'analyse psychologique ou l'observation sociologique sont mises au service des débats philosophiques.

- La liberté, l'engagement, l'angoisse, le doute sur Dieu sont au centre de la thématique.

- Dans l'écriture, chaque mot est pesé, mesuré, comme si l'écrivain était engagé dans une polémique à remporter contre des adversaires.

3. Le théâtre

- Il fait preuve d'un grand dynamisme dans la France de l'après-guerre et participe à l'effervescence qui marque le milieu des arts en général. Le surréalisme, ludique et fantasque, continue de donner à la vie artistique de l'époque son côté fantaisiste alors que l'existentialisme y fait contrepoids par sa tonalité grave.

- Les personnages, proches cousins des héros qu'on trouve dans les romans écrits par les existentialistes, demeurent de conception traditionnelle. Bien catalogués socialement et psychologiquement, ce sont avant tout des êtres de discours. Leurs réparties informent le spectateur de la problématique de la pièce.

- La relation aux autres est par nature cérébrale : les émotions, les jeux de regards, les déplacements sur scène sont réduits. Le corps est presque absent : la gestuelle participe faiblement à la signification générale.

- Comme pour le roman, l'intrigue est au service des idées. Le dénouement laisse peu de place à l'ambiguïté : le spectateur déduit ce que le dramaturge voulait démontrer.

- L'écriture est aussi épurée que la mise en scène qui sera généralement sobre, sinon austère.

Les pièces des existentialistes donnent une impression de renouveau au public de l'époque parce qu'elles se démarquent du théâtre de boulevard toujours en vogue, mais leur innovation paraîtra bien timide en regard de la contestation beaucoup plus radicale des dramaturges comme Ionesco ou Beckett. Avec eux, l'absurde sera partout sur scène. On y célébrera l'union du tragique et du farfelu, pour réussir la fusion de l'existentialisme et du surréalisme.

Atelier d'analyse

LA LUTTE

Tarrou se carra un peu dans son fauteuil et avança la tête vers la lumière.

« Croyez-vous en Dieu, Docteur ? »

La question était encore posée naturellement. Mais cette fois, Rieux hésita.

« Non, mais qu'est-ce que cela veut dire ? Je suis dans la nuit, et j'essaie d'y
5 voir clair. Il y a longtemps que j'ai cessé de trouver ça original.

— N'est-ce pas ce qui vous sépare de Paneloux ?

— Je ne crois pas. Paneloux est un homme d'études. Il n'a pas vu assez
mourir et c'est pourquoi il parle au nom d'une vérité. Mais le moindre
prêtre de campagne qui administre ses paroissiens et qui a entendu la respi-
10 ration d'un mourant pense comme moi. Il soignerait la misère avant de
vouloir en démontrer l'excellence. »

Rieux se leva, son visage était maintenant dans l'ombre.

« Laissons cela, dit-il, puisque vous ne voulez pas répondre. »

Tarrou sourit sans bouger de son fauteuil.

15 « Puis-je répondre par une question ? »

À son tour le docteur sourit :

« Vous aimez le mystère, dit-il. Allons-y.

— Voilà, dit Tarrou. Pourquoi vous-même montrez-vous tant de dévouement puisque vous ne croyez pas en Dieu ? Votre réponse m'aidera peut-être
20 à répondre moi-même. »

Sans sortir de l'ombre, le docteur dit qu'il avait déjà répondu, que s'il croyait
en un Dieu tout-puissant, il cesserait de guérir les hommes, lui laissant alors
ce soin. Mais que personne au monde, non, pas même Paneloux qui croyait
y croire, ne croyait en un Dieu de cette sorte, puisque personne ne s'aban-
25 donnait totalement et qu'en cela du moins, lui, Rieux, croyait être sur le
chemin de la vérité, en luttant contre la création telle qu'elle était.

« Ah ! dit Tarrou, c'est donc l'idée que vous vous faites de votre métier ?

— À peu près », répondit le docteur en revenant dans la lumière.

Tarrou siffla doucement et le docteur le regarda.

30 « Oui, dit-il, vous vous dites qu'il y faut de l'orgueil. Mais je n'ai que
l'orgueil qu'il faut, croyez-moi. Je ne sais pas ce qui m'attend ni ce qui viendra
après tout ceci. Pour le moment il y a des malades et il faut les guérir.
Ensuite, ils réfléchiront et moi aussi. Mais le plus pressé est de les guérir. Je
les défends comme je peux, voilà tout.

35 — Contre qui ? »

Rieux se tourna vers la fenêtre. Il devinait au loin la mer à une condensation plus obscure de l'horizon. Il éprouvait seulement sa fatigue et luttait
en même temps contre un désir soudain et déraisonnable de se livrer un peu
plus à cet homme singulier, mais qu'il sentait fraternel.

40 « Je n'en sais rien, Tarrou, je vous jure que je n'en sais rien. Quand je suis
entré dans ce métier, je l'ai fait abstraitement, en quelque sorte, parce que
j'en avais besoin, parce que c'était une situation comme les autres, une de
celles que les jeunes gens se proposent. Peut-être aussi parce que c'était particulièrement difficile pour un fils d'ouvrier comme moi. Et puis il a fallu
45 voir mourir. Savez-vous qu'il y a des gens qui refusent de mourir ? Avez-vous
jamais entendu une femme crier : « Jamais ! » au moment de mourir ? Moi,

L'engagement

Albert Camus
(1913-1960)

Né dans un milieu ouvrier très
pauvre et orphelin de père en
bas âge, Albert Camus est sauvé
de l'accablement que provoque
la misère par le climat de son
pays natal, l'Algérie. Exilé en
France, il y meurt dans un accident de la route. Un des paradoxes de son œuvre réside dans
le rôle qu'il confère à la nature,
responsable selon lui de participer à l'absurdité du monde.
Ainsi, dans *L'Étranger*, le soleil
cuisant, qui anéantit la conscience
du mal, accule le personnage
principal au meurtre. Après avoir
présenté un héros solitaire prisonnier de sa révolte à la fin du
roman, Camus cherche dans *La
Peste* à formuler une morale de la
solidarité humaine en réponse à
l'angoisse de l'homme.

Dans la ville d'Oran, les rats,
et bientôt les humains, meurent
en grand nombre. Le mystère
plane jusqu'à ce qu'on découvre
que la cause est un mal que l'on
croyait disparu, la peste. Faut-il
fuir ? Faut-il lutter ? Dans l'extrait,
Tarrou, étranger à la ville, fait
réfléchir Rieux, médecin et athée,
sur le sens de la vie.

oui. Et je me suis aperçu alors que je ne pouvais pas m'y habituer. J'étais jeune alors et mon dégoût croyait s'adresser à l'ordre même du monde. Depuis, je suis devenu plus modeste. Simplement, je ne suis toujours pas

50 habitué à voir mourir. Je ne sais rien de plus. Mais après tout... »

Rieux se tut et se rassit. Il se sentait la bouche sèche.

« Après tout ? dit doucement Tarrou.

— Après tout..., reprit le docteur, et il hésita encore, regardant Tarrou avec attention, c'est une chose qu'un homme comme vous peut comprendre,

55 n'est-ce pas, mais puisque l'ordre du monde est réglé par la mort, peut-être vaut-il mieux pour Dieu qu'on ne croie pas en lui et qu'on lutte de toutes ses forces contre la mort, sans lever les yeux vers ce ciel où il se tait.

— Oui, approuva Tarrou, je peux comprendre. Mais vos victoires seront toujours provisoires, voilà tout. »

60 Rieux parut s'assombrir.

« Toujours, je le sais. Ce n'est pas une raison pour cesser de lutter. »

La Peste, Éditions Gallimard, 1947.

 d'analyse

Exploration

1. Ce texte présente-t-il des difficultés de lecture du point de vue du lexique ? Si oui, effectuez les recherches nécessaires dans le dictionnaire.

2. Les vérités sont relatives, incertaines, fluctuantes. Expliquez en quoi l'extrait traduit cet état de choses.

3. Dans les romans existentialistes, le débat d'idées occupe une place prépondérante. Démontrez-le en dégageant les thèmes de la discussion entre Tarrou et Rieux.

4. Analysez comment s'articulent les thèmes existentialistes de l'angoisse, de la liberté et de l'engagement.

5. Montrez comment Camus souligne le mouvement des idées en s'appuyant sur un jeu d'ombre et de lumière.

6. Les textes des romanciers existentialistes ne sont pas dépourvus d'analyse psychologique et sociologique. Relevez celles qui sont présentes dans l'extrait et discutez de leur utilité.

7. Camus cherche à traduire dans son style le caractère oral de la conversation. Comment y parvient-il ? Comment qualifieriez-vous son écriture ?

8. Comparez l'entretien que présente l'extrait de Camus avec la conversation suivante entre Minne et Antoine, un couple de jeunes amoureux, tirée de *L'Ingénue libertine* de Colette, en tenant compte des aspects suivants :
   – les personnages en cause ;
   – le sujet de la conversation ;
   – la tonalité générale ;
   – le style : temps des verbes, syntaxe, ponctuation, etc.

Minne se lève, brouille les cartes :
– Assez ! il fait trop chaud !
Elle s'en va aux volets clos, applique son œil au trou rond qu'y fora un taret, et assiste à la chaleur comme à un cataclysme :

– Si tu voyais ! Il n'y a pas une feuille qui bouge... Et le chat de la cuisine ! il est fou, cet animal, de se cuire comme ça ! Il attrapera une insolation, il est déjà tout plat... Tu peux me croire, je sens la chaleur qui me vient dans l'œil par le trou du volet !
Elle revient en agitant les bras « pour faire de l'air » et demande :
– Qu'est-ce qu'on va faire, nous ?
– Je ne sais pas... Lisons...
– Non, ça tient chaud.
Antoine enveloppe du regard Minne, si mince dans sa robe transparente :
– Ça ne pèse pas lourd, une robe comme ça !
– Encore trop ! Et pourtant je n'ai rien mis dessous, presque : tiens...
Elle pince et lève un peu l'ourlet de sa robe, comme une danseuse excentrique. Antoine entrevoit les bas de fil havane, ajourés sur la cheville nacrée, le petit pantalon dentelé, serré au-dessus des genoux...
Les cartes à patience, échappées de ses mains tremblantes, glissent à terre...

Colette, *L'ingénue libertine*, 1909.

Hypothèses d'analyse et de dissertation

1. Faites l'analyse du personnage de Rieux et montrez qu'on peut le percevoir comme un porte-parole de l'auteur.

2. En théorie, les romanciers existentialistes cherchent à se singulariser par rapport à leurs prédécesseurs ; sur le plan pratique, le résultat tient plutôt du compromis. Démontrez cette affirmation en vous appuyant sur le travail d'exploration.

LE MANDAT DU GRAND-PÈRE

Ainsi s'est forgé mon destin, au numéro un de la rue Le Goff, dans un appartement du cinquième étage, au-dessous de Gœthe et de Schiller, au-dessus de Molière, de Racine, de La Fontaine, face à Henri Heine, à Victor Hugo, au cours d'entretiens cent fois recommencés : Karl et moi nous chas-
5 sions les femmes, nous nous embrassions étroitement, nous poursuivions de bouche à oreille ces dialogues de sourds dont chaque mot me marquait. Par petites touches bien placées, Charles me persuadait que je n'avais pas de génie. Je n'en avais pas, en effet, je le savais, je m'en foutais ; absent, impossible, l'héroïsme faisait l'unique objet de ma passion : c'est la flambée des
10 âmes pauvres, ma misère intérieure et le sentiment de ma gratuité qui m'interdisaient d'y renoncer tout à fait. Je n'osais plus m'enchanter de ma geste future mais dans le fond j'étais terrorisé : on avait dû se tromper d'enfant ou de vocation. Perdu, j'acceptai, pour obéir à Karl, la carrière appliquée d'un écrivain mineur. Bref, il me jeta dans la littérature par le soin qu'il mit à
15 m'en détourner : au point qu'il m'arrive aujourd'hui encore, de me demander, quand je suis de mauvaise humeur, si je n'ai pas consommé tant de jours et tant de nuits, couvert tant de feuillets de mon encre, jeté sur le marché tant de livres qui n'étaient souhaités par personne, dans l'unique et fol espoir de plaire à mon grand-père. Ce serait farce : à plus de cinquante ans, je me
20 trouverais embarqué, pour accomplir les volontés d'un très vieux mort, dans une entreprise qu'il ne manquerait pas de désavouer.

En vérité, je ressemble à Swann guéri de son amour et soupirant : « Dire que j'ai gâché ma vie pour une femme qui n'était pas mon genre ! » Parfois, je suis mufle en secret : c'est une hygiène rudimentaire. Or le mufle a tou-
25 jours raison mais jusqu'à un certain point. Il est vrai que je ne suis pas doué pour écrire ; on me l'a fait savoir, on m'a traité de fort en thème : j'en suis un ; mes livres sentent la sueur et la peine, j'admets qu'ils puent au nez de nos aristocrates ; je les ai souvent faits contre moi, ce qui veut dire contre tous[1], dans une contention d'esprit qui a fini par devenir une hypertension de mes
30 artères. On m'a cousu mes commandements sous la peau : si je reste un jour sans écrire, la cicatrice me brûle ; si j'écris trop aisément, elle me brûle aussi. Cette exigence fruste me frappe aujourd'hui par sa raideur, par sa maladresse : elle ressemble à ces crabes préhistoriques et solennels que la mer porte sur les plages de Long Island ; elle survit, comme eux, à des temps
35 révolus. Longtemps j'ai envié les concierges de la rue Lacépède, quand le soir et l'été les font sortir sur le trottoir, à califourchon sur leurs chaises : leurs yeux innocents voyaient sans avoir mission de regarder.

1. Soyez complaisant à vous-même, les autres complaisants vous aimeront ; déchirez votre voisin, les autres voisins riront. Mais si vous battez votre âme, toutes les âmes crieront.

Les Mots (1964), Éditions Gallimard, 1974.

1. Comment Sartre illustre-t-il l'importance de la culture dans sa vie, au passé et au présent ?
2. Quel est le rôle accordé au grand-père dans cet extrait et quelle influence exerce-t-il sur Sartre ?
3. Sartre joue ici la fausse modestie. Démontrez-le.
4. « On m'a cousu mes commandements sous la peau » ; « leurs yeux innocents voyaient sans avoir mission de regarder ». Commentez le sens de ces phrases.
5. Faites un portrait de Sartre après avoir dégagé les traits de caractère que révèle cet extrait.

L'ESSAI
existentialiste
L'essai : ouvrage en prose qui présente une réflexion sur un sujet tiré de la réalité.

Écrire ou agir : une question essentielle

Jean-Paul Sartre (1905-1980)

Enfant unique, Jean-Paul Sartre passe la plus grande partie de ses loisirs à lire les grands classiques que lui recommande son grand-père. L'œuvre qu'il construit ensuite au fil de ses dialogues avec ses auteurs de prédilection est complexe, car il cherche à s'affranchir de leur influence au moment même où il est subjugué par leur pensée. Il consacre à certains d'entre eux — Flaubert, Baudelaire et Genet — des ouvrages critiques qui font date en littérature. Son rapport aux formes littéraires est d'une semblable ambivalence : comment se libérer de modèles dont on s'est tant imprégné ?

Dans les années 1960, Sartre se tourne vers l'autobiographie au moment où il est devenu un monument culturel. Dans cet extrait, il essaie de voir la part de son grand-père Charles (nommé aussi Karl, à cause de son ascendance allemande) dans le choix qu'il a fait de devenir écrivain.

L'ESSAI
féministe

La condition féminine

Simone de Beauvoir (1908-1986)

Née dans une famille de la petite bourgeoisie parisienne, Simone de Beauvoir conçoit très jeune le projet d'enseigner et d'écrire plutôt que d'entrer dans le moule féminin traditionnel. Jusqu'à la mort de Jean-Paul Sartre en 1980, elle forme avec lui un couple non-conformiste fondé sur le partenariat intellectuel. Philosophe, romancière et mémorialiste, elle devient une figure de proue du féminisme lors de la publication de son essai, *Le Deuxième Sexe*. Elle y observe tous les aspects de la condition féminine, de la réalité sociologique aux représentations mythiques et littéraires.

Ce passage invite à se méfier des modèles d'héroïnes que propose la littérature, fût-elle enfantine, parce qu'ils contribuent, par les voies de l'imaginaire, à l'aliénation dont sont victimes les femmes.

MON PRINCE VIENDRA

Elle apprend que pour être heureuse il faut être aimée ; pour être aimée, il faut attendre l'amour. La femme c'est la Belle au bois dormant, Peau d'Âne, Cendrillon, Blanche Neige, celle qui reçoit et subit. Dans les chansons, dans les contes, on voit le jeune homme partir aventureusement à la recherche de
5 la femme ; il pourfend des dragons, il combat des géants ; elle est enfermée dans une tour, un palais, un jardin, une caverne, enchaînée à un rocher, captive, endormie : elle attend. *Un jour mon prince viendra... Some day he'll come along, the man I love...* les refrains populaires lui insufflent des rêves de patience et d'espoir. La suprême nécessité pour la femme, c'est de
10 charmer un cœur masculin ; même intrépides, aventureuses, c'est la récompense à laquelle toutes les héroïnes aspirent ; et le plus souvent il ne leur est demandé d'autre vertu que leur beauté. On comprend que le souci de son apparence physique puisse devenir pour la fillette une véritable obsession ; princesses ou bergères, il faut toujours être jolie pour conquérir l'amour et
15 le bonheur ; la laideur est cruellement associée à la méchanceté et on ne sait trop quand on voit les malheurs qui fondent sur les laides si ce sont leurs crimes ou leur disgrâce que le destin punit. Souvent les jeunes beautés promises à un glorieux avenir commencent par apparaître dans un rôle de victime ; les histoires de Geneviève de Brabant, de Grisélidis, ne sont pas
20 aussi innocentes qu'il semble ; amour et souffrance s'y entrelacent d'une manière troublante ; c'est en tombant au fond de l'abjection que la femme s'assure les plus délicieux triomphes ; qu'il s'agisse de Dieu ou d'un homme la fillette apprend qu'en consentant aux plus profondes démissions elle deviendra toute-puissante : elle se complaît à un masochisme qui lui
25 promet de suprêmes conquêtes. Sainte Blandine, blanche et sanglante entre les griffes des lions, Blanche Neige gisant comme une morte dans un cercueil de verre, la Belle endormie, Atala évanouie, toute une cohorte de tendres héroïnes meurtries, passives, blessées, agenouillées, humiliées, enseignent à leur jeune sœur le fascinant prestige de la beauté martyrisée, abandonnée,
30 résignée. Il n'est pas étonnant, tandis que son frère joue au héros, que la fillette joue si volontiers à la martyre : les païens la jettent aux lions, Barbe-Bleue la traîne par les cheveux, le roi son époux l'exile au fond des forêts ; elle se résigne, elle souffre, elle meurt et son front se nimbe de gloire.

« N'étant encore que toute petite fille, je souhaitais attirer la tendresse des
35 hommes, les inquiéter, être sauvée par eux, mourir entre tous les bras », écrit Mme de Noailles. On trouve un remarquable exemple de ces rêveries masochistes dans *La Voile noire* de Marie Le Hardouin.

À 7 ans, de je ne sais quel côte, je fabriquais mon premier homme. Il était grand, mince, extrêmement jeune, vêtu d'un costume de satin noir aux longues manches traînant jusqu'à terre. Ses beaux cheveux blonds roulaient en lourdes boucles sur ses épaules...Je l'appelais Edmond... Puis un jour vint où je lui donnai deux frères... Ces trois frères : Edmond, Charles et Cédric, tous trois vêtus de satin noir, tous les trois blonds et svelets, me firent connaître d'étranges béatitudes. Leurs pieds chaussés de soie étaient si beaux et leurs mains si fragiles que toutes sortes de mouvements me montaient à l'âme...

Le Deuxième Sexe, Éditions Gallimard, 1949.

Collection privée, Milan.
Man Ray, *Image à deux faces*, 1959.

1. « La femme c'est la Belle au bois dormant ». Montrez comment est expliquée et illustrée cette comparaison de départ dans l'extrait.

2. Faites l'inventaire des différences qui existent entre la représentation des hommes et des femmes dans les contes et les chansons populaires.

3. On associe la femme à la « victime ». Dressez le champ lexical de ce terme dans l'extrait.

4. Expliquez l'expression suivante : « le fascinant prestige de la beauté martyrisée ».

5. Selon vous, est-il vrai que la littérature (enfantine ou autre) peut contribuer à l'aliénation des femmes ? Discutez en vous appuyant, entre autres, sur l'extrait.

6. Discutez du caractère actuel de cette réflexion qui date de 1949.

LE THÉÂTRE
existentialiste

Le théâtre : genre littéraire, générale-ment sous forme de dialogue, visant à représenter une action devant un public.

L'enfer, c'est les autres

Jean-Paul Sartre (1905-1980)

Défenseur des libertés, Sartre veut se faire entendre sur toutes les tribunes en créant des revues, en animant la vie politique. Son théâtre participe de cette volonté de conscientiser le lecteur aux grands débats sociaux, avec une orientation définie, résumée dans *L'Être et le Néant* qui constitue le fondement de son œuvre littéraire. Jean-Paul Sartre décède en 1980, salué par les Français comme la conscience de son siècle.

La pièce *Huis clos*, dont est tiré l'extrait ci-contre, est repré-sentative de l'œuvre de Sartre : les personnages se heurtent les uns aux autres dans un espace clos. Ils traduisent leur malaise par le langage et non par le corps, singulièrement absent, comme chez les grands classiques.

PRIS AU PIÈGE

GARCIN. Vous m'aiderez. Il faudrait peu de chose, Inès : tout juste un peu de bonne volonté.

INÈS. De la bonne volonté… Où voulez-vous que j'en prenne ? Je suis pourrie.

GARCIN. Et moi ? (*Un temps.*) Tout de même, si nous essayions ?

5 INÈS. Je suis sèche. Je ne peux ni recevoir ni donner ; comment voulez-vous que je vous aide ? Une branche morte, le feu va s'y mettre. (*Un temps ; elle regarde Estelle qui a la tête dans ses mains.*) Florence était blonde.

GARCIN. Est-ce que vous savez que cette petite sera votre bourreau ?

INÈS. Peut-être bien que je m'en doute.

10 GARCIN. C'est par elle qu'ils vous auront. En ce qui me concerne, je… je… je ne lui prête aucune attention. Si de votre côté…

INÈS. Quoi ?

GARCIN. C'est un piège. Ils vous guettent pour savoir si vous vous y laisserez prendre.

15 INÈS. Je sais. Et *vous*, vous êtes un piège. Croyez-vous qu'ils n'ont pas prévu vos paroles ? Et qu'il ne s'y cache pas des trappes que nous ne pouvons pas voir ? Tout est piège. Mais qu'est-ce que cela me fait ? Moi aussi, je suis un piège. Un piège pour elle. C'est peut-être moi qui l'attraperai.

GARCIN. Vous n'attraperez rien du tout. Nous nous courrons après comme 20 des chevaux de bois, sans jamais nous rejoindre : vous pouvez croire qu'ils ont tout arrangé. Laissez tomber, Inès. Ouvrez les mains, lâchez prise. Sinon vous ferez notre malheur à tous trois.

INÈS. Est-ce que j'ai une tête à lâcher prise ? Je sais ce qui m'attend. Je vais brûler, je brûle et je sais qu'il n'y aura pas de fin ; je sais tout : croyez-vous 25 que je lâcherai prise ? Je l'aurai, elle vous verra par mes yeux, comme Florence voyait l'autre. Qu'est-ce que vous venez me parler de votre malheur : je vous dis que je sais tout et je ne peux même pas avoir pitié de moi. Un piège, ha ! un piège. Naturellement je suis prise au piège. Et puis après ? Tant mieux, s'ils sont contents.

Huis clos, (1944), Éditions Gallimard, 1947.

1. À travers les réparties des personnages se dégage un portrait de chacun d'eux. Décrivez Garcin et Inès.

2. Sartre fait un usage très sobre des figures de style. Relevez deux métaphores, une comparaison, une métonymie et expliquez, s'il y a lieu, leur contribution à la signifi-cation du texte.

3. « L'enfer, c'est les autres. » En quoi l'extrait ci-dessus fournit-il une illustration de cette formule-choc ?

4. Parmi les thèmes existentialistes de l'angoisse, de l'aliénation, de la liberté et de l'enga-gement, déterminez lequel est surtout mis en valeur dans cet extrait et justifiez votre choix.

LE MOT ABSENT

MARIA, *regardant autour d'elle.* C'est ici ?

JAN. Oui, c'est ici. J'ai pris cette porte, il y a vingt ans. Ma sœur était une petite fille. Elle jouait dans ce coin. Ma mère n'est pas venue m'embrasser. Je croyais alors que cela m'était égal.

5 MARIA. Jan, je ne puis croire qu'elles ne t'aient pas reconnu tout à l'heure. Une mère reconnaît toujours son fils.

JAN. Il y a vingt ans qu'elle ne m'a vu. J'étais un adolescent, presque un jeune garçon. Ma mère a vieilli, sa vue a baissé. C'est à peine si moi-même je l'ai reconnue.

10 MARIA, *avec impatience.* Je sais, tu es entré, tu as dit : « Bonjour », tu t'es assis. Tu ne reconnaissais rien.

JAN. Ma mémoire n'était pas juste. Elles m'ont accueilli sans un mot. Elles m'ont servi la bière que je demandais. Elles me regardaient, elles ne me voyaient pas. Tout était plus difficile que je ne l'avais cru.

15 MARIA. Tu sais bien que ce n'était pas difficile et qu'il suffisait de parler. Dans ces cas-là, on dit : « C'est moi », et tout rentre dans l'ordre.

JAN. Oui, mais j'étais plein d'imaginations. Et moi qui attendais un peu le repas du prodigue, on m'a donné de la bière contre mon argent. J'étais ému, je n'ai pas pu parler.

20 MARIA. Il aurait suffi d'un mot.

JAN. Je ne l'ai pas trouvé. Mais quoi, je ne suis pas si pressé. Je suis venu ici apporter ma fortune et, si je le puis, du bonheur. Quand j'ai appris la mort de mon père, j'ai compris que j'avais des responsabilités envers elles deux et, l'ayant compris, je fais ce qu'il faut. Mais je suppose que ce n'est pas si facile 25 qu'on le dit de rentrer chez soi et qu'il faut un peu de temps pour faire un fils d'un étranger.

MARIA. Mais pourquoi n'avoir pas annoncé ton arrivée ? Il y a des cas où l'on est bien obligé de faire comme tout le monde. Quand on veut être reconnu, on se nomme, c'est l'évidence même. On finit par tout brouiller en prenant 30 l'air de ce qu'on n'est pas. Comment ne serais-tu pas traité en étranger dans une maison où tu te présentes comme un étranger ? Non, non, tout cela n'est pas sain.

JAN. Allons, Maria, ce n'est pas si grave. Et puis quoi, cela sert mes projets. Je vais profiter de l'occasion, les voir un peu de l'extérieur. J'apercevrai mieux 35 ce qui les rendra heureuses. Ensuite, j'inventerai les moyens de me faire reconnaître. Il suffit en somme de trouver ses mots.

MARIA. Il n'y a qu'un moyen. C'est de faire ce que ferait le premier venu, de dire : « Me voilà », c'est de laisser parler son cœur.

JAN. Le cœur n'est pas si simple.

40 MARIA. Mais il n'use que de mots simples. Et ce n'était pas bien difficile de dire : « Je suis votre fils, voici ma femme. J'ai vécu avec elle dans un pays que nous aimions, devant la mer et le soleil. Mais je n'étais pas assez heureux et aujourd'hui j'ai besoin de vous. »

LE THÉÂTRE
existentialiste

L'énigme des silences et des mots

Albert Camus (1913-1960)

Journaliste, essayiste, romancier et dramaturge, Albert Camus s'intéresse au sentiment de l'absurde, soit la réaction de l'être humain à une réalité dénuée de sens. Il le distingue de la philosophie de l'absurde qui se veut une réflexion sur le fait que l'existence soit concevable sans Dieu. Il refuse d'assumer le rôle de maître à penser : allergique à toute littérature de démonstration, il récuse le concept de l'œuvre à thèse. Cherchant à restituer l'ambiguïté de l'expérience humaine, il ne perd toutefois jamais de vue la forme littéraire dont il a un perpétuel souci.

Le Malentendu est une pièce énigmatique sur les thèmes de la mémoire et de l'incommunicabilité qui semble annoncer le théâtre de la génération suivante. Un homme retrouve sa mère et sa sœur après une longue absence, mais celles-ci ne le reconnaissent pas et l'assassinent, comme elles le font avec tous leurs clients qu'elles dépouillent de leurs biens. Or, en se présentant à elles en étranger, Jan n'a-t-il pas choisi, ne serait-ce qu'inconsciemment, de se poser en victime ? Sa femme Maria formule des doutes à ce sujet.

JAN. Ne sois pas injuste, Maria. Je n'ai pas besoin d'elles, mais j'ai compris
45 qu'elles devaient avoir besoin de moi et qu'un homme n'était jamais seul.

Un temps. Maria se détourne.

Le Malentendu, extrait de l'acte I, scène 3, Éditions Gallimard, 1944.

Camus, *Le Malentendu*, Théâtre du Nouveau Monde, 1993.

1. Les époux défendent des visions qui s'opposent sur le comportement «normal»
   qu'aurait dû adopter Jan en présence de sa mère et de sa sœur, mais aussi sur le rôle
   du langage dans les rapports humains. Énumérez quelques arguments de l'un et de
   l'autre et expliquez leur différence de points de vue. Quel point de vue vous paraît le
   plus juste?

2. Analysez les thèmes de la communication et de la mémoire.

3. Ce premier acte baigne dans une atmosphère irréelle et mystérieuse qui suffit à situer
   la pièce en marge du réalisme. Commentez cette affirmation.

4. Camus quitte l'Algérie, son pays natal, pour émigrer en France. Cette information
   contribue-t-elle à éclairer le texte? En quoi le propos de la scène est-il d'actualité?

LA LÉGION FRANÇAISE

Apparaissent alors trois légionnaires ployant sous le barda, marchant lentement, dans l'obscurité. Tous les uniformes sont en lambeaux et couverts de boue. Les acteurs parleront d'une voix étouffée comme chaque fois qu'ils figurent des sol-dats. Les morts regarderont en haut, alors que la scène qu'ils regardent se joue en bas.

ROGER, *il paraît très las, il marche et se dirige vers la coulisse de droite* : C'est chaque pierre, que tu soupçonnes ! Va doucement, à gauche c'est le ravin…

NESTOR, *apparaissant, épuisé* : L'ennemi c'est tout ce qui bouge et tout ce qui ne bouge pas. C'est l'eau qui bouge et l'eau qui ne bouge pas et c'est le vent qu'on avale.

ROGER, *pétant, et d'une voix grave* : Avale les miens, c'est des vents qui arrivent du Lot-et-Garonne.

NESTOR, *se bouchant le nez* : Dé-gueu-lasse !

Durant toute la scène, même quand le Lieutenant sera là, les acteurs se par-leront comme sans se voir. Jamais leur regard ne rencontrera le regard de celui à qui ils parlent. Ils doivent donner l'impression d'être en pleine nuit.

ROGER, *enlevant ses deux souliers qui n'ont plus de semelles* : Elles sont parties, mes semelles, et je marche sur la peau de mes pieds. La patrie, donc, c'est pas à la semelle de mes souliers qu'elle est attachée, elle dépose dans mon ventre. Pour qu'elle m'environne, je lâche un pet. Ceux du Lot-et-Garonne, les gars s'ils font tous comme moi, et ceux de la Gironde, ceux du Tarn, et cætera, c'est dans un air de Guyenne et Gascogne qu'on pourra dire qu'on se cogne.

NESTOR : Lâcher des pets, facile à dire, mais ceux qui n'ont pas le ventre ballonné ?

ROGER : Fallait qu'ils y pensent. En partant, j'ai fait mon plein d'air du pays. La patrie m'environne quand je déplisse le trou de mon cul.

JOJO, *apparaissant, butant contre Nestor, et faisant tous les gestes d'un soldat dans la nuit* : Moi, le malheur, c'est que chaque fois que j'en lâche un pour renifler l'odeur de la maison, plof, y a un courant d'air, et qui sait qui va en profiter ?

Les Paravents, Éditions Gallimard, 1961.

---

1. La présence du corps et l'expression par les gestes comptent pour beaucoup dans le théâtre de Genet. Démontrez-le en vous appuyant sur l'analyse des répliques et des didascalies.

2. Analysez le caractère provocateur du texte.

3. En vous fondant sur cet extrait, déterminez, avec exemples à l'appui, au moins quatre caractéristiques du style de Genet.

L'apologie de la subversion

Jean Genet (1910-1986)

Dès sa naissance à Paris, sa mère l'abandonne à l'Assistance pu-blique : Jean Genet sera élevé par une famille de paysans. Enfant à problèmes, il est faussement accusé de vol et mis en maison de correction ; il décide d'assumer son délit et de se faire délinquant. Il vivra de petits larcins, errant en France et en Espagne. Son pre-mier roman, *Le Condamné à mort* (1942), circule sous le man-teau et son talent est décelé par des écrivains connus (Cocteau, Sartre) qui signent une pétition pour lui éviter l'exil. Subversif jus-qu'à sa mort en 1986, Jean Genet est toutefois devenu à ce mo-ment un dramaturge à l'audience internationale, applaudi partout pour son lyrisme provocant.

L'œuvre de Genet, qui a pour cible l'hypocrisie sociale, est ins-pirée de son expérience des bas-fonds. Associées, souvent à tort, au courant de l'anti-théâtre, ses pièces d'un lyrisme provocant le rendent célèbre. Lorsque sont montés pour la première fois *Les Paravents* en plein après-guerre d'Algérie, le scandale éclate. La scène ci-contre, qui se moque de l'attitude irresponsable des mili-taires en Algérie, est reçue par la bourgeoisie bien-pensante comme un outrage à des valeurs sacrées telle la patrie.

L'anti-théâtre ou le théâtre de l'absurde

Le rejet de la tradition au théâtre

oulant préserver leur singularité, Samuel Beckett et Eugène Ionesco refusent de se considérer comme les représentants d'un courant circonscrit. Plusieurs étiquettes sont attachées à leur entreprise et chacune en fait ressortir un aspect particulier :

- « l'anti-théâtre » met l'accent sur le rejet des conventions qui remontent parfois à l'époque classique ;

- « le théâtre de l'absurde » souligne le lien avec l'existentialisme, surtout sur le plan de la thématique ;

- « le nouveau théâtre » ou « théâtre d'avant-garde » met en lumière le goût de l'innovation de ces dramaturges. Ils effectuent des choix très précis dans une optique de rejet du réalisme sur scène.

Avec ces dramaturges, il n'est donc pas exagéré de parler d'une véritable révolution sur scène qui a pour but de désarçonner le spectateur conditionné par une longue tradition de crédibilité et de cohérence.

Collection privée.
Wolfgang Mattheuer, *Osterspaziergang*, 1970.

La filiation existentialiste et surréaliste

La thématique montre bien la parenté de ce théâtre avec l'existentialisme : les intrigues font ressortir l'angoisse devant un monde qui ne fournit pas de justification à l'existence humaine. En revanche, les personnages doivent beaucoup à Alfred Jarry et au dadaïsme. Souvent réduits à l'état de pantins désarticulés, ils égrènent le temps comme ils occupent la scène, en donnant l'impression d'aller nulle part. Dieu est-il le grand absent de ce théâtre ? En fait, ce que le spectateur ressent fortement, c'est l'attirance pour le néant. On ne cherche plus à agir ou à combattre, comme le faisaient les existentialistes ; on se noie dans le vide. La parole n'arrive pas à sortir les personnages de leur solitude.

Paradoxalement, ces dramaturges, si profondément nihilistes, sont animés d'un grand désir d'expérimentation. Le discours théâtral revêt de nouvelles formes. Le monologue dialogique, parmi d'autres moyens, permet de saisir le désarroi de personnages qui semblent converser alors qu'en réalité ils soliloquent. On exploite toutes les possibilités du corps : il supplée au langage, dépouillé de sa fonction première. Le jeu des comédiens s'en trouve ainsi profondément transformé : dorénavant plus complexe, plus polyvalent, il arrive, dans certains cas, à soutenir à lui seul la signification du texte, hors de tout décor.

Ce que rejettent les dramaturges de l'anti-théâtre

- Des titres significatifs (qui font allusion à la signification de la pièce).

- Des personnages à l'identité bien cernée, avec une situation sociale et un caractère définis.

- Des répliques suivies qui informent sur l'intrigue.

- Des monologues qui donnent accès à la vie intérieure.

- Des événements qui se succèdent dans un ordre linéaire et causal, répondant à une vision logique du déroulement.

- Des moyens variés pour soutenir l'intérêt du spectateur : épisodes enlevants, intrigue bien ficelée, coups de théâtre, etc.

- Des thèmes liés aux préoccupations de l'époque ou aux valeurs du spectateur ou à des valeurs plus cosmiques et universalistes.

- Les didascalies qui jouent leur rôle, c'est-à-dire d'informer le metteur en scène et le comédien.

- L'écriture réaliste ou poétique, dans une certaine mesure, car elle respecte la vraisemblance et se soumet aux besoins de la communication.

Ce que choisissent les dramaturges de l'anti-théâtre

- Des titres trompeurs (*En attendant Godot* : Godot ne vient jamais ; *La Cantatrice chauve* : ni cantatrice ni chauve dans la pièce).

- Des êtres anonymes ou marginaux (des clochards chez Beckett) ; des pantins désarticulés (des bourgeois caricaturaux chez Ionesco).

- Des répliques décousues, incohérentes, souvent cacophoniques qui donnent le sentiment que le langage est vide de sens.

- Des monologues dialogiques qui plongent personnage et spectateur dans le désarroi.

- Des événements dénués de sens, présentés dans un ordre souvent répétitif, qui donne au spectateur l'impression de tourner en rond.

- Des gestes qui contredisent les paroles ; des objets ne jouent pas leur rôle (chez Ionesco, l'horloge n'indique pas le temps correctement).

- Le thème prédominant de l'absurde, qui envahit la scène et transforme le langage scénique.

- Des didascalies qui foisonnent : le rapport au texte s'inverse : les didascalies sont quelquefois plus précises et plus élaborées que les réparties.

- Un langage qui se désarticule, jusqu'à se réduire à des sons ; les mimiques et les gestes suppléent difficilement aux déficiences du discours.

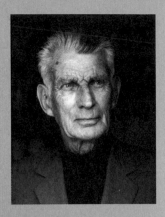

Celui qui ne viendra jamais

Samuel Beckett (1906-1989)

Né en Irlande et décédé en France, son pays d'élection, Samuel Beckett compose une œuvre en anglais et en français qui tire sa densité de son dépouillement. Destruction, négation, paralysie du corps et du langage : la marche vers le néant est inexorable. Aucun apaisement n'est possible dans ce monde concentrique où circulent des personnages démunis, misérables, tous prisonniers d'une relation de couple qui les avilit. Leur angoisse s'exprime en de longs monologues fragmentés, qui dérivent hors de toute communication.

Dans sa pièce la plus connue, *En attendant Godot*, deux clochards trompent leur ennui en attendant un certain Godot, dont on a pu dire qu'il s'agissait de Dieu (*God* en anglais), qui ne viendra jamais : ils s'inventent des histoires, s'amusent à discuter, donnant l'impression que l'homme ne vit que pour tuer le temps.

FAUT-IL PENSER ?

Long silence.

VLADIMIR. Dis quelque chose !

ESTRAGON. Je cherche.

Long silence.

5 VLADIMIR *(angoissé)*. Dis n'importe quoi !

ESTRAGON. Qu'est-ce qu'on fait maintenant ?

VLADIMIR. On attend Godot.

ESTRAGON. C'est vrai.

Silence.

10 VLADIMIR. Ce que c'est difficile !

ESTRAGON. Si tu chantais ?

VLADIMIR. Non non. *(Il cherche.)* On n'a qu'à recommencer.

ESTRAGON. Ça ne me semble pas bien difficile, en effet.

VLADIMIR. C'est le départ qui est difficile.

15 ESTRAGON. On peut partir de n'importe quoi.

VLADIMIR. Oui, mais il faut se décider.

ESTRAGON. C'est vrai.

Silence.

VLADIMIR. Aide-moi !

20 ESTRAGON. Je cherche.

Silence.

VLADIMIR. Quand on cherche on entend.

ESTRAGON. C'est vrai.

VLADIMIR. Ça empêche de trouver.

25 ESTRAGON. Voilà.

VLADIMIR. Ça empêche de penser.

ESTRAGON. On pense quand même.

VLADIMIR. Mais non, c'est impossible.

ESTRAGON. C'est ça, contredisons-nous.

30 VLADIMIR. Impossible.

ESTRAGON. Tu crois ?

VLADIMIR. Nous ne risquons plus de penser.

ESTRAGON. Alors de quoi nous plaignons-nous ?

VLADIMIR. Ce n'est pas le pire, de penser.

35 ESTRAGON. Bien sûr, bien sûr, mais c'est déjà ça.

VLADIMIR. Comment, c'est déjà ça ?

ESTRAGON. C'est ça, posons-nous des questions.

VLADIMIR. Qu'est-ce que tu veux dire, c'est déjà ça ?

ESTRAGON. C'est déjà ça en moins.

40 VLADIMIR. Évidemment.

ESTRAGON. Alors ? Si on s'estimait heureux ?

VLADIMIR. Ce qui est terrible, c'est d'avoir pensé.

ESTRAGON. Mais cela nous est-il jamais arrivé ?

VLADIMIR. D'où viennent tous ces cadavres ?

45 ESTRAGON. Ces ossements.

VLADIMIR. Voilà.

ESTRAGON. Évidemment.

VLADIMIR. On a dû penser un peu.

ESTRAGON. Tout à fait au commencement.

50 VLADIMIR. Un charnier, un charnier.

ESTRAGON. Il n'y a qu'à ne pas regarder.

VLADIMIR. Ça tire l'œil.

ESTRAGON. C'est vrai.

VLADIMIR. Malgré qu'on en ait.

55 ESTRAGON. Comment ?

VLADIMIR. Malgré qu'on en ait.

ESTRAGON. Il faudrait se tourner résolument vers la nature.

VLADIMIR. Nous avons essayé.

ESTRAGON. C'est vrai.

En attendant Godot (1952), Les Éditions de Minuit, 1990.

Samuel Beckett, *En attendant* Godot, Théâtre du Nouveau Monde, 1992.

1. Faites un bref résumé de la scène.

2. Par quels moyens Beckett traduit-il l'angoisse qu'éprouve Vladimir ?

3. L'attitude d'Estragon se distingue subtilement de celle de son compagnon : caractérisez-la.

4. Démontrez que les répliques ne permettent pas à l'intrigue de progresser.

5. Beckett a vécu la guerre. Comment ce thème se manifeste-t-il dans l'extrait et quel peut être son effet sur la tonalité de la pièce ?

6. Les deux pitres que sont Vladimir et Estragon pratiquent l'humour noir. Cet extrait en fournit-il des exemples ?

7. Quelle conception de l'intrigue et des personnages se dégage de cette scène ?

8. Comment peut-on qualifier le style de Beckett ?

La comédie de l'absurde

Eugène Ionesco
(1909-1994)

Né en Roumanie, Eugène Ionesco partage les premières années de sa vie entre son pays d'origine et la France où finalement il s'établit à demeure et où il décède. Son affinité avec Jarry et les surréalistes s'exprime par sa tendance à faire basculer l'absurde dans le dérisoire et l'humour dans la parodie. En faisant adopter à ses personnages des comportements mécaniques et en multipliant les automatismes de langage, Ionesco rend provocante sa caricature de la bourgeoisie et des mœurs politiques.

La Cantatrice chauve, qui ne se passe nullement dans le milieu de l'opéra comme pourrait le laisser croire son titre, met en scène des couples qui prétendent échanger sur des vérités fondamentales alors que leur conversation est truffée de banalités. Cette pièce, qui adopte d'abord un ton caricatural proche du boulevard, se termine dans le délire le plus débridé, le langage sombrant dans la cacophonie. Cette déconstruction linguistique reflète l'effondrement de la réalité.

Atelier d'analyse

MONSIEUR ET MADAME SMITH

Intérieur bourgeois anglais, avec des fauteuils anglais. Soirée anglaise. M. Smith, Anglais, dans son fauteuil et ses pantoufles anglais, fume sa pipe anglaise et lit un journal anglais, près d'un feu anglais. Il a des lunettes anglaises, une petite moustache grise, anglaise. À côté de lui, dans un autre fauteuil anglais,
5 *Mme Smith, Anglaise, raccommode des chaussettes anglaises. Un long moment de silence anglais. La pendule anglaise frappe dix-sept coups anglais.*

Mme SMITH. Tiens, il est neuf heures. Nous avons mangé de la soupe, du poisson, des pommes de terre au lard, de la salade anglaise. Les enfants ont bu de l'eau anglaise. Nous avons bien mangé, ce soir. C'est parce que nous
10 habitons dans les environs de Londres et que notre nom est Smith.

M. SMITH, *continuant sa lecture, fait claquer sa langue.*

Mme SMITH. Les pommes de terre sont très bonnes avec le lard, l'huile de la salade n'était pas rance. L'huile de l'épicier du coin est de bien meilleure qualité que l'huile de l'épicier d'en face, elle est même meilleure que l'huile
15 de l'épicier du bas de la côte. Mais je ne veux pas dire que leur huile à eux soit mauvaise.

M. SMITH, *continuant sa lecture, fait claquer sa langue.*

Mme SMITH. Pourtant, c'est toujours l'huile de l'épicier du coin qui est la meilleure…

20 M. SMITH, *continuant sa lecture, fait claquer sa langue.*

MME SMITH. Mary a bien cuit les pommes de terre, cette fois-ci. La dernière fois elle ne les avait pas bien fait cuire. Je ne les aime que lorsqu'elles sont bien cuites.

M. SMITH, *continuant sa lecture, fait claquer sa langue.*

25 Mme SMITH. Le poisson était frais. Je m'en suis léché les babines. J'en ai pris deux fois. Non, trois fois. Ça me fait aller aux cabinets. Toi aussi tu en as pris trois fois. Cependant, la troisième fois tu en as pris moins que les deux premières fois, tandis que moi j'en ai pris beaucoup plus. J'ai mieux mangé que toi, ce soir. Comment ça se fait ? D'habitude, c'est toi qui manges le plus. Ce
30 n'est pas l'appétit qui te manque.

M. SMITH, *fait claquer sa langue.*

Mme SMITH. Cependant, la soupe était peut-être un peu trop salée. Elle avait plus de sel que toi. Ha ! ha ! ha ! Elle avait aussi trop de poireaux et pas assez d'oignons. Je regrette de ne pas avoir conseillé à Mary d'y ajouter un peu
35 d'anis étoilé. La prochaine fois, je saurai m'y prendre.

M. SMITH, *continuant sa lecture, fait claquer sa langue.*

[…]

Mme SMITH. Mrs Parker connaît un épicier roumain, nommé Popesco Rosenfeld, qui vient d'arriver de Constantinople. C'est un grand spécialiste
40 en yaourt. Il est diplômé de l'école des fabricants de yaourt d'Andrinople. J'irai demain lui acheter une grande marmite de yaourt roumain fol-

klorique. On n'a pas souvent des choses pareilles ici, dans les environs de Londres.

M. SMITH, *continuant sa lecture, fait claquer sa langue.*

45 Mme SMITH. Le yaourt est excellent pour l'estomac, les reins, l'appendicite et l'apothéose. C'est ce que m'a dit le docteur Mackenzie-King qui soigne les enfants de nos voisins, les Johns. C'est un bon médecin. On peut avoir confiance en lui. Il ne recommande jamais d'autres médicaments que ceux dont il a fait l'expérience sur lui-même. Avant de faire opérer Parker, c'est lui
50 d'abord qui s'est fait opérer du foie, sans être aucunement malade.

M. SMITH. Mais alors comment se fait-il que le docteur s'en soit tiré et que Parker en soit mort ?

Mme SMITH. Parce que l'opération a réussi chez le docteur et n'a pas réussi chez Parker.

55 M. SMITH. Alors Mackenzie n'est pas un bon docteur. L'opération aurait dû réussir chez tous les deux ou alors tous les deux auraient dû succomber.

Mme SMITH. Pourquoi ?

M. SMITH. Un médecin consciencieux doit mourir avec le malade s'ils ne peuvent pas guérir ensemble. Le commandant d'un bateau périt avec le
60 bateau, dans les vagues. Il ne lui survit pas.

Mme SMITH. On ne peut comparer un malade à un bateau.

M. SMITH. Pourquoi pas ? Le bateau a aussi ses maladies ; d'ailleurs ton
65 docteur est aussi sain qu'un vaisseau ; voilà pourquoi encore il devait périr en même temps que le malade comme le docteur et son bateau.

70 Mme SMITH. Ah ! Je n'y avais pas pensé… C'est peut-être juste… et alors, quelle conclusion en tires-tu ?

M. SMITH. C'est que tous les docteurs ne sont que des charlatans. Et
75 tous les malades aussi. Seule la marine est honnête en Angleterre.

Mme SMITH. Mais pas les marins.

M. SMITH. Naturellement.

La Cantatrice chauve, scène 1 (1950),
Éditions Gallimard, 1990.

Collection Georg Zundel.
Richard Hamilton, *Just what is it that makes today's homes so different, so appealing?*, 1956.

Atelier d'analyse

Exploration

1. Résumez l'extrait en quelques phrases et cherchez dans le dictionnaire les mots qui en favoriseraient la compréhension.

2. Expliquez en quoi les didascalies participent à la signification de la pièce.

3. L'utilisation que fait Ionesco du langage donne un caractère provocateur à l'extrait. En expliquant leur contribution au sens de la pièce, relevez :
   - les phrases qui traduisent la vacuité du quotidien ;
   - les mots utilisés de façon incorrecte ;
   - les passages qui se veulent humoristiques et les jeux de mots ;
   - les passages qui présentent des entorses à la logique.

4. Les personnages se réduisent à l'état de pantins. Expliquez cette affirmation en vous appuyant sur l'extrait.

5. Donnez des preuves du fait que le temps se détraque dans la pièce.

6. Est-il juste d'affirmer que l'humour de ce début de pièce repose aussi sur une parodie de mœurs bourgeoises ?

7. Ionesco s'est inspiré du vaudeville, en particulier pour agencer son comique comme dans une mécanique bien réglée. On a aussi affirmé que Georges Feydeau avait exercé une influence sur l'anti-théâtre par sa vision démoralisante de la classe bourgeoise. La didascalie suivante sert d'ouverture à la pièce de cet auteur intitulée *Occupe-toi d'Amélie*. Comparez-la avec celle de Ionesco en tenant compte des aspects suivants :
   - la conception du décor ;
   - le rapport à l'espace ;
   - la vision de la bourgeoisie ;
   - l'intention du dramaturge par rapport au metteur en scène ;
   - l'effet sur le lecteur ou le spectateur.

Chez Amélie Pochet. – Le salon
Premier plan, fenêtre à quatre vantaux et formant légèrement bow-window[1]. Deuxième plan, un pan de mur. Au fond, à gauche, face au public, la porte donnant sur le vestibule. Toujours au fond, occupant le milieu de la scène, une glace sans tain qui permet de distinguer la pièce contiguë. On aperçoit, par cette glace, l'envers de la cheminée voisine ainsi que sa garniture. – À droite, en pan coupé, grande baie sans porte donnant sur un petit salon. À droite, premier plan, porte donnant dans la chambre d'Amélie. Au fond, contre la glace sans tain, un piano demi-queue, le clavier tourné vers la gauche. Sur le piano, une boîte de cigares, un bougeoir, une boîte d'allumettes ; ceci sur la partie gauche du piano. Sur la partie droite, un gramophone et des disques ; dans le cintre du piano, une petite table-rognon[2] ou un petit guéridon. Sur cette table, un service à liqueurs. Contre le piano, dans la partie qui est entre le clavier et le cintre, une chaise. Devant le clavier du piano, une banquette. À droite, au milieu de la scène, placé de biais, un canapé de taille moyenne. À gauche, en scène, une table à jeu, avec cartes à jouer, cendriers, trois verres de liqueurs, une bouteille de chartreuse, une tasse de café. Une chaise au-dessus de la table, face au public ; une chaise de l'autre côté, dos au public, et une autre chaise à droite de ladite table. Petit meuble d'appui contre le pan de mur immédiatement après la fenêtre. Autres meubles, bibelots, tableaux, plantes, objets d'art ad libitum. Bouton de sonnette électrique au-dessus du piano, contre le mur, près de la baie.

---

1. bow-window : sorte de fenêtre en saillie, sur un mur ou une façade.
2. table-rognon : table courbe et échancrée, en forme de graine de haricot.

Georges Feydeau, *Occupe-toi d'Amélie*, 1908.

Hypothèses d'analyse et de dissertation

1. Analysez le caractère anti-réaliste de ce début de pièce de théâtre d'Ionesco.

2. Analysez le rapport au langage et à la communication dans l'extrait d'Ionesco.

Le nouveau roman

Explorations variées

C'est sous la bannière des Éditions de Minuit que se regroupent la plupart des représentants du nouveau roman qui ont pour caractéristique commune leur contestation du réalisme qui donne, selon eux, une représentation du monde faussée et dépassée. Un temps conseiller littéraire de cette maison, Alain Robbe-Grillet y fait paraître, en 1963, une série d'articles au titre révélateur de *Pour un nouveau roman* qui a pour but de répondre aux réactions que suscite son œuvre. Bien qu'il se défende, dès la première phrase, d'être un théoricien du roman, il n'en reste pas moins que ses textes exposent une conception qui se démarque de celle de Balzac (par la suite entérinée par Zola). Le milieu littéraire ne s'y trompe pas en considérant cet essai comme le manifeste d'une école qui déjà fait parler d'elle. Les critiques, jusqu'alors désarçonnés par ces récits, y puisent les critères sur lesquels dorénavant ils fondent leurs jugements.

Ingénieur de profession, c'est à la science que Robbe-Grillet emprunte d'abord ses arguments comme il le précise dans une interview :

« Je ne suis pas de formation littéraire, mais scientifique, et vous savez que l'idée du temps telle qu'elle existe dans les sciences actuelles n'a plus rien à voir avec les certitudes absolues dans lesquelles vivait Balzac. Périmés aussi l'idée d'une matière continue, le principe de non-contradiction, la caractérologie de Lavater... Vouloir faire durer dans la société actuelle les formes de récit d'il y a cent cinquante ans, c'est, très exactement, vous présenter des lois fossiles comme étant les modèles sur lesquels vous devez vivre. » (Propos rapportés dans *Alain Robbe-Grillet* par André Gardies, p. 107.)

Robbe-Grillet cherche à faire comprendre ici que les procédés narratifs utilisés par les écrivains réalistes font croire que le monde est stable et cohérent, alors que tout cela n'est que pure convention. Aussi propose-t-il de transformer en qualités du nouveau roman les défauts qu'on reprochait au roman traditionnel.

Il faut ébranler la conviction que la vérité naît des mots. Aussi doit-on se méfier de ces dialogues trop évidents qui emprisonnent l'émotion. Pourquoi ne pas mettre au point des façons originales de traduire l'univers intérieur ? C'est à Nathalie Sarraute que revient le mérite de formuler le plus clairement cette problématique du langage romanesque dans son essai intitulé *L'Ère du soupçon*, aussi considéré comme un texte fondateur. S'inspirant de Marcel Proust et de l'écrivaine britannique Virginia Woolf, Sarraute infléchit la narration de façon qu'elle capte les impressions les plus infimes. Elle nomme « tropismes » — un terme emprunté à la biologie — ces malaises ou exaltations fugitives, à peine perceptibles, qui forment la trame invisible de l'existence. Plusieurs nouveaux romanciers s'inscrivent dans cette mouvance, chacun conservant toutefois son style distinctif.

Sartre ne s'y était pas trompé : il avait le premier qualifié d'anti-romans ces récits qui contestent de façon insolente les normes établies. Sans compromis, de manière plus radicale que Camus, ces écrivains expriment le rapport d'étrangeté qu'entretient l'homme avec lui-même et avec le monde. Leur parenté avec les dramaturges de l'anti-théâtre n'en est que mieux mise en relief.

Tableau comparatif : Le roman réaliste et le nouveau roman

Roman réaliste	Nouveau roman
• Le romancier réaliste enchaîne logiquement les épisodes pour faciliter la compréhension du récit.	• Le nouveau romancier laisse des trous dans l'intrigue pour forcer la participation du lecteur.
• Le romancier crée un personnage aux traits bien définis.	• Le romancier crée une personnalité floue, un être indécis, proche de l'anonymat (il arrive que des personnages soient dépourvus de nom ou d'identité précise).
• Le romancier instruit le lecteur de la dynamique sociale.	• Le romancier préserve une part d'arbitraire dans le récit : on laisse piétiner le récit ou se contredire les faits, en y glissant des moments de silence et d'absence.
• Le dénouement présente une solution à la problématique exposée.	• Le dénouement se présente sous forme de fin ouverte qui force la participation du lecteur.

Le narrateur voyeur

Alain Robbe-Grillet (1922)

Venu à la littérature après une formation en science, Alain Robbe-Grillet se consacre bientôt au cinéma. Le regard joue en effet un rôle primordial dans son œuvre. Le narrateur s'y comporte en voyeur (titre de l'un de ses romans), scrutant un monde impénétrable où les objets sont omniprésents, mais comme fermés sur eux-mêmes, sans fournir aucun indice pour la compréhension du monde. Prenant plaisir à décloisonner les genres, Robbe-Grillet s'inspire de la paralittérature, plus particulièrement du roman policier, pour susciter le mystère dans ses intrigues. Celles-ci s'articulent autour d'événements dont on ne sait jamais s'ils ont véritablement eu lieu, puisqu'ils ne sont pas racontés, étant en quelque sorte rejetés hors du récit.

Dans *Les Gommes*, le lecteur accompagne le détective Wallas dans ses investigations. Il découvre avec lui combien peu fiable se révèle tout témoignage qui repose sur la mémoire, faculté qui efface l'événement peut-être plus qu'elle ne le retient. Le titre du roman (faisant référence à la gomme à effacer) ne fournit-il pas une piste d'interprétation au lecteur, lui-même devenu enquêteur en cours de récit ?

EXTRAITS CLASSÉS PAR GENRES

L'HOMME À L'IMPERMÉABLE

Hier soir un homme en imperméable a détraqué quelque chose à la grille d'entrée. On voyait mal à cause de la nuit qui venait. Il s'est arrêté à la limite des fusains, il a sorti de sa poche un petit objet qui pouvait être une pince, ou une lime, et il a passé le bras vivement entre les deux derniers barreaux pour
5   atteindre le haut de la porte, à l'intérieur… Ça n'a pas duré une demi-minute : il a retiré la main aussitôt et continué sa route, du même pas nonchalant.

Puisque cette dame assure ne rien savoir, Wallas se dispose à prendre congé d'elle. Il aurait évidemment été bien extraordinaire qu'elle se fût trouvée à sa fenêtre juste au bon moment. Même, à la réflexion, ce « bon
10   moment » a-t-il existé ? Il est assez improbable que les meurtriers soient venus là, en plein jour, prendre tranquillement leurs dispositions d'attaque — repérer les lieux, fabriquer une fausse clef, ou faire des tranchées dans le jardin pour couper la ligne téléphonique.

Ce qu'il faut, avant tout, c'est entendre ce Dr Juard. Ensuite seulement, si
15   aucune piste ne se présente de ce côté-là et si le commissaire n'a rien appris de neuf, on pourra interroger d'autres locataires de l'immeuble. On ne doit pas négliger la plus petite chance. En attendant, on va demander à Mme Bax de ne pas démentir auprès de son concierge la légende qui a servi de prétexte.

Pour prolonger un peu cette trêve avant de reprendre ses pérégrinations,
20   Wallas pose encore deux ou trois questions ; il suggère différents bruits qui ont pu frapper l'oreille de la jeune femme, à son insu : un coup de revolver, des pas précipités sur le gravier, une porte qui claque, un moteur d'automobile… Mais elle secoue la tête, et dit avec son drôle de sourire :

— N'y mettez pas trop de détails : vous finirez par me faire croire que j'ai
25   assisté à tout le drame.

Hier soir un homme en imperméable a fait quelque chose à la porte et depuis ce matin on n'entend plus, quand elle s'ouvre, le grésillement de la sonnerie automatique. Hier, un homme… Sans doute va-t-elle finir par livrer son secret. Elle ne sait d'ailleurs pas exactement ce qui la retient.

30   Wallas, qui depuis le début de l'entretien cherche comment lui demander poliment si elle est restée beaucoup à sa fenêtre ces derniers jours, se lève enfin.

— Vous permettez ?

Il s'approche de la croisée. C'est bien dans cette pièce qu'il a vu bouger le rideau. Il reconstitue maintenant l'image qui, à l'endroit et de si près, ne lui
35   semblait plus la même. Il soulève le tissu pour mieux voir.

Sous cet angle nouveau le pavillon lui apparaît, au milieu de son jardin méticuleux, comme isolé par l'objectif d'un instrument d'optique. Son regard plonge vers les hautes cheminées, la toiture en ardoise — qui, dans cette région, donne une note de préciosité — la façade de brique coquette-
40   ment encadrée par des chaînes d'encoignure en pierre de taille, que rappellent, au-dessus des fenêtres, des linteaux en saillie, l'arc de la porte et les quatre marches du perron. D'en bas l'on ne peut apprécier si pleinement l'harmonie des proportions, la rigueur — la nécessité, dirait-on — de l'ensemble, dont la simplicité est à peine troublée — ou, au contraire, mise
45   en valeur ? — par les ferronneries compliquées des balcons. Wallas essaye de débrouiller quelque dessin dans ces courbes entremêlées, quand il entend derrière lui la voix doucement ennuyée qui déclare, comme une chose insignifiante et sans rapport avec le sujet :

— Hier soir, un homme en imperméable…

Les Gommes, Les Éditions de Minuit, 1953.

Jean Hélion, *L'Homme à la joue rouge*, 1943.

1. Énumérez les renseignements relatifs aux deux personnages en présence dans cet extrait.

2. Dans cette enquête, tout baigne dans un climat d'incertitude. Repérez cinq passages du texte qui confirment cette impression.

3. Analysez les thèmes du regard et de la mémoire dans l'extrait.

4. Quel effet la répétition des mots « Hier soir un homme en imperméable » produit-elle dans l'extrait ?

5. En quoi ce texte vous paraît-il rompre avec l'existentialisme et se rattacher au nouveau roman ?

Marguerite Duras
(1914-1996)

De son enfance passée en Indochine dans une atmosphère d'amertume et de déchirement, Marguerite Duras fait émerger des personnages repliés sur leur mystère. Son père meurt quatre ans après sa naissance. Pour assurer la subsistance de ses trois enfants, sa mère achète une concession qui s'avère incultivable et la famille porte le poids de cet échec. Largement autobiographique, l'œuvre de Duras traduit le caractère éphémère des choses et la vulnérabilité des êtres. Les dialogues sont ponctués de cris et de pleurs, mais aussi de silences, car l'indicible et l'insaisissable sont ici plus importants que le peu de signification que livrent les mots. L'amour, fulgurant et passionné, est vécu dans la peur constante du départ de l'autre ; la révolte s'avoue impuissante à renouveler un monde condamné à la dissolution.

Marguerite Duras accède à la célébrité grâce à son roman *L'Amant* (prix Goncourt 1984). Des événements énigmatiques, comme la rencontre avec l'amant chinois, y resurgissent sous des formes changeantes. La première page de *L'Amant* donne au récit sa tonalité particulière, entre secret et confidence.

LE VISAGE DÉVASTÉ

Un jour, j'étais âgée déjà, dans le hall d'un lieu public, un homme est venu vers moi. Il s'est fait connaître et il m'a dit : « Je vous connais depuis toujours. Tout le monde dit que vous étiez belle lorsque vous étiez jeune, je suis venu pour vous dire que pour moi je vous trouve plus belle maintenant que
5 lorsque vous étiez jeune, j'aimais moins votre visage de jeune femme que celui que vous avez maintenant, dévasté. »

Je pense souvent à cette image que je suis seule à voir encore et dont je n'ai jamais parlé. Elle est toujours là dans le même silence, émerveillante. C'est entre toutes celle qui me plaît de moi-même, celle où je me reconnais,
10 où je m'enchante.

Très vite dans ma vie il a été trop tard. À dix-huit ans il était déjà trop tard. Entre dix-huit ans et vingt-cinq ans mon visage est parti dans une direction imprévue. À dix-huit ans j'ai vieilli. Je ne sais pas si c'est tout le monde, je n'ai jamais demandé. Il me semble qu'on m'a parlé de cette
15 poussée du temps qui vous frappe quelquefois alors qu'on traverse les âges les plus jeunes, les plus célébrés de la vie. Ce vieillissement a été brutal. Je l'ai vu gagner mes traits un à un, changer le rapport qu'il y avait entre eux, faire les yeux plus grands, le regard plus triste, la bouche plus définitive, marquer le front de cassures profondes. Au contraire d'en être effrayée j'ai vu s'opérer
20 ce vieillissement de mon visage avec l'intérêt que j'aurais pris par exemple au déroulement d'une lecture. Je savais aussi que je ne me trompais pas, qu'un jour il se ralentirait et qu'il prendrait son cours normal. Les gens qui m'avaient connue à dix-sept ans lors de mon voyage en France ont été impressionnés quand ils m'ont revue, deux ans après, à dix-neuf ans. Ce visage-
25 là, nouveau, je l'ai gardé. Il a été mon visage. Il a vieilli encore bien sûr, mais relativement moins qu'il n'aurait dû. J'ai un visage lacéré de rides sèches et profondes, à la peau cassée. Il ne s'est pas affaissé comme certains visages à traits fins, il a gardé les mêmes contours mais sa matière est détruite. J'ai un visage détruit.
30 Que je vous dise encore, j'ai quinze ans et demi.

C'est le passage d'un bac sur le Mékong.

L'image dure pendant toute la traversée du fleuve.

J'ai quinze ans et demi, il n'y a pas de saisons dans ce pays-là, nous sommes dans une saison unique, chaude, monotone, nous sommes dans la
35 longue zone chaude de la terre, pas de printemps, pas de renouveau.

L'Amant, Les Éditions de Minuit, 1984.

1. Quel choix de narrateur Marguerite Duras fait-elle ? Par ce moyen, qu'apprend-on sur le personnage qui s'exprime ici ?

2. Dressez le champ lexical de la violence et de la dévastation. Quelle vision du vieillissement cela traduit-il ? Y a-t-il d'autres visions possibles de cet âge de la vie ?

3. Les écrivains du nouveau roman ont rompu avec la linéarité du récit. Montrez que ce court extrait permet de vérifier cette affirmation.

4. Comment l'influence de la langue orale s'exerce-t-elle sur le style de Duras ?

5. Ce roman opère un changement dans le récit à caractère autobiographique en accordant la priorité à l'émotion plutôt qu'à l'événement. Commentez cette affirmation.

LE SECRET

Car vous l'aviez dans votre serviette, cet indicateur à couverture bleue que vous tenez entre vos mains, que vos yeux regardent toujours mais où ils ne distinguent plus rien pour l'instant, et après le dîner, juste avant de vous coucher seul dans le grand lit sans Henriette qui ne vous a rejoint que
5 lorsque vous dormiez déjà, vous l'avez rangé dans votre valise au-dessus de ce peu de linge propre que vous avez emporté.

Il était comme le talisman, la clé, le gage de votre issue, d'une arrivée dans une Rome lumineuse, de cette cure de jouvence dont le caractère clandestin accentue l'aspect magique, de ce trajet qui va depuis ce cadavre de femme
10 continuant illusoirement des gestes utiles, depuis ce cadavre inquisiteur que vous n'avez si longtemps hésité à quitter que parce qu'il y a les enfants dont chaque jour une vague de plus vous sépare, de telle sorte qu'ils sont là comme des statues de cire d'eux-mêmes, cachant de plus en plus leur vie que vous avez de moins en moins envie de connaître et de partager, depuis
15 cette Henriette avec laquelle il vous est impossible de divorcer parce qu'elle ne s'y résoudrait jamais, parce que, avec votre position, vous voulez éviter tout scandale (la maison Scabelli, italienne, calotine, tartufe, verrait la chose d'un très mauvais œil), depuis ce boulot auquel vous êtes enchaîné et qui vous entraînerait aux fonds asphyxiés de cet océan d'ennui, de démission, de
20 routines usantes et ennuageantes, d'inconscience où elle se traîne, si vous n'aviez pas ce salut, Cécile, si vous n'aviez pas cette gorgée d'air, ce surcroît de forces, cette main secourable qui se tend vers vous messagère des régions heureuses et claires, depuis cette lourde ombre tracassière dont vous allez pouvoir enfin vous séparer de fait, jusqu'à cette magicienne qui par la grâce
25 d'un seul de ses regards vous délivre de toute cette horrible caricature d'existence, vous rend à vous-même dans un bienfaisant oubli de ces meubles, de ces repas, de ce corps tôt fané, de cette famille harassante,

le gage de cette décision enfin prise de rompre, de vous libérer de tout ce harnais de vains scrupules, de toute cette lâcheté paralysante, d'enseigner à
30 vos enfants aussi cette liberté, cette audace, de cette décision qui a illuminé de son reflet, qui vous a permis de traverser sans y succomber, sans renoncer à tout, sans vous perdre à jamais, toute cette semaine de chiffres, de règlements et de signatures, cette semaine de pluie, de cris et de malentendus,

le gage de ce voyage secret pour Henriette, parce que, si vous lui aviez bien
35 dit à elle que vous alliez à Rome, vous lui aviez caché vos raisons véritables, secret pour Henriette qui ne sait que trop bien pourtant qu'il y a derrière ce changement d'horaire un secret, votre secret, dont elle sait bien qu'il a nom Cécile, de telle sorte que l'on ne peut pas dire vraiment que vous la trompiez sur ce point, de telle sorte que vos mensonges à son égard ne sont pas
40 complètement des mensonges, ne pouvaient être complètement des mensonges puisqu'ils sont malgré tout (on a le droit de les considérer sous cet angle) une étape nécessaire vers la clarification de vos rapports, vers la sincérité entre vous si profondément obscurcie pour l'instant, vers sa délivrance à elle aussi dans sa séparation d'avec vous, vers sa libération à elle
45 aussi dans une certaine faible mesure,

secret parce que l'on ignore, avenue de l'Opéra, votre destination, parce que nul courrier ne pourra vous y rejoindre, alors que d'habitude, lorsque vous arrivez à l'Hôtel Quirinal, déjà des lettres et des télégrammes vous y attendent, si bien que, pour la première fois depuis des années, ces quelques
50 jours de vacances seront une véritable détente comme au temps où vous n'aviez pas encore vos responsabilités actuelles, où vous n'aviez pas encore vraiment réussi,

LE RÉCIT
le nouveau roman

Le lecteur interpellé

**Michel Butor
(1926)**

Le travail de Michel Butor consiste essentiellement à entremêler les genres littéraires et à ouvrir le récit aux autres arts comme la musique et la peinture. Savamment construit, son roman intitulé *La Modification* doit son pouvoir de séduction au jeu des réminiscences et des répétitions qui scandent le texte, lui donnant l'aspect d'un long poème incantatoire. Le récit interpelle directement le lecteur par le choix d'un narrateur inusité qui monologue en se vouvoyant. Ce procédé a pour effet de transformer la lecture, de la rendre plus interactive comme l'illustre l'extrait suivant tiré des premières pages du roman. Le personnage principal, cadre pour la maison Scabelli, s'apprête à quitter définitivement sa femme Henriette et ses enfants pour s'installer à Rome avec sa maîtresse. Il consulte l'indicateur à couverture bleue qui lui donne l'horaire des trains. Durant le voyage, son projet se *modifie*, donnant l'une des justifications au titre du roman, l'autre étant l'altération significative du mode narratif.

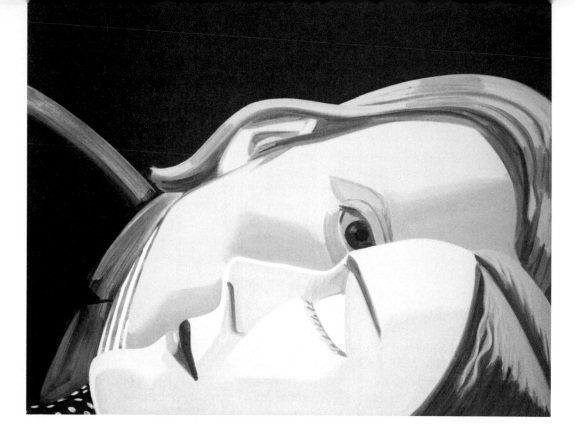

Museum of Modern Art
(MoMA), New York.
Alex Katz, *Peter and
Linda*, 1966.

secret parce que chez Scabelli, sur le Corso, personne ne sait que vous
serez à Rome de samedi matin à lundi soir, et que personne ne doit s'en
55 apercevoir quand vous y serez, ce qui vous obligera à prendre quelques pré-
cautions de peur de risquer d'être reconnu par quelqu'un de ces employés si
complaisants, si empressés, si familiers,

   secret même pour Cécile en ce moment puisque vous ne l'avez pas prévenue de votre arrivée, voulant jouir de sa surprise.

60   Mais elle, ce secret, elle le partagera totalement, et cette rencontre à laquelle elle ne s'attend pas sera l'épée qui tranchera enfin le nœud de tous les
liens qui vous empêtraient tous les deux, qui vous maintenaient éloignés
l'un de l'autre si douloureusement.

La Modification, Les Éditions de Minuit, 1957.

1. Dans cet extrait, deux femmes s'opposent par les valeurs, les images et les sensations
   qui sont associées à chacune. Répartissez ces différences dans un tableau sur deux
   colonnes.

2. Relevez cinq énumérations et deux répétitions. En quoi ces procédés stylistiques
   traduisent-ils l'état mental du narrateur ?

3. Démontrez que l'idée du « secret » traverse le texte de façon obsédante.

4. La libération se dessine dans le texte comme une trajectoire. Relevez les termes qui ont
   un caractère spatial.

5. En quoi ce texte se démarque-t-il du réalisme de tradition balzacienne ? Tenez compte
   des aspects suivants :
   – le choix du point de vue de narration ;
   – l'organisation des paragraphes ;
   – la thématique et le style.

6. Quelle est l'impression du lecteur à la fin de cet extrait : le narrateur quittera-t-il l'épouse
   pour l'amante ? Justifiez votre réponse.

BALBUTIEMENTS

Seul, replié sur lui-même, il ne fait rien. Vraiment rien. Rien à quoi le mot faire puisse s'appliquer. Flottant pendant des heures, se retournant, se gorgeant, dégorgeant en balbutiements informes, en borborygmes. Oubliant jusqu'au sens de certaines expressions comme par exemple « perdre la face ».
5 Il n'a plus de face depuis longtemps. Des années s'écoulent. La longueur de toute une vie. De plusieurs vies. Il a perdu la notion du temps. Par moments, tant l'abandon où il se trouve est grand, tant est forte la sensation de solitude, de silence, tandis que passent à travers lui comme des effluves, des relents, qu'il en vient à se dire que personne probablement, s'étant laissé
10 déporter si loin, n'en est revenu, puisque personne n'a jamais raconté une telle expérience. C'est ce que doivent dans les tout derniers instants se dire les mourants. S'ils le supportent avec tant de docilité c'est qu'ils sont sans doute comme lui dans un état de torpeur et submergés déjà d'indifférence.

De la substance molle aux fades relents cela a filtré comme une vapeur,
15 une buée… elle se condense… les gouttelettes des mots s'élèvent en un fin jet, se poussant les unes les autres, et retombent. D'autres montent et encore d'autres… Maintenant le dernier jet est retombé. Il n'y a plus rien.

Il faut absolument que cela recommence. Se laisser couler de nouveau… se laisser flotter, replié sur soi-même, au gré des plus faibles remous…
20 Attendre que s'ébauchent dans l'épaisseur de la vase ces déroulements tâtonnants, ces repliements jusqu'à ce que de là de nouveau quelque chose se dégage…

Là, il lui semble qu'il perçoit… on dirait qu'il y a là comme un battement, une pulsation… Cela s'arrête, reprend plus fort, s'arrête de nouveau et
25 recommence… C'est comme le petit bruit intermittent, obstiné, le grattement, le grignotement léger qui révèle à celui qui l'écoute tout tendu dans le silence de la nuit une présence vivante…

Cela grandit, se déploie… Cela a la vigueur, la fraîcheur intacte des jeunes pousses, des premières herbes, cela croît avec la même violence contenue,
30 propulsant devant soi des mots… Ils s'attirent les uns les autres… Leur mince jet lentement s'étire… L'impulsion tout à coup devient plus forte, c'est une brève éruption, les mots irrésistiblement dévalent, et puis tout se calme.

Entre la vie et la mort, Éditions Gallimard, 1968.

1. Dans les deux premiers paragraphes, comment l'attrait pour le néant de l'existence se manifeste-t-il ?

2. Le texte s'appuie sur un jeu subtil de répétitions. Relevez-en au moins cinq en commentant l'effet produit dans le récit.

3. Les trois autres paragraphes illustrent le retour à la vie et au mouvement. Dressez le champ lexical de ces termes.

4. En quoi la ponctuation contribue-t-elle au sens de ce texte ?

5. Montrez comment le texte suggère les significations suivantes :
   – une description de la vie psychique ;
   – une illustration de la venue à l'écriture.

LE RÉCIT
le nouveau roman

Les intrigues secrètes

Nathalie Sarraute (1900-1999)

Née en 1900 en Russie, Nathalie Sarraute arrive en France à l'âge de deux ans, au moment de la séparation de ses parents. Très tôt, elle fait l'expérience du bilinguisme, découvrant que le lien entre les mots et les choses est arbitraire puisque ces dernières sont désignées par des sons très différents d'une langue à l'autre. Plus tard, la lecture de romans réalistes la laisse insatisfaite : les dialogues demeurent superficiels, la description de l'être humain est incomplète. La lecture de Proust est une révélation : sous le couvert de l'analyse psychologique, cet auteur parvient à exprimer les minuscules drames de la vie intérieure. « Et c'est cela qui m'intéresse : atteindre quelque chose qui se dérobe. » Aussi choisit-elle d'explorer cette veine en profondeur. Elle ira même jusqu'à sacrifier le personnage pour accorder toute son attention à ces conflits qui semblent passer inaperçus aux yeux des autres qui pourtant les devinent…

Dans cet extrait d'*Entre la vie et la mort*, l'écriture se met donc à l'écoute de ces petits riens qui constituent pour l'auteure l'essence de l'être.

La poésie dans la marge

Après la vague surréaliste des années 1920 à 1950, la poésie est graduellement devenue un genre littéraire peu lu, peu diffusé, ne regroupant qu'une poignée d'auteurs et guère plus de lecteurs. Heureusement, les lois tacites régissant l'institution littéraire ne reposent pas que sur les chiffres de vente, et les poètes occupent, durant cette période où les idées ont préséance, une place à part, en marge des grands débats sociaux.

Dans la mesure où la figure de l'écrivain se transforme, délaissant les tribunes pour retourner au domaine de l'écriture plus intime, les poètes représentent pleinement cette deuxième moitié du XXe siècle.

Ils se penchent sur trois thèmes privilégiés : la situation de l'homme dans le monde, le regard qu'il porte sur les choses, et la présence concrète de celles-ci dans son existence.

Ils laissent de côté les recherches formelles pour se centrer sur des interrogations à la fois métaphysiques et matérielles : comment l'être humain habite-t-il un lieu donné ? Quel est le rôle du poète dans le monde ?

Ils explorent ces thématiques en misant sur l'image et la description rapide dans un style accessible ; le tout s'inscrit dans ce qu'on peut appeler une « poésie du constat ».

Du point de vue formel, la poésie du constat garde les acquis des explorations surréalistes sur la page : la typographie et la disposition du texte jouent un rôle de premier plan, sans toutefois avoir pour but de déstabiliser le lecteur.

Les « blancs » se comparent aux silences qui, à l'oral, entrecoupent les moments de parole : à ce titre, ils possèdent une signification propre.

En cela, les poètes plus jeunes doivent beaucoup à leur prédécesseur, Francis Ponge. Par le moyen du langage, celui-ci semble photographier les objets de façon à révéler tout à la fois leur singularité et l'impression ressentie par celui qui tient l'appareil.

Ainsi, la poésie, comme le théâtre, favorise la fusion avec les arts visuels par ses préoccupations liées au regard tout en s'apparentant aux partitions musicales contemporaines qui marient les sons concrets, les bruits, les silences, les chuchotements, ou les instrumentations débridées.

Collection Raoul La Roche.
Juan Gris, *Guitare et compotier sur une table*, 1918.

LES MÛRES

Aux buissons typographiques constitués par le poème sur une route qui ne mène hors des choses ni à l'esprit, certains fruits sont formés d'une agglomération de sphères qu'une goutte d'encre remplit.

*

Noirs, roses et kakis ensemble sur la grappe, ils offrent plutôt le spectacle
5 d'une famille rogue à ses âges divers, qu'une tentation très vive à la cueillette.

Vue la disproportion des pépins à la pulpe les oiseaux les apprécient peu, si peu de chose au fond leur reste quand du bec à l'anus ils en sont traversés.

*

Mais le poète au cours de sa promenade professionnelle, en prend de la graine à raison : « Ainsi donc, se dit-il, réussissent en grand nombre les
10 efforts patients d'une fleur très fragile quoique par un rébarbatif enchevêtrement de ronces défendue. Sans beaucoup d'autres qualités, — *mûres*, parfaitement elles sont mûres — comme aussi ce poème est fait. »

Le Parti pris des choses (1942), Éditions Gallimard, 1997.

1. Montrez comment Ponge invite le lecteur à se déplacer sur deux espaces, dont l'un est la métaphore de l'autre.

2. Comment Ponge s'y prend-il pour faire ressortir le caractère un peu « rébarbatif » des mûres, non seulement par le choix des mots, mais aussi par les liens homophoniques (sonorités semblables) entre eux ?

3. L'humour de Ponge est incomparable. Après avoir relevé les traits d'humour qui émaillent ce court poème, faites une tentative de description.

LA POÉSIE

Genre littéraire où le sens est suggéré par les images et par le rythme (souvent associé à l'emploi du vers).

Le goût des choses

**Francis Ponge
(1899-1988)**

Francis Ponge, considéré par Sartre comme le poète de l'existentialisme, prend plaisir à utiliser les mots pour tisser des liens sémantiques sur une trame d'échos homophoniques. Tel l'artisan, Ponge n'oublie jamais le but de son activité qui est d'amener le lecteur à capter la singularité de chaque chose. D'entrée de jeu, sa poésie est d'abord visuelle, puis elle sollicite tous les sens : elle invite à palper l'objet, à le humer et à le savourer. Toutefois, au moment même où il élit sa cible, le regard de Ponge ne cesse d'être panoramique : la description s'entremêle de métaphores cosmogoniques.

Le poème en prose *Les mûres* tiré du recueil *Le Parti pris des choses* illustre, en outre, comment Ponge rappelle, non sans humour, les « efforts patients » qu'exige la « promenade professionnelle » du poète dans ses aller-retour de l'esprit à la chose.

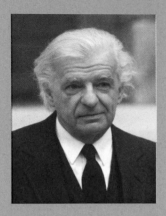

Le goût de l'ordinaire

Yves Bonnefoy
(1923)

Yves Bonnefoy est mathématicien de formation. Sa poésie est d'abord proche des œuvres des peintres et des poètes surréalistes d'après-guerre. Son intérêt se porte ensuite sur la réalité plus ordinaire et il se détourne des mathématiques au profit de la philosophie. Son premier recueil de poèmes est très remarqué et lui permet de se rapprocher de poètes contemporains pour fonder une revue. De plus, il mène une carrière prolifique de traducteur de l'anglais (William Shakespeare, William Butler Yeats, John Keats). Après avoir enseigné aux États-Unis, il est nommé titulaire de la chaire de poétique comparée au Collège de France.

Son œuvre se caractérise par un refus des grands concepts et une quête de la plénitude associée toutefois à la simplicité des choses ; elle illustre une recherche constante de ce qu'il appelle « le vrai lieu », espace à la fois réel et utopique.

LE MIROIR COURBE

I

Regarde-les là-bas, à ce carrefour,
Qui semblent hésiter puis qui repartent.
L'enfant court devant eux, ils ont cueilli
5 En de grandes brassées pour les quelques vases
Ces fleurs d'à travers champs qui n'ont pas de nom.

Et l'ange est au-dessus, qui les observe
Enveloppé du vent de ses couleurs.
Un de ses bras est nu dans l'étoffe rouge,
10 On dirait qu'il tient un miroir, et que la terre
Se reflète dans l'eau de cette autre rive.

Et que désigne-t-il maintenant, du doigt
Qui pointe vers un lieu dans cette image ?
Est-ce une autre maison ou un autre monde,
15 Est-ce même une porte, dans la lumière
Ici mêlée des choses et des signes ?

II

Ils aiment rentrer tard, ainsi. Ils ne distinguent
Plus même le chemin parmi les pierres
20 D'où sourd encore une ombre d'ocre rouge.
Ils ont pourtant confiance. Près du seuil
L'herbe est facile et il n'est point de mort.

Et les voici maintenant sous des voûtes.
Il y fait noir dans la rumeur des feuilles
25 Sèches, que fait bouger sur le dallage
Le vent qui ne sait pas, de salle en salle,
Ce qui a nom et ce qui n'est que chose.

Ils vont, ils vont. Là-bas parmi les ruines,
C'est le pays où les rives sont calmes,
30 Les chemins immobiles. Dans les chambres
Ils placeront les fleurs, près du miroir
Qui peut-être consume, et peut-être sauve.

Ce qui fut sans lumière, Mercure de France, 1987.

1. Dressez le champ lexical de tous les termes reliés à l'espace.

2. Ce texte laisse imaginer un au-delà à la présence concrète des choses. Commentez cette affirmation.

3. Le matériau de travail du poète est le langage. Comment Bonnefoy s'y prend-il pour le rappeler au lecteur ?

4. Le pronom « ils » est ici sans antécédent, ce qui lui laisse sa part de mystère. Selon votre interprétation, de qui s'agit-il ?

TERRE DES LIVRES

Longtemps après l'arrachement des dernières fusées,

Dans les coins abrités des ruines de nos maisons

Pour veiller les milliards dc morts les livres resteront

Tout seuls sur la planète.

5 Mais les yeux des milliards de mots qui lisaient dans les nôtres,

Cherchant à voir encore,

Feront-ils de leurs cils un souffle de forêt

Sur la terre à nouveau muette ?

Autant demander si la mer se souviendra du battement de nos jambes ; le vent,

10 D'Ulysse entrant nu dans le cercle des jeunes filles.

O belle au bois dormant,

La lumière aura fui comme s'abaisse une paupière,

Et le soleil ôtant son casque

Verra choir une larme entre ses pieds qui ne bougent plus.

15 Nul n'entendra le bâton aveugle du poète

Toucher le rebord de la pierre au seuil déserté,

Lui qui dans l'imparfait déjà heurte et nous a précédés

Quand nous étions encore à jouer sous vos yeux,

Incrédules étoiles.

Récitatif, Éditions Gallimard, 1970.

1. Quel est le rapport au temps dans ce poème : le lecteur est-il projeté vers l'avenir, ramené au passé ou placé dans le présent ? Justifiez votre réponse en vous appuyant sur le texte.

2. Analysez le caractère cosmique du poème.

3. Ce texte illustre le concept de l'intertextualité, c'est-à-dire le fait pour un écrivain de se référer à l'œuvre d'autres écrivains. Donnez-en des exemples. Quel effet cela produit-il sur le lecteur ?

4. Analysez la symbolique du regard dans le poème.

5. En vous appuyant sur le texte, analysez les significations possibles du titre du poème.

Le goût de la rue

Jacques Réda (1929)

Jacques Réda reçoit une solide formation classique chez les jésuites ; il s'initie à la prosodie et au vers traditionnel. Il fait ensuite des études de droit et exercera plusieurs métiers. Ses premiers textes paraissent de façon intermittente à partir de 1952, mais il privilégie la publication dans des revues. Chroniqueur de jazz, il rédige une anthologie ainsi que deux volumes d'histoire sur le sujet. Son premier recueil important, *Amen* (1968), semble se situer aux antipodes des préoccupations de son époque, car Réda y développe un ton à la fois réaliste et lyrique. Engagé à titre de lecteur par les Éditions Gallimard, il dirige la *Nouvelle Revue Française* depuis 1987. Ses poèmes en prose ou en vers se nourrissent de ses promenades dans la ville et les banlieues. Réda est l'un des plus fins observateurs de la vie de la rue, des paysages urbains.

La résonance de la thématique de l'absurde dans la francophonie, et jusqu'à aujourd'hui

Dans la francophonie

*P*endant que les guerres et la crise des valeurs secouent l'Europe, de nouvelles voix venues des colonies s'élèvent pour réfuter, elles aussi, le mythe de la supériorité occidentale. Au fil des ans, la contradiction devient de plus en plus flagrante entre la « mission civilisatrice » de ceux qui proclament les valeurs de « liberté, égalité, fraternité » et les conditions de vie inhumaines imposées aux populations indigènes des colonies. Ainsi, les remous internes des pays d'Europe fournissent à quelques jeunes Africains et Antillais ayant accédé à l'éducation supérieure l'occasion d'exprimer les revendications et le mécontentement refoulés depuis des siècles. Plusieurs mouvements de contestation littéraires voient alors le jour, faisant apparaître sur la scène internationale une littérature dynamique qui n'a cessé de s'épanouir depuis.

Dans les années 1920, le mouvement indigéniste d'Haïti sera le premier à réunir les écrivains qui dénoncent les préjugés racistes, l'assimilation culturelle et les valeurs bourgeoises occidentales. La littérature et la politique devraient plutôt s'inspirer des expériences de vie de la majorité, estiment-ils, et valoriser la vie paysanne, l'héritage africain, la culture populaire et les croyances indigènes en tant que sources de l'identité antillaise. Cette prise de conscience s'étendra à l'ensemble des colonies françaises lorsque les intellectuels noirs fondent à Paris le mouvement de la Négritude qui s'élève à son tour contre la dépersonnalisation produite par des siècles d'esclavagisme, d'oppression et de dénigrement des cultures non occidentales. Ces écrivains s'expriment alors de préférence par la poésie et, comme l'avant-garde européenne, proclament les méfaits du rationalisme, du matérialisme bourgeois et du prétendu progrès technologique.

Cependant, tout en dénonçant le non-sens de la vie des opprimés, ces contestataires ne cèdent pas à l'angoisse existentielle ; ils réclament l'émancipation politique et culturelle pour les peuples colonisés et le retour à des valeurs plus essentielles. Ainsi, si ces œuvres cherchent d'abord à redonner aux opprimés leur dignité humaine en faisant valoir la grandeur de la civilisation négro-africaine, elles rappellent en même temps l'importance, pour l'humanité entière, de cultiver l'imaginaire (la créativité), la sensibilité, la fraternité, le respect de la nature et de la vie humaine, et le dialogue avec les mondes invisibles. Par ailleurs, à l'instar des intellectuels européens, les écrivains des mouvements de protestation anticoloniale ont souvent adhéré aussi au marxisme. La plupart se raviseront, pourtant, s'apercevant que l'idéologie communiste repose aussi sur une solidarité matérialiste et non pas sur les valeurs fraternelles qui leur importent.

Lors de la Seconde Guerre mondiale, les colonies sont appelées à contribuer à « l'effort de guerre ». Le rapatriement des troupes coloniales a toutefois des effets imprévus car, témoins de la barbarie européenne, les soldats indigènes renforceront les mouvements de contestation ; les dernières illusions quant à la supériorité de l'Occident chrétien s'écroulent. Une abondante littérature en prose naît alors sous la plume des écrivains maghrébins, africains et antillais qui espèrent, comme certains de leurs contemporains français, que l'écriture leur permettra d'agir sur la réalité. Ces romans de la révolte ont souvent recours aux techniques du réalisme mais, à la manière des œuvres existentialistes, ils tendent aussi à mettre en scène des intrigues conçues pour faire passer clairement leurs messages déstabilisants. Le questionnement des intellectuels européens ouvre la voie aux écrivains des pays sous le joug français qui s'emparent de la langue du colonisateur pour ajouter leurs voix au concert des désillusionnés.

Au Québec

Le Québec partage avec les anciennes colonies françaises le désir d'affirmation nationale, raison pour laquelle il se montre réceptif au discours anticolonialiste. Il se démarque toutefois par la situation particulière qui est la sienne : menacé d'assimilation par la majorité anglophone, il voit les échanges culturels avec la France comme un moyen de préserver son identité. Dans l'après-guerre, les écrivains se montrent particulièrement perméables aux idées contestataires en provenance de la mère patrie. À la manière de Mauriac et de Bernanos, le romancier André Langevin dénonce l'apathie sclérosante des petites villes de province. Gérard Bessette s'inspire plutôt de Camus pour créer avec *Le Libraire* une figure d'antihéros qui se moque de la soumission de l'élite locale. Enfin, la quête du pays acquiert avec Hubert Aquin une résonance moderne dans son récit de facture très « nouveau roman » intitulé *Prochain Épisode.*

BRAISES

Hilarion revenait, la chaise dans les bras, mais Domenica ne voulut rien entendre et ne changea pas de siège. Hilarion resta debout, se dandinant sur une jambe et sur l'autre...

— Santa-Cruz va partir, dit Domenica, on le cherche. Peut-être..., non, ce
5 ne sera pas possible que tu le voies. [...] Je suis venue parce qu'on est arrivé à savoir qu'il se prépare quelque chose contre les travailleurs du sucre. On ne sait pas exactement quoi, mais c'est sérieux. Des centaines de gendarmes sont arrivés aujourd'hui à Macoris par camions. On leur a distribué de grosses rations de rhum et de munitions. Tout ça ne présage rien de bon. Le succès de
10 la grève a été un rude coup pour eux, les grèves éclatent un peu partout, aussi le Chacal a dû décider de frapper un grand coup. Paraît-il, on a envoyé des tas de soldats à Dajabon aussi. On dit aussi que des soldats ivres se sont vantés de faire couler le sang de ces *haïtianos malditos*, comme ils disent... [...]

Ils se turent, angoissés. Ainsi la vie ne voulait pas les laisser tranquilles !
15 Qu'avaient-ils fait au bon Dieu pour qu'il s'acharne ainsi contre eux ? Claire-Heureuse se sentit faible, lasse, comme si une immense fatigue s'était abattue sur son cœur. Elle effleura de la main le visage de Désiré rendu grave par le sommeil, puis, elle se leva :

— Vous prendrez bien un peu de café, mademoiselle ? C'est tout ce qu'on
20 peut vous offrir !... Il est tout prêt, il faut juste le réchauffer un petit peu.

Domenica ne put refuser. Elle fouilla dans son sac pour chercher des cigarettes. Plus rapide, Hilarion tendit les siennes. Elle était gênée d'avoir dérangé ce petit bonheur familial avec ses mauvaises nouvelles. À chaque fois qu'elle tombait au beau milieu d'une famille de prolétaires, parmi le désordre
25 que créait la marmaille, la tenue négligée, les savates traînantes, la simplicité des mains tendues, elle retrouvait d'un coup toutes les raisons pour lesquelles elle s'efforçait de couper les liens qui l'attachaient à la bourgeoisie, pour se lier au sort du peuple. Ces hommes, ces femmes du peuple étaient les premiers tenants de cette manière de vivre, d'aimer et de sentir, qui serait
30 la base de la culture de l'avenir. Elle se leva :

— Je vais retrouver Claire-Heureuse, dit-elle.

Claire-Heureuse, dans la cuisine, s'énervait. Les charbons étaient presque éteints dans le réchaud, elle essayait de le ranimer en agitant un vieux chapeau sur les braises, mais la flamme ne voulait pas jaillir.

35 — Attendez, dit Domenica.

Malgré les dénégations de Claire-Heureuse, elle s'accroupit devant le réchaud et se mit à souffler sur les braises. Leurs efforts conjugués firent jaillir la flamme. Elles se sourirent.

Compère Général Soleil, Éditions Gallimard, 1955.

1. Montrez que Hilarion, Claire-Heureuse et Domenica sont des personnages types qui servent à illustrer l'idéologie communiste véhiculée par le roman.

2. Dans cet extrait, quelle est l'importance de la question (posée en discours indirect libre) : « Qu'avaient-ils fait au bon Dieu pour qu'il s'acharne ainsi contre eux ? »

3. La parole des personnages prend ici plus de place que la narration. Comment l'auteur s'y prend-il pour reproduire le style de la langue parlée ? Cette imitation du style oral vous paraît-elle réussie ?

LE RÉCIT

L'engagement en terre haïtienne

Jacques Stephen Alexis (1922-1961)

Médecin, romancier et essayiste, Jacques Stephen Alexis a marqué l'histoire littéraire haïtienne à la fois par son œuvre et par son engagement sociopolitique. Il défend la cause du peuple, mais il s'intéresse autant au sort de l'ouvrier dans le milieu urbain qu'aux conditions de vie des paysans. Ainsi, tout dans les romans d'Alexis concourt à faire passer le message de la solidarité des démunis (au-delà des considérations raciales), mais sa prose prend aussi des accents poétiques pour faire vivre les personnages et les paysages. Alexis est également le premier théoricien francophone du réalisme merveilleux. Il disparaît (vraisemblablement détenu et exécuté) lors d'une tentative de renversement du dictateur Duvalier.

Dans cet extrait de *Compère Général Soleil*, un jeune couple haïtien et leur enfant Désiré vivent en exil en République dominicaine. Domenica, une jeune bourgeoise devenue militante marxiste, vient les avertir que les autorités se préparent à sévir contre les travailleurs haïtiens.

**L'engagement
en continent africain**

Léopold Sédar Senghor
(1906-2001)

Poète et essayiste, Léopold Sédar Senghor est un des membres fondateurs du mouvement de la Négritude. Président du Sénégal de 1960 à 1980, il demeure le plus célèbre des poètes africains. Toute son œuvre affirme l'importance du retour aux sources de la civilisation négro-africaine, mais il compose aussi des poèmes d'amour et de longues élégies dédiées à la mémoire des personnalités et des amis qui ont marqué sa vie. Ses poèmes cherchent en outre à restituer les rythmes africains, suggérant même des instruments d'accompagnement tels la kora ou le khalam. Ce sera l'une des manifestations du métissage culturel, dont il est également le principal défenseur.

Le poème *Au Guélowâr* est tiré du recueil *Hosties noires* qui regroupe des poèmes inspirés de l'expérience des prisonniers de guerre noirs (dont Senghor lui-même de 1940 à 1942). Se sentant trahi par la France, le poète se tourne ici vers le « guélowâr » (c'est-à-dire le noble guerrier, descendant des conquérants de l'ethnie mandingue) afin de retrouver l'espoir.

AU GUÉLOWÂR

Guélowâr !

Nous t'avons écouté, nous t'avons entendu avec les oreilles de notre cœur.

Lumineuse, ta voix a éclaté dans la nuit de notre prison

Comme celle du Seigneur de la brousse, et quel frisson a parcouru l'onde de
5   notre échine courbe !

Nous sommes des petits d'oiseaux tombés du nid, des corps privés d'espoir
    et qui se fanent

Des fauves aux griffes rognées, des soldats désarmés, des hommes nus.

Et nous voilà tout gourds et gauches comme des aveugles sans mains.

10   Les plus purs d'entre nous sont morts : ils n'ont pu avaler le pain de honte.

Et nous voilà pris dans les rets, livrés à la barbarie des civilisés

Exterminés comme des phacochères. Gloire aux tanks et gloire aux avions !

Nous avons cherché un appui, qui croulait comme le sable des dunes

Des chefs, et ils étaient absents, des compagnons, ils ne nous reconnaissaient
15   plus

Et nous ne reconnaissions plus la France.

Dans la nuit nous avons crié notre détresse. Pas une voix n'a répondu.

Les princes de l'Église se sont tus, les hommes d'État ont clamé la magna-
    nimité des hyènes

20   « Il s'agit bien du nègre ! il s'agit bien de l'homme ! non ! quand il s'agit de
    l'Europe. »

Guélowâr !

Ta voix nous dit l'honneur l'espoir et le combat, et ses ailes s'agitent dans
    notre poitrine

25   Ta voix nous dit la République, que nous dresserons la Cité dans le jour bleu

Dans l'égalité des peuples fraternels. Et nous nous répondons : « Présents, ô
    Guélowâr ! »

Camp d'Amiens, septembre 1940.

Œuvre poétique, Éditions du Seuil, 1990.

1. En disant « nous », le poète parle ici au nom des soldats noirs qui ont combattu en Europe. Que reprochent ces soldats à la France, exactement ?

2. Quelles sont les principales caractéristiques attribuées à ce « nous » dans le poème ?

3. Qu'incarne ici le *guélowâr* ?

FEINTE ET CONTRE-FEINTE

C'est pénible cette conversation dont je fais les frais : je meuble, je dis n'importe quoi, je déroule la bobine, j'enchaîne et je tisse mon suaire avec du fil à retordre. Là, vraiment, j'exagère en lui racontant que je fais une dépression nerveuse et en me composant une physionomie de défoncé. Et
5 toute cette histoire de difficultés financières, cette allusion à dormir debout à mes deux enfants et à ma femme que j'aurais abandonnés, décidément je lui raconte des sornettes… Il ne bouge toujours pas. S'il ne m'a pas giflé, c'est peut-être qu'il mord, ma foi. Au fond, j'ai peut-être donné un bon numéro. Je joue le tout pour le tout : je continue dans l'invraisemblable…

10 — Depuis tout à l'heure, je crâne ; j'essaie de tenir tête et de jouer la comédie. Cette histoire de poursuite armée et d'espionnage est une farce sinistre. La vérité est plus simple : j'ai abandonné ma femme et mes deux enfants, il y a deux semaines… Je n'avais plus la force de continuer à vivre : j'ai perdu la raison… En fait, j'étais acculé au désastre, couvert de dettes et je
15 n'étais plus capable de rien entreprendre, plus capable de rentrer chez moi. J'ai été pris de panique : je suis parti, j'ai fui comme un lâche… Avec le pistolet, je voulais réussir un hold-up, rafler quelques milliers de francs suisses. Je suis entré dans plusieurs banques en serrant mon arme sous mon bras, mais je n'ai jamais été capable de m'en servir. J'ai eu peur. Hier soir, je mar-
20 chais dans Genève — je ne me souviens plus où d'ailleurs ; je cherchais un endroit désert… pour me suicider ! (Tout va bien : H. de Heutz n'a pas encore bronché.) Je veux en finir. Je ne veux plus vivre…

— Ouais. C'est difficile à avaler…

— Vous n'êtes pas obligé de me croire. Au point où j'en suis, tout m'est égal.

25 — Si vous tenez absolument à vous tuer, c'est votre affaire… Mais je m'explique mal, quand il vous prend une pareille envie, pourquoi vous vous mettez à suivre un homme en pleine nuit et que vous ne le quittez pas d'une semelle…

— Mais je ne vous ai pas suivi ; je ne vous connais même pas… C'est pour
30 cela que je suis ici. Je comprends maintenant… De toute façon, ma vie est finie, alors faites ce que vous voulez de moi. Vous m'avez pris pour un espion : faites ce que vous avez à faire en pareil cas. Tuez-moi, je vous le demande…

Prochain Épisode (1965), Leméac, (Bibliothèque québécoise), 1992.

1. À la lumière du texte, quel sens faut-il donner à la métaphore de départ : « je tisse mon suaire avec du fil à retordre » ?

2. Relevez dans le texte les phrases ou les expressions qui traduisent l'impuissance ou l'échec.

3. Quelle catégorie grammaticale (verbe, nom ou adjectif) domine dans cet extrait ? Laquelle en est presque absente (à quelques exceptions près) ? Quel est l'effet visé par ce choix ?

4. Les points de suspension sont fréquemment utilisés dans cet extrait. Comment contribuent-ils à la signification du texte ?

5. Aquin cherche à recréer une atmosphère de roman policier. Quels éléments propres à ce genre sont présents dans cet extrait ?

6. Que faut-il conclure de cet extrait ? Où est la vérité ? Selon vous, le narrateur a-t-il véritablement cherché à se tuer ou joue-t-il la comédie du désespoir ?

7. Quel choix de narrateur Aquin fait-il ? S'agit-il d'un bon choix, selon vous ?

8. Comparez cet extrait avec celui de Robbe-Grillet et relevez les ressemblances et les différences.

L'identité collective québécoise

Hubert Aquin (1929-1977)

Intellectuel engagé dans un Québec en quête de son identité collective, Hubert Aquin transpose la thématique de la liberté en des œuvres d'une grande complexité, inspirées par les nouveaux romanciers. Issu d'un milieu modeste, il fait des études en France avant de revenir travailler comme réalisateur de radio et animateur à la télévision tout en militant pour l'indépendance du Québec. Révolté par l'esprit de compromission des milieux intellectuels qu'il fréquente, et probablement vidé par une production littéraire intensive, Aquin, en quelque sorte acculé à un constat d'impuissance, se suicide. Il laisse derrière lui sa femme et ses deux fils.

L'extrait est tiré du premier roman de Hubert Aquin, *Prochain Épisode*, composé alors qu'il est interné à l'Institut psychiatrique Albert-Prévost. L'auteur fait référence à cet épisode réel, tout en feignant de nier certains faits, ce qui contribue à déstabiliser le lecteur qui ne sait où se trouve la vérité.

LA POSTMODERNITÉ (1975 - 2005)

Événements politiques

1975 Fin de la guerre du Vietnam.

1981 Élection d'un gouvernement socialiste en France avec François Mitterrand à la présidence.

1989 Chute du mur de Berlin, prélude à celle des régimes communistes.

1989 Le printemps de Pékin — Répression de la Place Tian'Anmen.

1990 L'Irak envahit le Koweit.

1990 Chute des régimes socialistes en Europe de l'Est.

1990 L'Allemagne réunifiée.

1991 Guerre du Golfe.

1991 Dissolution de l'URSS.

1992 La Communauté européenne (CE) devient l'Union européenne (UE).

2001 Attentats terroristes contre les tours du World Trade Center et le Pentagone.

2001 Intervention de l'armée américaine en Afghanistan.

2002 Au Brésil, élection de Luíz Inácio da Silva (Lula), premier président de gauche.

2004 L'Union européenne (UE) est maintenant composée de 25 pays.

2004 Intervention de l'armée américaine en Irak.

2004 Réélection de George W. Bush, président des États-Unis.

2004 Au Vénézuela, le référendum révocatoire maintient Hugo Chávez (président de gauche) au pouvoir.

2005 Retrait des colons juifs de la bande de Gaza.

2005 En France, échec du référendum sur la nouvelle constitution européenne.

Contexte socioéconomique

1978 Première rencontre orbitale entre deux véhicules spatiaux soviétiques.

1980 La contestation change de cible dans les anciennes colonies africaines : on se révolte contre la nouvelle classe dirigeante nationale, bourgeoise, matérialiste.

1985 Construction de Disneyland en France.

1986 Grave accident nucléaire à Tchernobyl.

1991 Abolition des lois d'apartheid en Afrique du Sud.

1991 Guerre civile en Yougoslavie.

1994 Rwanda, massacre des Tutsi par les Hutu.

1994 Inauguration du tunnel ferroviaire reliant la Grande-Bretagne et la France.

1999 Grande manifestation contre l'OMC à Seattle.

2002 L'euro : monnaie unique en Europe.

2002 Nombreuses manifestations en France contre l'extrême-droite.

2004 Les tsunamis permettent de saisir la précarité de l'économie de l'Asie du Sud-Est.

2005 L'ouragan Katrina ravage les côtes de la Louisiane, de l'Alabama et du Mississippi.

Beaux-arts, philosophie, sciences

1976 Apple produit le premier micro-ordinateur populaire.

1978 Naissance du premier bébé éprouvette.

1979 Début des téléphones cellulaires.

1979 Création du réseau de télévision CNN aux États-Unis.

1982 Lancement du Minitel en France.

1981 Premier vol de la navette spatiale *Columbia*.

1984 Le virus du sida est isolé.

1986 Les Russes lancent *Mir*, la 1re station spatiale.

1988 Recherches pour enrayer le sida.

1992 Début du réseau Internet accessible à tous.

1994 Premier clonage de cellules d'embryons humains.

1996 Lancement de la chaîne d'information internationale Al-Jezira.

1998 Mise en marché du Viagra.

2003 Explosion de la navette spatiale *Columbia* avec sept astronautes à bord.

2004 Le robot *Opportunity*, de la mission *Mars Exploration Rover* (MER), révèle la présence passée d'eau sur Mars.

Chapitre 5

Voix singulières et postmodernité

Galerie Daniel Templon, Paris.
Benjamin Vautier, *Spirale*, 1986.

Vous trouverez dans ce chapitre :

Une présentation de la littérature actuelle

Une entrée en matière
La représentation du monde
L'écrivain aujourd'hui

Une description du courant

Le passage de la modernité à la postmodernité
Des considérations sur les genres
Les traits distinctifs de la littérature actuelle

Un tableau synthèse du récit et du théâtre actuels

Des extraits d'abord classés par genres, puis dans l'ordre chronologique selon les dates de naissance des écrivains, dans le but de mieux saisir les affinités de génération.

(Note : on trouvera ailleurs dans l'Anthologie des extraits d'écrivains récents, notamment aux pages suivantes : 40, 80, 81, 160 et 166.)

Un regard sur la littérature actuelle dans la francophonie

PRÉSENTATION

Une entrée en matière

Faute de recul, la production littéraire contemporaine, qui s'étend de 1975 jusqu'à nos jours, ne peut être abordée qu'avec des critères relatifs. D'ores et déjà, certains traits semblent caractériser cette littérature placée sous le signe du foisonnement. Un genre s'impose de plus en plus, celui de l'autobiographie fictive, appelée aussi autofiction ; un thème est récurrent, celui de la quête identitaire associée à l'ouverture sur le monde ; un goût pour le néant (nihilisme), toutefois plus individualiste que celui de la génération précédente, perdure ; enfin, une appellation fait de plus en plus l'unanimité, celle de postmodernité.

Les traits essentiels

Parmi les aînés se trouvent des auteurs à la réputation confirmée comme Romain Gary, Milan Kundera, Philippe Sollers ou Michel Tournier ; la génération des *baby-boomers*, qui occupe encore le devant de la scène, est représentée par Patrick Modiano, Nancy Huston ou Daniel Pennac qui s'inscrit, quant à lui, dans une tendance faisant des adeptes, celle de vouloir écrire pour le plaisir de raconter. Chez les plus jeunes de la génération des années 1970, la sélection tient à coup sûr du pari. Enfin, les écrivains de la francophonie, qui souvent publient en France même, élargissent le thème du questionnement identitaire à des réalités autres qu'européennes.

Trois générations d'écrivains

La représentation du monde

Dans les années 1980, on assiste à la fin d'une époque marquée par l'antagonisme entre l'Ouest capitaliste, sous l'égide américaine, et l'Est communiste, sous la gouverne de l'URSS (Union des républiques socialistes soviétiques). Par ailleurs, on voit s'élargir le fossé séparant les pays du nord, industrialisés et riches, et ceux du sud, plus pauvres, qui assurent essentiellement leur subsistance en exportant leurs matières premières. Poussée par son président, Mikhaïl Gorbatchev, l'Union soviétique s'est engagée dans un processus de réforme qui entraîne l'effondrement du régime communiste et qui, à plus long terme, conduit à une désagrégation progressive de la fédération des républiques soviétiques. Comme l'URSS n'a plus les moyens de

La fin d'un monde bipolaire

L'ouverture du mur de Berlin en novembre 1989.

soutenir son imposant arsenal de défense ni même l'économie de ses pays satellites, elle se résigne à une réduction de son influence politique dans le monde. La Pologne, encouragée dans sa lutte notamment par le choix d'un pape polonais, Jean-Paul II, tient ses premières élections libres en 1989 et vote en faveur d'un non-communiste à la tête du gouvernement. La même année, avec la chute du mur de Berlin, on assiste à la disparition d'un puissant symbole de cette **guerre froide** qui a failli mener le monde à la catastrophe nucléaire, faute de dialogue entre les deux superpuissances. L'événement suscite un vent d'espoir dans les pays sous férule communiste : la Roumanie et la Bulgarie emboîtent le pas à la Tchécoslovaquie sur le chemin de la libéralisation.

L'Allemagne, enfin réunifiée, est amenée à jouer un rôle à la mesure de son poids démographique au sein de la Communauté économique européenne. La

Une Europe en mutation

CEE, un regroupement libre de plusieurs États européens, se transforme en Union européenne (UE) au moment du traité de Maastricht en 1993. Ce rassemblement, sans autre antécédent connu dans l'histoire du monde, vise le développement économique et social de ses adhérents. Son succès indéniable pousse de nombreux pays à poser leur candidature ; c'est le cas de la Turquie qui se trouve à l'origine d'une controverse sur les fondements de l'identité continentale en étant la première nation non chrétienne à demander son admission. Dans la

mesure où les politiques communes seront clairement définies par ses membres, l'UE, en s'appuyant sur son pouvoir économique, devrait faire contrepoids au géant américain.

La France, qui vit maintenant à l'heure européenne, est touchée par le débat identitaire puisqu'elle doit en quelque sorte faire le deuil de vieux mythes sécurisants, dont cette idée de la grandeur de la nation française incarnée par la figure légendaire du général de Gaulle. Les classes politiques persistent toutefois à se réclamer des valeurs républicaines héritées du siècle des Lumières, entre autres au sujet de l'intégration des immigrants : dans la question de la **laïcité** des écoles par exemple, l'État a démontré qu'il n'était prêt à aucun compromis en interdisant tout signe d'allégeance religieuse. La France, de plus en plus multiculturelle, ressemble d'ailleurs à ces pays occidentaux qui comblent leur déficit en main-d'œuvre par l'ouverture de leurs frontières aux étrangers obligés de quitter leur pays d'origine pour améliorer leurs conditions de vie. Le monde de l'art reflète cette hybridation des cultures, que ce soit au cinéma, en littérature ou dans la musique populaire. Plusieurs écrivains, dont quelques-uns installés à demeure en France, témoignent de l'histoire et des drames de leur pays d'origine ou sensibilisent le lecteur aux difficultés d'adaptation des émigrés ; ils renouvellent l'imaginaire en prêtant de nouvelles tonalités à la langue française, « africanisée » ou « créolisée » selon les besoins de la réalité qu'ils dépeignent.

Si l'Europe retient l'attention parce qu'elle fait contrepoids à l'hégémonie américaine, on ne peut toutefois nier que c'est le Moyen-Orient qui constitue actuellement le point chaud de la planète : le **conflit israélo-palestinien** ne semble pas prêt d'aboutir ; les guerres du pétrole suscitent des

La crise au Moyen-Orient

Guerre froide : *après la Seconde Guerre mondiale, période de grande rivalité à la fois idéologique, politique et économique entre les deux superpuissances, les États-Unis et l'URSS, dans un climat de peur lié au risque d'annihilation planétaire à cause des armes atomiques.*

Laïcité : *selon le principe de séparation de l'Église et de l'État, les institutions qui relèvent de l'État doivent demeurer neutres en matière de religion et cela s'applique en particulier à l'école.*

Conflit israélo-palestinien : *hostilité entre les Israéliens, de religion judaïque, et les Palestiniens, musulmans, qui revendiquent le même territoire ; ce conflit est né à la suite du déplacement des Juifs qui ont fui l'Europe après la Seconde Guerre mondiale.*

réactions extrémistes et le Liban s'agite à nouveau pour se libérer de la tutelle syrienne. Prétextant vouloir instaurer la démocratie dans la région, les États-Unis protègent leurs intérêts et menacent de punir les « États-voyous », nouveau qualificatif pour désigner ces nations qui refusent de se plier à une orientation néolibérale de l'ordre mondial. Ce sont toutefois les attaques contre le World Trade Center, revendiquées par Al Quaeda, une branche extrémiste se réclamant de l'islam, qui ébranlent les Américains quant à l'immunité de leur territoire national. La réaction du président américain George W. Bush, qui vise à extirper le mal là où il se trouve, ne se fait pas attendre : ses troupes attaquent l'Afghanistan où se serait réfugié Oussama Ben Laden, l'inspirateur d'Al Quaeda. Sous prétexte de mener une guerre préventive et dans le but de contrer le danger potentiel que représente le dictateur Saddam Hussein, soupçonné d'avoir accumulé des armes de destruction massive, les États-Unis, appuyés entre autres par la Grande-Bretagne, interviennent en Irak, ignorant du même coup l'opposition de l'ONU et les nombreuses vagues de contestation partout dans le monde. La campagne militaire se solde par une victoire de l'armée américaine, mais l'Irak sombre dans la violence et le chaos. Le terrorisme, en multipliant ses cibles en Irak et ailleurs dans le monde, entretient au sein des populations un sentiment de vulnérabilité encouragé par les médias de masse, ce qui sert d'alibi à une vague de législations répressives.

Les crises prolifèrent aux quatre coins du globe : hier la Bosnie, aujourd'hui le Darfour ou encore Haïti qu'un coup d'État replonge dans l'anarchie. Toutes se jouent sur une toile de fond commune, celle de la mondialisation. Ce mouvement ne jure que par une libéralisation extrême de l'économie au détriment d'une répartition équitable des richesses sans égard à la sauvegarde de l'écosystème. De leur

Un contexte de mondialisation

La tragédie du 11 septembre 2001 à New York.

côté, les groupes altermondialistes privilégient une croissance à long terme, compatible avec les ressources naturelles disponibles. Est-ce pour répondre à ces inquiétudes que se créent des tribunaux ayant pour vocation de servir la cause d'une justice internationale ? Cette question de réglementation se pose comme un des défis majeurs de l'avenir.

L'ordinateur personnel, maintenant fort répandu dans les pays riches, tout comme le réseau Internet, se classe parmi les outils essentiels de cette mondialisation. Nous vivons dans une ère de transition : ces nouvelles technologies transforment le rapport à l'espace, mais elles influencent aussi l'art et la littérature. Sommes-nous en train d'évoluer vers une civilisation de l'image ? Quel sera le mode de diffusion de l'écrit, entre autres du journal, dans les années à venir ? Peut-on s'attendre à voir surgir des modes de création inusités avec, en contrepartie, de nouvelles relations à l'œuvre d'art ? Jadis la beauté rassurait ; depuis Baudelaire, l'art déconcerte ; bientôt l'apport de toutes ces nouvelles techniques risque de bousculer nos repères.

Crise au Liban : ayant pour voisins immédiats Israël et la Syrie, le Liban, qui s'implique en 1967 dans le conflit israélo-arabe, entraîne sa population dans une guerre civile entre les multiples factions religieuses internes.

Terrorisme : recours à des moyens d'action violents pour faire avancer une cause politique ou religieuse.

Néolibéralisme : liberté du commerce et de l'entreprise, caractérisée par une intervention réduite de l'État.

Altermondialisme : résistance des groupes de pression à une vision uniquement néolibérale du développement mondial ; ces groupes proposent des options plus respectueuses de l'être humain et de son environnement.

Le monde à l'ère des nouvelles technologies.

peut-être aux États-Unis sous l'influence de la droite chrétienne), constate qu'il y a un revers à tout idéal. Le sexe ne souffre plus d'aucun tabou, mais en revanche, c'est l'amour lui-même qui semble frappé d'interdit. Le sida continue par ailleurs de faire des ravages partout dans le monde, bien que les pays les plus touchés appartiennent au continent africain.

En fait, le sentiment qui se généralise n'en est plus un d'angoisse existentielle, mais plutôt de fatigue existentielle, cette impression tenace d'être dépassé par les circonstances, de ne pouvoir répondre aux exigences d'une société sophistiquée qui ne laisse plus le temps de profiter des bonnes choses de la vie. Le paradoxe de la civilisation contemporaine réside dans cette vitesse à laquelle on vit : à peine lit-on les instructions qu'il faut déjà remplacer les machines mises à notre service, sous prétexte qu'elles sont désuètes.

Bref, l'*Homo sapiens* postmoderne peut certes se vanter de tout connaître sur l'état du globe, mais c'est avec effarement qu'il constate son impuissance à infléchir le cours de l'histoire. Morosité, désillusion, apathie : faut-il voir dans l'expression de ces sentiments les signes d'un vieillissement de la population ? Les générations montantes cognent à la porte : elles seront, comme toujours, selon les mots du poète, cette « graine de foudre qui refend le bloc originel ». (Jean-Pierre Lemaire, « Séquelles » dans *20 poètes pour l'an 2000*.)

L'écrivain aujourd'hui

Tous les événements des dernières décennies, de la guerre du Vietnam à la guerre en Irak, ont rapidement été portés à la connaissance générale par les médias en perpétuelle expansion. L'univers, qui semblait autrefois si vaste, se transforme en « village global ». Rendus plus perméables aux influences extérieures, plusieurs pays, dont la France, résistent mal à l'attrait exercé par la culture américaine. Le cinéma d'Hollywood, particulièrement à partir des années 1980, règne en maître sur tous les écrans de la planète, imposant *the American Way of Life*. Le *L'influence américaine* pouvoir de l'argent aidant, la culture se transforme en industrie du spectacle et la littérature, comme les autres formes d'art, perd son aspect sacré. Peut-on

Au moment où se tourne la page sur le XXᵉ siècle, des événements naguère considérés comme marquants ne servent plus qu'à alimenter la nostalgie des *baby-boomers*, toujours au devant de la scène politique et culturelle. C'est le cas du soulèvement étudiant de **Mai 68**, avec ses slogans comme « l'imagination au pouvoir » ou « interdit d'interdire », qui aujourd'hui font sourire. Les grandes causes d'hier, victimes en quelque sorte de leur succès, ne mobilisent plus autant l'opinion publique : les féministes peuvent se vanter, en Occident du moins, d'avoir obtenu gain de cause dans leurs principales revendications ; la minorité homosexuelle va bientôt bénéficier des droits de la majorité et le prolétariat, qui, progressivement, s'est transformé en classe moyenne, cherche à protéger ses acquis.

La mentalité actuelle   En ce début de siècle, la loi du balancier favorise le conformisme social. Pour combien de temps encore ? La génération née dans les années 1970-1980, sans remettre en question la libération sexuelle (sauf

Mai 68 : *mouvement de contestation qui touche les étudiants avant de s'étendre à toute la société française ; Charles de Gaulle, alors président, y met un terme en s'appuyant sur l'armée.*

alors parler de nivellement par le bas ? Journalistes et reporters semblent aborder toute forme d'expression selon les mêmes critères, du spectacle rock au défilé de mode, du vidéoclip à la publicité, hors de toute discrimination, de toute hiérarchisation.

L'ère des grands maîtres à penser, qui intervenaient sur toutes les questions d'intérêt commun, est bel et bien révolue. Les écrivains contemporains, généralement issus de l'élite intellectuelle, aiment partager avec leurs lecteurs une expérience et une vision du monde personnelles tout en renouant, dans certains cas, avec le plaisir de raconter, sans délaisser totalement l'expérimentation narrative. L'écrivain-conteur est donc de retour, et il n'hésite pas à emprunter à la paralittérature certaines de ses recettes pour créer le suspense.

C'est que le livre tend à devenir un produit commercial comme les autres qui doit répondre aux lois du marché. Voir son roman dans toutes les vitrines des librairies et le voir couronné succès de l'année n'est plus honteux : on ne cache plus son appétit de succès. Les salons du livre, qui naissent dans les années 1970, amènent les auteurs à rencontrer directement leurs lecteurs, ce qui, du coup, leur procure un statut de vedette. Interviewé et photographié, l'écrivain trouve avantage à s'occuper de la promotion de ses œuvres. Ainsi, un auteur invité à une émission culturelle risque de voir le volume de ses ventes augmenter considérablement. La télévision n'est pourtant pas seule à servir la diffusion du livre : en portant à l'écran des histoires tirées de romans, le cinéma rejoint un lecteur plus difficile à atteindre, celui des couches populaires. D'autre part, une lente évolution se dessine puisque les chroniqueurs littéraires s'intéressent désormais à des genres autrefois dévalués, comme le roman policier, la science-fiction et même la bande dessinée.

Jusqu'à quel point cette ouverture est-elle le résultat indirect de l'arrivée massive des femmes en littérature ? À partir des années 1960, des collections littéraires leur sont réservées et un nombre record de leurs œuvres est publié. En 1981, même la très masculine et très conservatrice Académie française accepte, pour la première fois depuis sa fondation il y a 300 ans, une femme dans ses rangs en la personne de Marguerite Yourcenar.

L'ouverture sur le monde

Cette ouverture concerne aussi les écrivains de la francophonie qui voient leurs œuvres publiées par les grandes maisons d'édition françaises. Certains de ces auteurs sont lauréats de prix littéraires prestigieux, comme Tahar Ben Jelloun (prix Goncourt 1987),

La culture mise en marché

Patrick Chamoiseau et Amin Maalouf (prix Goncourt 1992 et 1993) et Ahmadou Kourouma (prix Renaudot 2000). D'autres écrivains, par leur parcours fascinant, illustrent la faculté d'adaptation des immigrants. Milan Kundera commence sa carrière d'écrivain dans sa langue d'origine, le tchèque, et la poursuit en français ; Daï Sijie, dont la langue maternelle est le mandarin et qui apprend le français tardivement, porte au cinéma son premier roman et remporte le prix Fémina pour son second, *Le Complexe de Di*, publié en 2003.

À l'approche du siècle nouveau, les interrogations concernant l'avenir du livre se multiplient. Les jeunes garderont-ils un penchant pour la lecture ? Et pour quels types de livres ? L'école peut-elle assurer la transmission de la culture classique ? L'imprimé reculera-t-il devant l'ordinateur, jusqu'à disparaître ? Se peut-il que l'écriture devienne plus interactive ? L'auteur pourra-t-il un jour choisir sur le réseau Internet l'interlocuteur qui lui convient ? On peut toujours rêver, comme le faisait au siècle dernier Jules Verne, qui anticipait sur l'époque moderne en inventant par l'imagination des fusées qui partaient à la conquête de l'espace.

Frédéric Beigbeder fait la promotion de son roman *Windows on the World* au Virgin Megastore des Champs-Élysées, Paris, 2003.

Le passage de la modernité à la postmodernité

D'abord utilisé en architecture, le terme de postmodernité a fait le saut en sociologie pour s'étendre ensuite au domaine des arts et de la littérature. Ce concept, encore objet de polémiques entre intellectuels, demeure relativement indéfini ; ce serait toutefois réduire sa portée que d'en faire l'équivalent d'un courant littéraire. Comment en outre présumer de sa situation dans le temps alors que les historiens ne s'entendent pas sur la datation de la modernité qui lui est antérieure ? À la lecture des œuvres, il apparaît pourtant que certains traits confirment les observations des sociologues relatives aux valeurs en opposition entre l'époque moderne (celle de la naissance et du développement de l'industrialisation) et l'époque postmoderne (la période contemporaine). La littérature actuelle, de 1975 à aujourd'hui, serait donc particulièrement susceptible d'illustrer les caractéristiques de la post-modernité énumérées dans la colonne de droite du tableau ci-dessous.

Tableau comparatif : modernité et postmodernité

Modernité	Postmodernité
• Dans un monde dominé par les grandes idéologies que sont le capitalisme et le communisme, l'idée de progrès est essentielle et on se tourne vers l'avenir.	• Dans une société de consommation, l'hédonisme prédomine : on veut jouir de tout, ici et maintenant, et l'instant présent devient essentiel.
• Dans une société où l'État-nation sert d'élément intégrateur, on élimine les disparités, on vise l'homogénéité et les immigrants doivent s'intégrer à la majorité.	• L'avènement de l'Union européenne (UE), la mondialisation, les déplacements migratoires à l'échelle du globe rendent l'identité problématique : on est en quête d'une identité qui n'est pas donnée d'avance et qui n'est plus de l'ordre de l'évidence.
• Dans une société hiérarchisée, une classe sociale impose ses valeurs et son mode de vie : c'est la bourgeoisie grâce au pouvoir que lui donne l'argent.	• Dans une société multiculturelle plus éclatée, c'est une génération qui impose son style et ses goûts grâce au pouvoir que donnent la jeunesse et la beauté.
• Les êtres humains se regroupent en fonction d'une cause commune et d'un idéal lointain comme dans les grandes religions ou les grands partis politiques.	• Les êtres humains ont le sentiment d'échapper à l'anonymat à l'intérieur de petites communautés, ou de sectes.
• La sexualité s'exerce en couple en fonction de la famille, base de la société.	• La sexualité est plus libre, plus ouverte.
• Le corps est important parce qu'il sert à la production (le fait de travailler) ou à la reproduction (le fait de faire des enfants).	• Le corps est un produit dans le marché de la séduction : on le soigne, on le pare, on le répare pour pouvoir en jouir le plus longtemps possible.
• Le but visé par les sociétés modernes est l'homogénéité et la catégorisation claire et précise, ce qui donne en littérature les règles et la division en genres littéraires.	• Dans la société postmoderne, on observe un processus d'hybridation des cultures, des genres et des styles.
• Le discours rationnel, c'est-à-dire l'écrit à caractère normatif, domine.	• L'image impose sa domination (télévision, vidéo, cinéma, jeux informatisés) et, par ce fait, l'imaginaire crée sa propre norme.
• L'artiste détermine le sens de son œuvre, il présente une vision du monde qui lui est personnelle et que le récepteur cherche à comprendre.	• L'artiste crée des œuvres ouvertes, polysémiques par nature et plus éclatées. La relation à l'œuvre est interactive, ce qui donne lieu à de multiples interprétations de la part du récepteur.
• Pour juger des œuvres, on se donne des grilles de lecture, des critères esthétiques.	• La tendance est de s'en remettre à la subjectivité, aux goûts personnels pour juger de la qualité d'une œuvre.

Des considérations sur les genres

Les connaissances sur la postmodernité présentées dans le tableau précédent orientent la description de la littérature actuelle. L'absence de perspective ne permet toutefois pas de discerner une tendance nette comme ce fut le cas pour les époques antérieures ; aussi propose-t-on quelques traits surtout représentatifs de l'échantillon retenu. Ces caractéristiques s'appliquent au roman, genre qui prédomine dans la production littéraire des dernières années. Avec quelques nuances et adaptations, elles peuvent se transposer au théâtre.

Relativement au théâtre, il faut tenir compte de l'importance que prend la mise en scène désormais considérée comme une des étapes du processus créatif. Tous les éléments de la scénographie doivent se compléter pour donner une vision unifiée de l'œuvre : des répétitions à la conception des décors et des costumes jusqu'au choix de la musique et des éclairages. Les metteurs en scène proposent dorénavant une « lecture » personnelle des pièces mises à l'affiche et disposent de moyens techniques variés pour enrichir la représentation. La tendance est au mariage de toutes les disciplines artistiques : l'opéra, la musique, la danse, les arts visuels, et même le cirque. La démarcation entre théâtre et spectacle tend à s'estomper, ce qui semble convenir à un auditoire où fusionnent les générations et les classes sociales.

Quant aux essais, ils relèvent maintenant moins de la littérature que de la discipline dans laquelle ils s'inscrivent. Cependant, certains écrits, qui tiennent à la fois du récit et de l'essai, témoignent surtout de la disparition des frontières entre les genres littéraires. Cette séparation perd désormais de sa pertinence.

La poésie, qui fait un peu bande à part, poursuit son interrogation sur le monde. Paradoxalement, le nombre de recueils publiés augmente pratiquement au même rythme que se réduit le lectorat.

Les traits distinctifs de la littérature actuelle

1. La prédominance de l'autofiction

Les frontières entre fiction et réalité deviennent plus floues tout comme la séparation entre les genres. Le récit fictif et l'autobiographie tendent à se confondre dans un même texte maintenant gratifié d'une nouvelle appellation, l'autofiction. Cherchant à élucider ses origines et à cerner son identité, l'écrivain joue sur le registre des émotions tout en prenant goût au récit d'événements.

Chez certains auteurs comme Annie Ernaux, l'autobiographie adopte le ton du secret tout en repoussant les limites de l'impudeur ; d'autres, comme Michel Houellebecq, choisissent au contraire le chemin du propos outrancier pour déstabiliser le lecteur et briser ses conditionnements. Les frontières entre le bien et le mal semblent se dissoudre en même temps que sont remis en question les critères pour décider de ce qui a droit de représentation dans une œuvre. Le romancier place le lecteur dans une zone d'ambiguïté, devant des faits qui repoussent les limites de la morale tout en posant comme illégitime l'acte de juger.

2. Le héros fragilisé

La voix du narrateur se confond avec celle du protagoniste souvent présenté comme un être fragilisé par les circonstances, incapable de changer le cours de sa destinée. Contrairement aux personnages du nouveau roman souvent réduits à l'anonymat, les héros actuels retrouvent leur consistance psychologique et toute leur singularité. Ils ressentent le poids du quotidien, leur problème étant même d'y être trop souvent englués. Plusieurs semblent d'ailleurs vivre avec la tentation du suicide ou de la fuite, notamment dans une sexualité débridée.

L'amour, autrefois présenté comme salvateur par les surréalistes, a perdu son pouvoir de rédemption. Il est, plus souvent qu'à son tour, placé au banc des accusés, comme si on se retrouvait dans un procès faisant suite à un divorce litigieux. La plupart des personnages conservent d'ailleurs un souvenir amer de l'expérience conjugale. Les rapports aux enfants semblent tout aussi problématiques : ou bien on les case, chez la grand-mère ou ailleurs, ou bien on éprouve le sentiment de les avoir ratés, ou bien on se perçoit soi-même comme un être superflu, une sorte d'orphelin désenchanté face à une société accablante.

3. Une thématique postmoderne : l'identité, la beauté, le rejet du quotidien

L'autofiction soulève des questions liées à la quête identitaire. Un phénomène social important, l'immigration, pousse à repenser la conception qu'on avait de l'individu. Auparavant, une personne se définissait par ses origines, par les valeurs morales héritées de sa famille, tout en étant plus largement conditionnée par son environnement social. Dans les sociétés pluralistes d'aujourd'hui, les références culturelles souvent antagoniques rendent complexe la constitution de la personnalité ; aussi voit-on des personnages déchirés entre les valeurs héritées de la culture d'origine et celles de leur terre d'accueil. Les dialogues, transcription de la parole vive, traduisent cette problématique identitaire puisqu'on ne peut totalement effacer les mots appris dans l'enfance, au contact des parents ; ces expressions, avec leur sonorité exotique, surgissent spontanément et expriment en quelque sorte la difficulté d'assimilation. En même temps, tout ce processus insuffle une musicalité nouvelle à la langue. Celle-ci, d'ailleurs, s'ouvre à tous les registres : le langage soutenu, puisé à même la science, côtoie l'argot ; même le franglais n'est plus frappé d'interdit !

Dans les sociétés matérialistes d'aujourd'hui, le bonheur se consomme et se consume rapidement puisqu'il ne semble être accessible qu'à la jeunesse à laquelle se rattache l'idée de beauté. Le corps est une préoccupation de tous les instants : il faut le préserver de la dégradation pour le maintenir sur le marché de la séduction. Ainsi constate-t-on une prolifération du discours relatif au physique, à la chair, à l'anatomie. Toutefois, comme la volupté est éphémère, elle n'arrive pas à faire oublier les ennuis routiniers. Rares sont les personnages qui vantent les joies du quotidien plutôt perçu comme une toile d'araignée qui à long terme vous étouffe.

4. Le goût de raconter

Dans le but probable de reprendre contact avec le lecteur « ordinaire », celui qui est réputé aimer les histoires, l'écrivain renoue avec le plaisir de raconter. Daniel Pennac s'inscrit dans la tradition picaresque (de *picaro*, aventurier espagnol) en construisant des intrigues à rebondissements. D'autres s'inspirent d'Émile Ajar (Romain Gary) et écrivent des récits d'apprentissage (dans lequel on apprend à devenir adulte) en choisissant comme héros des enfants ou de jeunes adultes en exil qui se réconcilient avec eux-mêmes grâce à une amitié inattendue mais bienfaitrice. Enfin, le grand succès de librairie, qui puise à même les recettes du roman sentimental, de la fresque historique ou scientifique, fait la fortune d'écrivains plus conformistes. Certains auteurs refusent par ailleurs de se plier aux diktats des cercles intellectuels parisiens et développent une œuvre en marge des modes, qui échappe à la reconnaissance médiatique.

Cependant, les recherches du nouveau roman ont laissé des traces, dont celle de l'interpénétration des genres : le récit intègre des passages poétiques ou il penche vers l'essai ou encore il glisse vers la langue orale. Un auteur comme Frédéric Beigbeder construit un texte qui semble faire la synthèse de plusieurs expérimentations narratives antérieures, d'André Gide (la mise en abyme) à André Breton (l'inclusion de photos, le mélange d'essai, de poésie, de récit dans *Nadja*) au nouveau roman (une sorte de sabotage de l'organisation chronologique). Enfin, chez d'autres écrivains, comme Jean-Paul Dubois, les événements de la vie politique française structurent le récit de la vie privée du narrateur. Dubois rend d'ailleurs hommage, en toute modestie, aux grands romanciers américains qui l'ont marqué, John Updike et Philip Roth.

5. L'intensité dans l'expression des émotions

Certaines influences qui s'exercent sur la postmodernité sont difficilement mesurables, d'autant plus qu'on s'ingénie quelquefois à les nier, ce qui est peut-être le cas du féminisme. Les textes écrits par les femmes dans la foulée de ce mouvement de revendication prenaient souvent la forme de témoignage alliant l'introspection, le commentaire réflexif et les incursions poétiques. Ces dernières visaient en outre à retrouver la spontanéité de la parole en contestant les structures réglementées de la langue, trop associées, du moins à leurs yeux, à la rationalité masculine. Les écrivains contemporains leur sont à coup sûr redevables d'avoir dérogé à certaines contraintes afin de laisser libre cours à l'émotion.

Plusieurs auteurs sont eux-mêmes, par leurs origines, représentatifs de l'hybridation des cultures. Lorsqu'ils font parler leurs personnages, ils intègrent des mots de leur langue d'origine ou brisent la syntaxe pour traduire le trouble identitaire. Cette tendance s'illustre chez des écrivains de toutes les générations, autant dans la métropole qu'en périphérie : on peut penser ici à Romain Gary, à Patrick Chamoiseau, à Ahmadou Kourouma. Des écrivains québécois comme Michel Tremblay traduisent ce même malaise en adoptant le joual, sorte d'argot populaire, qui illustre, de façon radicale, que le Québec s'est éloigné de la norme du français correct fixée par Paris.

On constate donc qu'à l'image de la thématique, le style se déplace vers la marge. Certains ont une écriture très sobre, toute condensée — on en a fait le reproche à Milan Kundera quand il écrit directement en français, alors que d'autres, comme Nancy Huston, étirent la phrase, donnant l'impression de frôler le délire. Le rythme est saccadé, ou hachuré, comme s'il captait la pensée intérieure au moment où elle surgit. L'écrivain exprime en outre ses peurs ou ses fantasmes avec des images excessives, quelquefois même pornographiques (Michel Houellebecq). On peut aussi parler d'un retour au lyrisme noir, avec une prose qui emprunte ses procédés à la poésie ou qui retourne aux sources de la littérature fantastique pour donner un caractère de fable au récit (Pascal Bruckner et Marie Darrieussecq, entre autres).

Même les écrivains-conteurs adoptent une écriture très expressionniste pour rivaliser avec des compétiteurs aussi féroces que le cinéma, la bande dessinée, les jeux vidéo. La rupture avec le bon goût classique est bel et bien consommée : la figure de style choque, la phrase déborde ou se résorbe.

Tableau synthèse

Le récit et le théâtre actuels : un héros fragilisé dans une société postmoderne

Intrigue	
Traduire la quête d'un héros fragilisé par une société accablante.	• Un héros fragilisé mais fortement individualisé, souvent immigrant ou enfant d'émigrés. • Relations inattendues (ex. : l'enfant et le vieil homme ; deux individus de peuples en guerre, etc.). • Récits d'apprentissage (le héros apprend à devenir adulte, par exemple).
Structure	
Soumettre le monde à la subjectivité du regard.	• L'autofiction est privilégiée avec un narrateur qui affiche ses liens avec l'auteur. • Le mélange des genres. • L'histoire individuelle en lien avec l'histoire collective. • Le déplacement se substitue à l'idée de voyage (il s'en distingue par la fréquence).
Thématique	
Traduire l'effarement de l'individu.	• La quête identitaire, le corps, la beauté. • Les zones d'ambiguïté morale. • Le poids du quotidien, la fatigue existentielle. • Attitude nihiliste, soit le sentiment que la mort envahit tout et, dans certains cas, attraction pour le néant. • Le politique retrouve son droit de cité.
Style	
Marquer sa singularité par le refus de toute norme.	• Les deux extrêmes sont représentés, soit le ton du secret et le goût de la provocation par des propos outranciers. • Prédilection pour une tonalité pessimiste, surtout dans la génération de l'après-guerre. • La langue s'ouvre à tous les registres et laisse pénétrer le lexique étranger. • L'écriture traduit le plaisir de raconter sans sacrifier le goût d'innover.

MOMO

Le docteur Katz était tout pâle et ça lui allait bien avec sa jolie barbe blanche et ses yeux qui étaient cardiaques et je me suis arrêté parce que s'il mourait, il n'aurait encore rien entendu de ce qu'un jour j'allais leur dire. Mais il avait les genoux qui commençaient à céder et je l'ai aidé à se rasseoir
5 sur la marche mais sans lui pardonner ni rien ni personne. Il a porté la main à son cœur et il m'a regardé comme s'il était le caissier d'une banque et qu'il me suppliait de ne pas le tuer. Mais j'ai seulement croisé les bras sur ma poitrine et je me sentais comme un peuple qui a le droit sacré de disposer de lui-même.

10 — Mon petit Momo, mon petit Momo...

— Il y a pas de petit Momo. C'est oui ou c'est merde ?

— Je n'ai pas le droit de faire ça...

— Vous voulez pas l'avorter ?

— Ce n'est pas possible, l'euthanasie est sévèrement punie...

15 Il me faisait marrer. Moi je voudrais bien savoir qu'est-ce qui n'est pas sévèrement puni, surtout quand il n'y a rien à punir.

— Il faut la mettre à l'hôpital, c'est une chose humanitaire...

— Est-ce qu'ils me prendront à l'hôpital avec elle ?

Ça l'a un peu rassuré et il a même souri.

20 — Tu es un bon petit, Momo. Non, mais tu pourras lui faire des visites. Seulement, bientôt, elle ne te reconnaîtra plus...

Il a essayé de parler d'autre chose.

— Et à propos, qu'est-ce que tu vas devenir, Momo ? Tu ne peux pas vivre seul.

25 — Vous en faites pas pour moi. Je connais des tas de putes, à Pigalle. J'ai déjà reçu plusieurs propositions.

Le docteur Katz a ouvert la bouche, il m'a regardé, il a avalé et puis il a soupiré, comme ils le font tous. Moi je réfléchissais. Il fallait gagner du temps, c'est toujours la chose à faire.

30 — Écoutez, docteur Katz, n'appelez pas l'hôpital. Donnez-moi encore quelques jours. Peut-être qu'elle va mourir toute seule. Et puis, il faut que je m'arrange. Sans ça, ils vont me verser à l'Assistance.

Il a soupiré encore. Ce mec-là, chaque fois qu'il respirait, c'était pour soupirer. J'en avais ma claque des mecs qui soupirent.

La Vie devant soi, Mercure de France, 1975.

LE RÉCIT
explorations variées

Tout texte qui se compose d'une histoire (les événements racontés) et d'une narration (la façon dont les événements sont racontés).

L'influence déterminante de *La Vie devant soi*

Romain Gary (1914-1980)

De son vrai nom Roman Kacew, Gary est né en Russie de père inconnu ; il immigre en France, pays qui symbolise, aux yeux de sa mère, l'idéal et la liberté. Il répond aux attentes de sa mère par une carrière fulgurante de diplomate. Écrivant des romans en parallèle, il reçoit le prix Goncourt pour *Les Racines du ciel* en 1956. En 1980, Romain Gary met fin à ses jours en se tirant une balle dans la tête. Un document posthume révèle que l'écrivain utilisait aussi le pseudonyme d'Émile Ajar, auteur d'une œuvre constituée de quatre romans d'un lyrisme provocateur et déconcertant se situant très loin du réalisme à caractère humaniste des œuvres signées Gary. Or, *La Vie devant soi*, un roman signé Ajar, a remporté le prix Goncourt en 1975, ce qui fait de

(suite à la page suivante)

Galerie Bruno Bischofberger, Zurich.
Jean-Michel Basquiat, *sans titre*, 1981.

(suite)

ce romancier le seul parmi ses pairs à avoir reçu deux fois cette reconnaissance sous des noms différents.

Dans la littérature actuelle, un grand nombre de romans s'inspirent de *La Vie devant soi* : quelquefois composés dans une langue hybride et présentant un dénouement optimiste, ces récits mettent en scène des couples fondés sur des liens affectifs improbables, par exemple *Monsieur Ibrahim et les fleurs de Coran* (2001) d'Eric-Emmanuel Schmitt ou *L'Enfant multiple* (1989) d'Andrée Chédid.

Dans l'extrait choisi, Momo, un jeune orphelin arabe, recueilli par Madame Rosa, une vieille prostituée d'origine juive, plaide auprès du médecin pour qu'il « avorte », c'est-à-dire qu'il tue par compassion cette vieille dame maintenant atteinte d'une maladie incurable. Le texte illustre par la même occasion la confusion linguistique dans laquelle se trouve Momo, qui trahit en fait sa confusion identitaire.

1. Après avoir lu cet extrait, faites le portrait des deux personnages à partir :
   – de l'information fournie ;
   – de leurs paroles et de leur comportement.

2. Montrez comment le style est influencé par la voix narrative, celle d'un jeune immigrant peu scolarisé.

3. Démontrez que l'extrait présente des traits d'une société postmoderne en vous appuyant sur la description du milieu social et sur la thématique.

4. Dégagez le caractère provocateur du texte.

LA FAIM

— Au commencement, c'était toujours entre les repas que la fringale
m'assaillait. Brusquement en plein atelier ou dans mon bureau, une sensation de vide me creusait le ventre, un tremblement me désemparait les
mains et les genoux, une poussée de sueur me mouillait les tempes, la salive
5　me giclait sous la langue. Il fallait que je mange, immédiatement, n'importe
quoi, sans aucun délai. Les premières attaques de ce genre me précipitèrent
chez le boulanger le plus proche qui me voyait avec perplexité me bourrer la
bouche de brioches et de croissants. Plus tard, l'hiver étant venu, j'avisai des
bourriches d'huîtres qui formaient un étalage sentant le varech mouillé sur
10　le trottoir d'un marchand de vin. C'était une innovation qui se justifiait par
le vin blanc sec dont on accompagne les coquillages, et qui s'est généralisée
depuis. Je me fis ouvrir deux douzaines de portugaises n° 0 qu'on me servit
avec un verre de pouilly-fuissé. La volupté gloutonne avec laquelle j'enfonçai
mes dents dans la mucosité glauque, salée, iodée, d'une fraîcheur d'embrun
15　de ces petits corps qui s'abandonnent mous et amorphes à la possession
orale dès qu'on les a détachés de leur habitacle nacré, fut l'une des révélations de ma vocation ogresse. Je compris que j'obéirais d'autant mieux
à mes aspirations alimentaires que j'approcherais davantage l'idéal de la
crudité absolue. Je fis un grand pas en avant le jour où j'appris que les sar-
20　dines fraîches, que l'on mange habituellement frites ou sautées, peuvent
aussi se consommer crues et froides pour peu qu'on ait aux cuisines la
patience d'en gratter les écailles, car la peau se détache difficilement. Mais
ma découverte majeure dans ce domaine fut celle du « bifteck tartare »,
viande de cheval hachée que l'on mange crue avec un jaune d'œuf et un
25　assaisonnement robuste associant le sel, le poivre et le vinaigre à l'ail,
l'oignon, l'échalote et les câpres. Mais là aussi il y avait des progrès à accomplir dans la satisfaction d'une passion aussi rare. À force de discussions avec
les serveurs du seul restaurant de Neuilly où l'on offrît ce plat cynique et
brutal, j'obtins qu'on supprimât l'un après l'autre tous les épices et condi-
30　ments qui n'ont d'autre fonction que de voiler la franche nudité de la chair.
Et comme je trouvais également à redire touchant la quantité, j'en suis vite
venu à passer moi-même dans le moulin à viande des quartiers de filet que
j'achetais dans une boucherie chevaline. J'ai compris ainsi l'attirance qu'ont
toujours exercée sur moi ces étals et ces crochets qui exposent aux regards la
35　farouche et colossale nudité des bêtes écorchées, les blocs de chair rutilante,
les foies visqueux et métalliques, les poumons rosâtres et spongieux, l'intimité vermeille que révèlent les cuisses énormes des génisses obscènement
écartelées, et surtout cette odeur de graisse froide et de sang caillé qui flotte
sur ce carnage.

40　Cet aspect de mon âme que j'ai ainsi découvert ne m'inquiète pas le
moins du monde. Quand je dis « j'aime la viande, j'aime le sang, j'aime la
chair », c'est le verbe aimer qui importe seul. Je suis tout amour. J'aime
manger de la viande parce que j'aime les bêtes. Je crois même que je pourrais
égorger de mes mains, et manger avec un affectueux appétit, un animal que
45　j'aurais élevé et qui aurait partagé ma vie. Je le mangerais même avec un
goût plus éclairé, plus approfondi que je ne fais d'une viande anonyme,
impersonnelle. C'est ce que j'ai tenté vainement de faire comprendre à cette
sotte de Mlle Toupie qui est végétarienne par horreur des abattoirs.
Comment ne comprend-elle pas que si tout le monde faisait comme elle, la
50　plupart des animaux domestiques disparaîtraient de nos paysages, ce qui
serait bien triste ? Ils disparaîtraient comme est en train de disparaître le
cheval à mesure que l'automobile le libère de son esclavage.

LE RÉCIT
explorations variées

L'ombre de la guerre

Michel Tournier (1924)

Né dans une famille parisienne
aisée et cultivée, Michel Tournier
est un enfant fragile et chétif,
qui baigne très jeune dans une
atmosphère de musique et de
culture. Diplômé de philosophie,
il délaisse l'enseignement au
profit d'une carrière littéraire et,
après quelques romans marquants, il siège à l'Académie Goncourt. Fasciné par l'Allemagne, il
redonne vie à des légendes anciennes qui deviennent les assises
d'une mythologie personnelle
axée sur la quête d'identité. Dans
*Vendredi ou les Limbes du Pa-
cifique* (1967), il réécrit l'histoire
de Robinson Crusoë, en mettant
l'accent sur la relation de celui-ci
avec son compagnon Vendredi.
Dans *Le Roi des aulnes*, il décrit le
destin d'un ogre, Abel Tiffauges,
voleur d'enfants sous l'occupation
nazie.

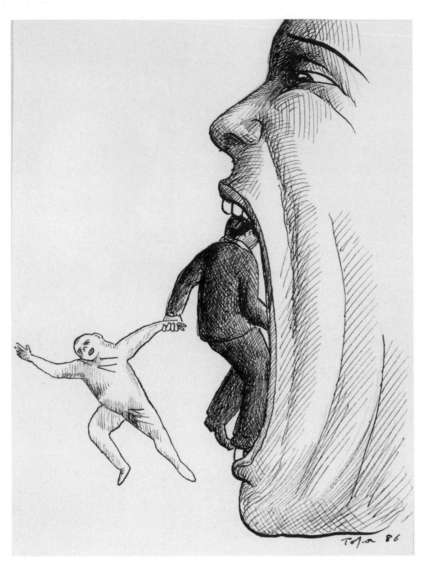

Collection privée.
Roland Topor, *sans titre*, 1986.

Au demeurant la qualité de mon cœur serait attestée — s'il en était besoin — par un autre goût que j'ai, celui du lait. Ma gustation rendue à sa finesse originelle par la viande non cuite et non épicée, et qui sait découvrir des mondes de nuances sous la fadeur apparente des crudités, a trouvé matière à s'exercer dans le lait qui est devenu assez vite mon unique boisson. Il faut aller loin dans Paris pour trouver une crémerie dont le lait n'ait pas été tué par les pratiques infâmes de pasteurisation et d'homogénéisation ! En vérité, il faudrait aller à la ferme, à la vache, à la source même de ce liquide synonyme de vie, de tendresse, d'enfance, et sur lequel s'acharnent les hygiénistes, puritains, flics et autres pisse-vinaigre ! Moi, je veux un lait sur lequel flottent avec des remugles d'étable un poil et un fétu, signes d'authenticité.

Le Roi des aulnes, Éditions Gallimard, 1970.

1. Dans le premier paragraphe :
   - explorez le registre sensoriel de l'ogre en classant les termes relatifs à chaque sens ;
   - relevez les expressions qui relèvent d'un humour « cynique et brutal » selon les mots mêmes de l'auteur ;
   - relevez quelques énumérations en expliquant leur fonction dans le texte.

2. Commentez le caractère provocateur, dans ce contexte, des expressions « Cet aspect de mon âme » et « Je suis tout amour ».

3. L'ogre boit du lait « synonyme de vie, de tendresse » : selon vous, est-ce un signe supplémentaire de sa perversité ?

4. Commentez le choix de l'ogre, un personnage de conte pour enfant, dans un texte qui s'adresse aux adultes.

LE GRAND RETOUR

« Qu'est-ce que tu fais encore ici ! » Sa voix n'était pas méchante, mais elle n'était pas gentille non plus ; Sylvie se fâchait.

« Et où devrais-je être ? demanda Irena.

— Chez toi !

5 — Tu veux dire qu'ici je ne suis plus chez moi ? »

Bien sûr, elle ne voulait pas la chasser de France, ni lui donner à penser qu'elle était une étrangère indésirable : « Tu sais ce que je veux dire !

— Oui, je le sais, mais est-ce que tu oublies que j'ai ici mon travail ? mon appartement ? mes enfants ?

10 — Écoute, je connais Gustaf. Il fera tout pour que tu puisses rentrer dans ton pays. Et tes filles, ne me raconte pas de blagues ! Elles ont déjà leur propre vie ! Mon Dieu, Irena, ce qui se passe chez vous est tellement fascinant ! Dans une situation pareille les choses s'arrangent toujours.

— Mais, Sylvie ! Il n'y a pas que les choses pratiques, l'emploi, l'appar-
15 tement. Je vis ici depuis vingt ans. Ma vie est ici !

— C'est la révolution chez vous ! » Elle le dit sur un ton qui ne supportait pas la contestation. Puis elle se tut. Par ce silence, elle voulait dire à Irena qu'il ne faut pas déserter quand de grandes choses se passent.

« Mais si je rentre dans mon pays, nous ne nous verrons plus », dit Irena,
20 pour mettre son amie dans l'embarras.

Cette démagogie sentimentale fit long feu. La voix de Sylvie devint chaleureuse : « Ma chère, j'irai te voir ! C'est promis, c'est promis ! »

Elles étaient assises face à face au-dessus de deux tasses à café vides depuis longtemps. Irena vit des larmes d'émotion dans les yeux de Sylvie qui se
25 pencha vers elle et lui serra la main : « Ce sera ton grand retour. » Et encore une fois : « Ton grand retour. »

Répétés, les mots acquirent une telle force que, dans son for intérieur, Irena les vit écrits avec des majuscules : Grand Retour. Elle ne se rebiffa plus : elle fut envoûtée par des images qui soudain émergèrent de vieilles lectures,
30 de films, de sa propre mémoire et de celle peut-être de ses ancêtres : le fils perdu qui retrouve sa vieille mère ; l'homme qui revient vers sa bien-aimée à laquelle le sort féroce l'a jadis arraché ; la maison natale que chacun porte en soi ; le sentier redécouvert où sont restés gravés les pas perdus de l'enfance ; Ulysse qui revoit son île après des années d'errance ; le retour, le retour, la
35 grande magie du retour.

Le retour, en grec, se dit *nostos*. *Algos* signifie souffrance. La nostalgie est donc la souffrance causée par le désir inassouvi de retourner. Pour cette notion fondamentale, la majorité des Européens peuvent utiliser un mot d'origine grecque (*nostalgie, nostalgia*) puis d'autres mots ayant leurs racines
40 dans la langue nationale : *añoranza*, disent les Espagnols ; *saudade*, disent les Portugais. Dans chaque langue, ces mots possèdent une nuance sémantique différente. Souvent, ils signifient seulement la tristesse causée par l'impossibilité du retour au pays. Mal du pays. Mal du chez-soi. Ce qui, en anglais, se dit : *homesickness*. Ou en allemand : *Heimweh*. En hollandais : *heimwee*. Mais
45 c'est une réduction spatiale de cette grande notion. L'une des plus anciennes langues européennes, l'islandais, distingue bien deux termes : *söknudur* : nostalgie dans son sens général ; et *heimfra* : mal du pays. Les Tchèques, à côté du mot *nostalgie* pris du grec, ont pour cette notion leur propre substantif, *stesk*, et leur propre verbe ; la phrase d'amour tchèque la plus
50 émouvante : *stýská se mi po tobě* : j'ai la nostalgie de toi ; je ne peux supporter la douleur de ton absence. En espagnol, *añoranza* vient du verbe *añorar* (avoir de la nostalgie) qui vient du catalan *enyorar*, dérivé, lui, du mot latin

LE RÉCIT
explorations variées

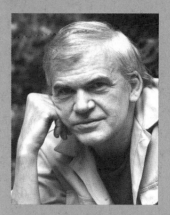

La nostalgie du lointain pays

Milan Kundera (1929)

Né en République tchèque dans une famille de mélomanes, Milan Kundera commence sa carrière d'écrivain sous le régime communiste avant de perdre son emploi à cause de ses propos dissidents. Ses écrits sont interdits de publication, ce qui le décide à émigrer et à prendre ensuite la nationalité de son pays d'adoption, la France. Composé en tchèque, mais d'abord publié en traduction française, son roman *L'insoutenable légèreté de l'être* lui assure une notoriété mondiale. Même si Kundera présente des personnages qui vivent sous un régime totalitaire, son intention n'est pas la dénonciation idéologique ; en fait, il cherche à relativiser les vérités et les sentiments d'une humanité qu'il considère avec une distance ironique, loin de tout épanchement lyrique.

Constatant que les traductions de ses romans trahissent ses intentions et son style, Kundera décide de les revoir entièrement avant de décider de composer dorénavant dans la langue de l'exil. *L'ignorance* appartient à ce cycle des romans français.

(suite à la page suivante)

(suite)

Avec une rare efficacité, les premières pages du roman présentent la problématique qui s'est posée à l'auteur lui-même : comme Ulysse, après des années d'errance, l'immigrant doit-il assouvir son désir de retour à la terre d'origine ? Dans cet extrait, Irena constate qu'elle n'a pas le choix, qu'on la renvoie en quelque sorte chez elle.

ignorare (ignorer). Sous cet éclairage étymologique, la nostalgie apparaît comme la souffrance de l'ignorance. Tu es loin, et je ne sais pas ce que tu deviens. Mon pays est loin, et je ne sais pas ce qui s'y passe.

L'ignorance (2000), Éditions Gallimard, 2003.

Galerie Tretjakov Moscou.
Alexander Deineka, *Künftige Piloten*, 1938.

1. « Qu'est-ce que tu fais encore ici ! » est la première phrase du roman.
   – Expliquez le caractère brutal que peut prendre cette phrase lorsqu'elle s'adresse à un immigrant.
   – Cette question se termine paradoxalement par un point d'exclamation : quelle est la nuance de signification introduite par cette ponctuation ?

2. Quels sont les arguments de chacune des deux femmes relativement à l'idée du retour au pays ?

3. Que peut-on déduire des caractères de Sylvie et d'Irena ?

4. La deuxième partie du texte relève plutôt de l'essai alors que la première relevait du récit : montrez les différences de l'une par rapport à l'autre.

5. Pourquoi le recours à des langues multiples s'avère-t-il particulièrement significatif dans cette deuxième partie ?

6. Kundera semble vouloir opposer « la grande magie du retour » à la tristesse causée « par la grande impossibilité du retour ». Dans un tableau sur deux colonnes, répartissez les arguments qui, selon vous, sont en faveur du retour de l'émigrant dans son pays, et ceux qui en montrent les désavantages.

7. Peut-on dire que ce texte porte sur le thème très actuel de la quête d'identité ?

AU BOUT DU TUNNEL

J'ignore ce que j'étais en train de faire quand c'est arrivé pour la première fois. D'ailleurs, depuis l'aveu de l'avortement raté de ma mère jusqu'à mon analyse, j'ai très peu de souvenirs saillants. Ma vie baignait à l'extérieur dans le gris, le terne, le correct, le conforme, le muet, et à l'intérieur, dans le lourd,
5 le secret, le honteux, et, de plus en plus souvent, dans l'effrayant. J'ai senti dans mon ventre, du côté droit, un contact presque imperceptible, un peu comme on sent le regard d'une personne qu'on ne voit pas. J'étais enceinte depuis un peu plus de quatre mois. Quelques jours plus tard, de nouveau ce frôlement, cette toute petite caresse : un doigt léger sur du velours.

10 C'était mon enfant qui bougeait ! Larve, têtard, poisson des grandes profondeurs. Vie première aveugle et incertaine. Énorme tête d'hydrocéphale, échine d'oiseau, membres de méduse. Il existait, il habitait là, dans son eau chaude, arrimé au gros câble du cordon. Infirme, impuissant, horrible. Mon bébé ! Celui qui venait du grand désir que j'avais eu d'un homme, du beau
15 mouvement qui nous avait fait glisser l'un en l'autre, du rythme parfait que nous avions trouvé tout à coup, simplement, ensemble. De cette perfection ne pouvait naître qu'une merveille, un être précieux.

Il bougeait ! Je faisais sa connaissance. Il bougeait quand cela lui convenait, je ne pouvais pas prévoir ses manifestations. Il avait son rythme propre
20 qui n'était pas le mien. J'étais attentive, je l'attendais. Le voilà ! De ma main je caressais l'endroit. Que bougeait-il ? Un de ses trognons de doigts transparents ? Un de ses genoux enflés ? Un de ses pieds difformes ? Ou son crâne de monstre ? Il bougeait à peine, comme une bulle monte à la surface du marécage sans même avoir la force de le crever. Il bougeait comme bouge
25 l'ombre d'un arbre, un jour sans vent. Il bougeait comme bouge la lumière quand un nuage passe devant le soleil.

Je savais où il était, comment il se plaçait au fur et à mesure que les semaines passaient et que ses mouvements devenaient vigoureux. Il cognait maintenant, il pédalait, il se tournait et se retournait.

30 Ma mère aussi savait où j'étais et comment j'étais. Elle le savait puisqu'elle avait fait des études médicales. Mais chacun de mes mouvements ne lui indiquait qu'une seule chose : elle n'était pas encore parvenue à me tuer. Ah ! ce fœtus qui la dérangeait ! C'est long une gestation, cela en fait des mois, des semaines, des jours, des heures, des minutes ! On a bien le temps de le
35 connaître ce petit qui vit en vous et qui n'est pas vous. Y a-t-il une intimité plus grande ? Ou une promiscuité plus grande ? Chacun de mes mouvements lui rappelait-il l'odieux accouplement duquel j'étais issue ? la passion haineuse ? le dégoût ?

Alors elle enfourchait son vélo rouillé et en avant dans les terrains vagues,
40 dans les détritus ! J'espère que ça swingue là-dedans, ma fille, mon petit poisson, tu vas voir comme je vais la briser ton arête ! Fous le camp, va voir dehors si j'y suis !

Elle chevauchait son canasson et hop ! Tu les sens les coups de bélier dans ton corps hideux ? Ma mignonne ! Ça en fait une belle tempête pour fracasser
45 les petits sous-marins ! Non ? Ça en fait des beaux remous pour asphyxier les petits scaphandriers ! Hein ? Va-t'en, ordure, mais va-t'en donc !

Tu bouges encore ? Tiens, voilà de quoi te calmer. Quinine, aspirine ! Câline, calin-calinette, dodo l'enfant do, laisse-toi bercer, bois, ma belle, bois le bon élixir empoisonné. Tu vas voir comme tu vas t'amuser dans le toboggan
50 de mon cul quand tu seras bien pourrie par les drogues, crevée comme un rat d'égout. À mort ! À mort !

LE RÉCIT
explorations variées

Le féminisme, dans le ton de la confession

Marie Cardinal (1929-2001)

Née en Algérie dans une famille aisée de colons français, Marie Cardinal quitte sa terre natale pour enseigner la philosophie en France. Sa venue à l'écriture vers la trentaine coïncide avec l'entreprise d'une psychanalyse, attribuable à un mal de vivre proche de la maladie mentale. Au cours de cette thérapie, elle découvre les sources de sa souffrance, qui sont liées à la relation difficile avec sa mère : celle-ci a tenté en vain d'avorter d'elle. Dans *Les Mots pour le dire*, Marie Cardinal met l'accent sur la guérison par le souvenir et le deuil. Mêlant sa réflexion sur la condition féminine avec les récits de rêves et de souvenirs, Cardinal rapproche l'autobiographie de la parole en lui donnant un ton de confidence. Dans l'extrait ci-contre, la narratrice sent monter la haine envers sa mère, au moment où elle-même est enceinte.

Cet extrait témoigne en outre de l'influence libératrice du féminisme qui se reflète sur l'écriture actuelle : les femmes parlent de l'intimité corporelle en rejetant les tabous ; les personnages féminins se révèlent avec une plus riche intériorité.

Pour finir, impuissante, résignée, vaincue, déçue, elle m'a laissée glisser vivante dans la vie, comme on laisse glisser un étron. Et la petite fille-étron qui venait doucement, la figure en avant, vers la lumière qu'elle voyait là-bas
55 au bout de l'étroit conduit humide, au bout du tunnel, qu'allait-il lui arriver dans ce dehors qui l'avait tant malmenée ? Dites, ma mère, saviez-vous que vous la poussiez dans la folie ? Vous en doutiez-vous ?

Ce que j'ai appelé la saloperie de ma mère ce n'était pas d'avoir voulu avorter (il y a des moments où une femme n'est pas capable d'avoir un
60 enfant, pas capable de l'aimer assez), sa saloperie c'était au contraire de n'avoir pas été au bout de son désir profond, de n'avoir pas avorté quand il le fallait ; puis d'avoir continué à projeter sa haine sur moi alors que je bougeais en elle, et enfin de m'avoir raconté son crime minable, ses pauvres tentatives de meurtre. Comme si ayant raté son coup elle le reprenait qua-
65 torze ans après, en sécurité, sans risque d'y laisser sa propre peau.

C'est pourtant grâce à la saloperie de ma mère que j'ai pu beaucoup plus tard, sur le divan de l'impasse, analyser plus facilement le malaise de toute ma vie antérieure, cette inquiétude constante, cette crainte perpétuelle, ce dégoût de moi, qui avaient fini par s'épanouir dans la folie. Sans l'aveu de ma
70 mère peut-être ne serais-je jamais parvenue à remonter jusqu'à son ventre, à retourner vers ce fœtus haï, traqué, que j'avais pourtant inconsciemment retrouvé lorsque je me recroquevillais entre le bidet et la baignoire, dans l'obscurité de la salle de bain.

Aujourd'hui je ne considère plus la « saloperie de ma mère » comme une
75 saloperie. C'est une importante péripétie de ma vie. Je sais pourquoi cette femme a fait ça. Je la comprends.

Les Mots pour le dire, Grasset et Fasquelle, 1975.

1. Quels éléments d'information au sujet de la narratrice sont essentiels à la compréhension du texte dans le premier paragraphe ?

2. Tout en expliquant leur contribution à la signification du texte, relevez dans ce paragraphe :
   – une énumération ;
   – une métaphore synesthésique ;
   – des connotations sensorielles.

3. Montrez que la grossesse se charge d'une symbolique cosmique dans les deuxième et troisième paragraphes.

4. Dans les lignes 10 à 29 :
   – relevez les moyens stylistiques et grammaticaux utilisés par l'auteure pour traduire son émotion ;
   – expliquez comment elle cherche à traduire les mouvements du fœtus dans son ventre ;
   – repérez les effets de contraste dans la description du fœtus.

5. Résumez en vos mots le portrait que fait la narratrice de la grossesse de sa propre mère. Retrouve-t-on ici les mêmes effets stylistiques que dans les premiers paragraphes ?

6. Commentez la douleur associée à cette image de « la petite fille-étron ».

7. Commentez le dernier paragraphe du texte.
   – La narratrice s'est-elle réconciliée avec sa mère ?
   – S'est-elle réconciliée avec elle-même ?
   – Le récit qui concerne la grossesse de la mère fait-il comprendre le recours à la psychanalyse dont parle Marie Cardinal dans le texte ?

LECTEUR, ACCROCHE-TOI

Lecteur, accroche-toi, ce livre est abrupt. Tu ne devrais pas t'ennuyer en chemin, remarque. Il y aura des détails, des couleurs, des scènes rapprochées, du méli-mélo, de l'hypnose, de la psychologie, des orgies. J'écris les Mémoires d'un navigateur sans précédent, le révélateur des époques…
5 L'origine dévoilée ! Le secret sondé ! Le destin radiographié ! La prétendue nature démasquée ! Le temple des erreurs, des illusions, des tensions, le meurtre enfoui, le fin fond des choses… Je me suis assez amusé et follement ennuyé dans ce cirque, depuis que j'y ai été fabriqué…

Le monde appartient aux femmes, il n'y a que des femmes, et depuis tou-
10 jours elles le savent et elles ne le savent pas, elles ne peuvent pas le savoir vraiment, elles le sentent, elles le pressentent, ça s'organise comme ça. Les hommes ? Écume, faux dirigeants, faux prêtres, penseurs approximatifs, insectes… Gestionnaires abusés… Muscles trompeurs, énergie substituée, déléguée… Je vais tenter de raconter comment et pourquoi. Si ma main me
15 suit, si mon bras ne tombe pas de lui-même, si je ne meurs pas d'accable-ment en cours de route, si j'arrive surtout à me persuader que cette révé-lation s'adresse à quelqu'un alors que je suis presque sûr qu'elle ne peut atteindre personne…

Règlements de comptes ? Mais oui ! Schizophrénie ? Comment donc !
20 Paranoïa ? Encore mieux ! La machine m'a rendu furieux ? D'accord ! Misogynie ? Le mot est faible. Misanthropie ? Vous plaisantez… On va aller plus loin, ici, dans ces pages, que toutes les célébrités de l'Antiquité, d'avant-hier, d'hier, d'aujourd'hui, de demain et d'après-demain… Beaucoup plus loin en hauteur, en largeur, en profondeur, en horreur, — mais aussi en
25 mélodie, en harmonie, en replis…

Qui je suis vraiment ? Peu importe. Mieux vaut rester dans l'ombre. Philosophe dans la chambre noire… J'ai demandé simplement à l'écrivain qui signera ce livre de discuter avec moi certains points… Pourquoi je l'ai choisi, lui ? Parce qu'il était haï. Je me suis renseigné, j'ai fait mon enquête, je
30 voulais quelqu'un d'assez connu mais de franchement détesté… Un techni-cien du ressentiment éprouvé, de la source empoisonnée… J'ai mon idée là-dessus… Une théorie métaphysique… Vous verrez, vous verrez… Pourquoi en français ? Question de tradition… Les Français, certains Français, en savent davantage, finalement, sur le théâtre que j'ai l'intention de décrire…
35 Curieux d'ailleurs… Comme si c'était chez eux que s'était jouée au plus près la mise en place de la coulisse essentielle… Ça continue, d'ailleurs, en plus pauvre comme toutes choses aujourd'hui… Un côté mutant, un côté martien…

Je pars d'une constatation élémentaire. Si vous êtes là, les yeux ouverts sur
40 ces lignes, c'est que vous êtes né. Né ou née ? Lui ou elle ? L'action commence. Vous êtes d'un sexe ou d'un autre, du moins apparemment. Fallacieuse apparence ? *Le cose fallaci…* Vous ne savez pas exactement. Je dis bien : EXACTEMENT. Quoi qu'il en soit, vous êtes là. Et vous ne savez pas non plus pourquoi. Non, non, il ne s'agit pas de la vieille énigme éventée maman-
45 papa depuis longtemps cassée par la science… Faulkner, encore lui, à Ben Wasson, printemps 1930 : « Désolé, mais je n'ai pas de photo. D'ailleurs, que je sache, je n'ai aucune intention d'en avoir. Pour la biographie, ne dis rien aux emmerdeurs. Qu'est-ce que ça peut leur faire ? Dis-leur que je suis né d'un alligator et d'une esclave noire à la conférence de Genève il y a deux
50 ans. Ou ce que tu voudras. » Averti, celui-là, ferme… Tout ce que je veux suggérer, c'est que vous êtes dans l'impossibilité d'évaluer votre sac… Est-ce que vous êtes dedans ? Là ? Dedans ? Dans votre corps ? Votre pensée dans un

LE RÉCIT
explorations variées

« Qui je suis vraiment ? » : la question qui s'infiltre partout…

Philippe Sollers (1936)

De son vrai nom Philippe Joyaux, Sollers (pseudonyme tiré d'un mot latin qui signifie « tout en art ») fait ses premières armes en littérature très jeune, en publiant une première nouvelle à l'âge de 21 ans, suivie par un roman de facture plutôt classique salué par François Mauriac et Louis Aragon, mais que lui-même reniera plus tard. En 1960, il fonde la revue *Tel Quel* qui s'inscrit dans la lignée du structuralisme en empruntant à la linguistique son approche des textes et sa terminologie. Il remet au goût du jour des écrivains maudits (le marquis de Sade, Georges Bataille, Antonin Artaud) et il publie des textes critiques enclins à un certain hermétisme. Devenu un des intellectuels contemporains les plus influents en France, il compose de 1960 à 1980 des œuvres généralement dominées par un travail formel exigeant. Son départ de *Tel Quel* en 1983, la fondation d'une autre revue (*L'Infini*) et la parution de *Femmes*, un roman plus accessible, sonnent le glas du structuralisme littéraire en France

(suite à la page suivante)

(suite)

(le structuralisme donne prépondérance dans la critique au fonctionnement des structures textuelles comme celles de la narration plutôt qu'au contenu comme la thématique).

Dans cet extrait, qui ouvre *Femmes*, le narrateur s'interroge à la fois sur son projet et sur l'histoire de la littérature, en adoptant un ton à la fois lyrique et humoristique.

corps ? Une saison dans l'enfer du corps, et hop, hors du corps ? Au néant ? « J'ai vu l'enfer des femmes là-bas », dit Rimbaud… Qu'est-ce qu'il a vu au
55 juste ? To be ? Not to be ? L'enfer ? Nous allons redécouvrir l'enfer, ça fait partie du programme. Avec quelques douceurs en passant… Bien, d'où ça vient tout ça ? De maman ? MAMAN ? Dieu-maman ? Ah, celle-là ! Sous celui-là, celle-là ! La cellule universelle, la grande pile désormais à pilule, la bouche éternelle… Isis, Artémis, Aphrodite, Diane, Hécate ! Cybèle !
60 Demeter ! Mater ! Athéna ! Géa ! Géova ! Le froncement, le pincement, l'épingle à nourrice, la pyramide, le triangle sacré, le delta !

Femmes, Éditions Gallimard, 1983.

Collection Ileana Sonnabend.
Roy Lichtenstein,
Little Aloha, 1962.
La femme, depuis la Renaissance, reste une des grandes obsessions de l'art figuratif. Les artistes-peintres du Pop Art, parallèlement à la culture de masse et publicitaire qu'ils singent, vont eux aussi se l'attribuer tout en poussant plus loin sa sexualisation et toute la provocation qui peut y être attachée.

1. Montrez que cet extrait fait éclater les frontières entre l'oral et l'écrit et entre le récit et l'essai.

2. Dans les deux premiers paragraphes, relevez tout en expliquant leur effet sur le texte :
   – deux phrases avec verbe au mode impératif ;
   – quatre énumérations ;
   – deux jeux de mots fondés sur la répétition.

3. Montrez comment la ponctuation contribue au style délirant du texte en soulignant la variation dans l'expression de l'émotion.

4. Repérez dans le texte les termes qui font référence à la psychanalyse et à la philosophie.

5. Cette entrée en matière qui s'adresse directement au lecteur lui permet-elle de bien dégager le projet de l'écrivain par rapport à son roman ?
   – Relevez dans le texte les passages susceptibles de nous éclairer quant à la suite du récit.
   – Commentez les liens possibles avec la quête d'identité et l'angoisse existentielle.
   – Commentez la tonalité générale.

LE TOURBILLON

Dans les cafés, il y a une musique qui n'arrête pas de battre, une musique lancinante et sauvage qui résonne sourdement dans la terre, qui vibre à travers le corps, dans le ventre, dans les tympans. C'est toujours la même musique qui sort des cafés et des bars, qui cogne avec la lumière des tubes de
5 néon, avec les couleurs rouges, vertes, orange, sur les murs, sur les tables, sur les visages peints des femmes.

Depuis combien de temps Lalla avance-t-elle au milieu de ces tourbillons, de cette musique? Elle ne le sait plus. Des heures; peut-être, des nuits entières, des nuits sans aucun jour pour les interrompre. Elle pense à l'éten-
10 due des plateaux de pierres, dans la nuit, aux monticules de cailloux tranchants comme des lames, aux sentiers des lièvres et des vipères sous la lune, et elle regarde autour d'elle, ici, comme si elle allait le voir apparaître. Le Hartani vêtu de son manteau de bure, aux yeux brillants dans son visage très noir, aux gestes longs et lents comme la démarche des antilopes. Mais il n'y a
15 que cette avenue, et encore cette avenue, et ces carrefours pleins de visages, d'yeux, de bouches, ces voix criardes, ces paroles, ces murmures. Ces bruits de moteurs et de klaxons, ces lumières brutales. On ne voit pas le ciel, comme s'il y avait une taie blanche qui recouvrait la terre. Comment pourraient-ils venir jusqu'ici, le Hartani, et lui, le guerrier bleu du désert, Es
20 Ser, le Secret, comme elle l'appelait autrefois? Ils ne pourraient pas la voir à travers cette taie blanche, qui sépare cette ville du ciel. Ils ne pourraient pas la reconnaître, au milieu de tant de visages, de tant de corps, avec toutes ces autos, ces camions, ces motocyclettes. Ils ne pourraient même pas entendre sa voix, ici, avec tous ces bruits de voix qui parlent dans toutes les langues,
25 avec cette musique qui résonne, qui fait trembler le sol. C'est pour cela que Lalla ne les cherche plus, ne leur parle plus, comme s'ils avaient disparu pour toujours, comme s'ils étaient morts pour elle.

Désert, Éditions Gallimard, 1980.

LE RÉCIT
explorations variées

Le choc des cultures

Jean-Marie Gustave Le Clézio (1940)

Né à Nice d'un père anglais et d'une mère française, Jean-Marie Gustave Le Clézio, persuadé d'avoir des origines légendaires, invente une destinée héroïque à deux de ses aïeuls. Son enfance est marquée par la guerre, puisqu'un camp de concentration est installé à proximité de chez lui jusqu'en 1944. Lors d'un périple pour rejoindre son père qui pratique la médecine de brousse au Nigéria, il associe le voyage à l'écriture. Son goût du voyage le mène en Thaïlande, puis au Mexique où il découvre la culture indienne dont il s'inspire pour critiquer le rationalisme occidental et la société de consommation.

Son œuvre aborde la question du choc des cultures et privilégie la pureté du regard des enfants. Dans cet extrait de *Désert* (1980), la jeune Lalla sent affluer les souvenirs de son pays berbère au moment où elle entre en contact avec la France.

1. La musique occupe une place importante dans ce texte.
   – Relevez les termes qui traduisent une idée de violence d'abord associée à cette musique.
   – Relevez les autres bruits dont il est fait mention dans l'extrait.

2. Le Clézio joue en alternance avec l'énumération et la répétition: illustrez et expliquez l'effet visé.

3. Démontrez que la ville se présente comme un lieu anonyme où on ne peut que se perdre.

4. Faites l'inventaire des termes qui renvoient à l'univers de la peinture.

5. Ce texte semble-t-il se rattacher à la problématique identitaire? Commentez.

L'écart des classes sociales

Annie Ernaux (1940)

Fille unique de commerçants normands de souche ouvrière, Annie Ernaux fait des études de lettres qui la conduisent à Rouen, où elle rencontre son mari, issu de la grande bourgeoisie. Elle délaisse alors ses propres ambitions professionnelles pour élever ses enfants. Elle termine plus tard ses études, ce qui lui permettra d'enseigner. L'obtention d'un diplôme de lettres creuse encore davantage le fossé qui la sépare de son milieu d'origine, fossé qui est à la source de son œuvre. Annie Ernaux s'efforce d'analyser la fracture sociale et émotive qui la sépare à la fois de ses parents et de la classe bourgeoise, à laquelle elle n'appartient que par défaut. Dans *La Place*, l'auteure rend un hommage troublant à son père récemment décédé, en retraçant sa vie.

AU PLUS PRÈS DES MOTS

Elle était patronne à part entière, en blouse blanche. Lui gardait son bleu pour servir. Elle ne disait pas comme d'autres femmes « mon mari va me disputer si j'achète ça, si je vais là ». Elle lui faisait *la guerre* pour qu'il retourne à la messe, où il avait cessé d'aller au régiment, pour qu'il perde *ses*
5 *mauvaises manières* (c'est-à-dire de paysan ou d'ouvrier). Il lui laissait le soin des commandes et du chiffre d'affaires. C'était une femme qui pouvait aller partout, autrement dit, franchir les barrières sociales. Il l'admirait, mais il se moquait d'elle quand elle disait « j'ai fait un vent ».

Il est entré aux raffineries de pétrole Standard, dans l'estuaire de la Seine.
10 Il faisait les quarts. Le jour, il n'arrivait pas à dormir à cause des clients. Il bouffissait, l'odeur de pétrole ne partait jamais, c'était en lui et elle le nourrissait. Il ne mangeait plus. Il gagnait beaucoup et il y avait de l'avenir. On promettait aux ouvriers une cité de toute beauté, avec salle de bains et cabinets à l'intérieur, un jardin.
15 Dans la Vallée, les brouillards d'automne persistaient toute la journée. Aux fortes pluies, la rivière inondait la maison. Pour venir à bout des rats d'eau, il a acheté une chienne à poil court qui leur brisait l'échine d'un coup de croc.

« Il y avait plus malheureux que nous. »
20 36, le souvenir d'un rêve, l'étonnement d'un pouvoir qu'il n'avait pas soupçonné, et la certitude résignée qu'ils ne pouvaient le conserver.

Le café-épicerie ne fermait jamais. Il passait à servir ses congés payés. La famille rappliquait toujours, gobergée. Heureux qu'ils étaient d'offrir au beau-frère chaudronnier ou employé de chemin de fer le spectacle de la pro-
25 fusion. Dans leur dos, ils étaient traités de riches, l'injure.

Il ne buvait pas. Il cherchait à *tenir sa place*. Paraître plus commerçant qu'ouvrier. Aux raffineries, il est passé contremaître.

J'écris lentement. En m'efforçant de révéler la trame significative d'une vie dans un ensemble de faits et de choix, j'ai l'impression de perdre au fur
30 et à mesure la figure particulière de mon père. L'épure tend à prendre toute la place, l'idée à courir toute seule. Si au contraire je laisse glisser les images du souvenir, je le revois tel qu'il était, son rire, sa démarche, il me conduit par la main à la foire et les manèges me terrifient, tous les signes d'une condition partagée avec d'autres me deviennent indifférents. À chaque fois, je m'arrache
35 du piège de l'individuel.

Naturellement, aucun bonheur d'écrire, dans cette entreprise où je me tiens au plus près des mots et des phrases entendues, les soulignant parfois par des italiques. Non pour indiquer un double sens au lecteur et lui offrir le plaisir d'une complicité, que je refuse sous toutes ses formes, nostalgie,
40 pathétique ou dérision. Simplement parce que ces mots et ces phrases disent les limites et la couleur du monde où vécut mon père, où j'ai vécu aussi. Et l'on n'y prenait jamais un mot pour un autre.

La Place, Éditions Gallimard, 1983.

---

1. « Elle était patronne », il était ouvrier : faites un portrait comparatif de ces deux personnages en répartissant leurs traits et leurs agissements dans un tableau sur deux colonnes.

2. Faites ressortir en trois ou quatre phrases comment le conflit des classes s'incarne dans le rapport de couple.

3. Montrez que le père aussi est animé par un désir de progression sociale.

4. Démontrez que lorsque la narratrice intervient personnellement dans son récit, celui-ci prend des allures d'essai.

5. Comment le texte traduit-il la difficulté de devenir écrivain pour une jeune fille issue d'un milieu ouvrier ?

6. Comparez l'écriture d'Annie Ernaux avec celle de Philippe Sollers en analysant :
   – la syntaxe et la ponctuation ;
   – les procédés stylistiques ;
   – l'expression de l'émotion, la relation au non-dit et au silence.

BELLEVILLE

C'était l'hiver sur Belleville et il y avait cinq personnages. Six, en comptant la plaque de verglas. Sept, même, avec le chien qui avait accompagné le Petit à la boulangerie. Un chien épileptique, sa langue pendait sur le côté.

La plaque de verglas ressemblait à une carte d'Afrique et recouvrait toute la
5 surface du carrefour que la vieille dame avait entrepris de traverser. Oui, sur la plaque de verglas, il y avait une femme, très vieille, debout, chancelante. Elle glissait une charentaise devant l'autre avec une millimétrique prudence. Elle portait un cabas d'où dépassait un poireau de récupération, un vieux châle sur ses épaules et un appareil acoustique dans la saignée de son oreille. À force de
10 progression reptante, ses charentaises l'avaient menée, disons, jusqu'au milieu du Sahara, sur la plaque à forme d'Afrique. Il lui fallait encore se farcir tout le sud, les pays de l'apartheid et tout ça. À moins qu'elle ne coupât par l'Érythrée ou la Somalie, mais la mer Rouge était affreusement gelée dans le caniveau. Ces supputations gambadaient sous la brosse du blondinet à loden vert qui
15 observait la vieille depuis son trottoir. Et il se trouvait une assez jolie imagination, en l'occurrence, le blondinet. Soudain, le châle de la vieille se déploya comme une voilure de chauve-souris et tout s'immobilisa. Elle avait perdu l'équilibre ; elle venait de le retrouver. Déçu, le blondinet jura entre ses dents. Il avait toujours trouvé amusant de voir quelqu'un se casser la figure. Cela faisait
20 partie du désordre de sa tête blonde. Pourtant, vue du dehors, impeccable, la petite tête. Pas un poil plus haut que l'autre, à la surface drue de la brosse. Mais il n'aimait pas trop les vieux. Il les trouvait vaguement sales. Il les imaginait *par en dessous*, si on peut dire. Il était donc là à se demander si la vieille allait se rétamer ou non sur cette banquise africaine, quand il aperçut deux
25 autres personnages sur le trottoir d'en face, qui n'étaient d'ailleurs pas sans rapport avec l'Afrique : des Arabes. Deux. Des Africains du Nord, quoi, ou des Maghrébins, c'est selon. Le blondinet se demandait toujours comment les dénommer pour ne pas faire raciste. C'était très important avec les opinions qui étaient les siennes de ne pas faire raciste. Il était Frontalement National et
30 ne s'en cachait pas. Mais justement, il ne voulait pas s'entendre dire qu'il l'était *parce que* raciste. Non, non, comme on le lui avait jadis appris en grammaire, il ne s'agissait pas là d'un rapport de cause, mais de conséquence. Il était Frontalement National, le blondinet, *en sorte qu'*il avait eu à réfléchir objectivement sur les dangers de l'immigration sauvage ; et il avait conclu, en tout
35 bon sens, qu'il fallait les virer vite fait, tous ces crouilles, rapport à la pureté du cheptel français d'abord, au chômage ensuite, et à la sécurité enfin. (Quand on a autant de bonnes raisons d'avoir une opinion saine, on ne doit pas la laisser salir par des accusations de racisme.)

Bref, la vieille, la plaque en forme d'Afrique, les deux Arabes sur le trottoir
40 d'en face, le Petit avec son chien épileptique, et le blondinet qui gamberge... Il s'appelait Vanini, il était inspecteur de police et c'était surtout les problèmes de Sécurité qui le travaillaient, lui. D'où sa présence ici et celle des autres inspecteurs en civil disséminés dans Belleville. D'où la paire de menottes chromées bringuebalant sur sa fesse droite. D'où son arme de service, serrée
45 dans son holster, sous son aisselle. D'où le poing américain dans sa poche et la bombe paralysante dans sa manche, apport personnel à l'arsenal réglementaire. Utiliser d'abord celle-ci pour pouvoir cogner tranquillement avec celui-là, un truc à lui, qui avait fait ses preuves. Parce qu'il y avait tout de même le problème de l'Insécurité ! Les quatre vieilles dames égorgées à Belleville en
50 moins d'un mois ne s'étaient pas ouvertes toutes seules en deux !

Violence...

Eh ! oui, violence...

La fée carabine, Éditions Gallimard, 1987.

LE RÉCIT
explorations variées

Le quartier des immigrants

Daniel Pennac (1944)

Professeur dans un lycée de quartier multiethnique défavorisé, Daniel Pennac obtient du succès avec la série des Malaussène, dont le premier volume, *Au bonheur des ogres*, paraît en 1984. D'abord publié aux Éditions Gallimard dans la collection « Série Noire », réservée aux romans policiers et au polar, Pennac passe à la collection la plus prestigieuse, ce qui est le signe qu'il plaît à un vaste auditoire, mais ce qui récompense aussi l'originalité de son écriture, où se mêlent une grande imagination de conteur et une fantaisie débridée. Il se tourne vers l'essai avec *Comme un roman*, où il parle de l'amour de la lecture qu'il tente d'inculquer à ses élèves. Avec un humour ravageur, Pennac tient d'abord à camper des personnages fortement typés, et à peindre des mondes à part, comme dans l'extrait ci-contre qui ouvre *La fée carabine* (1987).

Stedelijk Van Abbe
Museum.
Jean Dubuffet, *La main
dans le sac*, 1961.

1. Le premier paragraphe met en scène les personnages suivants :
   – la grand-mère : qu'apprend-on sur elle ? À la lumière des dernières phrases de l'extrait, que peut-on déduire quant à sa présence ici ?
   – le blondinet : quel portrait peut-on en faire ?
   – les Africains du Nord : en quoi sont-ils importants dans le décor ?

2. Tout en expliquant leur effet sur la signification du texte, relevez dans le premier paragraphe :
   – une comparaison ;
   – des marques de la langue orale ;
   – des exemples de l'humour de Pennac.

3. Montrez que la description de l'inspecteur Vanini présente un caractère caricatural.

4. Commentez l'usage répété des points de suspension à la fin de l'extrait.

5. Démontrez que, par les éléments mis en place, ce début de roman traduit l'univers urbain postmoderne.

LA TRACE DE L'EXISTENCE

Au 2 boulevard du Palais, je m'apprêtais à franchir les grandes grilles et la cour principale, quand un planton m'a indiqué une autre entrée, un peu plus bas : celle qui donnait accès à la Sainte-Chapelle. Une queue de touristes attendait, entre les barrières, et j'ai voulu passer directement sous le porche, 5 mais un autre planton, d'un geste brutal, m'a signifié de faire la queue avec les autres.

Au bout d'un vestibule, le règlement exigeait que l'on sorte tous les objets en métal qui étaient dans vos poches. Je n'avais sur moi qu'un trousseau de clés. Je devais le poser sur une sorte de tapis roulant et le récupérer de l'autre 10 côté d'une vitre, mais sur le moment je n'ai rien compris à cette manœuvre. À cause de mon hésitation, je me suis fait un peu rabrouer par un autre planton. Était-ce un gendarme ? Un policier ? Fallait-il aussi que je lui donne, comme à l'entrée d'une prison, mes lacets, ma ceinture, mon portefeuille ?

J'ai traversé une cour, je me suis engagé dans un couloir, j'ai débouché 15 dans un hall très vaste où marchaient des hommes et des femmes qui tenaient à la main des serviettes noires et dont quelques-uns portaient des robes d'avocat. Je n'osais pas leur demander par où l'on accédait à l'escalier 5.

Un gardien assis derrière une table m'a indiqué l'extrémité du hall. Et là j'ai pénétré dans une salle déserte dont les fenêtres en surplomb laissaient 20 passer un jour grisâtre. J'avais beau arpenter cette salle, je ne trouvais pas l'escalier 5. J'étais pris de cette panique et de ce vertige que l'on ressent dans les mauvais rêves, lorsqu'on ne parvient pas à rejoindre une gare et que l'heure avance et que l'on va manquer le train.

Il m'était arrivé une aventure semblable, vingt ans auparavant. J'avais appris 25 que mon père était hospitalisé à la Pitié-Salpêtrière. Je ne l'avais plus revu depuis la fin de mon adolescence. Alors, j'avais décidé de lui rendre visite à l'improviste.

Je me souviens d'avoir erré pendant des heures à travers l'immensité de cet hôpital, à sa recherche. J'entrais dans des bâtiments très anciens, dans des 30 salles communes où étaient alignés des lits, je questionnais des infirmières qui me donnaient des renseignements contradictoires. Je finissais par douter de l'existence de mon père en passant et repassant devant cette église majestueuse et ces corps de bâtiment irréels, intacts depuis le XVIIIᵉ siècle et qui m'évoquaient Manon Lescaut et l'époque où ce lieu servait de prison aux 35 filles, sous le nom sinistre d'Hôpital Général, avant qu'on les déporte en Louisiane. J'ai arpenté les cours pavées jusqu'à ce que le soir tombe. Impossible de trouver mon père. Je ne l'ai plus jamais revu.

Dora Bruder, Éditions Gallimard, 1997.

1. Comment l'auteur arrive-t-il à créer une impression de dédale dans sa description de l'espace ?

2. Relevez toutes les évocations relatives à l'univers carcéral.

3. Montrez comment le personnage est progressivement gagné par le doute et l'émotion, en relevant :
   – des phrases qui témoignent de son questionnement, de ses hésitations ;
   – les passages qui témoignent de la montée des émotions.

4. Montrez que, dans le dernier paragraphe, l'expérience vécue par le narrateur en quête de son père est de même nature que celle présentée en début d'extrait.

5. En quoi la fin, l'impossibilité de trouver son père, fournit-elle un nouvel éclairage quant à la signification de l'extrait ?

6. Peut-on voir dans ce texte une illustration de la thématique de la quête d'identité ?

LE RÉCIT
explorations variées

Le père fuyant

Patrick Modiano (1945)

Né d'un père juif italien et d'une mère d'origine flamande, Patrick Modiano subit les déménagements incessants de ses parents. Souffrant de leur mésentente qui aboutit au départ définitif du père, cet homme mystérieux qui mène des activités secrètes sous une fausse identité durant la Seconde Guerre mondiale, Modiano dirige alors son affection vers son frère, qui meurt à 10 ans. Ces deux événements tragiques contribuent à faire de l'absence un des thèmes majeurs de son œuvre. Dans ses premiers romans, il évoque le passé tout récent de l'Occupation, une période étroitement reliée à la problématique de la judaïté en Europe, et donc à sa quête personnelle. Son œuvre concilie ainsi l'autobiographie fictive et la rétrospective historique.

Dans *Dora Bruder* (1996), le narrateur effectue d'incessantes recherches sur une jeune juive déportée en 1942, tentant de mettre à jour ce qu'elle a pu vivre (et qui restera à jamais caché) ; ce faisant, il découvre son véritable objectif qui est de comprendre l'existence de son père.

La torture de la beauté

Pascal Bruckner (1948)

Pascal Bruckner fait des études en philosophie et en lettres, ce qui le mène à expliquer le monde dans ses essais et à donner libre cours à son imagination dans ses romans. L'alternance entre les deux genres traduit en quelque sorte le dialogue que Bruckner entretient avec lui-même par les voies de la raison et de l'émotion.

Les voleurs de beauté se présente comme une fable à la fois sociale et morale sur le pouvoir que donne la beauté dans nos sociétés, tout en se situant au carrefour du roman fantastique et de l'enquête policière. Un patient, toujours masqué, confie à une jeune psychiatre une aventure des plus bizarres : perdu en montagne avec sa fiancée, il devient l'otage de geôliers étranges qui vampirisent la jeunesse pour échapper à leur propre déchéance.

L'extrait rapporte un épisode où Francesca, séquestrée depuis une semaine, propose un marché à ses gardiens, M. Steiner et son domestique Raymond, soit de devenir leur complice « pour se consacrer à l'élimination de la beauté humaine sous toutes ses formes sans distinction de race ou de sexe ».

L'IMPÔT DU VISAGE

Elle qui entendait notre dispute derrière la porte vint au grillage et souhaita nous parler. Nous voici tous trois assis dans cette pièce nauséabonde et j'avais honte de voir cette femme que j'aimais encore réduite à une condition aussi vile. Elle avait laissé le seau ouvert pour bien nous faire
5 partager son humiliation. Sans se démonter, elle nous proposa un marché.

« — Je comprends trop bien les motifs pour lesquels Raymond m'a kidnappée, je les comprends car je les partage en partie. Mon séjour ici m'a donné une idée que je pressens en vous : chez toi Raymond parce que tu es laid et que tu as toujours été écarté de l'arène des plaisirs, chez toi Jérôme
10 parce que tu vieillis et vieillis mal. J'ai dépassé de beaucoup la quarantaine. Jusqu'à maintenant j'ai toujours régné par mon audace et ma prestance. Vous savez peut-être ce que les ethnologues appellent l'élevage sentimental en Afrique et à Madagascar : l'accumulation chez les pasteurs, à titre de prestige, de troupeaux pléthoriques et inutiles. De la même façon, j'ai toujours
15 promené ma bande d'étalons et de créatures que j'exhibais de façon ostentatoire. Je devais pour mon honneur être entourée de cette cour. Avec le temps toutefois, cette emprise a faibli : j'ai beau me surveiller, pratiquer tous les sports, passer de temps à autre entre les mains d'un chirurgien, mon éclat s'effiloche et je suis entrée dans la catégorie des « beaux restes ». Je vois
20 chaque printemps arriver sur le pavé de nos villes des escouades de jeunes filles qui me repoussent dans l'ombre. Elles exhibent des plastiques à se damner, des corps qui sèment défaite et désespoir parmi leurs aînées. Leurs jambes me narguent, leurs poitrines me donnent envie de cacher la mienne. Elles me regardent avec commisération comme si j'avais déjà franchi une
25 ligne invisible. À vingt ans la beauté est une évidence, à trente-cinq une récompense, à cinquante un miracle. Ces hommages muets, ces chuchotements que soulève sur son passage une jolie femme, je ne les suscite presque plus. Au lieu de lutter en vain, je préfère abdiquer. Quand on lit sa disparition inscrite dans le regard des autres, il est temps de tirer sa révérence.
30 Vous désirez m'incarcérer, messieurs ? Libre à vous ! Laissez-moi vous dire que vous faites erreur sur la personne !

« Je n'entendais rien à ce que racontait Francesca et la soupçonnais de chercher à gagner du temps.

« — Réfléchissez bien, tous les deux. En me jetant ici, Raymond s'est
35 trompé de cible.

« Mon domestique avait déjà tout saisi et semblait captivé.

« — Vous voulez dire, madame (il était passé sans transition du "sale garce" à "madame") que nous devrions nous intéresser à des filles plus jeunes ?

40   — Plus jeunes bien sûr mais cela ne suffit pas.

« — Plus belles aussi ?

« — Tu as dit le mot, Raymond. Écoute ton valet, Jérôme, il parle d'or.

« Perplexe, j'étais resté à l'écart de ce dialogue. Pour moi il était évident que Francesca tentait une diversion afin de s'échapper. Son arrogance, cet ascen-
45 dant qu'elle prenait sur nous dès qu'elle ouvrait la bouche, m'exaspéraient.

« — Pourquoi les belles, messieurs ? Parce que, contrairement à l'adage célèbre, la beauté n'est pas une promesse de bonheur mais une certitude de désastre. Les êtres beaux, hommes ou femmes, sont des dieux descendus parmi nous et qui nous narguent de leur perfection. Là où ils passent, ils
50 sèment la division, le malheur et renvoient chacun à sa médiocrité. La beauté est peut-être une lumière mais qui approfondit la nuit ; elle nous soulève très haut et nous dépose ensuite si bas qu'on regrette de l'avoir approchée.

« J'étais outré, Benjamin, comme vous devez l'être en ce moment. J'écoutais cette femme qui m'avait plaqué et je me sentais incapable de lui
55 opposer la moindre objection. Tout me révulsait dans son discours dont je sentais pourtant qu'il était le fruit d'une détresse analogue à la mienne. Francesca élucidait ce que je ressentais confusément. Mais le résultat de cet éclaircissement me choquait. Elle possédait ce don diabolique de tirer d'une situation incertaine des conséquences implacables.

60 « — La beauté humaine est l'injustice par excellence. Par leur seul aspect certains êtres nous dévaluent, nous rayent du monde des vivants : pourquoi eux et pas nous ? Tout le monde peut devenir riche un jour ; la grâce, si on ne l'a pas de naissance, ne s'attrape jamais. Maintenant, messieurs, réfléchissez : si vous admettez comme moi que la beauté est une infamie, un
65 attentat contre les braves gens, il faut en tirer les conséquences. Cela veut dire que les beaux nous offensent, nous doivent réparation pour l'outrage commis. Vous êtes d'accord, n'est-ce pas ? En me cloîtrant ici, Raymond a ouvert une voie qu'il faut explorer.

« Cette fois, je comprenais, j'étais effaré, j'étouffais devant l'énormité du
70 projet. Francesca, nous voyant mûrs, porta l'estocade.

« — Les musulmans ont bien raison de voiler leurs femmes, de les claquemurer. Ils savent eux que l'apparence n'est pas innocente. Ils ont juste le tort de ne pas distinguer entre les visages magnifiques et les autres et surtout de ne pas enfermer les jolis garçons, tout aussi nocifs.

75 « Enfermer ! » Le mot était prononcé, tout était dit. Francesca venait d'un seul tenant de résumer notre tourment et de nous offrir le moyen de le soulager. C'était burlesque, je ne voulais pas en entendre plus. Je la libérai, la dédommageai et pendant des semaines refusai de la rencontrer. Mais elle avait circonvenu Raymond qui me pressait chaque jour d'accepter. À la fin,
80 j'ai cédé. Mais vous n'avez pas l'air de m'écouter, Benjamin, vous êtes ailleurs !

Les voleurs de beauté, Éditions Grasset, 1999.

1. Qu'apprend-on, dans les dialogues, sur chacun des protagonistes de ce récit ?

2. Francesca, qui a passé la quarantaine, constate qu'elle est « entrée dans la catégorie des "beaux restes" ».
   – Que signifie cette expression ?
   – Quel était son comportement avant d'atteindre cet âge ?
   – À ses yeux, pourquoi les jeunes filles constituent-elles l'ennemi à abattre ?
   – Dressez le champ lexical de la guerre à partir de la ligne 20 jusqu'à la ligne 45.

3. Résumez dans vos mots la conception que se fait Francesca de la beauté. Partagez-vous son point de vue ? En quoi répond-il à vos propres convictions ?

4. Comparez la conception de la beauté de Bruckner avec celle de Houellebecq (extrait page 208).

5. Peut-on établir une relation entre le matérialisme du monde actuel et l'importance des thèmes de la beauté et de la jeunesse chez ces deux auteurs ?

6. Y a-t-il un lien entre ce texte et celui de Michel Tournier (extrait page 185) ?

**Les entorses de
la vie, les entorses
de la langue**

Lydie Salvayre
(1948)

Issue d'une famille d'ouvriers espagnols immigrés en France, Lydie Salvayre vient tardivement à l'écriture. Par refus d'assumer le nom de son père contre lequel elle est en révolte, elle adopte ce pseudonyme sous lequel elle est connue. Enfant, ses maladresses et son accent espagnol font d'elle la risée de ses camarades ; aussi se venge-t-elle en illustrant, dans ses récits, les entorses au langage chez des individus souvent écrasés par le poids social. Est-ce son métier de pédopsychiatre qui lui donne ce talent de découvrir l'esprit subversif au cœur des discours apparemment innocents, souvent ludiques, de ces estropiés de la vie, saisis au bord de la crise de nerfs ? Toujours est-il que leur angoisse ne sombre jamais dans le total désespoir, trouvant toujours une contrepartie jubilatoire dans le rapport aux mots.

Dans *La Puissance des mouches*, c'est la connaissance de Pascal, grand auteur classique, qui permet au protagoniste, guide au musée Port-Royal, d'ex-

(suite à la page suivante)

LA TYRANNIE DU QUOTIDIEN

Ma femme a beau réfléchir, elle ne sait que faire de ce temps, qu'abusivement elle appelle libre. Comment l'emplir ? Le tuer ?

Car ma femme n'aime pas broder des napperons pour la télé, ni papoter avec les paysannes, elles sentent mauvais, ni chanter à la chorale paroissiale le
5 samedi après-midi entre la femme du boucher qui chante faux et la femme du pompiste qui zézaye, ni téléphoner à sa mère pour avoir la recette du gratin dauphinois, ça coûte, ni faire des promenades à travers la campagne, ça pue le fumier et la couleur du ciel est celle des cadavres, ni passer sa journée au centre commercial à rêver tristement devant les vitrines, ça mène à quoi ?
10 Que faire, alors

Espérer. Puis désespérer.

Et vice versa.

Ma femme, monsieur Jean, me répète souvent qu'avec la vie horrible qu'elle mène dans ce trou, elle va finir par perdre complètement la boule. Et
15 parfois, je le crains. Car elle est seule tout le jour, et la folie de préférence s'attaque à ceux qui sont seuls.

On s'imagine souvent que la campagne est idéale pour le repos et la méditation. Alors que c'est tout le contraire. Il faut se livrer à des activités épuisantes comme le jardinage, le coupage du bois à la hache ou la marche à
20 pied forcenée si l'on veut se défendre contre le silence et la solitude qui vous assaillent sans relâche et ruinent votre cerveau. Et l'on se rend compte très vite qu'il est impossible de penser au sein d'une pareille hostilité.

En outre, le temps, ici, est démultiplié. Il faut compter une minute à la campagne pour quinze minutes à la ville. La vieillesse, par conséquent, vous
25 gagne plus vite qu'ailleurs. Je le vérifie sur le corps de ma femme qui dépérit de jour en jour. Je le constate à la laideur de son visage qui devient de jour en jour irrémédiable. Car ma femme n'est pas, comme elle le croit, usée par le travail domestique. Ma femme est usée uniquement par l'horrible travail du temps.
30 Et dans les périodes d'attente, le temps s'écroule pour elle avec encore plus de lenteur, une infinie tristesse envahit toute chose, et chaque heure qui passe est un désert à traverser. Alors son esprit se met à tournoyer et à vomir, des idées démentes surgissent de son cerveau malade, elle s'imagine soudain que le monde est pétrifié, qu'elle est condamnée à une éternelle déréliction,
35 qu'elle marche le long d'un tunnel qui ne s'ouvre jamais, ou qu'elle coule à pic, dans le vide, c'est affreux, je n'ai que toi à qui m'accrocher, me dit-elle.

Je suis en quelque sorte, monsieur Jean, le seul objet animé dont ma femme dispose. Puisque je parle encore. Puisque je bande, rarement, mais je bande. Et puisque, selon toutes les apparences, je suis vivant.
40 Tu as tardé, me dit ma femme.

Je pensais, lui dis-je.

À quoi ? me demande ma femme.

Aux vers de terre, lui dis-je.

Aux vers de terre ! s'écrie ma femme.
45 Aux vers de terre, lui dis-je.

Et pourquoi aux vers de terre ? demande-t-elle.

Parce que je leur ressemble, lui dis-je.

Elle éclate d'un rire hystérique.

Tu leur ressembles ? dit-elle.
50 Je leur ressemble, lui dis-je.

Retenez-moi, dit ma femme.

L'homme n'est grand, lui dis-je, que par la conscience qu'il a d'être un ver de terre. Je m'essaie au discours littéraire, et j'en ressens une secrète fierté.

Et tu crois que c'est avec des idées pareilles que tu vas réussir ? triomphe
55 ma femme.

Vous l'avez compris, monsieur Jean, nous avons atteint ma femme et moi à un degré de haute spécialisation dans le registre de la dispute, grâce à un entraînement régulier et des qualités personnelles indéniables. J'ai remarqué du reste que, depuis quelque temps, les périodes d'échauffement avaient ten-
60 dance à raccourcir, ce qui nous laissait plus de temps pour la querelle proprement dite.

Ces disputes sont-elles préférables au rien ? voici la question que souvent je me pose.

Ces disputes, en tout cas, peuvent se prolonger des heures et des jours
65 durant et me donner, à l'instar de Dieu, une certaine idée de l'infini. Elles ne s'achèvent en général que lorsque les menaces s'ajoutant aux menaces, les injures aux injures, les pleurs aux pleurs, j'abats mon poing sur la table, ou je la cogne, nom de Dieu.

La Puissance des mouches, Éditions du Seuil, 1995.

(suite)

primer toute sa rancœur, son refus de la compromission (Port-Royal était au XVIIe un haut lieu du jansénisme, variante française du puritanisme). Dans cet extrait, il décrit à un certain monsieur Jean la relation qu'il entretient avec sa femme, qui ressemble beaucoup à la relation dont lui-même a souffert dans son enfance, marquée par un père tyran.

1. En quoi l'énumération des activités féminines en début d'extrait est-elle ironique ?

2. Le texte traduit-il une vision pessimiste de l'existence ? Arrêtez-vous en particulier :
   – à la description de la vie à la campagne ;
   – aux conséquences de cette vie sur l'épouse ;
   – aux termes et aux métaphores qui expriment le dépérissement.

3. Le dialogue de l'épouse avec son mari se distingue par son style particulier. Étudiez :
   – les procédés stylistiques utilisés et leurs effets ;
   – le temps des verbes, le rythme général ;
   – la signification de la dernière réplique.

4. La réflexion relative au sens de la dispute prend-elle, selon vous, une orientation plutôt littéraire (et ironique) ou plutôt philosophique ? Cette réflexion est-elle teintée de nihilisme ?

Jean-Paul Dubois (1950)

Né à Toulouse, Jean-Paul Dubois partage plusieurs caractéristiques avec le narrateur de son roman, *Une vie française*, ce qui fait croire à un récit à caractère autobiographique : comme Dubois, Paul Blick habite Toulouse ; il y pratique un certain temps le métier de reporter pour un journal sportif avant de devenir photographe. Quant à l'auteur lui-même, il travaille au *Nouvel Observateur* comme journaliste. Son personnage dresse donc un bilan existentiel en parallèle avec les événements de la vie politique française.

Dans ce récit, tout coule : le couple, la famille et littéralement, aussi, le bateau, qui fait naufrage dans la tempête avec, à son gouvernail, un vieil homme qui se redresse pour affronter la mort. Et pourtant, l'histoire est comme éclairée de l'intérieur par des scènes d'intimité avec les enfants, avec la mère vieillissante (Paul Blick semble ne pouvoir aimer que les gens vulnérables ou défaillants) et même avec l'épouse progressivement devenue, semble-t-il, étrangère à l'amour. Des scènes

(suite à la page suivante)

L'EXCLU

Nous étions le lundi 21 juillet 1969 et tous les journaux ne parlaient que de cela : cette nuit, deux Américains du nom d'Armstrong et Aldrin allaient marcher sur la Lune. Plus modestement, Marie et moi nous promenions sur l'interminable plage d'Hendaye et, en cette fin d'après-midi, la fraîcheur de la
5 brise nous faisait parfois délicieusement frissonner. Au large on pouvait suivre la course des thoniers qui regagnaient le port. Loin des bouches grandes ouvertes, des caries disgracieuses, des pansements souillés, des daviers menaçants, avec ses cheveux en désordre, sa peau légèrement caramélisée, Marie semblait heureuse, détendue. On la sentait disponible, ouverte aux
10 propositions de la vie. Parfois, face aux embruns, quand elle prenait une profonde inspiration, on aurait dit qu'elle voulait emmagasiner toutes les forces de cette nature bouillonnante.

Le motel semblait s'accrocher à la colline. Les bungalows s'arc-boutaient sur son sommet même si les dernières unités donnaient, elles, l'impression de
15 se décrocher de l'ensemble, de lâcher prise et de glisser imperceptiblement vers l'abîme de la falaise. Avec la nuit, un vent de mer s'était levé, apportant des nuages, quelques averses et secouant les encolures des tamaris. Marie et moi avions passé la soirée au lit à regarder la télévision. Qu'espérions-nous de cette aventure lunaire qui ne nous concernait que de très loin ? Autant je me
20 sentais étranger à tout ce suspense spatial, cette mise en orbite des émotions, autant Marie vivait intensément chaque nouveau bulletin comme si, là-haut, se jouaient son bonheur et une grande partie de notre avenir. Elle me parlait sans cesse du troisième astronaute, Collins, lequel, d'après ce qu'elle avait entendu, ne sortirait pas du LEM. Si tout se passait bien, Armstrong et Aldrin
25 iraient marcher sur la Lune, pendant que Collins, lui, resterait à l'intérieur de l'engin. Endurer toutes ces années d'entraînement et de préparation, subir ce travail intensif, prendre ces risques insensés, et, à l'instant de la récompense, demeurer assis dans l'engin, vulgaire taxi garé au parking, pendant que les autres, découvrant l'extrême légèreté de l'être, dansaient sans fin sur les
30 trottoirs de la Lune. Marie ne pouvait admettre le sort fait à Collins, cet homme sacrifié et soumis à une inconcevable torture cosmique.

Allongé à côté de Marie, je me perdais dans les reflets bleutés de la télévision qui irisaient sur sa peau. Parfois une fine pellicule de sommeil voilait mon regard. L'espace d'une minute je sombrais dans une sorte de liquide
35 amniotique où les sons ne me parvenaient plus que très faiblement et par bribes. Marie, en revanche, calée sur un petit stock d'oreillers vivait intensément chaque instant de cette expédition qui, selon les prévisions, devait atteindre son but vers trois ou quatre heures du matin.

— Tu te rends compte que sur la Lune on est six fois plus léger que sur Terre ?
40 Je me rendais compte qu'il était tard, et que se multipliaient chez moi ces sensations fiévreuses qui précédaient ou accompagnaient toujours mes érections. Je me rendais compte que trois types en combinaison de scaphandrier, qu'on ne voyait jamais, étaient en train de foutre en l'air la nuit que je m'apprêtais à passer avec une fille splendide. Faire l'amour sur la Lune, avec
45 Marie, devait être un jeu d'enfant, même si là-haut, selon ces mêmes lois de la pesanteur, le bonheur ne devait pas peser bien lourd.

— Tu sais à quelle vitesse Apollo s'est dirigé vers la Lune ? Trente-neuf mille kilomètres à l'heure ! Il paraît que ça équivaut à un Paris-New York en moins de dix minutes ! Tu peux imaginer ça ?
50 J'acquiesçais en émettant une sorte de grognement primitif qui pouvait signifier bien des choses.

Une vie française, coll. Points, Éditions L'Olivier – Le Seuil, 2005.

1. Décrivez les deux personnages en présence, en déduisant leurs traits de caractère à partir de leur comportement (quand cela s'avère nécessaire).

2. Que se passe-t-il ce 21 juillet 1969 ?
   – Énumérez les éléments d'information qui sont fournis relativement à cet événement.
   – Mettez en relief la différence dans les réactions des deux personnages.

3. Dans la description du paysage, relevez les termes qui suggèrent que le monde est sous la menace de la décrépitude ou de l'écroulement.

4. « Marie ne pouvait admettre le sort fait à Collins ». Commentez l'intérêt, non seulement du personnage en soi, mais celui de l'auteur pour cet astronaute.

5. Derrière chaque phrase de cet extrait s'exprime un réel plaisir d'écriture. Relevez :
   – dans le lexique, les termes recherchés ;
   – les métaphores utilisées dans les descriptions du paysage ou des personnages.

6. Après la lecture de cet extrait, que peut-on espérer des suites de cette aventure : la rupture, la poursuite de l'amour, la réorientation de la relation vers l'amitié ? Justifiez votre choix.

(suite)

de sexualité fantasques (en hommage à l'écrivain américain Philip Roth) et un rapport aux mots jouissif font que ce récit, plutôt sombre et pessimiste, tient le lecteur en haleine tout en donnant le goût de porter le regard ailleurs, comme le fait le héros lui-même, qui trouve l'extase en photographiant des arbres.

L'extrait choisi est représentatif de la tonalité fataliste du roman : un couple s'apprête à faire l'amour mais l'amante se laisse distraire par la télévision qui présente des images d'alunissage, et le narrateur, incapable de faire dévier les choses en sa faveur, est renvoyé à sa solitude. Il se sent exclu du monde.

NASA, astronaute Edwin E. Aldrin sur la Lune, 1969.

**La mémoire
défaillante**

**Nancy Huston
(1953)**

Née dans les grandes plaines de l'Ouest canadien, Nancy Huston fait des études aux États-Unis avant d'adopter Paris où elle fait son doctorat sous la direction de Roland Barthes, grand critique français de littérature, adepte du structuralisme. À la fin des années 1970, elle participe à l'effervescence des milieux intellectuels de l'époque en collaborant notamment à des revues féministes. Son œuvre littéraire, qui déchiffre les liens et les conflits entre le corps et l'esprit, prend la forme tant de la fiction que de l'essai. Son roman *Cantique des Plaines* déclenche une vive controverse lorsqu'il remporte au Canada le Prix du Gouverneur général pour une œuvre française en 1992. En effet, Huston, qui revient pour la première fois sur ses racines albertaines, rédige son ouvrage d'abord en anglais, sa langue maternelle, puis le réécrit en français. Dans l'extrait ci-contre, la narratrice imagine son grand-père Paddon, alors enfant, témoin d'une violente altercation entre ses parents.

LE TROU DE LA SERRURE

Une nuit, alors que tu étais au lit à côté d'Elizabeth endormie, tu as entendu les bruits étouffés effrayants d'une dispute venant de la cuisine et tu es descendu précautionneusement du lit — le lit était encore haut donc tu étais encore petit, tu avais encore besoin de te glisser sur le ventre jusqu'à ce que la
5 pointe de tes pieds nus touche le froid du plancher — tu as traversé la chambre à petits pas, non Paddon, es-tu sûr d'être vraiment sorti de ton lit, sûr qu'il ne s'agissait pas d'un rêve, l'as-tu vu, de tes yeux vu, oh Paddon non, était-ce par le trou de la serrure, avait-on laissé la porte entrebâillée, pouvais-tu distinguer les paroles, les entendais-tu plus clairement maintenant, était-elle en train de
10 dire Mais je le veux, je veux le garder, et lui de répondre Encore une bouche à nourrir dans cette maison et on pourra jeter l'éponge, j'aurai plus qu'à me faire clodo comme mon père, et elle Non — non — ne fais pas ça je t'en supplie, et tu n'avais jamais vu ta mère pleurer et tu n'en croyais pas tes yeux, mais ton père était ivre mort et fou furieux — avait-elle attendu qu'il ait quelques verres
15 dans le nez pour lui annoncer la nouvelle, si oui elle s'était trompée de stratagème car l'alcool dans ses veines s'était transformé en feu, ses yeux lançaient des éclairs et sa bouche sifflait et il s'est emparé de son épaule — non Paddon, il n'y avait rien à faire, rien du tout, tu n'étais qu'un tout petit garçon qui regardait, impuissant, tandis que son père empoignait sa mère et la poussait
20 violemment, sa chaise a glissé sous elle et elle s'est retrouvée par terre — ah l'atroce bruit mat de cette chute et ensuite l'expression d'étonnement sur ses traits lorsqu'elle s'est retournée, et que la gerbe de mots sifflants l'a atteinte en pleine figure comme un crachat ou une vomissure, tous les mots sales que tu n'avais pas le droit d'employer et d'autres encore, dont plusieurs que tu ne
25 connaissais même pas. Il l'attaque à nouveau mais cette fois c'est avec les pieds, et il porte encore ses bottes de cow-boy, oh mon Dieu Paddon est-ce que c'est vrai, n'avait-elle pas l'habitude de lui ôter les bottes en tirant dessus de toutes ses forces dès qu'il franchissait la porte de la cuisine, pour qu'il ne laisse pas de traces de boue sur le plancher qu'elle venait tout juste de balayer, mais non, il
30 n'y a pas de doute, il vient près d'elle et, tout en éjaculant ses gerbes verbales, il pose une main sur le comptoir pour prendre son aplomb et lui décoche un coup de pied dans le ventre, et elle se plie en deux en tenant la petite rondeur comme si elle venait d'attraper une passe et devait serrer le ballon tout contre elle et courir courir courir, sauf qu'elle ne court pas, elle s'efforce seulement de
35 pivoter sur elle-même le plus vite possible en hurlant John ! oh John, et tu n'as jamais entendu non plus des bruits comme ça dans la bouche de ta mère, des mots pleins de sang et de tripes qui lui dégoulinent de la gorge comme s'ils venaient directement de son estomac, mais une fois qu'il a commencé à frapper le plaisir de frapper l'envahit et se met à vibrer dans ses flancs et il continue, la
40 frappant encore et encore au ventre de la pointe de sa botte, l'as-tu réellement vu Paddon ? et puis, d'un coup, le cri de ta mère se transforme et devient un cri tout autre, un cri aigu comme l'appel d'un canard sauvage à travers le lac, venant après les gémissements rauques de tout à l'heure ça ressemblerait presque à un cri de bonheur, et en même temps que ce cri aigu arrive le sang,
45 elle vient de remarquer la flaque noir-rouge qui s'épand sous elle par terre, et d'abord tu te dis qu'elle crie parce qu'elle sera obligée de relaver le plancher, et puis tu ne te dis plus rien du tout, tes pensées se désagrègent dans ce même noir-rouge, c'est la seule chose que tu vois en te retournant pour regagner ton lit, te servant du sommier pour te hisser sur le matelas et t'écrasant le visage
50 dans l'oreiller à côté des ronflements tranquilles d'Elizabeth.

L'as-tu réellement vu Paddon ? je veux dire peut-être l'as-tu seulement entendu et peut-être faisaient-ils tout simplement l'amour.

Cantique des Plaines, Actes Sud/Leméac, 1993.

Musée de l'Annonciade, Saint-Tropez.
Kees van Dongen, *Die Zigeunerin*, 1910.

1. Ce texte cherche à traduire le fonctionnement incertain de la mémoire. Étudiez :
   – le choix du narrateur et l'influence de son regard sur le monde (qui influence par le fait même celui du lecteur) ;
   – la syntaxe et la ponctuation ;
   – la tonalité générale du texte.

2. Tout l'extrait est traversé par l'idée du doute, le fait qu'on ne peut se fier à la mémoire. Démontrez-le.

3. Énumérez tous les gestes qui rendent compte de la violence du père envers la mère.

4. Analysez l'effet de la dernière phrase du texte sur le lecteur.

5. Peut-on considérer que ce texte illustre une forme de lyrisme pessimiste :
   – dans le traitement des thèmes de l'enfance, de l'amour, de la famille ?
   – dans l'écriture qui traduit l'émotion perçue de l'intérieur ?

**La créolité :
une problématique
identitaire**

**Patrick Chamoiseau
(1953)**

Patrick Chamoiseau est né en Martinique, territoire sous tutelle française situé dans les Antilles. Après des études dans la métropole, il retourne exercer chez lui sa profession de travailleur social. Redécouvrant sa langue maternelle, le créole, qu'il a dû abandonner pour le français, la langue de la scolarisation en Martinique, Chamoiseau prend conscience de la nécessité de se réapproprier ce dialecte dans lequel s'exprime un imaginaire collectif, selon lui essentiel à la fondation de l'identité individuelle.

Comme défenseur de la créolité, Chamoiseau doit inventer une langue qui fait entendre les intonations du parler populaire tout en étant porteuse de l'histoire d'un peuple marqué par la traite des Noirs et le colonialisme. Dans cet extrait, tiré du roman *Texaco* (prix Goncourt 1993), une femme remonte la trame du temps et se souvient que, jeune orpheline à peine pubère, elle a été placée chez un contrebandier vaguement mafieux, nommé Lonyon, qu'elle déteste.

LES MUSICIENS

Il tenait, je le sus, une espèce de dancing au bord de la rive droite. Un orchestre y jouait des biguines de Saint-Pierre, des tangos argentins, de longues valses viennoises. Là, samedi au soir, des touffailles de personnes venaient s'écorcher les bobos, flamber une monnaie, danser, se frictionner,
5 respirer la musique, sucer de mauvaises bières et du tafia. Il paraît même (selon ses blagues) que de grandes gens fréquentaient cet endroit. En tout cas, je n'en vis jamais parmi ses visiteurs à domicile, dont l'unique religion semblait la contrebande. Je leur servais des marinades ou de somptueux madères, tandis qu'ils récitaient des prières inaudibles à l'encontre des
10 douaniers. Venaient le voir aussi des trâlées de maquerelles, lui soumettant le cas d'une jeune fille de campagne désireuse d'être placée. Il invitait des marins de passage, des officiers du port, et il les recevait avec du chocolat ou des whiskys anciens. Venaient aussi des femmes-matadors, charroyées dans sa chambre, qui consacraient la nuit à panteler sans frein et à boire du porto.

15 Mais ceux dont j'appréciais la présence furent les musiciens. Beaucoup de musiciens ; de ceux qu'il embauchait dans son casino. Lonyon était un amoureux de la musique. C'était sans doute une ferveur secrète car, certaine nuit d'insomnie (je calculais moyen d'empoisonner son sang puis de fuir dans les mornes), j'entendais perler de sa chambre une modulation de gui-
20 tare. La première fois, je crus percevoir un prodige, tellement la musique était pure, tellement elle était triste, tellement elle me semblait opposée à Lonyon, cet isalope menteur, voleur, chien-fer vraiment. Comment aurait-il pu extraire de sa pourriture une telle harmonie ? Les êtres sont étranges. Du plus mauvais, j'ai vu surgir de célestes trésors. Du plus exquis, j'ai vu bondir
25 la boue. La musique brandillait en douceur, puis se consumait sans vraiment s'arrêter, comme s'évaporant, et le charme se brisait : le Lonyon magique s'effaçait au profit de la bête que je voulais détruire. La guitare, je ne la vis jamais. Il devait la cacher dans l'armoire d'acajou qui emplissait sa chambre. Une armoire imposante, fleurant l'aromate prisonnier. Lonyon y serrait les
30 mystères de sa vie, son argent, ses papiers, les comptes de ses attrapes. En essuyant l'armoire, je le sentais tout entier là-dedans ; souvent j'y défonçais mes poings dans des rages inutiles (mais apaisantes).

Les musiciens de Lonyon venaient parler d'argent. Lonyon lui, leur parlait de musique. Les conviant à dîner, il leur demandait d'amener des instru-
35 ments, qui clarinette, qui banjo, qui guitare, qui trompette, qui violon. Ils jouaient à sa demande, des biguines sans âge, des odes religieuses, des mazurkas, des fandangos, des sons baroques, des sentiments, des ondes mélancoliques. Souvent, à demi-voix, ils bourdonnaient des gémissements d'amour qui me magnétisaient. Ils étaient ou très sombres ou très gais, mais
40 toujours à côté de la vie. Leur instrument portait leur âme, brillait comme elle. Jamais ils ne l'abandonnaient, c'était pour eux un morceau de l'En-ville. Loin des quartiers en bois-caisse, ils connaissaient grandes-gens, jouaient aux baptêmes békés, animaient des meetings politiques, sonnaient le madrigal aux demoiselles en fleurs, sous les instances de francs-maçons puissants.
45 Ces relations leur permettaient d'habiter mieux l'En-ville et compenser leur mal-de-vivre. Ils étaient coiffeurs, ébénistes, horlogers, des métiers délicats, exercés comme on soutient une note quand l'orchestre se recueille.

Ils avaient de longs doigts et de longues paupières. Du fond de ma haine pour ce chien de Lonyon, leurs lumières capturaient mes regards. Eux bien-
50 tôt, se mirent à m'observer : je commençais à pousser des tétés, mes cils frissonnaient d'innocence, mes chairs bien nourries s'étaient trouvé des formes.

Ils me prenaient pour la fille de Lonyon, ou pour quelqu'un de sa famille, alors ils n'osaient pas m'adresser la parole. Certains tentaient une plaisanterie. Mais Lonyon d'un coup d'œil leur appuyait un frein.

Texaco, coll. Folio, Éditions Gallimard, 1992.

1. Comment sait-on que le dancing tenu par Lonyon est un lieu mal famé? Considérez les aspects suivants :
   – relevez deux énumérations et expliquez en quoi elles contribuent à plonger le lecteur dans l'atmosphère du dancing ;
   – relevez les passages qui font référence à des activités illégales ou immorales.

2. «Les êtres sont étranges. Du plus mauvais, j'ai vu surgir de célestes trésors. Du plus exquis, j'ai vu bondir la boue. » Montrez que le personnage de Lonyon illustre ce paradoxe de la nature humaine.

3. Montrez que, dans ce milieu, la musique est en quelque sorte pourvue d'un rôle salvateur.

4. Comment la narratrice traduit-elle les transformations de la puberté? Ce changement influence-t-il ses rapports aux autres?

5. Chamoiseau écrit dans une langue hybride, un français créolisé.
   – Relevez des mots, des tournures de phrases qui témoignent de l'influence du créole (langue mixte issue du contact de langues européennes avec des langues africaines et indigènes).
   – Analysez les avantages et les désavantages du recours à cette langue pour le lecteur (en tenant compte, entre autres, de vos connaissances sur les sociétés postmodernes).

Michel Houellebecq (1958)

Délaissé par ses parents qui le confient à une grand-mère, Michel Houellebecq grandit et étudie dans les mêmes lieux que les personnages de *Particules élémentaires* et suit grosso modo le parcours de Bruno, son anti-héros dépressif : un mariage, un enfant, puis le divorce suivi d'un séjour en milieu psychiatrique. Remarié, il vit aujourd'hui à l'écart, refusant toute entrevue aux journalistes à la suite d'une virulente polémique suscitée par des propos jugés irrespectueux envers l'islam.

Les premières pages du roman, à caractère philosophique, développent la thèse de l'auteur. Dans une époque de néolibéralisme, la séduction répond aux lois du marché : l'être humain est, ni plus ni moins, une marchandise dont la valeur dépend de critères comme la beauté, l'âge, etc. Tout individu n'est qu'une particule élémentaire dans un monde qui évolue vers le chaos.

Peu de nuances dans le monde de Houellebecq : le nihilisme est systématique, la misanthropie est extrême, la tonalité

(suite à la page suivante)

LA BEAUTÉ FÉMININE

À partir de l'âge de treize ans, sous l'influence de la progestérone et de l'œstradiol sécrétés par les ovaires, des coussinets graisseux se déposent chez la jeune fille à la hauteur des seins et des fesses. Ces organes acquièrent dans le meilleur des cas un aspect plein, harmonieux et rond ; leur contemplation
5 produit alors chez l'homme un violent désir. Comme sa mère au même âge, Annabelle avait un très joli corps. Mais le visage de sa mère avait été avenant, agréable sans plus. Rien ne pouvait laisser présager le choc douloureux de la beauté d'Annabelle, et sa mère commença à prendre peur. C'est certainement de son père, de la branche hollandaise de la famille, qu'Annabelle
10 tenait ses grands yeux bleus et la masse éblouissante de ses cheveux blond clair ; mais seul un hasard morphogénétique inouï avait pu produire la déchirante pureté de son visage. Sans beauté la jeune fille est malheureuse, car elle perd toute chance d'être aimée. Personne à vrai dire ne s'en moque, ni ne la traite avec cruauté ; mais elle est comme transparente, aucun regard
15 n'accompagne ses pas. Chacun se sent gêné en sa présence, et préfère l'ignorer. À l'inverse une extrême beauté, une beauté qui dépasse de trop loin l'habituelle et séduisante fraîcheur des adolescentes, produit un effet surnaturel, et semble invariablement présager un destin tragique. À l'âge de quinze ans Annabelle faisait partie de ces très rares jeunes filles sur lesquelles
20 tous les hommes s'arrêtent, sans distinction d'âge ni d'état ; de ces jeunes filles dont le simple passage, le long de la rue commerçante d'une ville d'importance moyenne, accélère le rythme cardiaque des jeunes gens et des hommes d'âge mûr, fait pousser des grognements de regret aux vieillards. Elle prit rapidement conscience de ce silence qui accompagnait chacune
25 de ses apparitions, dans un café ou dans une salle de cours ; mais il lui fallut des années pour en comprendre pleinement la raison. Au CEG de Crécy-en-Brie, il était communément admis qu'elle « était avec » Michel ; mais même sans cela, à vrai dire, aucun garçon n'aurait osé tenter quoi que ce soit avec elle. Tel est l'un des principaux inconvénients de l'extrême beauté chez
30 les jeunes filles : seuls les dragueurs expérimentés, cyniques et sans scrupule se sentent à la hauteur ; ce sont donc en général les êtres les plus vils qui obtiennent le trésor de leur virginité, et ceci constitue pour elles le premier stade d'une irrémédiable déchéance.

Les Particules élémentaires, coll. J'ai lu, Flammarion, 1998.

1. L'une des caractéristiques du style de Houellebecq dans ce roman est le mélange des niveaux de langue : prouvez-le en vous appuyant sur cet extrait.

2. « Rien ne pouvait laisser présager le choc douloureux de la beauté d'Annabelle, et sa mère commença à prendre peur. » Cette réaction de la mère vous paraît-elle vraisemblable ? Commentez.

3. « Sans beauté la jeune fille est malheureuse, car elle perd toute chance d'être aimée. » Quelle est votre réaction à cette affirmation ?

4. Tout le texte est empreint d'une tonalité pessimiste : donnez-en cinq preuves.

5. Le nihilisme se définit comme une attraction vers le néant et un rejet des valeurs absolues. Cet extrait vous semble-t-il illustrer cette tendance ?

6. Ce passage relève-t-il plus du récit ou de l'essai ? Commentez.

(suite)

est glaciale, le sarcasme est corrosif, voire outrancier. Dans cet extrait, qui porte l'empreinte de ce pessimisme, la beauté féminine d'Annabelle, petite amie de Michel, l'un des protagonistes du roman, n'échappe pas à la sombre fatalité qui pèse sur tout.

Collection privée.
Tamara de Lempicka, *Head of a blonde woman*, 1954.

Entre science-fiction et fiction politique

Bernard Werber (1961)

Ancien journaliste scientifique, Bernard Werber s'inscrit dans la filiation des écrivains de culture populaire comme Jean de La Fontaine, qui illustre dans ses fables une morale de société, ou comme Jules Verne, qui explore les possibilités d'hypothèses scientifiques sans perdre de vue l'objectif de divertir le lecteur. Ses intrigues fertiles en rebondissements sont d'une grande richesse sur le plan de l'imaginaire alors que son style très limpide fuit toute ambiguïté. Boudé par la critique, Bernard Werber peut pourtant se réclamer des plus forts tirages en France et ailleurs, là où ses romans sont publiés en traduction.

En écrivant la trilogie des fourmis, Werber décrit une société animalière tout en visant le but explicite de faire réfléchir sur le comportement des communautés humaines. Dans ce troisième volume intitulé *La Révolution des fourmis*, un groupe d'insectes veut emprunter aux humains des techniques susceptibles de faire évoluer leur civilisation, ce qui crée des conflits avec des factions qui s'y opposent. Cet extrait illustre comment l'auteur conjugue dans un même passage les observations scientifiques avec la fiction politique.

CONFLIT CHEZ LES FOURMIS

Les fourmis disposent d'une perception visuelle différente de celle des mammifères. Chacun de leur globe oculaire est composé d'un amoncellement de tubes, eux-mêmes formés de plusieurs lentilles optiques. Au lieu d'apercevoir une image fixe et nette, elles en reçoivent une multitude de
5 floues qui, par leur nombre, aboutissent enfin à une perception nette. Ainsi elles perçoivent moins bien les détails mais détectent beaucoup mieux le moindre mouvement.

De gauche à droite, les exploratrices voient les sombres tourbières des pays du Sud que survolent des mouches mordorées et des taons taquins, puis les
10 grands rochers vert émeraude de la montagne aux fleurs, la prairie jaune des terres du Nord, la forêt noire peuplée de fougères agiles et de pinsons fougueux.

L'air chaud fait remonter des moustiques que prennent aussitôt en chasse des fauvettes aux reflets cyan.

15 En matière de spectre des couleurs aussi, la sensibilité des fourmis est particulière. Elles distinguent parfaitement les ultraviolets et moins bien les rouges. Les informations ultraviolettes font ressortir fleurs et insectes parmi la verdure. Les myrmécéennes voient même sur les fleurs des lignes qui sont autant de pistes d'atterrissage pour les abeilles butineuses.

20 Après les images, les odeurs. Les exploratrices agitent leurs antennes-radars olfactives à 8 000 vibrations-seconde pour mieux humer les relents alentour. En faisant tournoyer leurs tiges frontales, elles détectent les gibiers lointains et les prédateurs proches. Elles hument les exhalaisons des arbres et de la terre. La terre a pour elles une senteur à la fois très grave et très douce.
25 Rien à voir avec son goût âcre et salé.

10ᵉ, qui a les plus longues antennes, se dresse sur ses quatre pattes postérieures pour, ainsi surélevée, mieux capter les phéromones. Autour d'elle, ses compagnes scrutent de leurs antennes plus courtes le formidable décor olfactif qui s'étend devant elles.

30 Les fourmis souhaiteraient emprunter le chemin le plus rapide pour regagner Bel-o-kan, passer par les bosquets de campanules qui embaument jusqu'ici et que survolent des nuées de papillons vulcains aux ailes constellées d'yeux ébahis. Mais 16ᵉ, spécialiste en cartographie chimique, signale que ce coin est infesté d'araignées sauteuses et de serpents à long nez. De plus, des
35 hordes de fourmis cannibales migrantes sont en train de traverser l'endroit et même si l'escouade tentait de passer en hauteur, par les branchages, elle se ferait sans doute capturer par les fourmis esclavagistes que les fourmis naines ont repoussées jusqu'au nord. 5ᵉ estime que le meilleur chemin reste encore de descendre la falaise, sur la droite.

40 103 683ᵉ écoute attentivement ces informations. Beaucoup d'événements politiques se sont produits depuis qu'elle a quitté la fédération. Elle demande à quoi ressemble la nouvelle reine de Bel-o-kan. 5ᵉ répond qu'elle a un petit abdomen. Comme toutes les souveraines de la cité, elle se fait appeler Belo-kiu-kiuni mais elle n'a pas l'envergure des reines d'antan. Après les
45 malheurs de l'an passé, la fourmilière a manqué de sexués. Alors, pour assurer la survie de la reine fécondée, il y a eu copulation sans envol dans une salle close.

103 683ᵉ remarque que 5ᵉ ne semble pas accorder beaucoup d'estime à cette pondeuse mais, après tout, nulle fourmi n'est obligée d'apprécier sa reine, fût-elle sa propre mère.

50 À l'aide de leurs coussinets plantaires adhésifs, les soldates descendent la falaise presque à la verticale.

La Révolution des fourmis, Éditions Albin Michel, 1996.

1. Énumérez les éléments qui distinguent les fourmis des mammifères.

2. Relevez des passages à caractère plus scientifique.

3. Dressez le champ lexical de la menace.

4. Bernard Werber fait des analogies entre le monde des fourmis et celui des humains. Commentez en vous appuyant sur le texte.

The M. C. Escher Company-Holland. **Maurits Cornelis Escher,** *Mœbius Strip II (Red Ants)*, 1963.

Le saut dans le vide

Frédéric Beigbeder (1965)

Frédéric Beigbeder suit le parcours du fils de bonne famille avant de travailler dans la publicité où il se forge une personnalité de dandy mondain. Son écriture cherche d'ailleurs à étonner : on y trouve le goût de la formule qui dérange, le plaisir du jeu avec les mots et avec les structures narratives et, en bout de ligne, un style qui a tous les caractères de la postmodernité. L'auteur confesse d'ailleurs son attirance pour le franglais qui est selon lui « la langue du futur ».

Le titre du roman est polysémique à souhait : c'est le nom du restaurant où se retrouvent Carthew Yorston et ses deux fils le jour de l'attaque des deux tours du World Trade Center, mais c'est aussi le label publicitaire de ce roman qui s'ouvre sur l'Amérique au moment où s'y joue une tragédie qui aura des retombées mondiales. Le récit prend la forme d'un texte hybride, sorte de collage de poèmes et de chansons, avec en sus des photos.

L'extrait se rapporte à l'épisode où le père, au sommet de la tour, décide de se lancer dans le vide avec ses deux fils Jerry et David, ce dernier déjà mort par asphyxie. Le titre se charge ainsi d'une dernière signification, puisqu'il y a toujours une fenêtre sur la mort quelque part.

10 H 21

Depuis que David est mort, Jerry refuse de le lâcher, pleure sur son front froid, caresse ses paupières closes. Je me lève, le prends dans mes bras, petit prince aux cheveux doux inanimé. Jerry a lu dans mes pensées, il tremble de chagrin. Je suis épuisé de jouer les héros. Comme disait l'hôtesse d'accueil :
5 pas formé pour. Jerry serre mon bras plus fort, de l'autre il tient la main molle de David qui pend et se balance dans le vide. Je serre ma chair d'amour dans ma chemise couverte de suie. Son petit visage noirci comme quand il faisait brûler un bouchon de liège avec une allumette pour se maquiller en Indien, l'été 1997, au Parc national de Yosemite. Je voudrais ne
10 plus me souvenir, mon cœur est trop encombré. Allez, venez les garçons, on va dégager d'ici, faire ce qu'on aurait dû faire depuis longtemps : débarrasser le plancher tous les trois, on the road again, adios amigos, hasta la vista baby, la vitre est brisée, regarde par-delà les Fenêtres du Monde, regarde, Jerry, c'est la liberté ultime, let's go, non, Jerry mon héros, don't look down, garde
15 tes yeux bleus fixés sur l'horizon, la baie de New York, le ballet des hélicoptères impuissants, tu n'as pas vu *Apocalypse Now*, vous étiez si petits, comment les tueurs ont-ils pu, venez mes chéris, mes agneaux, vous allez voir, à côté le Space Mountain c'est du pipi de chat, tiens-moi fort Jerry, je t'aime, viens avec papa, on rentre à la maison, on emmène ton petit frère,
20 venez surfer sur les nuages de feu, vous étiez mes anges et plus rien ne pourra nous séparer, le paradis c'était d'être avec vous, prends ta respiration et si tu as peur, tu n'as qu'à fermer les yeux. Nous aussi on sait se sacrifier.

Juste avant de sauter, Jerry m'a regardé droit dans les yeux. Ce qui restait de son visage s'est tordu une dernière fois. Il ne saignait pas que du nez.

25 — Maman va être très triste ?

— N'y pense pas. Il faut être fort. Je t'aime, mon cœur. T'es un sacré bonhomme.

— I love you daddy. Eh tu sais, papa, j'ai pas peur de tomber, regarde, je pleure pas et toi non plus.

30 — Je n'ai jamais connu personne de plus courageux que toi, Jerry. Jamais. Alors t'es prêt buddy ? à trois on y va ?

— Un, deux… trois !

Nos bouches étaient progressivement déformées par la vitesse. Le vent nous faisait faire des grimaces inédites. J'entends encore le rire de Jerry qui
35 serrait ma main et celle de son petit frère en plongeant dans le ciel. Merci pour ce dernier rire, oh my Lord, merci pour le rire de Jerry. Pendant un court instant, j'ai vraiment cru qu'on s'envolait.

Windows on the World, coll. Folio, Éditions Grasset, 2003.

---

1. Au début, quelles sont les trois expressions qui viennent confirmer la mort de David, l'un des frères ?

2. Énumérez les émotions que ressent le narrateur avant de se résigner à mourir.

3. Comment le père arrive-t-il, malgré tout, à donner une tonalité engageante à ce voyage dans le vide ?

4. Relevez tous les mots et toutes les expressions d'une langue autre que le français. Leur présence est-elle justifiée si l'on considère l'action et le contexte de l'extrait ?

5. Démontrez que le texte finit par adopter le ton d'une prière.

LE VIOL ADMINISTRATIF

La porte de la section comptabilité céda comme un barrage vétuste sous la pression de la masse de chair du vice-président qui débula parmi nous. Il s'arrêta au milieu de la pièce et cria, d'une voix d'ogre réclamant son déjeuner :

— Fubuki-san !

5 Et nous sûmes qui serait immolé en sacrifice à l'appétit d'idole carthaginoise de l'obèse. Aux quelques secondes du soulagement éprouvé par ceux qui étaient provisoirement épargnés succéda un frisson collectif de sincère empathie.

Aussitôt ma supérieure s'était levée et raidie. Elle regardait droit devant 10 elle, dans ma direction donc, sans me voir cependant. Superbe de terreur contenue, elle attendait son sort.

Un instant, je crus qu'Omochi allait sortir un sabre caché entre deux bourrelets et lui trancher la tête. Si cette dernière tombait vers moi, je l'attraperais et la chérirais jusqu'à la fin de mes jours.

15 « Mais non, me raisonnai-je, ce sont des méthodes d'un autre âge. Il va procéder comme d'habitude : la convoquer dans son bureau et lui passer le savon du siècle. »

Il fit bien pire. Était-il d'humeur plus sadique que de coutume ? Ou était-ce parce que sa victime était une femme, a fortiori une très belle jeune femme ?
20 Ce ne fut pas dans son bureau qu'il lui passa le savon du millénaire : ce fut sur place, devant la quarantaine de membres de la section comptabilité.

On ne pouvait imaginer sort plus humiliant pour n'importe quel être humain, à plus forte raison pour n'importe quel Nippon, à plus forte raison pour l'orgueilleuse et sublime mademoiselle Mori, que cette destitution
25 publique. Le monstre voulait qu'elle perdît la face, c'était clair.

Il se rapprocha lentement d'elle, comme pour savourer à l'avance l'emprise de son pouvoir destructeur. Fubuki ne remuait pas un cil. Elle était plus splendide que jamais. Puis les lèvres empâtées commencèrent à trembler et il en sortit une salve de hurlements qui ne connut pas de fin.

30 [...]

Sans doute étais-je naïve de me demander en quoi avait consisté la faute de ma supérieure. Le cas le plus probable était qu'elle n'avait rien à se reprocher. Monsieur Omochi était le chef : il avait bien le droit, s'il le désirait, de trouver un prétexte anodin pour venir passer ses appétits sadiques
35 sur cette fille aux allures de mannequin. Il n'avait pas à se justifier.

Je fus soudain frappée par l'idée que j'assistais à un épisode de la vie sexuelle du vice-président, qui méritait décidément son titre : avec un physique de son ampleur, était-il encore capable de coucher avec une femme ? En compensation, son volume le rendait d'autant plus apte à gueuler, à faire
40 trembler de ses cris la frêle silhouette de cette beauté. En vérité, il était en train de violer mademoiselle Mori, et s'il se livrait à ses plus bas instincts en présence de quarante personnes, c'était pour ajouter à sa jouissance la volupté de l'exhibitionnisme.

Cette explication était tellement juste que je vis ployer le corps de ma
45 supérieure. Elle était pourtant une dure, un monument de fierté : si son physique cédait, c'était la preuve qu'elle subissait un assaut d'ordre sexuel. Ses jambes l'abandonnèrent comme celles d'une amante éreintée : elle tomba assise sur sa chaise.

Si j'avais dû être l'interprète simultanée du discours de monsieur Omochi,
50 voici ce que j'aurais traduit :

— Oui, je pèse cent cinquante kilos et toi cinquante, à nous deux nous pesons deux quintaux et ça m'excite. Ma graisse me gêne dans mes

LE RÉCIT
explorations variées

Une critique du système capitaliste

Amélie Nothomb (1967)

Fille d'un ambassadeur belge, Amélie Nothomb naît au Japon et suit son père en Chine, en Birmanie puis à New York. Imprégnée de culture nippone, parlant couramment le japonais, elle subit un choc quand elle entre finalement en contact avec les valeurs et le mode de vie occidentaux, choc qui l'amène à l'écriture. Elle connaît le succès dès la publication de son premier roman, *Hygiène de l'assassin*, alors qu'elle n'est âgée que de 25 ans. Elle maintient alors un rythme de production soutenu à raison d'une œuvre par année. Son roman *Stupeur et Tremblements*, pour lequel elle a obtenu le prix de l'Académie française, dresse un portrait très sarcastique du capitalisme nippon. La narratrice, qui se prénomme Amélie comme l'auteure, constate que, dans l'entreprise où elle travaille, les relations entre cadres et employés sont non seulement très hiérarchisées, mais aussi empreintes d'humiliation. Dans la scène retenue, un président obèse humilie la supérieure immédiate d'Amélie, Fubuki Mori,

(suite à la page suivante)

(suite)

une jeune femme très belle au corps de mannequin, qui reportera sa vengeance, plus loin dans le roman, non pas contre son patron mais contre sa subalterne.

mouvements, j'aurais du mal à te faire jouir, mais grâce à ma masse je peux te renverser, t'écraser, et j'adore ça, surtout avec ces crétins qui nous regardent.
55 J'adore que tu souffres dans ton orgueil, j'adore que tu n'aies pas le droit de te défendre, j'adore ce genre de viol !

Je ne devais pas être la seule à avoir compris la nature de ce qui se passait : autour de moi, les collègues étaient en proie à un malaise profond. Autant que possible, ils détournaient les yeux et cachaient leur honte derrière leurs
60 dossiers ou l'écran de leur ordinateur.

Stupeur et Tremblements, Éditions Albin Michel, 1999.

Asian Art & Archaeology
Utagawa Kunisada, *Portrait d'un lutteur de sumo*, 1862.

1. Faites le portrait de chacun des personnages.

2. Décrivez leur comportement respectif.

3. Expliquez en quoi la présence de témoins augmente l'humiliation de Fubuki-san.

4. Commentez le rapprochement fait par la narratrice entre l'abus d'autorité et le viol.

LOUP-Y-ES-TU?

Du coup j'en avais presque oublié mon Yvan. J'ai entendu comme un cri
du côté du banc. Yvan était tout debout, il dressait son visage vers la Lune et
il lui montrait le poing. Ça m'a fait un choc. Et puis Yvan s'est effondré à
quatre pattes. Son dos s'est arqué. Ses vêtements ont craqué tout du long et
5 de longs poils gris se sont hérissés à travers la déchirure, son corps s'est élargi
et ça a craqué aussi aux épaules et aux manches. Le visage d'Yvan était tout
déformé, long et anguleux, ça brillait de bave et de dents et ses cheveux
avaient poussé jusqu'à recouvrir entièrement ses épaules, drus. La Lune était
dans les yeux d'Yvan, comme un éclat blanc et froid sous ses paupières. On
10 sentait qu'il souffrait, Yvan, on entendait son souffle. Ses mains étaient
recroquevillées par terre, comme rognées, enfouies, agrippées dans le sol,
pleines de nœuds et de griffes. Les mains d'Yvan, c'était comme si elles ne
pouvaient pas quitter le sol et qu'en même temps elles voulaient le lui faire
payer, au sol, qu'elles l'étripaient. Yvan a donné un violent coup d'épaule et
15 tout son arrière-train a bougé comme un arbre arraché. Ses chaussures ont
explosé, ses mains ont déchiré la terre et la terre a volé de partout. Yvan s'est
déplacé d'un bloc. Il avançait, c'était énorme, ça se tordait vers la Lune.
Quelque chose a hurlé dans son corps, ça lui est monté du ventre comme
quand moi je sens la mort. La Lune a pâli. Toutes les ruines autour de nous
20 se sont pour ainsi dire immobilisées et l'eau s'est arrêtée de couler. Yvan a
hurlé de nouveau. Mon sang s'est figé dans mes veines, j'étais incapable de
bouger. Je n'avais même plus peur, tous mes muscles et mon cœur semblaient morts. J'entendais le monde s'arrêter de vivre sous le hurlement
d'Yvan, c'était comme si toute l'histoire du monde se nouait dans ce
25 hurlement, je ne sais pas comment dire, tout ce qui nous est arrivé depuis
toujours. Quelqu'un s'est approché. Yvan, ça n'a pas fait un pli, il a bondi. Le
quelqu'un, il ne croyait pas à ce qu'il avait entendu, on sentait dans l'air qu'il
était tout excité. Ensuite on n'a plus rien senti du tout. Une onde de terreur
et puis c'est tout. Pas même un cri. Yvan dansait autour du cadavre. C'était
30 étonnant de voir Yvan si léger, si voltigeur sous la Lune, il donnait vers le ciel
de petits coups de sa queue argentée et ça faisait un joli feu de joie. Toute
cette masse cassée de son corps et la douleur de ses premiers déplacements,
ça avait disparu sous sa fourrure de lune et sous ses coups de crocs très précis,
sous ses bonds, sous ses entrechats sauvages, sous ses grands sourires blancs.
35 Je suis tombée raide dingue amoureuse d'Yvan. Je n'osais pas sortir encore,
j'ai attendu qu'il se soit bien rassasié. Quand je l'ai vu qui se léchait les
babines au bord de l'eau et qui se nettoyait les pattes et qui avait presque bu
tout le sang, je me suis approchée doucement. Yvan m'a vue. « *Nous voilà
bien* », il a dit Yvan. J'ai compris que je pouvais venir plus près. J'ai pris
40 le cou d'Yvan entre mes bras et je l'ai embrassé au creux des deux oreilles,
c'était doux, c'était chaud. Yvan s'est roulé sur le sol et je l'ai gratté sous le
poitrail et je me suis couchée sur lui pour profiter de sa bonne odeur. Je l'ai
embrassé dans le cou, je l'ai embrassé au coin de la gueule, je lui ai léché les
dents, je lui ai mordu la langue. Yvan riait de bonheur, il me léchait partout,
45 il se cabrait sur moi et je roulais à la renverse, on s'est mis à gémir tous les
deux tellement on était heureux. Ensuite Yvan s'est assis sur son derrière et
je me suis couchée entre ses pattes. On est restés là très longtemps, on s'est
laissé porter par le bonheur. Moi je regardais souvent Yvan, je me dressais
sur les coudes et je lui souriais et il me souriait. Yvan était gris argenté, avec
50 un long museau à la fois solide et très fin, une gueule virile, forte, élégante,
de longues pattes bien recouvertes et une poitrine très large, velue et douce.
Yvan c'était *l'incarnation de la beauté*. Le soleil a commencé à se lever et

LE RÉCIT
explorations variées

La métamorphose du corps

Marie Darrieussecq (1969)

Marie Darrieussecq rédige, parallèlement à sa thèse de doctorat
qui a comme sujet l'autofiction,
un roman qui, justement, n'entre
pas dans cette catégorie. Dès sa
sortie, *Truismes* est acclamé par
la critique et devient rapidement
un succès de librairie. Inspirée
des écrits de Franz Kafka, cette
fable à caractère féministe présente la métamorphose d'une
femme en truie. Au contraire du
récit de Kafka, la métamorphose,
toutefois, est réversible, ce qui
permet de multiplier les épisodes
qui sont autant de paraboles sur
l'avilissement de la femme, qui
finalement, pour rester libre, fera
le choix de l'animalité.

Dans l'extrait ci-contre, on assiste à une seconde transmutation, cette fois de l'homme en
loup. La dislocation du corps est
transcrite avec un grand souci du
détail, par touches successives,
qui donnent un caractère de réalisme merveilleux à cette scène.

Yvan s'est endormi le museau sur les pattes. Je suis restée assise à côté de lui à le veiller, si des gens passaient ils pourraient toujours croire à mon chien,
55 un très gros chien. Ça me faisait sourire cette idée, ça m'attendrissait. Le soleil mettait des reflets jaune pâle sur la Seine, la Lune s'estompait. Les ruines du Palais se brouillaient dans une vapeur jaune et ça faisait comme une poudre très fine qui se déposait, une poussière de lumière qui tombait doucement sur les choses. Les derniers éclats de verre sur la pyramide, on ne
60 pouvait pas les regarder en face tellement ils brillaient, c'était comme de l'or posé en voile sur les poutrelles. J'ai senti qu'Yvan bougeait contre mes genoux. Ça m'a fait tout drôle de voir que le soleil diluait comme qui dirait Yvan, rayait son museau de traits qui lui brouillaient la face, faisait fondre ses yeux fauves, effaçait ses oreilles et rasait sa fourrure. Yvan étincelait, on
65 ne pouvait presque plus le distinguer dans ce halo qui l'embrasait, qui l'effaçait, j'ai cru qu'il allait me fondre lentement dans les bras et j'ai crié et je l'ai serré fort contre moi. Mais ça s'est fait tout doucement. Le soleil a touché les pans de murs encore debout de la vieille cathédrale et l'éclat des rayons s'est atténué. Yvan a relevé la tête et j'ai vu son visage d'homme. Il s'est mis
70 debout et il m'a tenu la main. « Allons-y » il a dit.

Truismes, P. O. L., 1996.

1. Relativement à la transmutation d'Yvan :
   – énumérez les étapes de la métamorphose en ne tenant compte que des changements d'ordre physique ;
   – montrez que cette métamorphose est vécue dans la souffrance.

2. C'est en devenant animal qu'Yvan devient « l'incarnation de la beauté ». Commentez en vous appuyant sur des exemples.

3. Montrez que toute la scène de l'échange amoureux est chargée de sensualité.

4. Montrez que le bonheur ressenti par les personnages se reflète dans le paysage : relevez, dans la description, toutes les notations relatives à la luminosité.

5. Analysez l'atmosphère du texte qui rappelle celle du conte pour enfants et les effets possibles sur le lecteur.

6. Dans le roman dont est tiré cet extrait, le personnage féminin se métamorphose en truie et le personnage masculin en loup : en quoi cette différence est-elle en soi source de réflexion ?

UN DÉSIR COMME DU SANG

LE CLIENT : Vous êtes un bandit trop étrange, qui ne vole rien ou tarde trop à voler, un maraudeur excentrique qui s'introduit la nuit dans le verger pour secouer les arbres, et qui s'en va sans ramasser les fruits. C'est vous qui êtes le familier de ces lieux, et j'en suis l'étranger ; je suis celui qui a peur et qui a
5 raison d'avoir peur ; je suis celui qui ne vous connaît pas, qui ne peut vous connaître, qui ne fait que supposer votre silhouette dans l'obscurité. C'était à vous de deviner, de nommer quelque chose, et alors, peut-être, d'un mouvement de la tête, j'aurais approuvé, d'un signe, vous auriez su ; mais je ne veux pas que mon désir soit répandu pour rien comme du sang sur une terre
10 étrangère. Vous, vous ne risquez rien ; vous connaissez de moi l'inquiétude et l'hésitation et la méfiance ; vous savez d'où je viens et où je vais ; vous connaissez ces rues, vous connaissez cette heure, vous connaissez vos plans ; moi, je ne connais rien et moi, je risque tout. Devant vous, je suis comme devant ces hommes travestis en femmes qui se déguisent en hommes, à la
15 fin, on ne sait plus où est le sexe.

Car votre main s'est posée sur moi comme celle du bandit sur sa victime ou comme celle de la loi sur le bandit, et depuis lors je souffre, ignorant, ignorant de ma fatalité, ignorant si je suis jugé ou complice, de ne pas savoir ce dont je souffre, je souffre de ne pas savoir quelle blessure vous me faites et
20 par où s'écoule mon sang. Peut-être en effet n'êtes-vous point étrange, mais retors ; peut-être n'êtes-vous qu'un serviteur déguisé de la loi comme la loi en sécrète à l'image du bandit pour traquer le bandit ; peut-être êtes-vous, finalement, plus loyal que moi. Et alors pour rien, par accident, sans que j'aie rien dit ni rien voulu, parce que je ne savais pas qui vous êtes, parce que je
25 suis l'étranger qui ne connaît pas la langue, ni les usages, ni ce qui ici est mal ou convenu, l'envers ou l'endroit, et qui agit comme ébloui, perdu, c'est comme si je vous avais demandé quelque chose, comme si je vous avais demandé la pire chose qui soit et que je serai coupable d'avoir demandé. Un désir comme du sang à vos pieds a coulé hors de moi, un désir que je ne con-
30 nais pas et ne reconnais pas, que vous êtes seul à connaître, et que vous jugez.

S'il en est ainsi, si vous tâchez, avec l'empressement suspect du traître, de m'acculer à agir avec ou contre vous pour que, dans tous les cas, je sois coupable, si c'est cela, alors, reconnaissez du moins que je n'ai point encore agi ni pour ni contre vous, que l'on n'a rien encore à me reprocher, que je
35 suis resté honnête jusqu'à cet instant. Témoignez pour moi que je ne me suis pas plu dans l'obscurité où vous m'avez arrêté, que je ne m'y suis arrêté que parce que vous avez mis la main sur moi ; témoignez que j'ai appelé la lumière, que je ne me suis pas glissé dans l'obscurité comme un voleur, de mon plein gré et avec des intentions illicites, mais que j'y ai été surpris et que
40 j'ai crié, comme un enfant dans son lit dont la veilleuse tout à coup s'éteint.

Dans la solitude des champs de coton, Les Éditions de Minuit, 1987.

1. Il y a deux personnages dans ce texte : le client, celui qui s'exprime, et le destinataire de ce discours, donné comme absent.
   – Dans un tableau sur deux colonnes, énumérez les caractéristiques relatives à chacun d'eux (vous devez en déduire certaines).
   – Analysez la nature de la relation qui semble en ressortir.

2. Dressez le champ lexical des termes relatifs à la loi (et à l'effraction).

3. Analysez la représentation de la sexualité dans le soliloque du Client.

4. Tout ce passage donne une vision lugubre de la vie, comme si on était prisonnier d'un traquenard. Commentez cette affirmation.

LE THÉÂTRE

Genre littéraire, généralement sous forme de dialogue, visant à représenter une action devant un public.

Le monde comme une trappe

Bernard-Marie Koltès (1948-1989)

Formé au journalisme et grand voyageur devant l'éternel, Bernard-Marie Koltès rêve d'écrire des romans. Les mythes de l'Amérique et l'âpre modernité de la vie dans ce continent le fascinent tout autant que le théâtre grec, puisque c'est à la suite d'une représentation de la pièce *Médée* d'Euripide qu'il se met à l'écriture théâtrale tout en s'initiant à la mise en scène. Sa première pièce est présentée en 1977 à l'occasion du prestigieux Festival d'Avignon. Ses œuvres sont montées partout dans le monde par les plus grands metteurs en scène. Atteint du sida, il meurt précocement.

Son univers théâtral est peuplé de figures anonymes évoluant dans des lieux vagues à l'atmosphère plutôt inquiétante. Dans la pièce intitulée *Dans la solitude des champs de coton* (1987), il joue sur la métaphore mercantile qui régit l'offre et la demande par rapport au désir et à l'illégalité.

La poésie de l'ailleurs

Édouard Glissant (1928)

Poète, romancier, dramaturge et essayiste, Édouard Glissant est aussi le plus influent des penseurs martiniquais depuis l'époque de la Négritude. De 1953 jusqu'à nos jours, son œuvre ne cesse de s'enrichir de textes divers écrits dans un style unique souvent qualifié d'hermétique. Glissant estime, en effet, que le texte littéraire ne doit pas être trop accessible, et qu'en conservant quelque chose d'obscur, il traduit mieux la différence des cultures. Toutefois, si la quête identitaire sous-tend ainsi l'ensemble de son œuvre, elle passe aussi par le souci d'une meilleure relation aux autres. S'écartant des chemins battus, Glissant invite constamment ses lecteurs à délaisser les idées reçues afin de bâtir un monde où les différences entre les peuples ne seront plus source de discorde.

Le poème ci-contre, tiré du recueil *Les Grands Chaos*, crée un parallèle entre le cheminement dans un paysage volcanique et l'exploration du langage. Il fait référence à la montagne Pelée, volcan de la Martinique dont l'éruption en 1902 a détruit la capitale, Saint-Pierre.

L'EAU DU VOLCAN

Faille, surgie d'un roc…
Le poète descend, sans guide ni plan, sans rive ni sextant ni clameur demeurant
Et l'empreint de volcan l'ouvre d'une eau de sable.

Il descendit, le feu courant gelait en lui, sans aspes ni douleur
5 C'était douceur que cet envalement de laves parmi lui
Un arbre, un arbre qui se croit, gravissait en cette coulée
Faisait présage au vent d'un gros de roches qui brûlaient.

Et les marchés de rimes coloniales, d'arum sans goût, de blanc piment, et les
crachées d'où nous aura grandi néant, l'espoir aussi l'espoir têtu comme
10 migan,
Tout avec lui couvait tombait dans la Pelée.

Il descendit aux bas de la Rivière Blanche, il vit qu'elle était rouge.
Elle était rouge comme rêve déventé.

La trace prenait fond au cratère du Mont. Pas une roche ne lochait.
15 Le nuage, le nuage-même, tournant à vœu, dérobait l'entrave
Il y venait des camélias, des fleurements de balata
Il marcha dans l'envers de terre, ses talons passés par-devant
Ainsi que dit le conte : Qu'il inventait midi avant matin chantant.

Il tombait dans l'envers de sa vérité, au travers d'un pont, et le pont
20 Flambant courait l'abîme
De haut sans souci à bas qui divague.

L'envers de vérité lui dit : « Cette rivière a sonné blanche quand elle ajoute à
la Lézarde
« À Jonction, où une bête-longue a fait triangle avec l'eau les bambous. »
25 Il dit : « Cela est vrai. J'ai vu son âme triangulaire en proue. Elle a passé au
loin de nous, soigneusement.
« Traçant sa mire dans l'eau ridée. »

Les Grands Chaos, Poèmes complets, Éditions Gallimard, 1994.

1. Relevez les éléments du poème qui font allusion à l'histoire et au paysage des Antilles, tout en restant quelque peu mystérieux.

2. Montrez qu'en se servant de l'image de l'éruption volcanique, le poète joue ici à réinventer le monde, comme s'il était un aventurier-magicien capable de tout.

3. Étudiez les jeux de mots pour voir comment ils contribuent à la signification du poème.

Regard sur la littérature actuelle dans la francophonie

*L*es divers mouvements de contestation politiques et culturels auront finalement raison des métropoles européennes : la plupart des colonies accèdent à l'indépendance de façon relativement pacifique autour des années 1960, à l'exception de l'Algérie où sévit une guerre cruelle de 1954 à 1962 et des Antilles où la situation évolue peu. Haïti, pays indépendant depuis 1804, continue à subir des dictatures jusqu'à l'élection de Jean-Bertrand Aristide en 1990 ; la Martinique et la Guadeloupe restent des colonies jusqu'en 1946 lorsqu'elles sont transformées en départements français (raison pour laquelle Patrick Chamoiseau et Édouard Glissant ont été intégrés dans ce chapitre aux écrivains français). Par conséquent, la littérature connaît un moment de flottement, d'hésitation sinon de silence au début des années 1960. Pour qui, sur quoi et en quelle langue écrire désormais ? La plupart des thèmes du temps de la contestation ne sont plus pertinents et le besoin de renouveler les conventions esthétiques se fait également sentir. Cependant, alors que certains sont pessimistes quant à l'épanouissement de ces littératures après l'accession à l'indépendance des colonies, elles reprennent leur élan dès le milieu de la décennie et l'on assiste bientôt à une grande diversification tant sur le plan des sujets traités que sur le plan de l'écriture.

Il se produit notamment une plus grande différenciation entre les littératures des trois régions qui continuent à s'exprimer en langue française. La convergence thématique qu'avaient suscitée les mouvements de révolte s'estompe pour faire place à l'expression plus marquée des spécificités culturelles et même nationales. Aux Antilles, on s'interroge davantage sur la créolité que sur l'héritage négro-africain ; le Maghreb revoit ses structures socioculturelles en fonction d'un renouvellement des traditions arabes et berbères ; en Afrique sub-saharienne se manifeste la profonde diversité des nations et des peuples d'un continent beaucoup moins homogène que l'emploi englobant de l'épithète « africain » le laisse généralement entendre. Les littératures francophones doivent donc dorénavant être appréhendées dans leur pluralité.

Ainsi, si le questionnement identitaire se poursuit, il prend de nouvelles dimensions. Tout en se méfiant toujours de l'assimilation culturelle, on cesse d'idéaliser le passé précolonial et on s'interroge sur la pertinence et l'évolution des traditions dans un monde en profonde mutation. La situation de l'individu intéresse autant les écrivains que celle de la collectivité, si bien que plusieurs thèmes peu exploités à l'époque coloniale seront largement explorés : les relations de couple, les rôles sociaux des hommes et des femmes, le conflit des générations et l'éducation des enfants, l'amour, la mort, la solitude, l'incommunicabilité, etc. Par ailleurs, deux phénomènes font surgir de nouvelles problématiques : la « modernité » des pays « en voie de développement » et le postcolonialisme (qui s'avère bientôt être un néocolonialisme d'exploitation économique). On s'indigne devant la pauvreté, la violence, la corruption des nouvelles élites bourgeoises ; on s'inquiète de l'éclatement des structures familiales, des problèmes de prostitution, de toxicomanie, etc., qui caractérisent la vie urbaine. Il apparaît donc que la sphère du privé devient aussi importante que toute la thématique attachée au social, et que la mise en scène du particulier et des préoccupations locales débouche sur l'universel, rapprochant les littératures francophones des autres littératures contemporaines.

Parallèlement, la censure et la répression des régimes dictatoriaux (« nouveaux » en Afrique ; déjà bien implantés en Haïti) mènent à la production d'une littérature de l'exil qui s'enrichira de la liberté d'expression acquise par ce déracinement douloureux, souvent, mais qui ouvre aussi de nouveaux horizons à la création. Les années 1970 voient en outre l'arrivée sur la scène de l'écriture d'un plus grand nombre d'écrivaines, lesquelles tiennent désormais à faire valoir aussi leurs points de vue sur les questions d'actualité et sur les modes d'expression littéraires. Comme ailleurs dans le monde, elles participent largement au renouveau des conventions amorcé depuis les années 1960.

Les écrivains de la période dite postcoloniale se livrent par ailleurs à diverses expérimentations sur le plan de l'écriture. Une nouvelle créativité apparaît alors qui s'exprime par le mélange des genres et des registres, par une écriture de l'excès, par le recours plus conscient et systématique aux techniques des genres oraux, et par de nombreuses innovations inspirées d'autres disciplines (cinéma, peinture, histoire, sciences, etc.). Des sous-genres encore peu pratiqués dans la francophonie font également leur apparition : autobiographie, science-fiction, polar, roman à l'eau de rose et autres formes populaires. Il est à noter également que cette manipulation plus libre de la langue française et des conventions littéraires produit peu à peu un nouveau rapport à la langue chez les écrivains. Tandis que le français avait généralement été considéré comme la langue de l'Autre, de l'oppresseur, indissociable de la culture étrangère, et avait par conséquent entraîné une relation conflictuelle et un sentiment douloureux de trahison de soi, il est désormais perçu comme un véhicule que chacun peut s'approprier par le travail créateur pour communiquer sa spécificité. Ainsi, alors que les thèmes abordés tendent vers une certaine « mondialisation », l'inventivité sur le plan de la langue et des techniques d'écriture fait en sorte que les littératures francophones développent des caractéristiques spécifiques qui les distinguent de plus en plus les unes des autres.

Malgré les problèmes de publication et de réception (faible pouvoir d'achat, analphabétisme, diversité des langues nationales, etc.) auxquels les écrivains de la francophonie se heurtent encore, leur lectorat national et international ne cesse de croître et la critique ne peut que saluer la créativité de ces littératures.

Au Québec

Au Québec, les écrivains se sont mis à l'heure de l'Occident par le renouvellement des formes littéraires et par une thématique de l'urbanité. En dépit de ce fait, leur percée sur le marché francophone reste limitée. Les romans de Michel Tremblay, qui traitent des conditions de vie des gens démunis et d'homosexualité, reçoivent une certaine audience, mais c'est surtout sa dramaturgie, profondément novatrice, qui lui assure une reconnaissance mondiale. D'autres auteurs publiés par une maison d'édition française comme Marie-Claire Blais et Réjean Ducharme jouissent d'une reconnaissance critique enviable comme en témoignent les nombreux prix qu'ils ont reçus. Les romanciers populaires que sont Yves Beauchemin et Arlette Cousture tirent profit de l'adaptation de leur œuvre au cinéma et à la télévision. Toutefois, c'est souvent par des réseaux parallèles que se crée un public lecteur : les associations féministes offrent une tribune à des auteures comme Nicole Brossard, Yolande Villemaire, France Théoret. D'autres écrivains se font connaître comme représentants de l'écriture « migrante » (Dany Laferrière, Ying Chen, Sergio Kokis) et il y a toujours un créneau spécial pour ceux qui se réclament de l'avant-garde (la troupe Carbone 14, par exemple).

La troupe Carbone 14, *Le Dortoir* de Gilles Maheu, 1988.

LA FILLE À MARIER

Elles étaient trois : une vieille qui devait être la mère du prétendant et qui, à mon arrivée, mit précipitamment ses lunettes ; deux autres femmes, assises côte à côte, et qui se ressemblaient. Hafça, qui était entrée derrière moi, s'assit
5 à mes côtés. Je baissais les yeux.

Je connaissais mon rôle pour l'avoir déjà joué ; rester ainsi muette, paupières baissées et me laisser examiner avec patience jusqu'à la fin : c'était simple. Tout est simple, avant, pour une fille à marier.

Mère parlait. J'écoutais à peine. Je savais trop les thèmes qu'on allait
10 développer : Mère parlait de notre triste condition de réfugiés ; ensuite, on échangerait les avis pour savoir quand sonnerait la fin : « … encore un ramadan à passer loin de son pays… peut-être était-ce le dernier… peut-être, si Dieu veut ! Il est vrai que l'on disait de même l'an dernier, et l'an d'avant… » [...] Puis on évoquerait la tristesse de l'exil, le cœur qui languit du pays… Et
15 la peur de mourir loin de sa terre natale… Puis… mais que Dieu soit loué et qu'il soit exaucé !

Cette fois, cela dura un peu plus longtemps ; une heure peut-être ou plus. Jusqu'au moment où l'on apporta le café. J'écoutais alors à peine. Je songeais, moi aussi, mais à ma manière, à cet exil et à ces jours sombres.

20 Je pensais que tout avait changé, que le jour de mes premières fiançailles, nous étions dans ce long salon clair de notre maison, sur les collines d'Alger ; qu'il y avait alors prospérité pour nous, prospérité et paix ; que Père riait, et qu'il remerciait Dieu de sa demeure pleine… Et moi, je n'étais pas comme aujourd'hui, l'âme grise, morne et cette idée de la mort palpitant faiblement
25 en moi depuis le matin… Oui, je songeais que tout avait changé et que, pourtant, d'une certaine façon, tout restait pareil. On se préoccupait encore de me marier. [...] Et pourquoi donc ? répétais-je avec en moi, comme de la fureur, ou son écho. Pour avoir les soucis qui eux ne changent pas en temps de paix comme en temps de guerre, pour me réveiller au milieu de la nuit et
30 m'interroger sur ce qui dort au fond du cœur de l'homme qui partagerait ma couche… Pour enfanter et pour pleurer, car la vie ne vient jamais seule pour une femme, la mort est toujours derrière elle, furtive, rapide, et elle sourit aux mères… Oui, pourquoi donc ? me dis-je.

Le café était servi maintenant. Mère faisait les invitations.

35 — Nous n'en boirons pas une gorgée, commençait la vieille, avant d'avoir obtenu votre parole pour votre fille.

— Oui, disait l'autre, mon frère nous a recommandé de ne pas revenir sans votre promesse de la lui donner comme épouse.

J'écoutais Mère éviter de répondre, se faire prier hypocritement et de
40 nouveau les inviter à boire. Aïcha se joignait à elle. Les femmes répétaient leur prière… C'était dans l'ordre.

Femmes d'Alger dans leur appartement (1980), Albin Michel, 2002.

Voix de l'Algérie

Assia Djebar (1936)

Née à Cherchell en Algérie, Assia Djebar, à la fois romancière, nouvelliste, dramaturge, poète et cinéaste, vient d'une famille qui possède une longue tradition de résistance contre le conquérant français. Politiquement très engagée, elle traite, dans ses premiers romans, de la crise d'identité vécue par des personnages qui se trouvent à la frontière entre la culture française et la culture arabe. Par la suite, notamment avec *Les Enfants du nouveau monde* (1962) et *L'Amour, la fantasia* (1985), elle abordera plus directement le problème de la guerre d'Algérie et de ses conséquences, puisant à même ses propres souvenirs. Elle entre à l'Académie française en 2005.

Dans son recueil de nouvelles *Femmes d'Alger dans leur appartement* (1980), Assia Djebar fait entendre la voix des femmes algériennes, dans un style qui n'hésite pas à mélanger les genres, afin de dénoncer aussi bien le système colonial imposé par la France que le rôle traditionnel qui condamne les femmes au silence et à la réclusion.

1. Que sait-on de la condition des femmes algériennes grâce à cet extrait ?

2. Analysez les thèmes du changement et de la permanence.

3. En quoi cet extrait fournit-il une illustration de la culture arabe ?

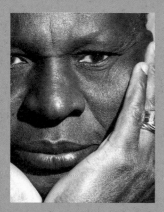

Le souffle épique de l'Afrique

Ahmadou Kourouma (1927-2003)

Considéré comme l'un des plus grands écrivains de langue française parce qu'il a su exprimer le drame de l'Afrique en quatre puissants romans, Ahmadou Kourouma se crée un style en bousculant les règles de la langue française pour la mouler dans l'imaginaire malinké. Son premier roman, *Le Soleil des indépendances*, qui le force à l'exil, suscite des controverses à la fois dans les milieux littéraires, par son originalité, et dans les milieux politiques, à cause de sa dénonciation acerbe du colonialisme et de la corruption des régimes d'après l'indépendance.

Dans *Allah n'est pas obligé*, il donne la parole à un enfant-soldat forcé de se vendre comme mercenaire à des tyrans (l'un d'eux appelé Papa le bon dans l'extrait). Pour tenir le coup, ces enfants, orphelins ou issus de milieux très pauvres, ont recours à des expédients, l'alcool, la drogue, qui les déshumanisent. L'extrait choisi raconte un épisode de leur épopée, celui où Tête brûlée à Zorzor (c'est le nom d'un des enfants soldats) abandonne Sarah, sa petite amie.

L'ENFANT-SOLDAT

Il y avait parmi les soldats-enfants une fille-soldat, ça s'appelait Sarah. Sarah était unique et belle comme quatre et fumait du hasch et croquait de l'herbe comme dix. Elle était en cachette la petite amie de Tête brûlée à Zorzor depuis longtemps. Et c'est pourquoi elle était du voyage. Depuis la
5 sortie de Zorzor, ils (elle et Tête brûlée) ne cessaient de s'arrêter pour s'embrasser. Et chaque fois elle en profitait pour fumer du hasch et croquer de l'herbe. Nous avions du hasch et de l'herbe à profusion. (À profusion signifie en grande quantité.) À profusion parce que nous avions vidé le stock de Papa le bon. Et elle fumait et croquait sans discontinuer. (Sans discontinuer
10 signifie sans s'arrêter d'après mon Larousse.) Elle était devenue complètement dingue. Elle tripotait dans son gnoussou-gnoussou devant tout le monde. Et demandait devant tout le monde à Tête brûlée de venir lui faire l'amour publiquement. Et Tête brûlée refusait tellement on était pressé et avait faim. Elle a voulu se reposer, s'adosser à un tronc pour se reposer. Tête
15 brûlée aimait beaucoup Sarah. Il ne pouvait pas l'abandonner comme ça. Mais nous étions suivis. On pouvait pas attendre. Tête brûlée a voulu la relever, l'obliger à nous suivre. Elle a vidé son chargeur sur Tête brûlée. Heureusement elle était dingue et ne voyait plus rien. Les balles sont parties en l'air. Tête brûlée, dans un instant de colère, a répliqué. Il lui a envoyé une
20 rafale dans les jambes et l'a désarmée. Elle a hurlé comme un veau, comme un cochon qu'on égorge. Et Tête brûlée est devenu malheureux, très malheureux.

Nous devions la laisser seule, nous devions l'abandonner seule à son triste sort. Et à ça Tête brûlée ne pouvait pas se résoudre. Elle gueulait le nom de sa maman, le nom de Dieu, de tout et tout. Tête brûlée s'est approché d'elle,
25 l'a embrassée et s'est mis à pleurer. Nous les avons laissés en train de s'embrasser, en train de se tordre, de pleurer, et nous avons continué pied la route. Nous n'avons pas fait long lorsque nous avons vu Tête brûlée arriver seul toujours en pleurs. Il l'avait laissée seule à côté du tronc, seule dans son sang, avec ses blessures. La garce (fille désagréable, méchante), elle ne pouvait
30 plus marcher. Les fourmis magnans, les vautours allaient en faire un festin. (Festin signifie repas somptueux.)

Allah n'est pas obligé, coll. Points, Éditions du Seuil, 2000.

---

1. Énumérez les éléments qui illustrent, chez Sarah, la perte de contact avec la réalité.

2. Comment Kourouma traduit-il l'ambivalence des personnages dans ce moment tragique ?

3. Analysez les caractéristiques du style de Kourouma :
   – les marques de la langue orale ;
   – le sens de l'emploi des parenthèses ;
   – les temps des verbes et la longueur des phrases, et leur effet sur le rythme de la narration.

4. Cet épisode est raconté par un autre enfant-soldat qui est en fait le narrateur de tout le roman. Que traduit cette narration : le trouble du narrateur ou, au contraire, son peu d'implication relativement au drame qui se déroule sous ses yeux ?

Voix de femme

ALBERTINE À 30 ANS
Le soleil est tombé comme une roche en arrière d'la montagne… Juste avant qu'y disparaisse complètement, les oiseaux ont arrêté de piailler. Complètement. On aurait dit que toute, pas rien que moi, que toute regardait le soleil tomber. En silence.

5   **ALBERTINE À 70 ANS**
Tu parles drôlement…

Albertine à 30 ans se tourne vers elle.

ALBERTINE À 30 ANS
Quoi ?

10   **ALBERTINE À 70 ANS**
J'trouve que tu parles drôlement…

ALBERTINE À 30 ANS
Ha… C'est vrai que j'parle pas de la nature ben ben souvent… Mais si t'avais vu ça, c'était tellement beau ! Quand le soleil a eu disparu, les oiseaux,
15   pis les criquettes, pis les grenouilles ont recommencé leur vacarme, tout d'un coup, comme si quelqu'un avait rallumé le radio ! *(Silence.)* En ville…
(Silence.)

Silence.

ALBERTINE À 70 ANS
20   La campagne… Dieu que c'tait beau, c'te soir-là !

ALBERTINE À 30 ANS
En ville, on voit jamais ça…

ALBERTINE À 70 ANS
Oh, non… En ville, tout est gris hôpital…

25   **ALBERTINE À 30 ANS**
Des fois, en regardant par la fenêtre de la cuisine, j'vois ben que le ciel a l'air d'être jaune orange, pis rose, pis jaune citron, mais les hangars m'empêchent de voir c'qui se passe, au juste…

ALBERTINE À 50 ANS
30   Moi, j'le vois.

ALBERTINE À 30 ANS
Pis j'ai pas le temps. En ville, j'ai jamais le temps pour ces affaires-là.

ALBERTINE À 50 ANS
J'le prends, moi, le temps !

35   *Albertine à 70 ans rit.*

ALBERTINE À 50 ANS
C'est vrai ! Quand j'finis de travailler, des fois, le soir, à six heures… le parc Lafontaine est tellement beau !

ALBERTINE À 30 ANS
40   Pas comme à la campagne…

LE THÉÂTRE

Le théâtre actuel au Québec

Michel Tremblay (1942)

Figure dominante du théâtre québécois, romancier et scénariste, Michel Tremblay grandit dans le quartier ouvrier du Plateau-Mont-Royal à Montréal (aujourd'hui devenu quartier à la mode), qui deviendra le cadre de prédilection de ses œuvres. La pièce *Les Belles-Sœurs*, montée pour la première fois en 1968, provoque le scandale à cause du joual, la langue populaire qu'utilisent les personnages, qui leur sert à exprimer leurs frustrations et leur combat pour la dignité. Auteur prolifique, acclamé à l'étranger et lauréat de nombreux prix, Tremblay innove par les thèmes qu'il privilégie, l'aliénation des petites gens et leur rage existentielle, mais aussi par l'optique avec laquelle il aborde ses personnages, faite de compréhension tendre, en dehors de tout jugement. Finalement, rompant avec les modes de représentation du théâtre traditionnel, Tremblay explore avec audace les façons de représenter le temps sur scène, loin de toute linéarité réaliste.

Dans *Albertine en cinq temps*, le titre lui-même nous met sur la piste de l'originalité de la pièce qui présente une seule Albertine jouée par cinq comédiennes qui l'incarnent à des âges différents et échangent sur leur perception de la vie.

ALBERTINE À 50 ANS

Ben non, pas comme à la campagne, pis, qu'est-ce que ça fait ? La campagne, je l'ai vue une semaine dans ma vie ! C'est pas nécessaire de ramâcher ça jusqu'à la fin de mes jours ! Non, aujourd'hui, j'prends c'qui passe pis quand
45 un beau grand ciel tout en couleur se présente à moi, j'm'arrête pis j'le regarde !

ALBERTINE À 70 ANS

Toi aussi, tu parles drôlement !

ALBERTINE À 50 ANS

50 Comment ça, j'parle drôlement ?

ALBERTINE À 70 ANS

J'sais pas… j'sais pas. On dirait que vous employez des mots que j'ai jamais employés.

ALBERTINE À 50 ANS

55 J'parle comme j'parle, c'est toute…

ALBERTINE À 30 ANS

C'est peut-être parce que tu t'en rappelles pas…

ALBERTINE À 70 ANS

Ayez pas peur… j'm'en rappelle… j'me rappelle de toute… J'ai rien que ça à
60 faire, me rappeler, depuis quequ'mois… Mais y me semble… que j'ai jamais parlé beau, comme ça… mais continuez…

ALBERTINE À 50 ANS

Ben, ça va être difficile de continuer, là, si tu veux absolument qu'on parle mal !

65 ALBERTINE À 70 ANS

J'veux pas que vous parliez mal, c'est pas ça que j'ai dit…

Court silence.

Les trois Albertine se regardent.

ALBERTINE À 70 ANS

70 Mais vous avez peut-être raison… J'ai tellement été élevée à me trouver laide que j'ai de la misère à penser que j'ai déjà dit des belles choses…

Albertine en cinq temps, Leméac, 1984.

---

1. Du début de l'extrait jusqu'au premier silence, relevez les figures de style ou les procédés stylistiques qui témoignent de la naïveté d'Albertine à 30 ans.

2. « J'trouve que tu parles drôlement… » Commentez le sens de cette réplique, en particulier la signification du mot « drôlement » dans le contexte.

3. Comment Albertine à 50 ans se distingue-t-elle des deux autres Albertine, dans sa vision des choses, dans son caractère ?

La méthodologie

PRÉSENTATION

omment produire une dissertation ou une analyse de texte satisfaisante ? L'étudiant qui se pose cette question a-t-il le sentiment de connaître une démarche qui l'assure d'une relative autonomie pour analyser un texte littéraire et ensuite rédiger une dissertation ? En contrepartie, quels outils l'enseignant peut-il mettre à sa disposition pour l'aider dans son apprentissage ?

La démarche que nous présentons ici propose des stratégies directement applicables au texte que l'étudiant doit analyser. Le mot *stratégie* fait référence à des outils, à des procédures qui aident à traiter de manière significative et dans une optique de réutilisation fonctionnelle les faits propres à un objet d'étude littéraire. Les stratégies peuvent toutes être modifiées par l'utilisateur et adaptées aux besoins de l'analyse.

Dans les études supérieures, la lecture et l'analyse présentent les caractéristiques suivantes :
- toute lecture est un processus actif d'élaboration du sens ; ce n'est pas uniquement une activité de déchiffrement ;
- toute lecture entraîne une interaction entre deux réalités polysémiques par nature :
  – le **texte**, qui offre des significations multiples,
  – le **lecteur**, qui possède déjà en lui un parcours culturel ;
- toute lecture entraîne une interprétation du sens global du texte : comprendre un texte, c'est faire à son sujet une ou plusieurs hypothèses d'analyse ;
- la lecture, même si elle peut engendrer des interprétations multiples, doit respecter des critères de validation :
  – le **critère de fidélité au texte**, qui implique que l'analyse ne peut entrer en contradiction avec le texte littéraire et doit s'appuyer sur lui,
  – le **critère de pertinence externe**, qui implique qu'une lecture ne peut entrer en contradiction avec les connaissances acquises sur l'œuvre, son auteur et le contexte d'écriture.

La démarche d'analyse repose d'abord sur des connaissances variées que nous avons regroupées en tableaux sous le titre « Les connaissances préalables ». Suivent ensuite les quatre étapes de l'analyse, présentées, elle aussi, en tableaux.

Les connaissances grammaticales

L e langage est le matériau de base de l'écrivain. Il faut rappeler que les personnages sont des êtres construits avec des mots et non pas de vraies personnes. Ils n'ont pas d'existence autonome en dehors de celle que leur prête l'auteur dans l'intrigue qu'il construit… avec des mots ! De même, le poète évoque des images, fait entendre une musique uniquement en jouant avec les mots.

Par ses choix linguistiques, et donc par l'usage de procédés grammaticaux, l'écrivain appose sa marque personnelle sur son texte ; il lui donne une signification, une couleur, un rythme et une tonalité propres.

La ponctuation

Dans sa variété, elle permet au lecteur de saisir :
- les ruptures, les pauses, les hésitations ;
- l'expression des émotions ;
- les liens logiques du texte.

Les modes des verbes

Principales valeurs
- **Indicatif** : faits réels.
- **Impératif** : ordre.
- **Conditionnel** : incertitude et rêverie ; faits soumis à une condition ; politesse.
- **Subjonctif** : faits incertains ou éventuels.
- **Infinitif** : utilisation à des fins narratives.
- **Participe** : valeur d'adjectif.

Les temps des verbes

Principales valeurs de l'indicatif
- **Présent** : faits en cours ; narration rendue plus vivante (qu'au passé).
- **Imparfait** : durée et description ; valeur circonstancielle.
- **Passé simple** : action soudaine ou ponctuelle.
- **Passé composé** : temps de narration, plus présent dans la littérature actuelle.

Les phrases

Tenir compte de :
- la nature de la phrase, sa longueur, sa construction ;
- la catégorie de mots dans la construction de l'ensemble des phrases, soit à prédominance verbale (pour l'action) ou nominale, soit avec une quantité d'adjectifs (pour la description).

Note : À titre d'exemple, deux textes sont suggérés pour l'analyse des procédés grammaticaux en général : *Marie Cardinal,* Au bout du tunnel, *dans le chapitre 5 ; Philippe Sollers,* Lecteur, accroche-toi, *dans le même chapitre.*

Les connaissances littéraires

Les figures de style et les procédés stylistiques

Les figures de style sont des façons variées d'associer les mots entre eux dans un but d'expressivité et d'originalité. Les procédés stylistiques se rapportent à l'organisation des mots dans la phrase ou d'une phrase à l'autre. Leur emploi contribue à caractériser le style d'un auteur.

Les figures d'analogie ou de substitution	Définitions
	• Consiste à relier deux aspects de la réalité sur la base de la ressemblance. • Consiste à remplacer une idée ou un objet par un terme auquel il est relié logiquement.
La comparaison	Figure qui rapproche à l'aide d'un mot de comparaison (tel, comme) deux termes différents ayant un point commun. Ex. : *La liberté, comme une colombe, vole dans le ciel.*
La métaphore	Figure qui rapproche des termes sans expliciter le lien de ressemblance ou d'analogie. Ex. : *La liberté vole dans le ciel.*
La personnification	Figure qui consiste à attribuer un caractère humain à ce qui ne l'est pas : la faune, la flore, les objets, les idées ou autres. Ex. : *Monsieur le Chat imposait ses quatre volontés à la maisonnée.*
La métonymie	Remplacement d'un terme par un autre, par exemple le contenant pour le contenu, la cause pour l'effet, la partie pour le tout. Ex. : *Boire un verre. Faire de la voile.*

Autres figures	Définitions
L'antithèse	Juxtaposition de termes qui s'opposent par leur sens. Ex. : *On était vaincu par sa conquête.* (Victor Hugo)
L'oxymore	Alliance de mots contrastés dans un but d'originalité. Ex. : *Un soleil pluvieux.*
L'hyperbole	Consiste dans la mise en relief d'une idée par exagération. Ex. : *Il était tellement grand qu'on aurait dit un géant de l'époque des dinosaures.*
La litote	Consiste à atténuer l'expression de sa pensée (souvent par l'usage de la négation), à l'opposé de la figure précédente. Ex. : *Je ne vous déteste point (pour dire «je vous aime»).*
L'euphémisme	Consiste à formuler une vérité de façon à atténuer son aspect désagréable. Ex. : *Il est décédé des suites d'une longue maladie (pour le cancer ou le sida).*

Les procédés syntaxiques

Procédés	Définitions
La répétition	Consiste en la reprise d'un mot, d'un groupe de mots ou d'une phrase pour renforcer une idée ou pour marquer le rythme, comme dans un refrain. Ex. : *Oh monde, monde étranglé, ventre froid !* *Même pas symbole, mais néant, je contre, je contre,* *Je contre et te gave de chiens crevés.* (Henri Michaux, *L'espace du dedans*)
L'énumération	Consiste en une série de mots ou de phrases qui se succèdent. Crée un effet de précision mais peut aussi contribuer au rythme du texte et lui donner un effet saccadé, par exemple. Ex. : *Ma vie baignait à l'extérieur dans le gris, le terne, le correct, le conforme, le muet, et à l'intérieur, dans le lourd, le secret, le honteux, et, de plus en plus souvent, dans l'effrayant.* (Marie Cardinal, *Les Mots pour le dire*)
Le parallélisme	Phrases construites sur des structures similaires. Crée un effet d'équilibre, et contribue au rythme dans un poème. Ex. : *d'avoir gémi dans le désert* *d'avoir crié vers mes gardiens* (Aimé Césaire, *Les Armes miraculeuses*) On pourra parler aussi d'effets de symétrie dans un texte. La symétrie des hémistiches dans un poème est une autre possibilité. Ex. : *Je meurs si je vous perds ; mais je meurs si j'attends.*
L'anaphore	Répétition insistante d'un ou de plusieurs termes au début d'un vers, d'une phrase ou d'un fragment de phrase pour créer un effet d'envoûtement ou de persuasion. Contribue au rythme dans un poème. Ex. : *Sur mes cahiers d'écolier* *Sur mon pupitre et les arbres* *Sur le sable de neige* *J'écris ton nom* (Paul Éluard, *Liberté*)
La gradation	Succession de termes par ordre d'intensité croissante. Ex. : *Tant de villes rasées, tant de nations exterminées, tant de millions de peuples passés au fil de l'épée.*
Le pléonasme	Répétition d'un mot ou d'une fonction grammaticale dans un but d'insistance. Parfois, le pléonasme est le résultat d'une maladresse linguistique comme dans « il est descendu en bas ». Ex. : *Je te l'ai dit*, moi, *qu'il fallait partir.*
L'ellipse	Omission volontaire de mots dans une phrase. Ex. : *Les hommes ? Écume, faux dirigeants, faux prêtres, penseurs approximatifs, insectes… Gestionnaires abusés…* (Philippe Sollers, *Femmes*) On pourra aussi parler d'une écriture elliptique, qui a tendance à favoriser le minimal, à ne pas être explicite. À ce sujet, voir l'extrait de Samuel Beckett, *En attendant Godot*, dans le chapitre 4.

Les procédés sonores

Ces procédés sont utilisés dans tous les types de textes, mais particulièrement dans la poésie, où ils contribuent au rythme du poème (en s'ajoutant aux rimes dans le cas de la poésie versifiée).

Procédés	Définitions
L'allitération	Répétition de consonnes sonores dans des mots voisins. Dans un poème, elle contribue au rythme par un effet d'harmonie imitative. Ex. : *Pour qui sont ces serpents qui sifflent sur vos têtes ?* (Racine)
L'assonance	Répétition de voyelles sonores dans des mots voisins. Dans un poème, elle contribue au rythme par un effet d'harmonie imitative. Ex. : *Je fais souvent ce rêve étrange et pénétrant* (Verlaine) (Remarque : En phonétique, le son ã est considéré comme une voyelle nasale.)

Les procédés lexicaux

Procédés	Définitions
Le champ lexical	Série de termes apparentés par le sens, qui expriment l'idée dominante ou le thème d'un texte. Ex. : *Le thème romantique de l'ennui de vivre dans À Éva d'Alfred de Vigny avec comme champ lexical « gémissant, poids, traîne, blessé, asservie, écrasant, plaie ».* Notez que le champ lexical est un instrument d'analyse efficace puisqu'il permet de saisir comment s'organisent les significations dans un texte à travers un choix lexical déterminé par l'écrivain.
La connotation	Ensemble de significations que peut prendre un terme en fonction du contexte, ce qui lui donne un pouvoir d'évocation. Inscription de la subjectivité dans le langage. Les figures de style peuvent être reliées en réseau de signification pour augmenter la valeur suggestive du texte. Ex. : *La couleur rouge qui évoque, chez les romantiques, à la fois la passion, la tension, la pulsion de mort et l'enfer.* Le terme *connotation* s'oppose à celui de *dénotation* qui fait référence au sens premier d'un mot, indiqué dans le dictionnaire. Quand on applique le terme *dénotatif* à un texte, cela signifie que ce texte est impersonnel, objectif, et neutre dans sa description de la réalité.

Les connaissances relatives à chaque genre

Nous présentons ici la théorie nécessaire à l'analyse du récit. Le récit qui suit permet d'associer les concepts (présentés en marge) à leur illustration dans le texte. La numérotation renvoie aux définitions et aux explications supplémentaires des pages 231 et 232.

NOUVEAU DÉPART (PREMIER RÉCIT)

Depuis le moment de mon arrivée au Canada, j'avais toujours habité ce vallon parcouru de montagnes, qui changeaient de couleur avec les saisons, d'un vert tendre au printemps, devenant plus vibrant l'été, puis rougeoyantes à l'automne avant de prendre une allure de dentelle flamande l'hiver. Notre maison était construite en bordure de l'Outaouais et nos plus proches voisins habitaient sur l'autre rive, du côté de l'Ontario.

1 Narratrice représentée

3 La description

Il s'en était passé des choses depuis mon arrivée de Chine. Mes parents m'avaient adoptée alors que j'avais déjà atteint l'âge de deux ans et demi et je m'étais retrouvée seule à avoir les yeux bridés, parmi des petits uniformément blancs, dégageant tous la même odeur, un peu sucrée, et parlant tous la même langue, étrangère à mes oreilles. J'avais vite senti que c'était à moi de faire des efforts pour briser l'isolement et me faire des amis. J'avais beaucoup à apprendre et je voulais aussi plaire à mes enseignants : je suis vite devenue une première de classe. Je raflais tous les honneurs.

Le sommaire **4**

À la fin de mon cours secondaire, je me suis fait un petit copain. Alexandre a beaucoup de points en commun avec moi : il a dû vivre avec sa différence, puisque sa famille est la seule à peau noire de toute la région ! Aujourd'hui, je vais le quitter, puisque je m'apprête à aller étudier au cégep à Montréal. Ma mère s'inquiète pour moi.

5 La variation des temps et des modes verbaux

La variation **5** des temps et des modes verbaux

— Tu es certaine d'avoir pris suffisamment de vêtements ?

Elle me caresse la nuque. Elle se dit que je suis bien jeune pour aller vivre seule, qu'il faudra m'adapter à un nouveau milieu social. Et que la ville, c'est bien dangereux.

6 Le discours direct

7 Le discours indirect

Le discours direct **6**

— Maman, tu sais, je vais t'écrire des courriels tous les jours, que je lui dis en bouclant ma valise.

Tout pour la rassurer, sinon, elle fera de l'insomnie plusieurs jours et elle risque de se pointer à Montréal après une semaine, uniquement pour s'assurer de mon bien-être. C'est bien beau l'amour d'une mère, mais arrive le moment où on a le goût de voler de ses propres ailes.

Le discours **8** indirect libre

— Allez, maman, il faut que je passe chez Alexandre. Il veut m'offrir un présent à l'occasion de mon départ.

Le discours direct **6**

Je lui ai donné un baiser. Je m'imaginais déjà revenir dans quelques années, mon diplôme de médecine sous le bras. Je m'installerais dans la région. Je retrouverais Alexandre. On se marierait et on aurait un seul enfant.

9 L'anticipation

N'étant pas convaincu du résultat, l'auteur qui en était à ses premiers essais en écriture, se demandait ce que cela donnerait d'organiser le tout différemment.

10 La mise en abyme

(SECOND RÉCIT)

Le narrateur **11** non représenté

La fille observe du coin de l'œil sa mère qui marche nerveusement dans sa chambre.

12 La focalisation interne

— Tu es certaine d'avoir pris suffisamment de vêtements ?

C'est la troisième fois qu'elle lui pose la même question en caressant sa nuque. Sa mère lui dit qu'elle est bien jeune pour aller vivre seule en appartement, qu'il faudra qu'elle s'adapte à un nouveau milieu social et que la ville, c'est bien dangereux.

Pour la rassurer, sa fille lui promet de lui écrire des courriels tous les jours, sinon, elle le sait bien, elle risque de voir atterrir sa mère à Montréal, morte d'inquiétude.

13 Le lexique (néologisme)

La syntaxe et **14** la ponctuation

Sa mère, elle l'aime tendrement, mais enfin ! Vient le moment où il faut bien voler de ses propres ailes !

Pourtant, elle se souvient encore de la première fois où elle l'a vue. C'était en Chine. Elle avait deux ans et demi. La couleur bleue des yeux l'étonnait tout comme la peau si blanche. Elle n'était pas au bout de ses surprises. Elle s'est retrouvée ensuite dans un paysage nouveau, bien différent de celui qu'elle connaissait auparavant, une douce vallée en bordure de l'Outaouais, dont les montagnes changeaient de couleur au fil des saisons.

Il a fallu ensuite qu'elle sorte de sa coquille pour se faire des amis. Elle a appris une nouvelle langue aux sons bien étranges. Comme elle voulait impressionner ses professeurs, très vite elle est devenue première de classe.

L'auteure **2** Céline Thérien

Note : Ce récit a été composé pour les besoins de la cause, afin de contourner la difficulté d'en trouver un dans une œuvre connue qui puisse répondre parfaitement aux exigences de l'illustration.

---

1. **Le narrateur représenté** (ou intradiégétique) (qui dit « Je », ce qui est le cas ici)
   Deux possibilités :
   - **le narrateur** principal raconte sa propre histoire (ce qui est le cas dans ce premier récit, quoiqu'il s'agisse ici d'une narratrice) ;
   - **le narrateur témoin** : un personnage secondaire rapporte l'histoire du héros (possibilité non illustrée par le texte).

2. **L'auteur**
   La personne qui compose et signe le texte.

   Dans notre exemple, l'auteure est une dame d'origine québécoise à ne pas confondre avec la narratrice, jeune fille d'origine chinoise.

3. **La description**
   Peut servir à diverses fins, soit :
   - situer dans l'espace ou dans le temps ;
   - donner un caractère pittoresque, symbolique ;
   - informer des valeurs du narrateur, de sa vision du monde ;
   - apporter une **pause** dans la narration.

   On peut aussi trouver, dans un récit, des passages à caractère **argumentatif**.

4. **Le sommaire**
   - Le narrateur résume des événements.
   - Le narrateur peut aussi tenir des événements cachés : il s'agit alors d'une **ellipse** dans le récit.

5. **La variation des temps et des modes verbaux :**
   - influence la perception que le lecteur a de l'action ;
   - organise les événements les uns par rapport aux autres.

   Dans ce texte, notez le passage significatif de l'imparfait (la continuité et la description) à l'indicatif présent qui ramène aux faits en cours.

6. **Le discours direct**
   L'auteur fait parler les personnages et utilise le tiret ou les guillemets comme signe typographique.

7. **Le discours indirect**
   Paroles rapportées à l'aide d'un verbe déclaratif qui les précède.

8. **Le discours indirect libre**
   La pensée du personnage est rapportée sans qu'aucun signe particulier ne l'indique. Évite la rupture dans la narration.

9. L'anticipation

• Le narrateur raconte des événements futurs.

Notez que s'il s'agit d'événements du passé, on parle de rétrospective ou de retour en arrière.

10. La mise en abyme

Consiste à imbriquer un récit dans un autre récit, une pièce de théâtre dans une autre, comme dans un jeu de miroir. L'auteur se met ici en représentation.

11. Le narrateur non représenté (ou extradiégétique)

Dans ce second récit, l'histoire est racontée à la troisième personne sur l'exemple de « il était une fois » qui est en quelque sorte sous-entendu.

12. La focalisation ou le point de vue

• La **focalisation interne** (avec un personnage), comme si une caméra se déplaçait en adoptant le regard d'un personnage sur le monde.

• La **focalisation zéro ou point de vue omniscient** consiste pour l'auteur à adopter le point de vue de Dieu sur ses créatures. Rien ne lui échappe à propos de tous ses personnages : pensées, paroles ou actions.

• La **focalisation externe** : point de vue d'un photographe qui ne pénètre pas les consciences. Effet d'objectivité.

Dans le second récit, la focalisation est interne ; elle se fait avec le personnage principal, qui est la jeune fille dans ce cas.

13. Le lexique

• *Courriel* est un néologisme, c.-à-d. un mot d'invention récente. Il suggère le fait que c'est un texte récent, et participe donc à la **connotation** dans le texte.

• À l'opposé, il existe des archaïsmes (mots anciens) et des régionalismes (mots à usage local).

• Le lexique utilisé permet aussi de situer le **niveau de langue**, qui peut être **littéraire,** c.-à-d. recherché, **correct**, c.-à-d. qui correspond à la norme, **familier** et **populaire**, c.-à-d. proche de la langue parlée.

Dans ce texte, le niveau de langue est correct.

14. La syntaxe et la ponctuation

La ponctuation renvoie aux mouvements des idées et des émotions dans le texte :

• l'**interrogation** peut révéler la curiosité comme l'anxiété ;

• l'**exclamation** peut révéler la surprise comme la colère ;

• les **points de suspension** peuvent indiquer l'hésitation ou la difficulté à préciser sa pensée.

Dans ce second récit, les phrases courtes donnent du mouvement au texte tandis que les phrases exclamatives traduisent les émotions de la narratrice. Dans le premier récit, la ponctuation, entre autres l'usage du deux-points, souligne les liens logiques dans les idées.

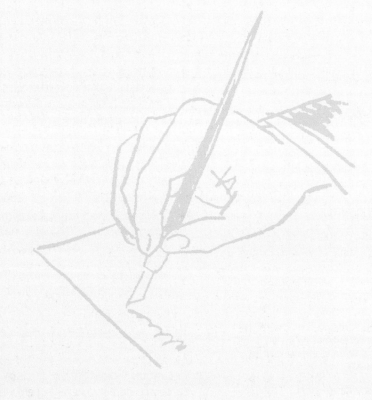

LA POÉSIE *Genre littéraire où le sens est suggéré par les images et par le rythme (souvent associé à l'emploi du vers).*

Vous trouverez ci-dessous les notions et les concepts théoriques nécessaires à l'analyse de la poésie. À titre d'exemple, nous avons retenu un sonnet de Rimbaud, *Le Dormeur du val*.

La forme du poème, ❶ — le sonnet

La strophe, le quatrain ❷

L'enjambement ❹

Le vers, l'alexandrin ❸

La strophe, le tercet ❷

LE DORMEUR DU VAL

C'est un trou de verdure // où chante une riv*ière*	a
Accrochant follement // aux herbes des haillons	b
D'argent ; où le soleil de la montagne f*ière*	a
Luit : c'est un petit val qui mousse de rayons.	b
Un/ sol/dat/ jeu/ne, // bou/che¬ ou/ver/te/, tê/te/ nue,	c
Et/ la/ nu/que/ bai/gnant/ // dans/ le/ frais/ cres/son/ b*leu*/,	d
Dort ; il est étendu dans l'herbe, sous la nue,	c
Pâle dans son lit vert // où la lumière p*leut*.	d
Les pieds dans les glaïeuls, il dort. Souriant comme	e
Sourirait un enfant malade, il fait un somme :	e
Nature, berce-le chaudement : il a froid.	f
Les parfums ne font pas frissonner sa narine ;	g
Il dort dans le soleil, la main sur sa poitrine	g
Tranquille. Il a deux trous rouges au côté droit.	f

Arthur Rimbaud, *Poésies*, 1870.

❺ La rime féminine
❻ La rime riche

❺ La rime masculine

❺ La rime croisée

❻ La rime suffisante

Le réseau du rythme (éléments de versification)

1. La forme du poème

a) Les **poèmes à forme fixe** obéissent à des règles de composition (qui peuvent être enfreintes partiellement). Dans cette catégorie se rangent :
- le **sonnet** : poème de 14 vers en 2 quatrains et 2 tercets. *Le Dormeur du val* de Rimbaud répond à cette définition ;
- la **ballade** : poème composé de trois strophes (comprenant un nombre équivalent de vers de même longueur et donc isométriques) et d'un envoi ;
- l'**ode** : forme poétique qui date de l'Antiquité, ayant principalement pour objet d'exprimer des sentiments universels dans une métrique autre que l'alexandrin (du moins en général). Dans la poésie moderne, on trouve des odes en vers libres ;
- le **haïku** : emprunté à la littérature japonaise, le haïku est un poème à forme fixe de 17 syllabes réparties en 3 vers impairs de 5, 7 et 5 syllabes.

b) Le **calligramme** est un poème devenu figuratif par l'agencement des mots sur la page. Voir Apollinaire, *La Cravate et la Montre*, dans le chapitre 3.

c) Le **poème en prose**, comme son nom l'indique, est le fruit de la libération des contraintes de la versification. Il est donc composé en phrases et divisé en paragraphes. Il se caractérise généralement par son contenu descriptif (excluant le narratif), sa grande condensation d'images et son jeu avec les sonorités et d'autres procédés stylistiques pour créer un effet de musicalité.

2. La strophe

Une strophe est un regroupement de vers généralement suivi d'un blanc typographique. *Le Dormeur du val* présente quatre strophes : les deux premières, composées de quatre vers, sont des quatrains ; les deux dernières, composées de trois vers, sont des tercets.
- Selon le nombre de vers, les strophes portent le nom de : sizain (six vers), de quintil (cinq vers), de quatrain (quatre vers) ou de tercet (trois vers).
- Les strophes sont dites isométriques quand elles présentent toutes des vers de longueur égale comme c'est le cas ici ; elles sont dites hétérométriques dans le cas contraire (par exemple des alexandrins (12 syllabes) en alternance avec des octosyllabes).

3. Le vers

Le vers est une unité rythmique disposée sur une ligne.

4. **Le vers et ses différents cas de discordance**

Un vers traduit une logique grammaticale quand il présente un groupe syntaxique cohérent qui coïncide avec la métrique. Le vers suivant, tiré du *Dormeur du val*, en est un exemple :

Les parfums ne font pas frissonner sa narine.

On distingue trois cas de discordance.

- **L'enjambement** : un groupe syntaxique est reporté dans le vers suivant. Dans *Le Dormeur du val* :
  il est étendu dans l'herbe sous la nue,
  Pâle dans son lit vert [...].
- Le **rejet** (forme spécifique d'enjambement) : un seul mot est reporté dans le vers suivant. (Dans *Le Dormeur du val*, il y a rejet aux vers 3, 4 et 7.)
- Le **contre-rejet** : la partie courte est dans le premier vers ; la partie plus longue est reportée dans le second. Voici un exemple tiré du *Dormeur du val* :
  Les pieds dans les glaïeuls, il dort. Souriant comme
  Sourirait un enfant malade [...].

5. **La rime, nature et modèles**

Les rimes sont des sons identiques repris dans la finale de deux vers.

- Les rimes sont dites **féminines** lorsqu'elles se terminent par un e muet ; elles sont **masculines** dans les autres cas.

Les rimes féminines alternent avec les rimes masculines selon l'un des trois modèles suivants.

- Rimes **plates** ou suivies : *aabb*.
- Rimes **croisées** : *abab* (modèle adopté par Rimbaud dans les quatrains).
- Rimes **embrassées** : *abba* (modèle adopté par Rimbaud pour les quatre derniers vers).

6. **La qualité de la rime**

La **qualité de la rime** dépend du nombre de sons identiques. Le e caduc ne compte pas.

- Rime **riche** : trois sons identiques comme dans riv**ière**s et f**ière**s (le e muet et les lettres écrites mais non prononcées ne comptent pas).

- Rime **suffisante** : deux sons identiques comme dans b**leu** et p**leut** (deux ou trois lettres peuvent compter pour un seul son du point de vue phonétique).
- Rime **pauvre** : un seul son.

7. **Le réseau de l'image**

Un poème se distingue généralement de la prose par une grande condensation d'images.

Dans *Le Dormeur du val*, on trouve plusieurs figures de style.

- **Personnification** : *chante une rivière ; Nature, berce-le chaudement*
- **Métaphore** : *c'est un petit val qui mousse de rayons*
- **Comparaison** : *souriant comme / Sourirait un enfant malade*
- **Métonymie** : *la nuque* (pour la tête ou le corps) *baignant dans le frais cresson bleu*
- **Euphémisme** : *Les parfums ne font pas frissonner sa narine ; Il dort dans le soleil, / la main sur sa poitrine // Tranquille*
  Ces vers ont pour but de ne pas révéler de façon évidente la mort du soldat.
- **Oxymore** : *la lumière pleut*
- **Connotations sensorielles** (tous les sens sont ici mis à contribution) :
  - la vue : *verdure ; argent ; luit ; pâle ; lit vert ; lumière ; rouges ;*
  - l'ouïe : *chante ;*
  - le toucher : *mousse de rayons ; baignant ; chaudement ; froid ;*
  - le goût : *frais cresson bleu* (métaphore synesthésique) ;
  - l'odorat : *glaïeuls ; les parfums ne font pas frissonner sa narine.*

8. **Le réseau du sens**

Tous les éléments d'un poème contribuent à sa signification. *Le Dormeur du val* repose sur un malentendu savamment entretenu tout au long des strophes. On croit le jeune soldat endormi dans un endroit présenté comme idyllique, alors que le lecteur comprend à la fin que le jeune homme est mort à la guerre avec « deux trous rouges au côté droit ».

L'ESSAI *Ouvrage en prose qui présente une réflexion sur un sujet tiré de la réalité.*

Par sa nature même, ce genre ne possède pas de terminologie d'analyse qui lui est propre. Pour en faire l'analyse, on se reportera aux tableaux sur les connaissances grammaticales et littéraires. Parfois, les explications fournies sur les plans et l'organisation des idées dans la dissertation peuvent être d'un certain secours.

Nous présentons ici la théorie nécessaire à l'analyse du texte dramatique. L'extrait qui suit permet d'associer les concepts (présentés en marge) à leur illustration dans le texte. La numérotation renvoie aux définitions et aux explications supplémentaires de la page 236.

Le drame ❶

HUIS CLOS

SCÈNE II

Garcin, *seul*

Garcin, seul. Il va au bronze et le flatte de la main. Il s'assied. Il se relève. Il va à la sonnette et appuie sur le bouton. La sonnette ne sonne pas. Il essaie deux ou trois fois. Mais en vain. Il va alors à la porte et tente de l'ouvrir. Elle résiste. Il appelle.

La didascalie ❸

Le personnage ❺

Garcin : Garçon ! Garçon !

Pas de réponse. Il fait pleuvoir une grêle de coups de poing sur la porte en appelant le garçon. Puis il se calme subitement et va se rasseoir. À ce moment la porte ouvre et Inès entre, suivie du garçon.

La division ❷
de la pièce
en scènes

SCÈNE III

Garcin, Inès, Le garçon

La réplique ❹

Le garçon, *à Garcin* : Vous m'avez appelé ?

Garcin va pour répondre mais il jette un coup d'œil à Inès.

Garcin : Non.

Le garçon, *se tournant vers Inès* : Vous êtes chez-vous, madame. *(Silence d'Inès.)* Si vous avez des questions à me poser… *(Inès se tait.)*

Le garçon, *déçu.* : D'ordinaire les clients aiment à se renseigner… Je n'insiste pas. D'ailleurs, pour la brosse à dents, la sonnette et le bronze de Barbedienne, monsieur est au courant et il vous répondra aussi bien que moi.

Il sort. Un silence. Garcin ne regarde pas Inès. Inès regarde autour d'elle, puis elle se dirige brusquement vers Garcin.

Inès : Où est Florence ? *(Silence de Garcin.)* Je vous demande où est Florence ?

Garcin : Je n'en sais rien.

Inès : C'est tout ce que vous avez trouvé ? La torture par l'absence ? Eh bien, c'est manqué. Florence était une petite sotte et je ne la regrette pas.

Garcin : Je vous demande pardon : pour qui me prenez-vous ?

Inès : Vous ? Vous êtes le bourreau.

Garcin, *sursaute et puis se met à rire.* : C'est une méprise tout à fait amusante. Le bourreau vraiment ? Vous êtes entrée, vous m'avez regardé et vous avez pensé : c'est le bourreau. Quelle extravagance ! Le garçon est ridicule, il aurait dû nous présenter l'un à l'autre. Le bourreau ! Je suis Joseph Garcin, publiciste et homme de lettres. La vérité, c'est que nous sommes logés à la même enseigne, Madame…

Le style, l'art ❻
du langage

Inès, *sèchement.* : Inès Serrano. Mademoiselle.

> **Garcin :** Très bien. Parfait. Eh bien, la glace est rompue. Ainsi vous me trouvez la mine d'un bourreau ? Et à quoi les reconnaît-on les bourreaux, s'il vous plaît ?
>
> **Inès :** Ils ont l'air d'avoir peur.
>
> Jean-Paul Sartre, *Huis clos*, 1947.

1. Les catégories de pièces de théâtre

La tragédie : ses origines remontent à l'Antiquité. Ses caractéristiques sont les suivantes : les personnages sont de haut rang ; ils affrontent des conflits intérieurs ; la fatalité les pousse à la mort. La tragédie est :

- régie par la **règle des trois unités d'action**, **de temps** et **de lieu**, soit un seul péril, en un seul endroit, en une seule journée ;
- composée en vers, le plus souvent des alexandrins, elle vise la **catharsis**, c'est-à-dire libérer le spectateur de ses passions ;
- le genre de prédilection de l'époque classique (XVIIᵉ siècle).

La comédie : pièce de théâtre dont les origines remontent aussi à l'Antiquité. Ses caractéristiques sont les suivantes : elle vise à faire rire le spectateur ; les personnages sont généralement de rang inférieur ; elle s'appuie sur trois ressources :

- le **comique de mot** qui repose sur des jeux de langage variés ;
- le **comique de geste** par lequel le corps du comédien est mis à contribution ;
- le **comique de situation** qui consiste surtout à créer de l'inattendu, des effets de surprise, à jouer sur les malentendus et les quiproquos.

Le drame : pièce de théâtre qui présente une situation de tension dans un contexte qui se rapproche de ce que vit le spectateur moyen. Ce sont les romantiques qui, après Diderot, ont revendiqué ce mélange des genres (tragédie et comédie) pour assurer une plus grande vraisemblance.

Ces trois genres principaux comprennent des sous-catégories : la tragicomédie, la farce et le mélodrame. On pourrait aussi faire une classe à part pour l'anti-théâtre ou théâtre de l'absurde qui conteste toutes les conventions du théâtre traditionnel.

Huis clos, par ses caractéristiques (personnages bourgeois, conflits psychologique et philosophique puisque « l'enfer, c'est les autres »), se classerait dans le drame quoiqu'on se soucie peu de ces catégories dans le théâtre moderne.

2. La division en actes et en scènes

On divise, surtout dans le théâtre classique et même plus tard, la pièce de théâtre en **actes** qui correspondent à des étapes du déroulement de l'action, soit :

- **l'exposition** (la mise en place des éléments significatifs de l'action) ;
- le **nœud** (le cœur du conflit) ;
- les **péripéties** successives qui mènent au **dénouement** (la résolution du conflit).

- La **scène** est une subdivision de l'acte souvent fondée sur un changement d'acteurs. (On y substituera, dans le théâtre moderne, le terme « tableau », ou encore on fera abstraction de toute division.)
- La **scène** est aussi le lieu où jouent les acteurs. Les **coulisses** sont les parties cachées situées sur le côté ou en arrière.
- Le **metteur en scène** est celui qui est responsable de l'organisation de la représentation : choix des comédiens, répétitions et scénographie finale.

3. Les didascalies ou indications scéniques

- Elles apparaissent généralement en italique dans le texte.
- Elles s'adressent au metteur en scène et aux comédiens, et ne sont donc pas prononcées sur scène.
- Elles fournissent, entre autres, des indications sur le décor, sur la façon de jouer.
- Au moment de la lecture, elles permettent d'imaginer la production finale.

4. Le dialogue

- Ce sont les paroles que s'échangent les personnages en tenant compte du fait qu'elles s'adressent en même temps au public (**double destinataire**). Elles comprennent :
- La **réplique** : ce que dit un personnage à un autre. Une longue réplique est appelée une **tirade**.
- Le **monologue** : l'acteur parle pour lui-même, mais forcément à haute voix, pour être entendu du spectateur.
- **L'aparté** : paroles adressées à la salle par un personnage, à l'insu des autres personnages.

5. Les personnages

- Ce sont des êtres de fiction créés par l'auteur.

Sartre leur attribue les noms de Garcin (notez la forte connotation associée à ce nom) et d'Inès.

- Il faut distinguer les personnages des **comédiens ou acteurs**, êtres de chair qui prêtent leurs traits aux personnages.

6. Le style

- Il faut être sensible au fait que le théâtre se distingue des autres genres littéraires par le fait qu'il repose à la fois sur un art du langage et sur l'art du spectacle.
- Comme **art du langage** : étudiez les ressources mises à profit par l'auteur comme dans les autres textes littéraires (notez ici la variation dans la ponctuation qui traduit les émotions).
- Comme **art du spectacle** : en vous appuyant notamment sur les didascalies, lisez la pièce en tentant de visualiser la représentation, un peu comme si vous étiez le metteur en scène.

La connaissance des courants littéraires

Les tableaux qui se trouvent aux pages suivantes vous donneront un aperçu schématique des courants pour les comparer entre eux et pour mieux analyser les extraits.

Le réalisme
tableau synthèse, page 8

Le symbolisme
tableau synthèse, pages 49 et 50

Le surréalisme
tableau synthèse, pages 89 et 106

Le sens et le non-sens
L'existentialisme, le nouveau roman, l'anti-théâtre
tableau synthèse, page 130

La littérature actuelle
tableau synthèse, page 182

LA DÉMARCHE D'ANALYSE ET DE DISSERTATION

*A*près avoir assimilé les connaissances nécessaires à l'analyse, il faut passer à l'action. Au point de départ, il faut tenir compte, dans tous les cas, du sujet prescrit, des recommandations et des consignes.

La situation de communication (c'est-à-dire l'information en rapport avec le contexte d'écriture de l'œuvre étudiée)

Extrait ou œuvre
- **Auteur** et **titre du livre** dont l'extrait est tiré.
  Ex. : *Stendhal*, Le Rouge et le Noir.
- **Situation dans le texte** (chapitre, acte, rapport à l'intrigue).
  Ex. : *L'extrait se trouve au chapitre 12 alors que le héros rencontre…*
- **Année de publication** originale.
  Ex. : *Le roman a été publié à l'origine en 1912.*
- **Contexte sociohistorique** ou **courant littéraire**.
  Ex. : *Ce roman a été écrit à la fin du XIXe siècle alors que domine le réalisme.*

Le sujet et les consignes
- Bien comprendre la formulation du sujet.
  Ex. : *Le sujet suivant : Analyser le traitement romantique de la thématique de l'amour dans* Carmen.
- Chercher dans le dictionnaire la signification des mots clés.
  Ex. : *(cf. courant romantique).*
- Tenir compte des consignes quant à la longueur et à la nature du texte à produire : analyse, dissertation explicative ou critique.
  Ex. : *Vous devez produire une analyse de 1 000 mots.*
- Tenir compte des autres recommandations, s'il y a lieu.
  Ex. : *Vous devez inclure une citation par paragraphe.*

1re étape : l'exploration

Guide d'exploration du récit et du théâtre

Objectif

Dresser l'inventaire des ressources du texte narratif ou dramatique en tenant compte du sujet. Le guide d'exploration présente les questions qui permettent de décortiquer un texte pour mieux l'analyser.

Les personnages

Qui ?

Quelle place le personnage occupe-t-il ?
- Héros (quelquefois anti-héros) ?
- Personnage secondaire ?
- Figurant ?
- Groupe-personnage (des ensembles sont traités en bloc comme un personnage, par exemple les provinciaux dans *Eugénie Grandet*) ?

Quelles sont les relations entre les personnages ? (*Voir le schéma actantiel.*)
- **Sujet** au centre du récit en quête d'un **objet** (le but de l'aventure) ?
- **Adjuvant** ou **opposant** dans l'aventure (le héros reçoit de l'aide et se heurte à des obstacles) ?
- **Destinateur** ou **destinataire** (celui qui pousse le héros dans sa quête et celui qui en tire profit) ?

SCHÉMA ACTANCIEL

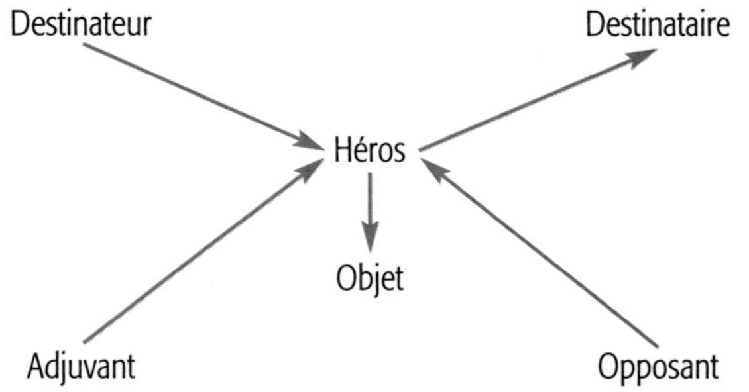

```
Destinateur                    Destinataire
          ↘                  ↗
               Héros
          ↗      ↓      ↖
               Objet
Adjuvant                       Opposant
```

Comment le personnage est-il décrit ?
- Que pense-t-il ? Que ressent-il ?
- Que dit-il ?
- Comment agit-il ? Comment réagit-il ?
- Comment évolue-t-il ?

Quelle est l'information fournie ou quelle information peut-on déduire pour le décrire ?
- Aspect physique.
- Aspect psychologique.
- Aspect social (milieu et classe sociale, profession).
- Aspect idéologique (valeurs, mentalité).

Note : L'étude des personnages est une étape essentielle qui permet de dégager la thématique et d'orienter le plan de la dissertation. S'il y a deux personnages en relation, ils peuvent présenter des visions du monde comparables (plan comparatif) ou opposées.

L'intrigue

Quoi ?

Comment les événements s'articulent-ils ? (schéma narratif)
- Situation initiale et événement déclencheur de l'action.
- Enchaînement de réactions ; modifications.
- Situation finale.

De quelle nature sont-ils ?
- Vraisemblables ?
- Fantastiques ?
- Mystérieux ?
- Surréels ?
- etc.

Comment sont-ils organisés ? Dans quel ordre sont-ils présentés ?
- Par anticipation (projection dans l'avenir) ?
- Par rétrospective (retour dans le passé) ?
- Par soustraction (**ellipse** : le narrateur garde des événements secrets) ?
- Par enchaînement (le narrateur résume l'action ; il en dresse un **sommaire**) ?

Note : Quand le temps de la narration (comment on raconte) correspond au temps de la fiction (ce qui est raconté), nous parlons d'une scène *; quand le narrateur interrompt l'action par une description ou un commentaire, il s'agit d'une* pause.

Où ?
Quand ?

Comment les lieux et l'époque sont-ils décrits ? Quel est le cadre spatiotemporel ?
- La nature semble-t-elle favorable ? Les paysages sont-ils décrits de façon pittoresque ? Ou le contraire ?
- Les lieux sont-ils ouverts ou fermés ?
- Y a-t-il une valeur symbolique rattachée à ces lieux ?
- Quelle est l'influence du lieu sur l'action ? (Par exemple, un huis clos n'aura pas le même effet qu'un espace ouvert.)
- Quels objets occupent ces lieux et dans quel but ?

Pourquoi ?
- Comment les personnages se déplacent-ils dans ces lieux ?
- Peut-on dire qu'ils sont dans un rapport de progression, de déchéance ou de marginalisation dans l'espace social ?
- Comment la mentalité, la morale et les valeurs idéologiques sont-elles décrites, et en quoi influent-elles sur l'intrigue ?

La structure

Comment ?

Quels sont les éléments organisateurs du récit ?
- Le narrateur est-il représenté ou non représenté ?
- De quelle nature est la focalisation dans le récit : focalisation zéro (ou point de vue omniscient), interne ou externe ?
- Y a-t-il d'autres éléments qui contribuent à l'organisation du récit ?

Note : Certaines notions comme celles relatives à la narration ou à l'organisation chronologique des événements ne s'appliquent pas au théâtre où le texte est constitué de répliques et de didascalies.

Note : Les questions dans la colonne de gauche permettent de faire le résumé du texte narratif.

La thématique et la vision du monde

Quelles grandes idées se dégagent de l'étude du texte ?
- Orientation **psychologique**, **affective** : enfance, famille, sexualité, amour, amitié, culpabilité, etc. ?
- Orientation **sociale** : pouvoir et savoir, solidarité, compétition, argent, justice, liberté, violence, etc. ?
- Orientation **philosophique** : Dieu, la religion, l'idéal, la condition humaine, etc. ?
- Les **mots clés** du texte sont-ils soutenus par un ensemble de termes synonymes ou de sens connexe (**champ lexical**) ?
- Quelle est la **tonalité générale** (impression qui se dégage d'un texte, reliée à l'atmosphère générale) : tragique, comique, pathétique, pessimiste, optimiste, etc. ?
- Le **courant littéraire** et le lien avec le **contexte social** fournissent-ils des pistes d'analyse ?

Le style

Quel est le choix au point de vue du lexique ?
- Le texte est-il lisible ou hermétique ?
- Y a-t-il dénotation ou connotation ? De quelle nature ?

Quels sont les choix de l'auteur au point de vue de la syntaxe ?
Par quels moyens l'auteur crée-t-il un rythme particulier ?
- Nature des phrases, longueur et complexité.
- Répétition, énumération.
- Effets de symétrie et autres procédés.
- Modes et temps verbaux.

Quelles sont les figures de style utilisées par l'auteur ? Dans quel but ?
- Les images semblent-elles associées à des éléments comme l'eau, l'air, le feu, la terre ?

Quel est le registre ou le niveau de langue ?
- Littéraire (l'auteur utilise un vocabulaire recherché) ?
- Correct (l'auteur utilise la langue pour la rendre accessible au lecteur moyen) ?
- Familier ou populaire (l'écrit s'éloigne de la norme grammaticale et se rapproche de la langue orale) ?

Le texte est-il humoristique ?
- Jeux de langage variés, double sens.
- Quiproquos, malentendus, etc.
- Au théâtre, on tiendra compte aussi de la gestuelle.
- Nature de l'humour : ironique, cynique, ou sarcastique.

Guide d'exploration du poème

Objectif

Dresser l'inventaire des ressources du texte poétique en tenant compte du sujet. Le tableau suivant présente l'ensemble des questions pour décortiquer un texte poétique afin de mieux l'analyser.

Le réseau du sens (thématique)

Le titre du poème fournit-il des indications quant à sa signification ?
De quel type de poésie s'agit-il ?
- Poésie **didactique** : de quoi veut-on nous instruire ? Ou manifeste littéraire : comment conçoit-on la poésie, le rôle du poète, le rôle du rythme et de l'image ?
- Poésie **épique** : quel est l'événement ou le personnage légendaire ? En quels termes sont-ils décrits ?
- Poésie **lyrique** : le poète est-il présent dans son texte ? Quelles émotions le texte traduit-il ? Comment le paysage ou le décor participent-ils à l'expression des sentiments ?

Quels sont les mots clés du texte ?
- Les mots qui riment semblent-ils donner des indications sur le sens du poème ?
- Le texte est-il traversé par des champs lexicaux qui confirment l'importance des mots clés ?
- Le texte semble-t-il fonctionner sur des réseaux d'opposition ?

Quelle est la tonalité générale du poème (impression qui se dégage de l'atmosphère générale) ?
- Tragique ?
- Nostalgique ?
- Ludique ?
- etc.

Les connaissances sur le poète, sur le courant, sur l'époque permettent-elles de mieux saisir le sens du poème ?

Le réseau de l'image
Le poète se veut un peintre du langage.

Quelles sont les figures de style utilisées dans le poème ?
- Y a-t-il des liens qui se tissent entre les figures, notamment par la connotation ?
- Quels sont les sens sollicités par le poète : la vue, l'ouïe, l'odorat, le goût, le toucher ?
- Le poème est-il disposé d'une façon particulière sur la page (calligramme, par exemple) ?
- Quels liens y a-t-il entre les figures de style et la signification du poème ?

Le réseau du rythme
Le poète se veut un musicien du langage.

Par quels moyens le poète assure-t-il la musicalité de son texte ?
- Par le choix de la forme poétique : poème à forme fixe, en vers libres ou en prose ?
- Comment se plie-t-il aux règles de la versification dans le cas d'un poème versifié ?
- Comment le poète joue-t-il avec les sonorités ? Quel effet veut-il créer ?
- Quels sont les procédés stylistiques qui contribuent au rythme du poème ?
- Quel lien y a-t-il entre le rythme et la signification du poème ?

Note : *Pour les raisons déjà mentionnées, nous ne proposons pas de guide d'analyse de l'essai.*

2ᵉ étape : la planification

Objectif

Classer et organiser ses idées en fonction du sujet ou de l'hypothèse d'analyse et de la nature du texte à produire.

La dissertation

Introduction	
But	Susciter l'intérêt du lecteur. L'informer relativement au sujet.
Plan Sujet amené	Situer le texte en indiquant son année de publication, le nom de l'auteur et possiblement l'époque ou le courant littéraire.
Sujet posé	Énoncer l'hypothèse ou le sujet. *Dans une dissertation critique, annoncer sa prise de position.*
Sujet divisé	Annoncer les articulations du développement.

Note : Pour le profit du lecteur, inclure un résumé du texte soit dans l'introduction, soit au début du développement.

Le paragraphe de développement	
But	Guider le lecteur dans le mouvement logique de la démonstration. Concevoir le paragraphe de développement comme une mini-dissertation.
Plan Phrase clé	Exprimer l'idée principale du paragraphe en lien avec le sujet. Inclure la transition s'il y a lieu.
Première idée secondaire	Expliquer un premier aspect relatif à l'idée principale.
Citation ou exemple	Illustrer en s'appuyant sur le texte.
Deuxième idée secondaire	Expliquer un deuxième aspect relatif à l'idée principale.
Citation ou exemple	Illustrer en s'appuyant sur le texte.
Phrase synthèse ou de transition	Clore le paragraphe par une mini-conclusion. *Notes* • *L'écriture est un processus de création qui implique une marge de liberté.* • *Cette structure est présentée à titre de modèle. Elle n'est pas obligatoire. La phrase synthèse est toujours optionnelle.* • *Il faut donc prendre note qu'un paragraphe peut être de longueur variable et présenter un nombre variable d'idées secondaires.*
Logique du paragraphe et de la dissertation	Il est possible d'établir des liens variés entre les idées du paragraphe. Vous pouvez : • commenter les idées, les citations et les exemples ; • présenter des définitions ; • décrire ; • énumérer ; • établir des comparaisons et des oppositions ; • explorer des solutions. *Notes* • *Le plan du développement entier de la dissertation répond aux mêmes opérations.* • *On peut donc faire un plan de dissertation essentiellement fondé sur la description ou l'énumération.* • *Ou sur la comparaison et l'opposition.* • *Ou sur l'exploration de solutions.* • *Quoi qu'il en soit, les plans les plus simples sont toujours les plus efficaces.*

Conclusion	
But	Stimuler la réflexion du lecteur.
Synthèse	Prévoir en synthèse une phrase qui condense le contenu de chaque paragraphe du développement.
	Dans la dissertation critique, prendre soin de confirmer la position adoptée par rapport au sujet.
Ouverture	Proposer une piste de réflexion inexplorée susceptible d'intéresser le lecteur et en lien avec le sujet.

3ᵉ étape : la rédaction

Objectif

Effectuer la mise en texte en tenant compte du sujet, des contraintes textuelles et des besoins du lecteur. Les tableaux suivants visent à vous informer sur ces différents aspects en vous donnant des conseils et un modèle de dissertation à l'appui. (Attention ! certains étudiants suivent les modèles sans tenir compte de la logique de leur propre extrait).

Les trois types de dissertation: l'analyse littéraire, la dissertation explicative et la dissertation critique

Les points en commun

- La **lecture** est toujours de nature interactive.
- La **démarche d'analyse** est semblable dans les trois cas.
- Les **hypothèses d'analyse** sont toujours nécessaires.
- La **structure textuelle** : introduction, développement, conclusion.

Les particularités

	L'analyse littéraire	**La dissertation explicative**	**La dissertation critique**
Définition	L'étude des thèmes et des procédés d'écriture pour mieux dégager et comprendre la signification du texte et ses effets sur le lecteur. Ces effets peuvent être de nature esthétique ou idéologique.	L'étude d'un texte littéraire dirigée par l'énoncé d'un sujet ou d'un jugement qu'il faut expliquer et démontrer. L'étudiant doit, comme dans le premier cas, faire l'inventaire des caractéristiques du texte sur les plans de la forme et du fond, mais une étape s'ajoute ici : elle consiste à **sélectionner**, dans ce matériel exploratoire, **les éléments qui sont susceptibles de démontrer le sujet.**	L'étude d'un ou de plusieurs textes littéraires se fait dans un but nettement argumentatif puisque l'étudiant doit prendre position ou porter un jugement. L'étape de l'exploration du texte est toujours nécessaire, mais elle doit être suivie de **la sélection d'éléments et de leur organi-sation en fonction de la prise de position.**
Sujet	Donner une orientation en formulant une hypothèse. (Le sujet peut être imposé.)	Comprendre et décortiquer l'énoncé du sujet. Respecter l'orientation proposée. **Consignes habituelles :** • *Expliquez (et verbes synonymes).* • *Illustrez.* • *Justifiez.*	Comprendre et décortiquer l'énoncé du sujet. Prendre position. **Consignes habituelles :** • *Est-il juste d'affirmer telle chose (et formulations similaires) ?* • *Discutez (et verbes synonymes).*
Rapport au lecteur	Guider le lecteur.	Guider le lecteur.	Convaincre le lecteur.
Rapport au texte	Rendre compte de l'ensemble du texte.	Rendre compte des aspects pertinents du sujet.	Retenir les aspects utiles à l'argumentation.

Illustration d'une dissertation explicative

INTRODUCTION

Portant sur le roman de Louis Hémon, *Maria Chapdelaine*, et sur le thème de l'idéologie de conservation, voici deux illustrations d'introduction.

Illustration d'une introduction – niveau débutant

Plan

Sujet amené :
situer le contexte social, culturel et littéraire ; l'auteur et le roman.

Sujet posé :
formuler le sujet.

Sujet divisé :
présenter les articulations du développement.

Dans son roman *Maria Chapdelaine*, paru en 1914, Louis Hémon décrit la vie des agriculteurs de Péribonka. L'auteur croit que la vie rurale est bonne pour les Canadiens français ; elle leur permet de garder leur identité en tant que francophones et catholiques. À la fin du roman, Maria, l'héroïne du roman, doit prendre une décision quant à ses prétendants ; dans un moment d'intense réflexion, elle entend des voix qui lui suggèrent le chemin à suivre. L'auteur, par ces voix, défend les valeurs traditionnelles, ce qui orientera la réflexion : la première voix est associée à la terre, la deuxième à la langue maternelle et la troisième au passé et à la religion.

Illustration d'une introduction – niveau avancé

Plan

Sujet amené :
situer le contexte social, culturel et littéraire ; l'auteur et le roman.

Sujet posé :
formuler le sujet (situer l'extrait, s'il y a lieu)

Sujet divisé :
présenter les articulations du développement.

Dans le Québec du début du siècle encore dominé par le clergé paraît un roman, écrit par un Français, qui aura de grandes répercussions sur la littérature québécoise : c'est *Maria Chapdelaine* de Louis Hémon. L'auteur y décrit le mode de vie des paysans qui défrichent le sol dans la région de Péribonka. Certains passages du roman débordent toutefois ce cadre descriptif et présentent un plaidoyer en faveur de l'idéologie de conservation. Comme les élites de l'époque, Hémon croit que la vie sur la terre et les valeurs traditionnelles protègent le peuple francophone de l'assimilation par les Anglais qui, en outre, sont des protestants. Dans un passage qui se trouve à la fin du roman, avant que Maria Chapdelaine fixe son choix sur Eutrope Gagnon, cultivateur et défricheur comme l'est son père, l'héroïne entend des voix qui la rappellent à son devoir, soit de poursuivre la tâche entreprise par sa mère, décédée récemment. Or, ce que chacune de ces trois voix lui fait entendre, ce sont en fait des arguments en faveur des valeurs associées à l'idéologie de conservation, soit celles de la terre, de la langue, du passé et de la religion.

Recommandations pour réussir une introduction

Recommandations	Éviter
Ne pas amener le sujet par des généralités.	*Il y a toujours eu des guerres* (Oui, on sait… !) [**Plus efficace** : *La Seconde Guerre mondiale contribue à la crise des valeurs qui ébranle l'Europe…* (Ah ! on apprend quelque chose… !)]
S'adresser à un lecteur anonyme à qui on fournit toute l'information nécessaire pour situer le texte. Ne pas faire explicitement référence au professeur ni aux consignes du travail.	*Dans le cadre de mon premier cours de français, le professeur a proposé deux extraits et l'analyse porte sur le premier.* [**Plus efficace** : *Deux extraits seront étudiés…*]
Situer l'extrait par rapport aux divisions du livre (acte, chapitre, partie) et à l'intrigue, ce qui permet de faire un court résumé.	*L'extrait se trouve aux pages 13 et 14.* [**Plus efficace** : *L'extrait est tiré de l'acte II, scène 4, alors que le héros s'apprête à enlever sa dulcinée.*]
Dans le sujet divisé, il est inutile de spécifier des évidences.	*Le thème de la révolte sera démontré par deux idées secondaires en s'appuyant sur des citations et des exemples.*
Progresser logiquement, du plus général (sujet amené) au plus précis (sujet divisé) et enchaîner les phrases logiquement. Ne pas inverser l'ordre. Éviter la simple juxtaposition des éléments d'information.	*Mérimée est un grand voyageur. Le romantisme est un mouvement artistique du xixe siècle. Mérimée compose Carmen, une histoire d'amour passionné. Les personnages, la thématique et le style sont dignes d'intérêt.* [**Plus efficace** : *Le romantisme est un mouvement artistique du xixe siècle. Mérimée, qui en est l'un des représentants, compose Carmen, une histoire d'amour passionné qui s'inscrit, par ses caractéristiques, dans ce mouvement littéraire. Le récit illustre la domination des émotions sur la raison ; la thématique est toute sentimentale et le point de vue narratif est empreint de subjectivité.*]

DÉVELOPPEMENT

Portant sur le roman de Louis Hémon, *Maria Chapdelaine*, et sur le thème de l'idéologie de conservation, voici deux illustrations d'un paragraphe de développement.

Illustration d'un paragraphe de développement – niveau débutant

Plan	
Phrase clé Idée secondaire Exemples variés et citations Idée secondaire Exemples Phrase synthèse	Louis Hémon défend aussi la langue, valeur essentielle pour préserver les Canadiens français de l'assimilation. La deuxième voix rappelle à Maria les noms de son pays, Pointe-aux-Outardes, Gaspé, l'Eau-Claire, qui donnent « une sensation chaude de parenté » et qui ont un charme familier. L'anglais qu'elle devrait nécessairement apprendre pour vivre avec Lorenzo lui serait certainement plus étranger, car « [...] dès qu'on sortait de la province, [...], ce n'était plus partout que des noms anglais, qu'on apprenait à prononcer à la longue et qui finissaient par sembler naturels sans doute » (p. 194). Mais il ne s'agit pas seulement d'un sentiment d'étrangeté puisque Maria prend en outre conscience qu'elle pourrait perdre sa culture : les chansons de son père, les expressions familières, la façon de vivre propre à son milieu. À l'étranger, ne faut-il pas abandonner tout cela ? Cette scène assez dramatique montre bien l'importance de la langue pour façonner l'identité culturelle.

Illustration d'un paragraphe de développement – niveau avancé

Plan	
Plan Phrase clé Idées secondaires Exemples variés	La deuxième voix qui s'élève présente la langue comme une valeur essentielle pour préserver les Canadiens français de l'assimilation. Maria Chapdelaine se remémore les noms de son pays qui constituent la preuve de l'appartenance des francophones à ce continent. Ces noms de Pointe-aux-Outardes... Gaspé... l'Eau-Claire donnent « une sensation chaude de parenté », ont un charme familier que n'a pas la langue de l'étranger, celle de l'anglais qu'elle devrait nécessairement apprendre pour vivre dans ces grandes villes dont Lorenzo Surprenant vante tant les attraits. À ce premier argument d'ordre sentimental s'en ajoute un second, plus rationnel : Maria prend conscience de la vulnérabilité de la culture, particulièrement celle de l'immigrant placé dans un environnement linguistique étranger. Comment en effet ne pas penser que ses enfants oublieraient les chansons apprises de son père, tout ce bagage culturel qui la relie à ses ancêtres ? Réussirait-elle à se sentir chez elle hors de la province ? Il apparaît de plus en plus que la réponse est négative :
Citation (en retrait parce qu'elle est longue)	« Vers l'Ouest, dès qu'on sortait de la province, vers le Sud, dès qu'on avait passé la frontière, ce n'était plus partout que des noms anglais, qu'on apprenait à prononcer à la longue et qui finissaient par sembler naturels sans doute ; mais où retrouver la douceur joyeuse des noms français ? » (Éd. Fides, 1980, p. 194.)
Phrase synthèse (ou de transition)	Ainsi, Louis Hémon, par l'intermédiaire de Maria, propose une réflexion sur la langue, valeur indispensable qui distingue les Canadiens français de leurs voisins et qui est un des éléments de leur identité. Le contexte dramatique dans lequel il inscrit cette argumentation lui donne toute sa gravité.

Recommandations pour réussir un paragraphe de développement

Recommandations	Éviter
Susciter l'intérêt du lecteur : varier le lexique et la syntaxe.	a) Les formulations identiques, comme des débuts de paragraphe avec un marqueur et une phrase clé de même nature : *Premièrement, nous allons démontrer l'importance de la religion... Deuxièmement, nous allons démontrer l'importance de la langue...* b) Les paragraphes construits toujours sur le même modèle.
Adopter le style neutre propre à la dissertation. L'auteur étudié peut utiliser le registre populaire ou les expressions de la langue orale, mais pas le rédacteur d'une dissertation. Les familiarités ne sont pas de mise, ni les exclamations qui expriment l'émotion. Préférer les termes *illustrer* et *représenter* aux termes *démontrer* et *prouver*. Un poème ne démontre pas une idée, il l'illustre.	a) Les références à l'auteur par son prénom : *ce cher Émile, ce sublime Victor* (pour parler de Nelligan ou de Hugo). b) Les formulations exagérées : *Ah ! combien inoubliable est ce poème de Lamartine.*
S'efforcer d'être logique chaque fois que l'on met en relation plusieurs éléments.	a) Les énumérations hétéroclites : *Ils avaient plusieurs choix : le kidnapper, le meurtre ou même se suicider pour garder leur liberté.* b) Les comparaisons boiteuses : *Dans le récit naturaliste, la narration est aussi omnisciente qu'il y a beaucoup plus de ruines chez les romantiques.*
Progresser logiquement en s'assurant de fournir au lecteur les éléments suivants : • une idée principale (phrase clé) ; • des transitions pour enchaîner les idées ; • des exemples ou des citations à l'appui de la démonstration. *Note : Une citation ne constitue pas une preuve en elle-même ; elle doit être introduite, explicitée ou commentée afin d'appuyer un argument.*	Les coq-à-l'âne : *Le thème de l'absurde est important chez les existentialistes. Meursault dit à son amie que cela lui importe peu de l'épouser et elle est déçue et elle lui dit qu'elle aime qu'il la caresse. L'histoire se passe sur la plage et il y a un meurtre.* [**Plus efficace** : *Le thème de l'absurde est important chez les existentialistes. Camus l'illustre par le comportement de ses personnages. Ainsi, Meursault... etc.*]
Choisir la citation pertinente. Mettre la citation en contexte. Ne pas introduire la citation en paraphrasant son contenu. Placer en retrait et à simple interligne les citations de plus de quatre lignes ; intégrer les autres dans le texte.	L'accumulation de citations ; ne retenir que la plus pertinente. Le mot *citation* pour introduire ou commenter une citation : *L'auteur croit que la langue protège notre identité* comme le démontre la citation suivante : « ... » [**Plus efficace** : *L'auteur croit que la langue protège l'identité des francophones comme l'illustre la réplique du père Chapdelaine s'adressant à sa fille : « ... »*]
Les transitions peuvent se faire à l'aide de marqueurs de relation, mais aussi à l'aide de phrases qui éclairent la logique de l'argumentation.	L'utilisation exagérée de marqueurs de relation vides comme *premièrement, deuxièmement, pour continuer, pour conclure*, etc.

LA CONCLUSION

Portant sur le roman de Louis Hémon, *Maria Chapdelaine*, et sur le thème de l'idéologie de conservation, voici deux illustrations d'une conclusion.

Illustration d'une conclusion – niveau débutant	
Synthèse Ouverture	Certes Louis Hémon, dans son roman *Maria Chapdelaine*, prône l'agriculturisme comme moyen de sauver les Canadiens français de l'assimilation, mais il le fait avec nuance en montrant les aspects à la fois avantageux et difficiles de la vie d'un agriculteur. Ce qui contribue pourtant à l'intérêt de l'œuvre de nos jours, c'est l'exploitation du thème de la migration. Ce phénomène de mutation d'un pays à l'autre touche au XXe siècle non seulement des individus mais des populations entières ; il fait partie de la problématique sociale et, par le fait même, se trouve au cœur de la littérature actuelle.

Illustration d'une conclusion – niveau avancé	
Idée synthèse Idée - ouverture	À l'époque de sa publication, le roman de Louis Hémon se démarquait nettement des œuvres qui faisaient une apologie sans nuance de l'agriculturisme. Louis Hémon s'inscrit certes dans ce courant du terroir conservateur, mais il le fait en gardant certaines distances, en tentant de montrer non seulement les aspects positifs de la vie sur la terre, mais aussi ses difficultés. Cela contribue probablement encore plus à faire ressortir le caractère idéologique de sa démarche, car si ce pays est si dur, pourquoi rester, sinon pour des raisons profondes, certes, mais qui sont quand même de nature sentimentale. Et c'est probablement ce qui fait que ce roman, rédigé par un immigrant, rejoint encore aujourd'hui le lecteur québécois, souvent lui-même descendant d'ancêtres venus d'Europe et accueillant dans sa société des gens de partout, qui renoncent à plus ou moins longue échéance à leur langue et à une partie de leur culture. Le dilemme de Maria ne trouve-t-il pas écho dans l'œuvre de Ying Chen, auteure d'origine chinoise maintenant citoyenne du Québec ?

Recommandations pour réussir une conclusion

Recommandations	Éviter
Travailler à maintenir l'intérêt du lecteur avant de le quitter définitivement.	La reprise textuelle de la formulation du sujet posé ou du sujet divisé. Les synthèses sous forme de CQFD : *Nous avons prouvé par de bons arguments et des exemples appropriés que Louis Hémon est en faveur de l'idéologie de conservation.* [**Plus efficace** : *On comprend que Louis Hémon, qui rédige* Maria Chapdelaine *alors que lui-même fait l'expérience de l'immigration, soit sensible à la vulnérabilité de la culture francophone en terre d'Amérique, ce qui le porte à être en faveur de l'idéologie de conservation.*]
L'ouverture conserve un lien avec le sujet ; elle doit être significative.	Les extrapolations, les prédictions, les questions vides de sens : *Nul doute qu'un jour les Québécois se réveilleront.* [**Plus efficace** : Privilégier les ouvertures qui demeurent dans le champ du littéraire.]

4ᵉ Étape : La révision

Objectif

Revoir le texte, en adoptant le point de vue d'un lecteur externe, pour vérifier sa pertinence, sa cohérence, son style et pour corriger l'orthographe et la grammaire.

Le tableau suivant présente à gauche les critères habituels de correction de texte et à droite les interventions nécessaires pour réviser la dissertation.

Les aspects à vérifier	Les interventions
La pertinence	• Revenir à l'énoncé du sujet et vérifier si toutes les consignes ont été respectées. • Relire les phrases clés et les phrases de synthèse pour s'assurer que l'orientation choisie convient au sujet tel qu'il est énoncé (habituellement, première et dernière phrases de chaque paragraphe).
La cohérence	• Vérifier si le développement correspond au sujet tel qu'il est annoncé dans l'introduction. • Vérifier les transitions logiques.
L'orthographe	• Consulter un dictionnaire.
La grammaire	• Consulter, au besoin, une grammaire, un dictionnaire des difficultés, un guide de conjugaison. • Effectuer une dernière révision en partant de la fin du texte, ce qui permet de se concentrer sur la grammaire en mettant de côté la signification (il y a toujours des fautes dans la dernière partie à cause de la fatigue au moment de la rédaction).
Le style	• Consulter un dictionnaire des synonymes.

CRÉDITS

Photos d'auteurs

9 © akg-images **11** BNF, Paris © LAPI/Roger-Viollet/Topfoto/PONOPRESSE **18** Musée Stendahl, Grenoble, Valeri Silvestro, après 1835/© Harlingue/Roger-Viollet/Topfoto/PONOPRESSE **20** © Roger-Viollet/Topfoto/PONOPRESSE **22** © akg-images/Erich Lessing **25** © Roger-Viollet/Topfoto/PONOPRESSE **30** © Roger-Viollet/Topfoto/ PONOPRESSE **35** © Roger-Viollet/Topfoto/PONOPRESSE **38** © Zarov, coll. François Ricard **39** © Gaston Paris/Roger-Viollet/Topfoto/PONOPRESSE **40** © GAILLARDE RAPHAEL/Gamma-Presse **51** © Collection Roger-Viollet/Topfoto/PONOPRESSE **54** Musée Renan-Scheffer, Paris, Auguste de Chatillon © Collection Roger-Viollet/Topfoto/PONOPRESSE **56** © Collection Roger-Viollet/Topfoto/PONOPRESSE **61** 1137408 © 2005 Jupiter Images et ses représentants. Tous droits réservés. **65** Musée Rimbaud, Charleville © Collection Roger-Viollet/Topfoto/PONOPRESSE **68** © Domaine public **71** © Choumoff/Roger-Viollet/Topfoto/PONOPRESSE **72** © Martinie/Roger-Viollet/Topfoto/PONOPRESSE **74** © Martinie/Roger-Viollet/Topfoto/PONOPRESSE **76** © Collection Roger-Viollet/Topfoto/PONOPRESSE **77** © Collection Roger-Viollet/Topfoto/PONOPRESSE **78** © Lipnitzki/Roger-Viollet/Topfoto/PONOPRESSE **80** © Uld Andersen/Gamma/PONOPRESSE **81** © Éditions du Seuil **90** © Roger-Viollet/Topfoto/PONOPRESSE **92** Félix Vallotton © Collection Roger-Viollet/Topfoto/PONOPRESSE **94** © akg-images **95** © Martinie/Roger-Viollet/Topfoto/PONOPRESSE **96** Roger-Viollet/Topfoto/PONOPRESSE **97** © Martinie/Roger-Viollet/Topfoto/PONOPRESSE **98** © Roger-Viollet/Topfoto/PONOPRESSE **100** © Martinie/Roger-Viollet/Topfoto/PONOPRESSE **102** © akg-images/Paul Almasy **103** © Harlingue/Roger-Viollet/Topfoto/PONOPRESSE **110** © Roger-Viollet/Topfoto/PONOPRESSE **112** © Lipnitzki/Roger-Viollet/Topfoto/PONOPRESSE **113** BNF, Paris, F.A. Cazals, 1897 © Collection Roger-Viollet/Topfoto/PONOPRESSE **114** © Roger-Viollet/Topfoto/PONO-PRESSE **115** © Lipnitzki/Roger-Viollet/Topfoto/PONOPRESSE **117** © Louis Monier/GAMMA/PONOPRESSE **120** © BNQ **121** © Martinie/Roger-Viollet/Topfoto/PONOPRESSE **131** © Lipnitzki/Roger Viollet/Topfoto/PONOPRESSE **133** © Albin Guillot/Roger-Viollet/Topfoto/PONOPRESSE **134** © Collection Roger-Viollet/Topfoto/PONOPRESSE **135** © Keystone France/GAMMA/PONOPRESSE **136** © Collection Roger-Viollet/Topfoto/PONOPRESSE **138** © Lipnitzki/Roger-Viollet/Topfoto/PONOPRESSE **141** © Collection Roger-Viollet/Topfoto/PONOPRESSE **143** © Harlingue/Roger-Viollet/Topfoto/PONOPRESSE **144** © Lipnitzki/Roger-Viollet/Topfoto/PONOPRESSE **149** © Louis Monier/GAMMA/PONOPRESSE **152** © Louis Monier/GAMMA/PONOPRESSE **154** © Lipnitzki/Roger-Viollet/Topfoto/PONOPRESSE **158** © Lipnitzki/Roger-Viollet/Topfoto/PONOPRESSE **160** © Lipnitzki/Roger-Viollet/Topfoto/PONOPRESSE **161** © Alain Denantes/Gamma/PONOPRESSE **163** © Louis Monier/Gamma/PONOPRESSE **165** © Louis Monier/Gamma/PONOPRESSE **166** © Louis Monier/Gamma/PONOPRESSE **167** © Louis Monier/Gamma/PONOPRESSE **169** © Gérald BLONCOURT **170** © Keystone France/Gamma/PONOPRESSE **171** © BNQ **178** © Arnaud Brunet/Gamma/PONOPRESSE **183** © Ulf Andersen/Gamma/PONOPRESSE **185** © Chip Hires/Gamma/PONO-PRESSE **187** © François Lochon/Gamma/PONOPRESSE **189** © Francis Demange/Gamma/PONOPRESSE **191** © Frédéric Reglain/Gamma/PONOPRESSE **193** © Hélène Bamberger/Gamma/PONOPRESSE **194** © Frédéric Soulay/Gamma/PONOPRESSE **195** © J. Sassier/Gallimard **197** © Ulf Andersen/Gamma/PONOPRESSE **198** © Frédéric Reglain/Gamma/PONOPRESSE **200** © Ulf Andersen/Gamma/PONOPRESSE **202** © Frédéric Soulay/Gamma/PONOPRESSE **204** © Frédéric Reglain/Gamma/PONOPRESSE **206** © Andersen-Gaillarde/Gamma/PONOPRESSE **208** © Ulf Andersen/Gamma/PONOPRESSE **210** © Catherine Cabrol/Gamma/PONOPRESSE **212** © Lionel Flusin-Stills/Gamma/PONOPRESSE **213** © Frédéric Soulay/Gamma/PONOPRESSE **215** © Ulf Andersen/Gamma/PONOPRESSE **217** © Louis Monier/Gamma/PONOPRESSE **218** © Ulf Andersen/Gamma/PONOPRESSE **221** © Frédéric Reglain/Gamma/PONOPRESSE **222** © Ulf Andersen/Gamma/PONOPRESSE **223** © Andersen-Gaillarde/Gamma/PONOPRESSE

Illustrations (**H :** haut **B :** bas **G :** gauche **D :** droite Ph. **:** photo)

Page couverture Collection of David Pickell and Dr. Colleen Lye, Bob Bruman, *There Goes Miro*, 2002 © Bob Bruman

1 © akg-images/Erich Lessing **3 H** © akg-images/Erich Lessing **D** © Bridgman Giraudon, Paris, 2003 **4** © akg-images/Erich Lessing **7** © akg-images **12** © akg-images/Erich Lessing **14** © akg-images **17** © akg-images **19** © Collection Roger-Viollet/Topfoto/PONOPRESSE **20** © akg-images **27** © Photothèque des Arts Décoratifs/akg-images/VISIOARS **29** © akg-images **31** © akg-images/Erich Lessing **33** © akg-images/Archives CDA **35** © jv.gilead.org. (http://jv.gilead.org.il/rpaul/) **38** © Richard Arless/Bibliothèque et Archives Canada/PA-043877 **41** T.F. Chen Cultural Center © 2004 T.F. Chen C. **43** © akg-images/Erich Lessing **45** © WDS/Topfoto/PONOPRESSE **46** © L'Illustration/PONOPRESSE **47** © akg-images **48** © akg-images **55** © akg-images/Erich Lessing **59** © Musées royaux des Beaux-Arts de Belgique **62** © akg-images/Erich Lessing **64** © akg-images **66** © akg-images **70** © Collection Roger-Viollet/Topfoto/PONOPRESSE **73** © akg-images/Erich Lessing **79** © Anne-Sophie Lemieux/GESTION A.S.L. inc./Université de Montréal **83** © Salvador Dali. Fondation Gala-Salvador Dali/SODRAC (2005) – Ph. akg-images/Erich Lessing **85 H** © PAL/Topfoto/PONOPRESSE **D** © akg-images **86** © Collection Roger-Viollet/Topfoto/PONOPRESSE **87** © Succession Paul Delvaux/SODRAC (2005) – Ph. akg-images/Erich Lessing **88** © Succession Marc Chagall/SODRAC (2005) – Ph. akg-images/Erich Lessing **93** © Succession Giorgio de Chirico/SODRAC (2005) – Ph. akg-images **97** © Succession Picasso/SODRAC (2005) – Ph. akg-images/Erich Lessing **101** © Saint-Denis, musée d'art et d'histoire, cliché Irene Andréani **111** © Succession Max Ernst/SODRAC (2005) – Ph. akg-images **116** © Sucesió Joan Miró/SODRAC (2005) – Ph. akg-images **119** © Succession Jean-Paul Riopelle/SODRAC (2005) – Ph. Musée des beaux-arts du Canada **123** © Pollock-Krasner Foundation/SODRAC (2005) – Ph. akg-images/Cameraphoto **125** © L'Illustration/PONOPRESSE **126** © akg-images/Erich Lessing **127** © Collection Roger-Viollet/Topfoto/PONOPRESSE **129** © Succession Picasso/SODRAC (2005) – Ph. akg-images **132** © Prolitteris (Zurich)/SODART (Montréal) 2005 – Ph. akg-images **145** © Man Ray Trust/SODRAC (2005) – Ph. akg-images/Pietro Baguzzi **148** © Les paparazzi, 1993, Théâtre du Nouveau Monde **150** © Succession Wolfgang Mattheuer/SODRAC (2005) – Ph. akg-images **153** © Robert Etcheverry, 1992, Théâtre du Nouveau Monde **155** © DACS (Londres)/SODART (Montréal) 2005 – Ph. akg-images **159** © Succession Jean Hélion/SODRAC (2005) – Ph. akg-images/Cameraphoto **162** © VAGA (New York)/SODART (Montréal) 2005 – Ph. akg-images **164** © akg-images **173** © Benjamin Vautier/SODRAC (2005) – Ph. akg-images/Archives CDA/Guillo **175** © Patrick PIEL/Gamma/PONOPRESSE **176** © SuperStock **177** 19009397 © 2005 Jupiter Images et ses représentants. **184** © Succession Jean-Michel Basquiat/SODRAC (2005) – Ph. akg-images **186** © Succession Roland Topor/SODRAC (2005) – Ph. akg-images/Rabatti – Domingie **188** © Succession A.A. Deineka/SODRAC (2005) – akg-images **192** © Estate of Roy Lichtenstein/SODRAC (2005) – Ph. akg-images **196** © Succession Jean Dubuffet/SODRAC (2005) – Ph. akg-images **203** 7671484 © Jupiter Images et ses représentants **205** Succession Kees van Dongen/SODRAC (2005) – Ph. akg-images **209** © Succesion Tamara de Lempicka/SODRAC (2005) – Ph. akg-images/Electa **211** © The M.C. Escher Company-Holland. All rights reserved. www.mcescher.com **214** © Asian Art & Archaeology, Inc./CORBIS **220** © Yves Dubé/Troupe Carbone 14

BIBLIOGRAPHIE SOMMAIRE

ARIÈS, Philippe et Georges DUBY, dir. *Histoire de la vie privée : De la révolution à la Grande Guerre*, tome 4, Paris, Seuil, 1987.

ARIÈS, Philippe et Georges DUBY, dir. *Histoire de la vie privée : De la Première Guerre à nos jours*, tome 5, Paris, Seuil, 1987.

BACKÈS, Jean-Louis. *Le vers et les formes poétiques dans la poésie française*, coll. Les Fondamentaux, Paris, Hachette, 1997.

BAKHTINE, Mikhaïl. *Esthétique et théorie du roman*, Paris, Gallimard, 1978.

BÉHAR, Henri, et Michel CARRASOU. *Le surréalisme : Textes et débats*, coll. Le Livre de poche, n° 4156, Paris, Librairie générale française, 1984.

BÉNAC, Henri et Brigitte RÉAUTÉ. *Vocabulaire des études littéraires*. Paris, Hachette Éducation, 1993.

BERTON, Jean-Claude. *Histoire de la littérature et des idées en France au XXᵉ siècle*, coll. Profil littérature, Paris, Hatier, 1983.

BERRANGER, Marie-Paule. *Panorama de la littérature française : Le surréalisme*, coll. Les fondamentaux, n° 82, Paris, Hachette, 1997.

BONNEVILLE, Georges. *Les fleurs du mal : Baudelaire*, coll. Profil littéraire, Paris, Hatier, 1987.

BORGOMANO, Madeleine et Élizabeth RAVOUX-RALLO. *La littérature française du XXᵉ siècle : Le roman et la nouvelle*, coll. Cursus, Paris, Armand Colin, 1995.

CHARTIER, P. *Introduction aux grandes théories du roman*, Paris, Bordas, 1990.

CHASSANG, Arsène et Charles SENNIGER. *Les textes littéraires généraux*, tome 1, coll. HU, littérature, Paris, Hachette, 1991.

CHEVRIER, Jacques. *Littérature nègre*, Armand Colin, 1984.

COUTY, Daniel. *Histoire de la littérature française*, Paris, Larousse, 2002.

DARCOS, Xavier. *Histoire de la littérature française*, Paris, Hachette Éducation, 1992.

DÉJEUX, Jean. *Littérature maghrébine de langue française*, Naaman, 1973.

DELCROIX, M. et F. HALLYN. *Introduction aux études littéraires : Méthodes de textes*, Paris, Duculot, 1987.

DUMORTIER, J.-L. *Pour lire le récit : L'analyse structurale au service de la pédagogie de la lecture*, coll. Langages nouveaux, pratiques nouvelles, Paris, De Boeck/Duculot, 1980.

ÉCHELARD, Michel. *Histoire de la littérature en France au XIXᵉ siècle*, coll. Profil/Histoire littéraire, Paris, Hatier, 2002.

FALLAIZE, Elizabeth. *French Women's Writing : Recent Fiction*, Hampshire, Macmillan, 1993.

GOETSCHEL, Pascale et Emmanuelle LOYER. *Histoire culturelle et intellectuelle de la France au XXᵉ siècle*, 3ᵉ édition, coll. Cursus, Paris, Armand Colin, 2005.

GOFFETTE, Guy, et autres. *20 poètes pour l'an 2000,* coll. Folio Junior, Paris, Gallimard, 1999.

HUBERT, Marie-Claude. *Le théâtre*, coll. Cursus, Paris, Armand Colin, 2003.

JEAN, Georges. *La poésie.* Paris, Seuil, 1966.

JOUBERT, Jean-Louis. *La poésie*, 3ᵉ édition, coll. Cursus, Paris, Armand Colin, 2003.

KUNDERA, Milan. *L'Art du roman*, Paris, Gallimard, 1995.

LAFFONT-BOMPIANI. *Dictionnaire encyclopédique de la littérature française*, Bouquins, 1997.

LYOTARD, Jean-François. *La condition post-moderne*, Paris, Éd. de Minuit, 1979.

MAGNY, Claude-Edmonde. *Histoire du roman français depuis 1918*, coll. Points, Paris, Seuil, 1950.

MITTERAND, Henri. *La littérature française du XXᵉ siècle*, coll. 128, Paris, Nathan, 1996.

PREISS, Axel. *XIXᵉ siècle, tome 2 : 1851-1891*, coll. Histoire de la littérature française, Paris, Bordas, 1988.

RIVIERE, D. *Histoire de la France*, Paris, Hachette Éducation, 1995.

REY, Pierre-Louis. *La littérature française du XIXᵉ siècle*, coll. Cursus, Paris, Armand Colin, 1993.

RICARDOU, Jean. *Le nouveau roman*, coll. Écrivain de toujours, Paris, Seuil, 1973.

RODRIGUES, Jean-Marc. *XXᵉ siècle, tome 1 : 1892-1944*, coll. Histoire de la littérature française, Paris, Bordas, 1988

ROUSSIN, Nathalie. *Comment faire une dissertation critique*, Saint-Laurent, Éditions du renouveau pédagogique, 2000.

SEVREAU, Didier. *La poésie au XIXᵉ et au XXᵉ siècle, problématiques essentielles,* coll. Profil/Histoire littéraire, Paris, Hatier, 2000.

THÉRENTY, Marie-Ève. *Les mouvements littéraires du XIXᵉ et du XXᵉ siècle*, coll. Profil/Histoire littéraire, Paris, Hatier, 2001.

TOUMSON, Roger. *La transgression des couleurs : Littérature et langage des Antilles*, Éditions Caribéennes, 1989.

TRÉPANIER, Michel et Claude VAILLANCOURT. *La méthodologie de la dissertation explicative*, Laval, Éd. Études vivantes, 2000.

VALETTE, B. *Esthétique du roman moderne*, coll. Université Information/formation, Paris, Nathan, 1985.

VANNIER, Gilles. *XXᵉ siècle, tome 2 : 1945-1988*, coll. Histoire de la littérature française, Paris, Bordas, 1988.

WINOCK, Michel. *Le siècle des intellectuels*, Paris, Seuil, 1997.

ZERAFFA, M. *Personne et personnage : Le romanesque des années 1920 aux années 1950*, Paris, Klincksieck, 1969.

INDEX SOMMAIRE DES NOTIONS LITTÉRAIRES

INDEX SOMMAIRE DES NOMS PROPRES

INDEX DES ŒUVRES ÉTUDIÉES